W0296197

OSHO

V E R L A G

Die tantrische Vision

OSHO

Titel der Originalausgabe:
The Tantra Vision, Vol. 1

2. Auflage 1993
Die 1. Auflage war 1985 beim Heyne Verlag erschienen
© auch der Übersetzung: Osho International Foundation, Zürich
Übersetzung: Swami Prem Nirvano
Umschlaggestaltung: Swami Prem Visarjan
Fotos: © Osho International Foundation, Zürich
Druck: Wiener Verlag, Himberg/Österreich
Printed in Austria
Alle Rechte vorbehalten. Nachdruck und fotomechanische Wiedergabe, auch auszugsweise, nur mit schriftlicher Genehmigung des Verlages.

ISBN 3-925205-65-9

Das vorliegende Buch ist der erste Teil der zweibändigen Reihe über „Das Lied an den König“ von Saraha, einem buddhistischen Tantriker, der vor über 2000 Jahren in Indien lebte. Die Fragen, die Osho beantwortet, wurden ihm von Schülern und Gästen gestellt. Die Diskurse wurden im April 1977 gehalten.

Oshos Worte sind gesprochene Worte, spontan an eine Zuhörerschaft aus aller Welt gerichtet.

Inhaltsverzeichnis

Vorwort

»Tantra«, sagt Osho, »ist von ungeheurer Bedeutung, vor allem zum jetzigen Zeitpunkt in der Geschichte der Menschheit. Denn ein neuer Mensch ist gerade dabei, geboren zu werden, ein neues Bewußtsein klopft an unsere Türen...«

Die tantrische Vision handelt von dieser Verwandlung, von diesem neuen Bewußtsein, vom neuen Menschen. Und durch das ›Lied Sarahas an den König‹ redet die Weisheit und die Erkenntnis eines lebenden erleuchteten Meisters. *Die tantrische Vision* ist Oshos eigene Verwandlung, seine eigene Erfahrung. Saraha ist das Lied und Osho der Sänger.

»Die Grundauffassung von Tantra ist: Alles Sinnliche läßt sich ins Übersinnliche verwandeln, Materie läßt sich in Geist verwandeln, Unbewußtheit läßt sich in Bewußtheit verwandeln... und der Mensch ist eine Leiter«, sagt Osho. »Er kann in die tiefste Bewußtlosigkeit abstürzen und zum Stein werden, er kann aber auch zu absoluter Bewußtheit aufsteigen und zum Gott werden.«

Im Osho Neo-Tarot-Spiel gibt es eine Karte mit dem Namen »Unbeirrbarkeit«. Sie stellt Saraha dar, den Begründer des Tantra, wie er mit der Pfeilmacherin zusammen ist, die ihm die Kunst des wahren Lebens beibrachte. Und im Begleittext zur Karte finden sich die Sätze: »Das Gelehrte muß zum Lebendigen gehen. Das Künstliche muß zum Wirklichen gehen.«

Das ist genau die Suche Sarahas; aber das ist auch die Suche jedes Menschen, der die Wahrheit wissen will. Es ist die Suche derer, die sich einst um Buddha versammelten, die sich um Jesus versammelten, und es ist die Suche derjenigen, die sich für Osho interessieren.

Die Pfeilmacherin – der Legende zufolge war es der verkleidete Buddha selbst – führte Saraha über die Grenze, führte ihn mitten in den Kern des Lebens, ins Wirkliche ein. Sie verwandelte seinen Sex in Überbewußtsein, seinen Ernst in Lachen, seine Energie in Ekstase, in Spiel. »Und durch Spiel«, sagt Osho, »wurde die wahre Religion geboren... Seine Ekstase war so ansteckend, daß die Leute zusammenströmten, um ihm zuzuschauen, wie er sang und tanzte... Seine Ausstrahlung, seine bloße Gegenwart war eine solche Kraft, daß man nur bereit zu sein brauchte mitzumachen – und schon war es passiert.«

Die tantrische Vision ist eine Einladung in die Welt Oshos: Eine ekstatische Welt, ganz diesem neuen Bewußtsein, der Geburt dieses neuen Menschen gewidmet. Mit diesem Buch, mit der *tantrischen Vision* signalisiert der neue Mensch sein Kommen, klopft er bereits an die Tür.

Swami Krishna Prem

I

EINER, DER DEN PFEIL ABGESCHOSSEN HAT…

21. April 1977

Sarahas ›Lied an den König‹

Ich verneige mich vor dem edlen Manjushri
Ich verneige mich vor dem, der das Endliche besiegt hat.

So, wie wenn stilles Wasser, gepeitscht vom Wind,
Zu Wellen und Brechern wird,
So denkt der König vieles über Saraha,
Und doch ist dieser nur ein *Mann.*

Einem blinzelnden Idioten
Kommt ein *Licht vor wie zwei.*
Sind Seher und Gesehenes nicht *zwei,*
Verlieren beide ihre Dinglichkeit.

Obwohl im Haus die Lichter brennen,
Lebt der Blinde im Dunkeln weiter.
Obwohl das Spontane allgegenwärtig und nah ist,
Bleibt es dem Irrenden ständig fern.

Es mag viele Flüsse geben: Im Meer sind sie eins.
Es mag viele Lügen geben: Eine *Wahrheit wird alle besiegen.*
Wenn eine *Sonne aufgeht,*
Weicht das Dunkel, und sei es noch so tief.

Gautama der Buddha ist der größte Meister, den die Erde je gesehen hat. Christus ist ein großer Meister, Krishna, Mahavir, Mohammed sind große Meister, und viele andere ebenfalls – aber Buddha ist und bleibt von allen der größte. Nicht, daß die Erleuchtung Buddhas von höherer Qualität wäre als die der andern – nein, Erleuchtung ist Erleuchtung, da gibt es kein mehr oder weniger, und Buddha hat genau die gleiche Bewußtseinsqualität wie Mahavir, wie Christus, wie Zarathustra, wie Laotse.

Sich den einen Erleuchteten als ›erleuchteter‹ vorzustellen als einen andern, ist absurd. Aber Buddha als *Meister* ist unvergleichlich; denn durch ihn sind Tausende von Menschen zur Erleuchtung gelangt. Dies ist durch keinen andern Meister geschehen. Seine Linie war die fruchtbarste von allen. Seine Familie ist bis heute die kreativste geblieben. Er ist wie ein riesiger Baum mit vielen, vielen Ästen – und jeder einzelne Ast hat Früchte getragen. Jeder Ast ist schwer mit Früchten beladen.

Mahavir blieb weitgehend unbekannt. Krishna fiel den Gelehrten in die Hände und ist seitdem verschollen. Christus wurde von den Priestern bis zur Unkenntlichkeit verstümmelt. Was hätte nicht auch Buddha alles zustoßen können! – aber es geschah nicht. In dieser Hinsicht hat Buddha unerhörtes Glück gehabt. Sicher, die Priester haben es auch mit ihm versucht, und die Gelehrten haben ihn keineswegs in Frieden gelassen, sie alle haben getan, was in ihrer Macht stand; aber irgendwie hat Buddha es geschafft, seine Lehre so zu hinterlassen, daß niemand ihr etwas anhaben konnte. Sie lebt noch heute. Nach fünfundzwanzig Jahrhunderten zeigen sich noch immer Blüten an diesem Baum, grünt er noch immer. Noch immer duftet er im Frühling, noch immer trägt er Früchte.

Saraha ist ebenfalls eine Frucht von diesem Baum. Saraha wurde etwa zweihundert Jahre nach Buddha geboren. Er war der direkte Abkömmling einer bestimmten Linie. Ein Zweig führt von Mahakashyap über Bodhidharma zur Geburt des Zen – er ist immer noch voller Blüten. Ein anderer Zweig führt von Buddha zu Rahul Bhadra, seinem Sohn, und von Rahul Bhadra zu Sri Kirti, und von Sri Kirti zu Saraha, und von Saraha zu

Nagarjuna: Das ist der Zweig des Tantra. Er trägt heute noch Früchte in Tibet.

Tantra eroberte Tibet, und Saraha ist der Gründer des Tantra, genau wie Bodhidharma der Gründer des Zen ist. Bodhidharma eroberte China, Korea, Japan. Saraha eroberte Tibet.

Diese Gesänge Sarahas sind von großer Schönheit. Sie sind die eigentliche Grundlage des Tantra. Aber das könnt ihr erst dann verstehen, wenn ihr euch vorstellen könnt, wie Tantra die Welt sieht. Erst müßt ihr lernen, das Leben mit den Augen des Tantra zu sehen.

Das Wichtigste am Tantra – und das ist etwas sehr Radikales, Revolutionäres, Rebellisches –, das Wichtigste an dieser Weltsicht ist, daß die Welt nicht in Oben und Unten gespalten, sondern aus einem Stück ist. Höheres und Niederes reichen sich die Hand. Das Höhere schließt das Niedere ein, das Niedere schließt das Höhere ein. Das Oben ist im Unten verborgen – deshalb braucht das Unten auch nicht geleugnet zu werden. Es darf weder verdammt noch vernichtet, noch getötet werden. Das Niedere braucht nur umgewandelt zu werden. Man muß das Niedere sich nur entwickeln lassen ... und es wird das Höhere. Es gibt keine unüberbrückbare Kluft zwischen Gott und Teufel. Dem Teufel steckt Gott tief im Herzen. Sobald das Herz sich regt, wird der Teufel zu Gott. Und weil das so ist, stammt das Wort ›Teufel‹ aus der gleichen Wurzel wie das lateinische Wort ›deus‹ – ›Gott‹. Das Wort ›Teufel‹ ist davon abgeleitet: Es bezeichnet das Göttliche, das sich noch nicht entwickelt hat, nichts anderes! Der Teufel ist also nicht der Widersacher Gottes, der Teufel versucht also nicht, Gott zu vernichten. Im Gegenteil: Der Teufel versucht, Gott zu finden. Der Teufel ist auf dem Weg zu Gott. Er ist nicht der Feind, er ist der Same Gottes.

Das Göttliche ist der Baum in voller Blüte; der Teufel ist sein Samenkorn – aber der Baum ist schon im Samenkorn enthalten. Und das Samenkorn ist nicht *gegen* den Baum; der Baum könnte schließlich nicht existieren, wenn der Same nicht da wäre. Und der Baum ist auch nicht gegen den Samen – sie sind eng befreundet, sie gehören zusammen.

Gift und Elixier sind zwei Ausdrucksformen der gleichen Energie, genau wie Leben und Tod – genau wie alles übrige: Tag und Nacht, Liebe und Haß, Sex und kosmisches Bewußtsein. Für Tantra gilt: Verdamme nichts – nur Dumme verdammen. Wenn du etwas verdammst, vereitelst du die Möglichkeit, daß sich das Niedere zum Höheren entwickelt. Verdamme nicht den Schlamm, denn der Lotus steckt in ihm; hilf dem Schlamm lieber, die Lotusblume hervorzubringen. Natürlich ist der Schlamm noch keine Lotusblume, aber es kann eine daraus werden. Und der kreative Mensch, der religiöse Mensch, hilft dem Schlamm, den Lotus freizusetzen, den Lotus aus dem Schlamm zu befreien.

Saraha ist der Schöpfer der tantrischen Vision. Sie ist von ungeheurer Bedeutsamkeit, besonders für den jetzigen Zeitpunkt der Menschheitsentwicklung. Denn die Geburtswehen einer neuen Menschheit haben schon eingesetzt. Ein neues Bewußtsein klopft an die Tür. Die Zukunft gehört Tantra. Denn von jetzt an wird sich der Geist des Menschen nicht länger von dualistischen Einstellungen beherrschen lassen.

Sie haben es jahrhundertelang versucht, und sie haben den Menschen völlig verstümmelt. Sie haben ihm ein schlechtes Gewissen gemacht. Und sie haben ihn nicht frei gemacht, sie haben den Menschen zum Gefangenen gemacht. Sie haben den Menschen auch nicht glücklich gemacht; sie haben den Menschen sehr unglücklich gemacht. Sie haben alles verurteilt: Vom Essen bis zum Sex haben die Dualisten alles verurteilt. Beziehungen, Freundschaften – alles haben sie verurteilt. Die Liebe wird verurteilt, der Körper wird verurteilt, das Denken wird verurteilt. Sie haben euch keinen Fußbreit übriggelassen, wo ihr noch stehen könntet. Sie haben der Menschheit alles genommen, und jetzt hängt sie einfach in der Luft, hängt sie im Leeren.

Dieser Zustand der Menschheit ist nicht mehr zu ertragen. Tantra kann euch eine neue Perspektive geben – deshalb habe ich mich entschlossen, über Saraha zu sprechen.

Saraha gehört zu den Menschen, die ich am meisten liebe. Er ist meine alte Liebe. Ihr habt den Namen Saraha wahrscheinlich noch nie gehört, aber Saraha gehört zu den großen

Wohltätern der Menschheit. Müßte ich an zehn Fingern die großen Wohltäter der Menschheit aufzählen, Saraha wäre unter diesen zehn. Selbst wenn ich nur fünf Finger hätte – ich könnte Saraha nicht weglassen.

Bevor wir uns mit diesem Lied Sarahas beschäftigen, noch ein paar Einzelheiten über sein Leben. Saraha wurde in Vidarbha geboren. Vidarbha liegt im Staat Maharashtra, gar nicht weit von Poona entfernt. Er wurde zur Regierungszeit des Königs Mahapala geboren, und zwar als Sohn eines sehr gelehrten Brahmanen, der zum Hof des Königs gehörte. Und wie der Vater, gehörte auch der Sohn zum Hofstaat. Er hatte vier Brüder, allesamt große Gelehrte, aber er war der jüngste und der intelligenteste von ihnen. Sein Ruhm verbreitete sich allmählich über das ganze Land, und der König war hingerissen von seiner hohen Intelligenz.

Seine vier Brüder waren zwar auch große Gelehrte, aber Zwerge neben Saraha. Alle vier verheirateten sich nach und nach. Der König wollte nun Saraha seine eigene Tochter zur Frau geben, aber Saraha wollte lieber der Welt den Rücken kehren, er wollte Sannyasin werden. Das verletzte den König; er versuchte, Saraha zu überreden; ein so wunderbarer Mensch, so intelligent und so gut aussehend! Sein Ruhm verbreitete sich im ganzen Land. Er gab dem Hof des Königs Mahapala besonderen Glanz. Der König war also sehr besorgt, ihn zu verlieren, und wollte nicht, daß dieser ungewöhnliche junge Mann Sannyasin würde. Er wollte ihn protegieren, er bot ihm allen erdenklichen Komfort, war bereit, alles für ihn zu tun. Aber Saraha bestand auf seiner Entscheidung, und der König mußte ihm seinen Willen lassen. Er wurde Sannyasin. Er wurde Jünger von Sri Kirti.

Sri Kirti war ein direkter ›Abkömmling‹ Buddhas: Erst kommt Gautama Buddha, dann sein Sohn Rahul Bhadra, und dann kommt schon Sri Kirti. Nur zwei Meister also trennen Saraha von Buddha. Er ist nicht weit von Buddha entfernt. Der Baum muß noch sehr, sehr grün gewesen sein; Buddhas Ausstrahlung muß noch sehr, sehr lebendig gewesen sein. Buddha hat eben erst die Erde verlassen. Sein Aroma muß noch deutlich zu spüren gewesen sein.

Der König war schockiert; schließlich war Saraha doch Brahmane! Er hätte also, wenn er schon Sannyasin werden mußte, wenigstens ein hinduistischer Sannyasin werden können; statt dessen wählte er einen buddhistischen Meister. Auch Sarahas Familie war deswegen tief betrübt; sie wandten sich alle von ihm ab. Er fiel in Ungnade. Aber das war noch lange nicht alles; mehr davon später.

Sarahas ursprünglicher Name war ›Rahul‹; so hatte ihn sein Vater genannt. Wie er zu ›Saraha‹ wurde, davon werden wir noch ausführlicher hören, das ist eine sehr schöne Geschichte. Als er zu Sri Kirti kam, sagte der als erstes: »Deine Veden und deine Gelehrsamkeit – den ganzen Krempel kannst du vergessen.« Das war für Saraha nicht leicht; aber er war bereit, alles aufs Spiel zu setzen. Sri Kirti strahlte etwas aus, das ihn gefesselt hatte. Sri Kirti war wie ein starker Magnet. Saraha warf seine ganze Gelehrsamkeit hin, er wurde wieder ›ungelehrt‹.

Das ist ein ungeheuer großer Verzicht. Es ist leicht, auf Wohlstand zu verzichten; es ist leicht, auf ein großes Reich zu verzichten, aber auf Wissen zu verzichten ist das Schwerste von der Welt. Vor allem: *Wie* soll man es wieder loswerden? Es steckt ja in einem drin! Aus deinem Königreich kannst du davonlaufen, du kannst in den Himalaja gehen; deinen Reichtum kannst du verteilen – aber wie sollst du dein Wissen wieder loswerden? Und außerdem ist es sehr schmerzhaft, wieder unwissend zu werden. Das ist der schlimmste Entzug, den es gibt: wieder unwissend zu werden, so unschuldig wie ein Kind... Aber er war bereit dazu.

Jahre vergingen, und nach und nach radierte er alles aus, was er wußte. Er drang tief in die Meditation ein. So, wie sich früher sein Ruhm als Gelehrter verbreitet hatte, so breitete sich jetzt sein Ruhm als großer Meditierer aus. Von nah und fern kamen die Leute, nur um diesen jungen Mann zu sehen, der so unschuldig geworden war wie ein junges Blatt, wie der Tautropfen auf einem Grashalm am Morgen.

Eines Tages, während der Meditation, hatte Saraha eine Vision; er sah eine Frau vor sich auf einem Marktplatz sitzen, und er wußte, diese Frau würde sein wahrer Meister werden.

Sri Kirti hatte ihn nur auf den Weg gebracht, aber die wahre Unterweisung würde von einer Frau kommen.

Nun, auch das muß näher verstanden werden. Tantra ist die einzige religiöse Tradition, die nie unter die Herrschaft der Männer geraten ist. Ja – um in Tantra eingeweiht zu werden, braucht man die Hilfe einer weisen Frau. Ohne eine weise Frau kann niemand in die komplexe Welt des Tantra eindringen.

In seiner Vision sah Saraha eine Frau auf dem Markt. Erstens also: eine Frau. Und zweitens: auf dem Markt; dort, wo das Leben am turbulentesten ist. Die tantrische Haltung ist nicht lebensfeindlich; Tantra ist bedingungslose Bejahung. – Saraha stand auf. Sri Kirti fragte: »Wo willst du hin?« Er antwortete: »Du hast mir den Weg gezeigt. Du hast mir meine Gelehrsamkeit genommen. Du hast die eine Hälfte der Arbeit geleistet – du hast meine Tafel saubergewischt. Jetzt bin ich so weit, mit der zweiten Hälfte anzufangen.« Sri Kirti segnete ihn und lachte; dann ging er.

Direkt zum Markt. Er war überrascht: tatsächlich fand er die Frau, die ihm in der Vision erschienen war. Die Frau arbeitete an einem Pfeil. Sie war die Frau eines Pfeilmachers.

Und jetzt das dritte, was ihr euch über Tantra merken müßt: je zivilisierter und kultivierter jemand ist, desto geringer die Möglichkeit einer tantrischen Umwandlung. Je unzivilisierter, je primitiver einer ist, desto lebendiger ist er. Je zivilisierter, desto künstlicher. Man ist überzüchtet, man verliert seine Wurzeln in der Erde. Man bekommt Angst vor der schmutzigen Welt. Man hält sich aus der Welt heraus und tut so, als gehöre man nicht dazu. Tantra sagt: Wenn du den wahren Menschen finden willst, mußt du bis zu den Wurzeln gehen.

Für Tantra sind die unzivilisierten, ungebildeten, unkultivierten Menschen die lebendigeren, die vitaleren. Die moderne Psychologie ist hier der gleichen Meinung. Der Schwarze ist vitaler als der weiße Amerikaner – daher die Furcht der Weißen. Der Amerikaner hat große Angst vor den Schwarzen. Die Angst des Weißen kommt daher, daß er aus Plastik ist, während der Schwarze noch lebendig ist, der Erde näher.

Der Konflikt zwischen den Schwarzen und den Weißen Amerikas ist nicht wirklich ein Konflikt zwischen Schwarz und

Weiß, sondern der Konflikt zwischen Künstlich und Echt. Und der Amerikaner – der weiße Mann – hat vor allem die eine Angst, daß der Schwarze, wenn er nur eine Chance bekäme, ihm die Frau wegnehmen würde. Der Neger ist vitaler – sexuell vitaler, lebendiger. Seine Energie ist noch ungezähmt. Und davor haben zivilisierte Menschen am meisten Angst: ihre Frauen zu verlieren. Sie wissen, daß sie unfähig sind, ihre Frauen zu halten, wenn es vitalere Männer gibt.

Tantra sagt: Für alle, die noch primitiv sind, ist Wachstum möglich. Ihr seid in die falsche Richtung gewachsen; sie dagegen sind überhaupt noch nicht gewachsen, also können sie noch die richtige Richtung einschlagen. Ihre Möglichkeiten sind unverdorben. Sie brauchen nichts rückgängig zu machen. Sie können geradeaus vorwärtsgehen.

Die Frau eines Pfeilmachers gehört zur untersten Kaste. Und für Saraha – den gelehrten Brahmanen, den berühmten Brahmanen, der zum Hof des Königs gehört hatte – ist der Gang zur Pfeilmacherin symbolisch. Das Gelehrte muß zum Vitalen gehen. Das Künstliche muß zum Wirklichen gehen.

Er sah diese Frau, diese junge Frau, äußerst lebendig, sprühend vor Leben, wie sie den Schaft eines Pfeiles schnitzte, und dabei weder nach links noch nach rechts sah, völlig in ihre Arbeit am Pfeil vertieft. Er spürte in ihrer Gegenwart sofort etwas Außergewöhnliches, etwas, das ihm noch nie begegnet war. Selbst Sri Kirti, sein Meister, verblaßte neben der Ausstrahlung dieser Frau. Sie hatte etwas so Frisches, so unmittelbar aus der Quelle!

Sri Kirti war ein großer Philosoph. Zwar hatte er Saraha dazu gebracht, all sein Wissen aufzugeben – doch er selbst war trotzdem Gelehrter. Zwar hatte er von Saraha gefordert, all seine Veden und Heiligen Schriften aufzugeben – doch er besaß seine eigenen Schriften, seine eigenen Veden. Zwar war er antiphilosophisch, aber seine Antiphilosophie war trotzdem noch eine Art Philosophie. Hier war nun plötzlich eine Frau, die weder antiphilosophisch noch philosophisch war, die einfach keine Ahnung von Philosophie hatte, die, unschuldig wie sie war, von keiner Philosophie, von keiner Gedankenwelt wußte. Eine Frau des Handelns, völlig vertieft in ihr Tun.

Saraha schaute ihr andächtig zu: der Pfeil war fertig, die Frau schloß das eine Auge und machte das andere auf, als zielte sie auf einen unsichtbaren Punkt. Saraha trat näher heran. Er konnte keine Zielscheibe entdecken – die Frau posierte nur. Sie hielt ein Auge geschlossen, das andere war geöffnet, und so stand sie und zielte auf ein unbekanntes, unsichtbares, nichtexistentes Ziel. Saraha ahnte, daß das eine Art Botschaft war. Die Pose, so schien ihm, war symbolisch; aber was sie bedeutete, war dunkel und unbestimmt. Er fühlte wohl, daß es etwas bedeutete, aber er hatte keine Ahnung, was.

Also fragte er die Frau, ob sie von Beruf Pfeilmacherin sei; da lachte die Frau lauthals, ein wildes Lachen, und sagte: »Du dummer Brahmane! Die Veden hast du aufgegeben, aber statt dessen verehrst du jetzt die Sprüche Buddhas, das Dhammapada. Was soll's? Du hast deine Bücher ausgetauscht, hast deine Philosophie ausgewechselt, aber du bist nach wie vor ein Dummkopf.«

Das war ein Schock für Saraha. Noch nie hatte jemand so zu ihm geredet. *So* konnte nur eine ungebildete Frau reden. Und wie sie lachte – so primitiv! So unzivilisiert! Trotzdem: Sie hatte etwas sehr Lebendiges, und er fühlte sich angezogen. Sie war ein großer Magnet, und er nur ein Stückchen Eisen.

Dann sagte sie: »Und du hältst dich für einen Buddhisten?« Er muß das Gewand eines buddhistischen Mönches angehabt haben – das Ocker-Gewand. Und wieder lachte sie und sagte: »Buddha kannst du nur durch Handeln verstehen, nicht durch Worte, nicht durch Bücher. Hast du denn immer noch nicht genug? Hast du von dem ganzen Bücherkram denn immer noch nicht die Nase voll? Verschwende keine Zeit mehr mit dieser sinnlosen Suche. Komm und folge mir.«

Und dann geschah etwas, so etwas wie eine Kommunion. Er hatte so etwas noch nie erlebt. In diesem Augenblick ahnte Saraha die spirituelle Bedeutung ihres Tuns. Weder nach rechts noch nach links hatte sie geschaut, sondern genau auf die Mitte.

Zum ersten Mal begriff er, was Buddha damit gemeint hatte, wenn er davon sprach, genau in der Mitte zu bleiben: vermeide die Extreme. Erst war er Philosoph, dann Anti-Philosoph – vom einen Extrem ins andere. Erst hatte er das eine angebetet, dann das Gegenteil davon – aber das Anbeten war geblieben. Man kann von links nach rechts umschwenken, und von rechts nach links, aber das hilft nicht viel. Dann bist du wie ein Pendel, das von rechts nach links und von links nach rechts schwingt.

Und ist euch schon aufgefallen, daß ein Pendel, indem es nach rechts ausschlägt, nur Schwung sammelt, um nach links zu schwingen? Und wenn es nach links geht, sammelt es Schwung, um nach rechts zu gehen. Und so geht die Uhr weiter, und die Welt auch. In der Mitte verweilen heißt: das Pendel einfach zum Stillstand bringen und sich weder nach links noch nach rechts bewegen. Die Uhr bleibt dann stehen. Die Welt auch. Die Zeit hört auf... und der Zustand der Nicht-Zeit ist da.

Wie oft hatte Sri Kirti ihm das nicht schon gesagt? Er hatte darüber gelesen, er hatte darüber nachgebrütet, hatte sich in dies Problem versenkt. Er hatte mit anderen darüber diskutiert, wie wichtig es sei, in der Mitte zu bleiben. Zum ersten Mal hatte er es jetzt in der Praxis gesehen: die Frau hatte weder nach links noch nach rechts geblickt... sie hatte genau auf die Mitte geschaut, war einzig auf die Mitte konzentriert.

Die Mitte ist der Punkt, von dem aus die Transzendenz geschieht. Denkt drüber nach, versenkt euch darin und beobachtet es im Leben. Der eine rennt zum Beispiel wie wahnsinnig hinterm Geld her. Er ist geldgierig, das Geld ist sein einziger Gott...

Eine Frau fragt die andere: »Warum hast du deinen Freund verlassen? Was war los? Ich dachte, ihr seid verlobt und wollt bald heiraten. Was ist passiert?«

Die andere sagte: »Wir beten zu verschiedenen Göttern, deshalb haben wir uns getrennt.«

Die Neugierige wunderte sich, denn sie wußte, daß beide katholisch waren. »Wie meinst du denn das?« fragte sie.

»Ich bete Geld an, und er ist pleite.«

Es gibt Leute, deren Gott das Geld ist. Früher oder später läßt sie dieser Gott im Stich, unweigerlich. Man kann das Geld nicht zum Gott machen. Das ist Selbsttäuschung, Projektion. Früher oder später kommt der Tag, wo du erkennst, daß Gott nicht im Geld ist, daß überhaupt nichts im Geld ist, daß du dein Leben damit vertan hast. Und dann wirfst du plötzlich das

Steuer herum, dann beziehst du den entgegengesetzten Standpunkt: du haßt das Geld. Du rührst es nicht an, du meidest es. Aber du bist genauso besessen wie früher: nur bist du jetzt *dagegen;* die Besessenheit ist die gleiche. Du bist von links nach rechts umgeschwenkt, aber der Brennpunkt deines Bewußtseins ist nach wie vor das Geld.

Du kannst von einer Leidenschaft zur andern wechseln. Wenn du allzu weltlich warst, kannst du jetzt sehr unweltlich werden; aber die Krankheit bleibt dieselbe, *du* bleibst der gleiche. Buddha sagt: weltlich zu sein ist weltlich, und unweltlich zu sein ist ebenso weltlich. Geldgierig zu sein ist Geldgier, und gegen Geld zu sein ist auch Geldgier. Macht zu wollen ist dumm; Macht zu meiden ist genauso dumm. Einfach in der Mitte zu bleiben, das ist die ganze Kunst...

Zum ersten Mal sah Saraha also, was das hieß... bei Sri Kriti hatte er es nie gesehen. Und hier war es Wirklichkeit. Die Frau hatte recht, wenn sie sagte: »Du kannst es nur lernen, indem du handelst.« Und sie war so sehr darin vertieft, daß sie nicht einmal bemerkte, wie Saraha neben ihr stand und zusah. Sie war so in ihre Sache vertieft, ging so in ihrem Handeln auf, daß sie auch damit ein Wort Buddhas erfüllte: ›Etwas total tun heißt, frei von allem Tun sein.‹

Karma kommt dadurch zustande, daß du nicht völlig im Handeln aufgehst. Sobald du völlig darin aufgehst, bleibt kein Rest zurück. Was immer du total tust, hinterläßt keine Spuren. Was immer du total tust, ist erledigt, du behältst psychologisch keine Erinnerung daran. Tu irgend etwas nur halb, und es bleibt an dir hängen, geht weiter, wirkt sich wie Katzenjammer aus. Die Gedanken können es nicht loslassen und wollen es zu Ende bringen.

Der Verstand will immer alles vollenden. Führe irgend etwas zu Ende, und der Verstand tritt ab. Wenn du immer alles total bis zu Ende machts, entdeckst du eines Tages, daß das Denken aufgehört hat. Denken – das ist der Schutthaufen aller unerledigten Handlungen der Vergangenheit.

Du wolltest eine Frau lieben und hast sie nicht geliebt. Jetzt ist sie tot. Du wolltest zu deinem Vater gehen und ihn um Verzeihung bitten für alles, was du ihm angetan hast, womit du ihm weh getan hast – und jetzt ist er tot. Jetzt wirst du den Katzenjammer nicht mehr los. Wie ein Gespenst... jetzt bist du hilflos; was sollst du tun? An wen sollst du dich wenden? Wen um Verzeihung bitten? Du wolltest dich einem Freund gegenüber freundlich zeigen, aber hast dich statt dessen verschlossen. Jetzt ist der Freund nicht mehr da, und die Wunde schmerzt. Du fühlst dich schuldig, du bereust. Und so geht alles weiter...

Mache irgend etwas total, und du bist frei davon, und du schaust nicht mehr zurück. Der authentische Mensch blickt nie zurück; denn da gibt es nichts zu sehen. Er hat keinen Katzenjammer. Er geht einfach vorwärts. Seine Augen sind nicht von der Vergangenheit getrübt, sein Blick ist klar. Bei solcher Klarheit erkennt man, was Wirklichkeit ist.

Eure Sorgen kommen alle aus unerledigten Dingen; ihr seid wie Müllplätze. Hier etwas Unvollständiges, dort etwas Unfertiges; nichts ist abgeschlossen. Habt ihr das noch nicht bemerkt? Habt ihr je wirklich etwas abgeschlossen? Oder ist alles unfertig liegengeblieben? Ihr schiebt einfach die eine Sache beiseite und fangt mit der nächsten an, und bevor ihr damit zu Ende seid, macht ihr schon wieder etwas Neues. Und so bürdet ihr euch immer mehr Schutt auf. Genau das heißt Karma – Karma bedeutet: unabgeschlossene Vergangenheit.

Sei total, und du bist frei.

Diese Frau war total mit ihrer Arbeit beschäftigt. Darum ging ein solches Leuchten von ihr aus; das machte sie so schön. Sie war eine gewöhnliche Frau, aber ihre Schönheit war nicht von dieser Welt. Die Schönheit kam aus ihrer restlosen Hingabe. Die Schönheit kam daher, daß sie nicht ins Extrem ging. Die Schönheit kam daher, daß sie in ihrer Mitte blieb, im Gleichgewicht war. Ausgeglichenheit führt zu Anmut.

Zum ersten Mal in seinem Leben sah Saraha eine Frau, deren Schönheit nicht nur körperlich war, sondern auch geistig. Kein Wunder, daß er sich ihr hingab. Daß er sich ihr auslieferte, geschah einfach von selbst. Ihre völlige Versunkenheit in das, was sie gerade tat, ließ ihn zum ersten Mal begreifen: *das* war wirkliche Meditation. Meditation war nicht, eine Zeitlang dazusitzen und ein bestimmtes Mantra zu wiederholen, oder in den Tempel oder die Kirche oder die Moschee zu gehen, sondern voll im Leben zu bleiben, mit ganz einfachen Dingen beschäftigt, aber mit einer Hingabe, deren Tiefe sich in jeder Handbewegung offenbart.

Er verstand zum ersten Mal, was Meditation heißt. Er hatte meditiert, er hatte sich große Mühe gegeben, aber zum ersten Mal erfuhr er lebendige Meditation – so war das also! Er konnte es spüren. Er hätte es anfassen können. Es war geradezu mit Händen zu greifen. Und dann erinnerte er sich, daß das Öffnen des einen Auges und das Schließen des andern ein Symbol war – ein buddhistisches Symbol.

Buddha sagt... und die Psychologen sind heute mit ihm einer Meinung! Nach zweitausendfünfhundert Jahren steht die Psychologie heute dort, wo Buddha schon längst war. Buddha sagt, daß die eine Hälfte des Hirns logisch denkt, und die andere intuitiv ist; daß das Hirn in zwei Hälften geteilt ist, in zwei Hemisphären. Die linke Hemisphäre ist die Fähigkeit zu logischem Denken, zu Argumentation, Analyse, Philosophie und Theologie... Worte, Worte, nichts als Worte, Argumente, Syllogismen und Schlußfolgerungen. Die linke Hirnhälfte ist aristotelisch.

Die rechte Seite ist intuitiv, poetisch – Inspiration, Vorstellungskraft, Apriori-Bewußtsein, Apriori-Wissen. Hier willst du nichts beweisen – du weißt es einfach. Hier brauchst du nicht logisch zu schließen – du erkennst einfach. Das ist mit ›Apriori-Bewußtsein‹ gemeint: es ist von vornherein da.

Die Wahrheit wird von der rechten Seite *erkannt;* von der linken Seite her sind nur *Rückschlüsse* auf sie möglich. Ein Rückschluß ist ein Rückschluß, keine Erkenntnis.

Plötzlich *erkannte* Saraha, daß die Frau das eine Auge geschlossen hielt; ein geschlossenes Auge, das hieß symbolisch: schließe das Auge des Verstandes, der Logik. Und das andere Auge hatte sie geöffnet: symbolisch für Liebe, Intuition, Bewußtsein. Die symbolische Bedeutung dieser Geste fiel ihm erst jetzt ein.

Auf das unbekannte Unsichtbare zielend, sind wir auf der Reise ins Ungewisse: das zu suchen, was nicht gefunden werden kann, das zu erkennen, was nicht erkannt werden kann, das zu erreichen, was nicht erreicht werden kann. Diese unmögliche Leidenschaft macht den religiösen Sucher aus.

Ja – es ist unmöglich. Mit ›unmöglich‹ meine ich nicht, daß es nicht geschehen wird. Mit ›unmöglich‹ meine ich, daß es nur geschehen kann, wenn du total umgewandelt wirst. So, wie du bist, kann es nicht geschehen; aber es gibt mehrere Seins-Ebenen, und du kannst zu einem völlig neuen Menschen werden... und dann geschieht es. Für dich, den veränderten Menschen, ist es möglich. Darum sagt Jesus: Bevor du nicht neu geboren wirst, kannst du das Himmelreich nicht erkennen. Erst ein Mensch, der neu geboren wurde, kann es erkennen.

Du kommst zu mir. So, wie du bist, wirst du es nicht erkennen. Ich muß dich erst töten, ich muß zu einer ungeheuren Gefahr für dich werden, du mußt restlos verschwinden. Und der neue Mensch wird deshalb geboren, das neue Bewußtsein entsteht deshalb, weil etwas Unzerstörbares in dir ist, etwas, das nicht vernichtet werden kann. Niemand kann es zerstören. Nur das Zerstörbare wird zerstört; das Unzerstörbare bleibt. Wenn du bei diesem unzerstörbaren Element in dir angekommen bist, bei dieser ewigen Bewußtheit in deinem Innern, dann bist du ein neuer Mensch, ein neues Bewußtsein.

Durch diesen Prozeß wird das Unmögliche möglich, wird das Unerreichbare erreicht.

Saraha erinnerte sich also an diese Geste. Dieses Zielen auf das Unbekannte, das Unsichtbare, das Unwißbare, das *Eine* – darum ging es. Wie kann ich eins werden mit der Existenz? Das Nicht-Entzweite ist das Ziel, wo Subjekt und Objekt nicht mehr sind, wo Ich und Du verschwinden.

Es gibt ein sehr berühmtes Buch, ein großes Buch: *›Ich und Du‹*, von Martin Buber. Martin Buber sagt, daß die Erfahrung des Betens eine Ich-Du-Erfahrung sei. Er hat recht. Das Beten ist eine Ich-Du-Beziehung. Gott ist das ›Du‹, und du bist das ›Ich‹; und du führst ein Zwiegespräch, einen Dialog mit dem ›Du‹. Aber der Buddhismus weiß nichts vom Gebet, denn der Buddhismus geht tiefer. Der Buddhismus sagt: Selbst wenn es eine Ich-Du-Beziehung gibt, bleibt ihr zwei, bleibt ihr getrennt. Ihr könnt euch gegenseitig anbrüllen, aber eine wahre Kommunion findet nicht statt. Zur Kommunion kommt es erst, wenn es keine Ich-Du-Trennung mehr gibt, wenn Subjekt und Objekt verschwinden, wenn kein Ich und kein Du mehr existieren, kein Sucher und kein Gesuchtes... wenn es zur Einheit kommt, zur Vereinigung.

Im gleichen Augenblick, als ihm dies bewußt wurde, als er das Tun der Frau zutiefst verstand, da erkannte er auch die Wahrheit. Und die Frau nannte ihn daraufhin ›Saraha‹. Sein Name war Rahul. Die Frau aber nannte ihn Saraha. Saraha ist ein sehr schönes Wort. Es bedeutet: ›Einer, der den Pfeil abgeschossen hat‹. ›Sara‹ bedeutet ›Pfeil‹, ›ha(n)‹ bedeutet ›abgeschossen‹. Saraha heißt also: ›Der den Pfeil abgeschossen hat‹. Der Augenblick, in dem er den Sinn ihrer Bewegungen erkannte, den Sinn ihrer symbolischen Gesten, in dem er zu lesen und dekodieren vermochte, was sie ihm zeigen wollte, dieser Augenblick machte die Frau ungeheuer glücklich. Sie tanzte, nannte ihn ›Saraha‹ und sagte: »Von heute an wirst du Saraha heißen: du hast den Pfeil abgeschossen. Indem du den Sinn meiner Gesten begriffen hast, hast du ins Schwarze getroffen.«

Saraha sagte zu ihr: »Du bist keine gewöhnliche Pfeilmacherin – es tut mir leid, daß ich dich auch nur einen Augenblick lang dafür gehalten habe. Verzeih, es tut mir ungeheuer leid! Du bist ein großer Meister – durch dich bin ich wiedergeboren worden. Bis gestern war ich kein wahrer Brahmane. Von heute an bin ich einer. Du bist mein Meister und bist meine Mutter, du hast mir ein neues Leben geschenkt. Ich bin nicht mehr der, der ich war. Du hast völlig recht, mir meinen alten Namen zu nehmen und mir diesen neuen zu geben.«

Ich werde manchmal gefragt, warum ich neue Namen gebe. Damit ihr eure alte Identität auf den Müll werfen könnt, damit ihr die Vergangenheit vergessen könnt, damit ihr eure Abhängigkeit von allem Vergangenen aufgebt. Ein sauberer Schnitt ist notwendig. Die Verbindung mit der Vergangenheit muß abgebrochen werden.

Aus Rahul wurde Saraha.

Der Legende zufolge soll diese Frau niemand anderer als ein verkleideter Buddha gewesen sein. Der Name dieses Buddhas heißt in den Schriften Sukhnatha – der Buddha, der Saraha half, dem potentiell großen Mann. Buddha, ein gewisser Buddha namens Sukhnatha, nahm die Gestalt einer Frau an. Aber warum? Warum die Gestalt einer Frau? Weil im Tantra die Geburt des Jüngers durch eine Frau geschehen muß, genau wie bei der wirklichen Geburt. Und tatsächlich sind alle Meister eher Mütter als Väter. Sie haben etwas Weibliches an sich. Buddha *ist* weiblich, Mahavir und Krishna auch. Ihre Anmut ist ganz offensichtlich feminin, sie haben eine weibliche Rundheit, eine weibliche Schönheit. Schaut ihnen in die Augen, und ihr werdet nicht die männliche Aggression darin finden.

Es ist also sehr symbolisch, daß ein Buddha Frauengestalt annahm. Das tun nämlich alle Buddhas. Auch wenn sie in einem männlichen Körper leben – sie sind weiblich! Denn alles, was *geboren* wird, wird aus weiblicher Energie geboren. Männliche Energie kann eine Geburt zwar auslösen, aber nicht schenken.

Ein Meister muß dich monatelang in seinem Schoß austragen, jahrelang, manchmal ganze Leben lang. Keiner weiß, wann der Augenblick deiner Geburt da ist. Ein Meister muß über eine ungeheure feminine Energie verfügen, damit er dich ganz und gar in seine Liebe einhüllen kann; denn erst dann kann er dich zerstören. Erst wenn du dir seiner Liebe ganz sicher bist, wirst du ihm erlauben, dich zu zerstören. Wie willst du ihm vertrauen? Nur seine Liebe macht dich zu so großem Vertrauen fähig. Und indem du ihm vertraust, nimmt er dir langsam ein Glied nach dem andern ab. Bis du eines Tages nicht mehr bist. Langsam, ganz, ganz langsam... und weg bist du. »Gaté, gaté, para gaté – du gehst und gehst, bis du gegangen bist.« So wird das Neue geboren.

Die Frau des Pfeilmachers nahm ihn an. Ja, sie hatte ihn erwartet. Ein Meister wartet auf den Jünger... Alte Traditionen sagen: Ehe der Jünger den Meister wählt, hat der Meister bereits den Jünger gewählt. Genau das passiert auch in dieser Geschichte. Sukhnatha verbarg sich in der Form einer Frau und wartete, daß Saraha kam und durch ihn neugeboren werde.

Und das ist auch logischer, daß ein Meister seine Wahl erst selbst trifft; schließlich ist er viel bewußter, er *weiß*. Er kann bis in die tiefste Anlage deines Wesens blicken, bis in dein ganzes Potential. Er kann deine Zukunft erkennen. Er kann sehen, was alles möglich ist. Wenn du zu einem Meister gehst, glaubst du, ihn dir selbst ausgesucht zu haben – aber da irrst du. Wie willst *du* einen Meister wählen? Blind wie du bist, willst du einen Meister erkennen können? Du bist so unbewußt – wie könntest du einen Meister spüren? Wenn du ihn zu spüren beginnst, heißt das, daß er schon bis in dein Herz vorgedrungen ist und angefangen hat, mit deinen Energien zu spielen... denn nur darum spürst du ihn.

Bevor ein Jünger seinen Meister wählt, hat der Meister längst ihn gewählt.

Sie nahm ihn an. Sie hatte auf Saraha gewartet. Sie zogen gemeinsam auf eine Verbrennungsstätte und lebten von nun an dort zusammen. Warum eine Verbrennungsstätte? Weil Buddha sagt: Du mußt erst den Tod verstanden haben, bevor du das Leben verstehen kannst. Nur wenn du *stirbst,* kannst du wiedergeboren werden.

Viele Tantra-Adepten haben seitdem auf Verbrennungsfeldern gelebt. Diese Tradition stammt von Saraha. Er lebte zwischen brennenden Leichen: Tote wurden gebracht, eine Leiche nach der andern wurde verbrannt, und er lebte dort; dort war er zu Hause. Er lebte dort mit dieser Pfeilmacherin zusammen. Es war eine große Liebe. Nicht die Liebe zwischen Mann und Frau, sondern die zwischen Jünger und Meister, die weit über alles hinausgeht, was zwischen Mann und Frau geschieht – sie ist viel intimer, ganz enorm viel intimer... denn eine Liebesbeziehung zwischen Mann und Frau ist eine Sache zwischen zwei Körpern. Sie reicht allenfalls ab und zu ins Spirituelle; aber im großen und ganzen bleibt es eine körperliche Angelegenheit.

Jünger und Meister – das ist eine Liebesbeziehung der Seelen. Saraha hatte seinen Seelenpartner gefunden. Sie liebten sich ungeheuer, ihre Liebe war so groß, wie man es kaum auf Erden findet.

Sie lehrte ihn Tantra. Nur eine Frau kann Tantra lehren. Jemand hat mich gefragt, warum ich Kaveesha als Gruppenleiterin für die Tantra-Gruppe gewählt habe – nur eine Frau kann eine Tantra-Gruppe leiten. Für einen Mann ist das zu schwierig. Sicher, manchmal kann das auch ein Mann, aber es muß ein Mann sein, der sehr, sehr weiblich geworden ist. Eine Frau ist schon weiblich. Sie hat schon all die Eigenschaften, die hier nötig sind: die liebende, zärtliche Haltung. Sie hat schon von Natur aus das Herz, die Liebe, das Gespür für das Zarte.

Unter der Anleitung dieser Pfeilmacherin wurde Saraha zu einem Tantriker. Jetzt meditierte er nicht mehr. Er hatte damit begonnen, daß er eines Tages alle Veden, alle heiligen und gelehrten Bücher über Bord warf; jetzt ließ er auch das Meditieren hinter sich. Jetzt verbreitete sich im ganzen Land das Gerücht: »Er meditiert nicht mehr. Er singt und tanzt sogar, aber meditieren tut er nicht mehr. Jetzt ist Singen seine Meditation. Jetzt ist Tanzen seine Meditation. Jetzt ist sein Leben ein einziges Fest.«

Stellt euch vor, das Leben als Fest – mitten unter brennenden Leichen! Zu leben, wo nur Tod ist, und das auch noch mit größter Freude. Das ist das Schöne an Tantra – es bringt die Gegensätze zusammen, die unvereinbaren Dinge. Normalerweise fühlt man sich auf Verbrennungsstätten bedrückt. Es fällt einem nicht leicht, sich dort froh zu fühlen, geschweige denn zu tanzen und zu singen, während Leichen verbrannt werden und Trauernde weinen und wehklagen. Und tagein, tagaus nichts als Tod... Tag und Nacht, Tag und Nacht. Wie kann man dabei froh sein? Aber solange du nicht *dort* froh sein kannst, ist alles, was du für Freude gehalten hast, reine Einbildung. Wenn du *dort* Freude empfinden kannst, dann ist wirklich Freude in dir. Dann ist sie bedingungslos. Dann ist sie nicht mehr abhängig von Leben oder Tod, nicht mehr davon, ob jemand geboren wird oder stirbt.

Saraha fing an, singend und tanzend zu leben. Er war kein ernsthafter Mensch mehr. Tantra ist nicht ernst. Tantra ist spielerisch. Wohl ehrlich, aber nicht ernsthaft; Tantra ist reine Freude. Sarahas Leben wurde von Spiel erfüllt – Tantra *ist* Spiel; denn Tantra ist eine sehr hochentwickelte Form der Liebe, und Liebe ist Spiel.

Es gibt Leute, die verhindern wollen, daß selbst Liebe Spiel ist. Mahatma Gandhi sagt: du darfst dir Sex nur erlauben, wenn du Kinder zeugen willst. Selbst aus der Liebe haben sie Arbeit gemacht... Reproduktion. Wie häßlich! Liebe deine Frau nur dann, wenn du mit ihr Reproduktion beabsichtigst! Die Frau als Fabrik! ›Reproduktion‹ – das Wort allein ist schon abstoßend. Liebe macht Spaß! Liebe deine Frau, wenn dir leicht ums Herz ist, wenn du froh bist, wenn du dich wie ein König fühlst. Schenke dich *nur so*! Liebe deinen Mann nur, wenn du voller Tanz und Gesang und Freude bist, aber nicht ›zum Zwecke der Reproduktion‹! Das Wort Reproduktion ist obszön. Liebt euch aus Freude, aus überschäumender Freude. Gebt, wenn ihr habt! Spiel kam in sein Wesen. Ein Liebender ist immer begeistert von Spielen. Sobald der Geist des Spielerischen stirbt, werdet ihr zu Ehefrau und Ehemann, dann hört ihr auf, Liebende zu sein. Dann ›reproduziert‹ ihr nur noch. Und im gleichen Augenblick, wo ihr zu Eheleuten werdet, ist etwas sehr Schönes gestorben. Das Lebendige ist weg, der Lebenssaft fließt nicht mehr. Jetzt ist es nur noch Mache, Heuchelei.

Spiel kam in sein Wesen, und durch dieses Spiel kam es in ihm zur Geburt der Religion. Seine Ekstase war so ansteckend, daß die Leute zu ihm kamen, um ihm beim Tanzen und Singen zuzusehen. Und wenn sie kamen und ihm eine Weile zusahen, fingen sie selber zu tanzen und zu singen an. Die Verbrennungsstätte wurde zu einem großen Festgelände. Sicher, es wurden dort nach wie vor Leichen verbrannt, aber es versammelte sich eine immer größere Menge um Saraha und seine Pfeilmacherin, und alle waren sehr ausgelassen.

Die Sache wurde so ansteckend, daß Leute, die noch nie etwas von Ekstase gehört hatten, beim Tanzen und Singen in Ekstase gerieten, in Samadhi gingen. Seine Ausstrahlung, seine bloße Gegenwart wurde so stark, daß es ganz von allein passierte, wenn man nur in seiner Nähe war und mitmachte. So etwas nennt man ›contact high‹ – ein Hochgefühl nur durch Kontakt. Alle, die sich um ihn versammelten – er war so trunken, daß seine innere Trunkenheit überzufließen begann, sie alle mitriß. Er war so ›stoned‹, daß er die anderen immer mehr ansteckte.

Aber dann kam das Unvermeidliche: die Brahmanen und Priester und Schriftgelehrten und die sogenannten ehrbaren

Leute rotteten sich zusammen und fingen an, ihn zu verleumden und zu beschimpfen. Ich nenne das ›unvermeidlich‹. Wo immer ein Mann wie Saraha auftaucht, sind die Gelehrten und Priester gegen ihn, und mit ihnen die sogenannten moralischen Leute, die Puritaner, die Selbstgerechten. Sie fingen an, völlig grundlose Gerüchte über ihn zu verbreiten.

Sie redeten den Leuten ein: »Er ist von Gott abgefallen. Er ist pervers. Er ist kein Brahmane mehr. Er hat das Zölibat gebrochen. Nicht einmal buddhistischer Mönch ist er mehr. Er läßt sich auf schamlose Weise mit einer Frau aus niederer Kaste ein, und rennt herum wie ein verrückt gewordener Hund.« Seine Ekstase – für sie war es die Tollwut eines Hundes; es kommt eben auf den Standpunkt an. Er tanzte auf dem ganzen Verbrennungsgelände herum. Er *war* verrückt, aber nicht wie ein tollwütiger Hund, sondern wie ein begeisterter Gott.

Es kommt darauf an, wie man die Dinge sieht.

Auch der König erfuhr davon. Er wollte wissen, was genau vor sich ging, Er machte sich Sorgen. Immer mehr Leute, die ihn kannten, berichteten ihm. Sie wußten auch, daß der König große Stücke auf Saraha hielt, daß er ihn zu seinem Kanzler ernennen wollte, und daß er statt dessen der Welt entsagt hatte. Der König, der doch eine solche Hochachtung vor Sarahas Gelehrsamkeit hatte, der König mußte benachrichtigt werden!

Und der König machte sich Sorgen. Er hatte den jungen Mann geliebt, hatte ihn geachtet, und machte sich nun Sorgen. Also sandte er ein paar Leute zu Saraha, die ihn überreden sollten.

Sie richteten ihm aus: »Komm zurück in die alte Bahn. Du bist ein Brahmane, dein Vater ist ein angesehener Gelehrter, du selbst warst auch ein großer Gelehrter – was tust du nur? Du bist vom rechten Weg abgekommen. Komm heim. Ich bin noch immer für dich da. Komm zurück zum Palast, werde Teil meiner Familie. Was du tust, ist nicht recht.«

Die Abgesandten des Königs... Saraha sang ihnen hundertsechzig Verse vor. Sie waren gekommen, ihn zu bekehren, und nun fingen sie selber zu tanzen und zu singen an... Sarahas hundertundsechzig Verse... diese Leute kehrten nie zum Hof zurück.

Jetzt war der König erst recht verdutzt. Die Königin, seine Frau, war auch schon immer an diesem jungen Mann interessiert gewesen. Sie wollte ihn zum Schwiegersohn. Also ging sie persönlich hin. Saraha sang ihr achtzig Verse vor... und die Königin kam nicht zurück.

Jetzt war der König ratlos. »Was geht da vor sich?« Also ging er selber hin, und Saraha sang ihm vierzig Verse vor – der König wurde bekehrt und fing ebenfalls an, wie ein verrückter Hund zwischen den Scheiterhaufen herumzutanzen.

Es gibt also drei Schriften, die in Sarahas Namen überliefert worden sind: erstens ›Sarahas Lied an das Volk‹, hundertundsechzig Verse. Zweitens ›Sarahas Lied an die Königin‹, achtzig Verse. Und drittens ›Sarahas Lied an den König‹... und das ist der Text, über den wir hier meditieren werden... vierzig Verse. Einhundertsechzig Verse für das Volk – weil dessen Verständnis nicht so weit entwickelt war. Achtzig für die Königin, sie war schon ein Stück weiter, sie konnte schon mehr verstehen. Vierzig für den König, denn er war wirklich ein Mann der Intelligenz, des Bewußtseins, der Erkenntnis.

Und weil sich der König bekehren ließ, folgte allmählich das ganze Land seinem Beispiel. Und in den Schriften heißt es, daß eines Tages das ganze Land leer war. Leer?! – das ist ein buddhistisches Symbol. Damit wird gesagt, daß die Leute zu lauter Niemanden wurden, daß sie ihre Ego-Trips loswurden. Die Leute fingen an, den Augenblick zu genießen. Das ganze idiotische Treiben, der ganze brutale Kampf ums Dasein verschwand aus dem Land. Es wurde ein stilles Land. Es wurde leer... so als ob dort niemand mehr lebte. Die Menschen verschwanden als Menschen. Eine große Göttlichkeit senkte sich über das Land. Diese vierzig Verse waren die Wurzel, die Quelle der Umwälzung.

Und jetzt machen wir uns auf diese große Pilgerreise und beginnen mit ›Sarahas Lied an den König‹. Es wird auch das ›Lied vom menschlichen Handeln‹ genannt... Sehr paradox, denn es hat nicht das geringste mit Handeln zu tun. Es hat etwas mit Sein zu tun, und ›Lied vom menschlichen Handeln‹ wurde es deshalb genannt, weil sich das Handeln verändert, wenn sich das Sein verändert. Wenn *du* dich veränderst, verändert sich auch dein Handeln. Nicht umgekehrt. Wenn sich dein Wesen verändern soll, kannst du nicht damit anfangen, daß du dein Verhalten änderst. Tantra sagt: Erst verändere dein Wesen, und dann ändert sich dein Handeln ganz von selbst. Suche erst, auf eine neue Ebene des Bewußtseins zu gelangen, dann tritt von allein eine Veränderung deines Handelns, deines Charakters, deiner Verhaltensweisen ein.

Tantra glaubt an das Sein, nicht an das Handeln, nicht an den Charakter. Darum heißt dieses Lied auch ›vom menschlichen Handeln‹ – denn sobald sich dein Wesen verändert hat, ändern sich auch deine Handlungen. Wer hätte je seine Handlungsweise auf direktem Weg verändert? Dabei kann nicht mehr als Heuchelei herauskommen.

Wenn du jähzornig bist und dich gern ändern möchtest, was bleibt dir anderes übrig, als deine Wut zu unterdrücken und ein falsches Gesicht aufzusetzen? Aber dann trägst du eine Maske. Wenn in dir die Sexualität brodelt, was kannst du tun, um das zu ändern? Du kannst dir Enthaltsamkeit aufzwingen, kannst Brahmacharya, Keuschheit geloben und so tun als ob. Aber der Vulkan in dir kocht trotzdem weiter. Du sitzt auf einem Vulkan, der jederzeit ausbrechen kann. Du bist ständig in Angst, mußt immer ängstlich mit der Katastrophe rechnen.

Habt ihr euch noch nie die sogenannten frommen Leute genauer angesehen? Sie haben immer Angst – Angst vor der Hölle – und strampeln sich laufend ab, in den Himmel zu kommen. Dabei wissen sie gar nicht, wie's im Himmel aussieht. Sie haben noch nie einen Schimmer vom Himmel gesehen. Wenn du dein Bewußtsein veränderst, kommt der Himmel zu dir; du brauchst also nicht ›in den Himmel zu kommen‹. Niemand kommt je in den Himmel. Niemand ist je in den Himmel gekommen, niemand ist je in die Hölle gekommen. Laßt es euch ein für allemal gesagt sein: der Himmel kommt zu dir, die Hölle kommt zu dir – es hängt von dir ab. Was immer du einlädst, kommt.

Wenn sich dein *Sein* ändert, bist du plötzlich offen für den Himmel ... der Himmel steigt zu dir herab. Wenn sich dein Sein nicht verändert, entstehen Konflikte: du erzwingst etwas, das es nicht gibt. Du wirst unecht und immer unechter, bis du zwei Personen bist, schizophren, gespalten... Dein Gesicht *zeigt* die eine Person, du *bist* die andere. Du sagst etwas, aber tust es nie, sondern tust immer etwas anderes. Du spielst ununterbrochen Versteck mit dir selbst. Angst, Unglück ist die natürliche Konsequenz – und *das* ist ›die Hölle‹.

Und jetzt das Lied.

Ich verneige mich vor dem edlen Manjushri
Ich verneige mich vor dem, der das Endliche besiegt hat.

Manjushri – ein Name, den ich euch erklären muß. Manjushri war einer der Jünger Buddhas, ein sehr ungewöhnlicher Jünger. Buddha hatte eine Menge ungewöhnlicher Jünger, jeder ungewöhnlich auf seine Weise. Mahakashyap war außergewöhnlich, weil er es war, der Buddhas Botschaft ohne Worte verstand... das ist nur *ein* Beispiel; es gibt viele andere. Manjushri war außergewöhnlich, weil er die größten Fähigkeiten zum Meister besaß.

Die schwierigen Fälle – Leute, die zuviel Aufwand verlangten, schickte Buddha zu Manjushri. Schon sein Name löste Zittern aus. Er war wirklich hart, er ging ausgesprochen drastisch zu Werk. Wurde jemand zu Manjushri geschickt, hieß es unter den Jüngern: »Der da ist unter Manjushris Schwert geraten.« Dieser Ausdruck wurde berühmt über die Jahrhunderte: ›Manjushris Schwert‹; denn Manjushri schlug den Kopf mit einem Hieb ab, ohne lange zu fackeln. Mit einem Schlag war der Kopf ab. Sein Mitleid beflügelte ihn zu großer Grausamkeit.

Mit der Zeit bekam also der Name Manjushri seinen eigenen Klang – ein Name, der für alle Meister steht, denn jeder Meister ist mitfühlend und grausam zugleich. Mitfühlend, weil er dem neuen Menschen in dir zur Geburt verhilft; und grausam, weil er den alten Menschen zerstört und zunichte macht.

Saraha verbeugt sich also zuerst vor Manjushri, ehe er mit dem eigentlichen Lied beginnt. Er sagt: »Ich verneige mich vor dem edlen Manjushri« – dem Meister schlechthin. »Ich verneige mich vor dem, der das Endliche besiegt hat.« Und diese zweite Verbeugung gilt Buddha, ›der das Endliche besiegt hat‹ und unendlich geworden ist.

So, wie wenn stilles Wasser, gepeitscht vom Wind,
Zu Wellen und Brechern wird,
So denkt der König vieles über Saraha,
Und doch ist dieser nur ein *Mann.*

Stellt euch einen See vor, einen stillen See ohne Wellen. Plötzlich kommt ein starker Wind auf, fegt über die Oberfläche des Wassers, wühlt sie auf, und tausend kleine und große Wellen entstehen. Noch vor wenigen Augenblicken spiegelte sich der Vollmond auf dem glatten Wasser; jetzt ist er verschwunden. Zwar wird er noch immer gespiegelt, aber in tausend Splittern, über den ganzen See verstreut. Der See glänzt silbern vor lauter Spiegelungen, aber du findest kein Spiegelbild vom *ganzen* Mond – er ist nirgendwo und überall, man kann nicht seine volle Gestalt erkennen; alles ist verzerrt.

Saraha will damit andeuten, wie es in den Köpfen der unbewußten Menschen, der ›verwirrten‹, aussieht. Das ist der einzige Unterschied zwischen einem Buddha und einem Nicht-Buddha. In einem Buddha geht kein Wind mehr. Dieser Wind wird *trishna* genannt – Begierde. Habt ihr das je beobachtet? Wie jede Sehnsucht euer Herz in tausend Wellen kräuselt? Wie euer Bewußtsein davon getrübt und verwirrt wird? Und sobald das Verlangen aufhört, bist du wieder friedlich, ist alles wieder klar. Verlangen: das ist der Wind, der den Geist verzerrt. Und wenn der Geist verzerrt wird, kann er die Wirklichkeit nicht widerspiegeln.

So, wie wenn stilles Wasser, gepeitscht vom Wind,
Zu Wellen und Brechern wird,
So denkt der König vieles über Saraha,
Und doch ist dieser nur ein *Mann.*

Saraha sagt damit zwei Dinge. Erstens: Du hast dich durch die Gerüchte über mich zu sehr beirren lassen; zu viel Wind ist über den Spiegel deines Bewußtseins hingegangen. So kannst du mich natürlich nicht sehen. Obwohl ich nur *ein* Mann bin, spiegelt mich dein Geist in tausend Splittern.

Das war die Wahrheit. Er durchschaute den König bis auf den Grund seines Herzens. Der König war ratlos. Einerseits achtete er den jungen Mann. Er hatte ihn stets geachtet, wußte er doch, daß er diesem Gefühl der Achtung trauen durfte; andererseits waren da all die Leute, die vielen angeblich ehrbaren Leute, die angesehenen Leute, die reichen und gelehrten Leute, die zu ihm gekommen waren und ihm in den Ohren gelegen hatten: »Er ist auf der falschen Bahn, er ist geradezu wahnsinnig – er ist ein Maniker, ein Perverser, der mit einer Frau, der Frau eines Pfeilmachers aus der niedersten Kaste zusammenlebt. Und dazu noch auf der Verbrennungsstätte – wirklich kein angemessener Wohnsitz! Er hat unsere alten Bräuche vergessen, er liest nicht mehr in den Veden, er singt nicht mehr den Namen Gottes, er soll sogar aufgehört haben zu meditieren. Und er läßt sich auf schamlose, abstoßende Praktiken ein.«

Für Leute, die sexuell unterdrückt sind, ist Tantra etwas Schamloses. Sie können nichts begreifen. Ihr Blick wird durch ihre Verdrängung getrübt.

All diese Gerüchte bewirkten hohen Seegang im Bewußtsein des Königs. Einerseits war er voller Liebe und Achtung, andererseits voller Zweifel.

Saraha sah direkt in ihn hinein und sagte:

> *So denkt der König vieles über Saraha,*
> *Und doch ist dieser nur* ein *Mann.*

Saraha ist nur *ein* Mann: »Wie der Vollmond bin ich«, sagt er, »aber der See ist in Aufruhr. Bitte also, wenn du mich verstehen willst, dann geht das nicht auf direktem Wege; der einzige Weg ist der, daß du den Wind zum Schweigen bringst, der dir den Spiegel des Bewußtseins trübt. Laß dein Bewußtsein zur Ruhe kommen... und dann schau! Laß diese Wellen und Brecher sich legen, mach dein Bewußtsein erst zu einem reglosen Teich, und dann schau! Ich kann dich nicht von dem überzeugen, was hier geschieht, bevor deine Augen nicht klar sind. Es ist schon alles da, es ist hier. Ich stehe hier vor dir. Ich bin *ein* Mann, aber ich kann in dich hineinsehen: du siehst mich an, als hättest du tausend Männer vor dir.«

Einem blinzelnden Idioten
Kommt ein *Licht vor wie zwei.*
Sind Seher und Gesehenes nicht *zwei,*
Verlieren beide ihre Dinglichkeit.

Und nun spricht er in Gleichnissen, in Metaphern. Eben schon hat er den König mit einem aufgewühlten See verglichen. Und jetzt sagt er:

Einem blinzelnden Idioten
Kommt ein *Licht vor wie zwei.*

Er kann nicht richtig sehen – er sieht zwei.

Mulla Nasrudin wollte seinem Sohn zeigen, was ein rechter Trinker ist. Nach ein paar Gläschen sagte Mulla: »So, jetzt gehen wir. Wenn du wissen willst, wann du aufhören mußt, dann merke dir eins: wenn du plötzlich zwei Leute siehst, wo nur einer ist, dann wird's Zeit, nach Haus zu gehen. Dann ist es genug.«

Der Sohn sah sich um, konnte aber niemanden entdecken, der wie zwei Leute aussah. »Wo ist denn dieser eine Mensch?« fragte er. Mulla antwortete: »Siehst du denn nicht? Da drüben sitzen zwei Leute am Tisch.« Der Sohn antwortete: »Da ist überhaupt niemand.« Er war schon im Delirium.

Merkt es euch: wenn man unbewußt ist, sehen die Dinge anders aus, als sie sind. Wer unbewußt ist, projiziert. Probiert es heute nacht aus: wenn ihr den Mond anseht und dabei auf ein Auge drückt, seht ihr zwei Monde. Und wenn man tatsächlich zwei Monde sieht, fällt es einem schwer zu glauben, daß es nur einen gibt. Man sieht tatsächlich zwei. Stellt euch vor, jemand hat einen Geburtsfehler: auf seinem Auge liegt derselbe Druck, der dazu führt, daß ein Ding wie zwei aussieht. Dieser Mensch sieht *alles* doppelt. Wo ihr ein Ding seht, sieht er zwei.

Unsere innere Sicht wird durch vieles vernebelt, und wir sehen laufend Dinge, die gar nicht da sind. Aber da wir sie nun doch sehen, wie können wir da glauben, daß es sie gar nicht gibt? Wir müssen uns schließlich auf unsere eigenen Augen verlassen. Aber unsere Augen können alles verzerren.

Einem blinzelnden Idioten
Kommt ein *Licht vor wie zwei.*
Sind Seher und Gesehenes nicht *zwei*...

Saraha sagt dem König damit: wenn du glaubst, daß du und ich zwei sind, dann bist du unbewußt. Dann bist du ein Narr, ein Trunkenbold; dann kannst du deine Augen nicht gebrauchen. Wenn du die Augen wirklich aufmachen würdest, müßtest du sehen, daß du und ich eins sind. Dann würdest du nicht Saraha hier tanzen sehen – du würdest dich selbst hier tanzen sehen. Dann würdest du, wenn ich in Ekstase bin, selber in Ekstase sein. Und das wäre auch die einzige Möglichkeit für dich, herauszufinden, was mit Saraha geschehen ist. Eine andere Möglichkeit gibt es nicht. Was ist mit mir passiert? Das kannst du nur herausfinden, indem du an meinem Zustand teilhast. Sei kein Zuschauer. Setz dich nicht einfach nur auf den Zaun und schau zu. Du mußt dich schon auf meine Erfahrung einlassen, mußt dich ein bißchen in mich verlieren. Du mußt die Grenzen zwischen uns verwischen.

Und genau das ist Sannyas. Ihr kommt mir näher, und eure Grenzen verlieren sich in mir. Nur so, indem ihr mit mir überlappt, werdet ihr eines Tages – in direkter Partizipation – etwas erkennen, etwas verstehen können. Und dann werdet ihr niemand anderen überzeugen können, der selbst nur Zuschauer ist; denn er sieht die Welt grundsätzlich anders. *Du* hast teilgenommen, und *er* hat nur zugesehen. Ihr lebt in zwei verschiedenen Welten.

Obwohl im Haus die Lichter brennen,

Hört euch diese schönen Gleichnisse an:

Obwohl im Haus die Lichter brennen,
Lebt der Blinde im Dunkeln weiter.
Obwohl das Spontane allgegenwärtig und nah ist,
Bleibt es dem Irrenden ständig fern.

Er sagt: Sieh her! Ich bin erleuchtet worden.

»Obwohl im Haus die Lichter brennen...« – mein innerster Wesenskern ist nicht mehr dunkel. Schau doch! Siehst du nicht dies ungeheure Licht in mir? Meine Seele ist erwacht! Ich bin nicht mehr der alte Rahul, den du gekannt hast, ich bin Saraha! Mein Pfeil hat ins Schwarze getroffen!

Obwohl im Haus die Lichter brennen,
Lebt der Blinde im Dunkeln weiter.

»Aber, was soll ich machen?« fragte Saraha. Wenn einer blind ist, kann man alle Lichter im Haus anzünden, er bleibt trotzdem im Dunkeln. An Lampen fehlt es nicht; aber deine Augen sind zu. Hör also nicht auf Blinde! Mach einfach nur die Augen auf und sieh mich an; sieh mich, sieh, wem du da gegenüberstehst, wem du entgegentrittst.

Lebt der Blinde im Dunkeln weiter.
Obwohl das Spontane allgegenwärtig und nah ist,
Bleibt es dem Irrenden ständig fern.

Und ich bin dir so ungeheuer nahe... Das Unmittelbare, Spontane, ist dir so nah, du kannst es gleich jetzt anfassen, kannst es essen und trinken. Du kannst mit mir tanzen und mit mir ekstatisch sein. Ich bin so ungeheuer nah – du kommst der Spontaneität vielleicht nie wieder so nahe!

Obwohl das Spontane allgegenwärtig und nah ist,
Bleibt es dem Irrenden ständig fern.

Sie reden alle von Samadhi; sie lesen die Verse von Patanjali, sie reden von großen Dingen; aber jedesmal, wenn dies Große wirklich geschieht, sind sie dagegen.

Das ist ein sehr merkwürdiger Zug des Menschen. Der Mensch ist ein seltsames Tier. Ihr mögt Buddha noch so sehr verehren, aber wenn euch Buddha gegenübersteht, erkennt ihr ihn nicht, wendet ihr euch womöglich gegen ihn, werdet ihr sein Feind. Warum?

Wenn du ein Buch über Buddha liest, ist alles okay; das Buch ist in deiner Hand. Aber wenn du einem lebendigen Buddha gegenübertreten sollst, hast du ihn nicht in der Hand, dann fällst du *ihm* in die Hände. Daher die Angst und der Widerstand. Du läufst lieber davon.

Und am einfachsten rennst du ihm davon, indem du dir einredest, daß irgend etwas mit dem Mann nicht stimmt, daß er unrecht hat. Das ist der einzige Ausweg – dir zu beweisen, daß es nicht stimmt. Und du kannst tausend und eine Sache an einem Buddha auszusetzen haben, denn du kneifst die Augen zu und du bist blind, und in deinem Kopf herrscht Chaos. Du kannst alles mögliche projizieren.

Dieser Mann zum Beispiel ist zum Buddha geworden, und die Leute zerreißen sich die Mäuler – wegen der Frau aus der untersten Kaste. Sie haben keinen Einblick in die Wirklichkeit dieser Frau. Sie denken so: das ist bloß eine Pfeilmacherin, sie kommt aus der untersten Kaste, der Kaste der Shudras, der Unberührbaren. Wie kann ein Brahmane an einem solchen Ort leben! Und sie haben gehört, daß die Frau ihm das Essen kocht. Ein schlimmer Verstoß! Ein großer Sündenfall! Ein Brahmane, der etwas ißt, was eine Unberührbare gekocht hat, eine Shudra, eine Frau aus der untersten Kaste! Und was hat ein Brahmane zwischen Scheiterhaufen zu suchen? Er lebt dort! Brahmanen haben in Tempeln, in Palästen zu wohnen, aber doch nicht zwischen Scheiterhaufen, Totenschädeln und Leichen, mitten im Schmutz. Das ist pervers!

Was kümmert es diese Leute, daß man das Leben nicht eher kennen kann, als bis man den Tod verstanden hat? Wer tief in den Tod geblickt hat, weiß, daß das Leben nie tot ist; denn wer tief in den Tod geblickt hat, weiß, daß das Leben den Tod überdauert, daß der Tod überhaupt keinen Unterschied macht, daß der Tod unwesentlich ist. Wer das nicht weiß, weiß nichts vom Leben – das Leben ist zeitlos, ewig. Nur der Körper stirbt, nur das Tote stirbt; das Lebendige geht weiter. Aber um das herauszufinden, muß man sich auf tiefe Experimente einlassen. Und davon wollen diese Leute natürlich nichts wissen.

Jetzt haben sie gehört, daß Saraha seltsame Dinge treibt. Stellt euch den Klatsch und die Übertreibungen vor! Die Gerüchte müssen nur so gewuchert haben. Jeder trägt sein Quentchen dazu bei. Und es gibt Praktiken im Tantra, über die es sich ausgezeichnet klatschen läßt.

Im Tantra sitzt der Mann vor der Frau, der nackten Frau, und er muß sie so durch und durch *sehen,* daß alles Verlangen nach dem Anblick einer nackten Frau verschwindet. Danach ist der Mann frei von der Form. Das ist natürlich eine sehr geheime Technik; du hörst auf, dir Frauen im Kopf vorzustellen. Normalerweise möchtest du jede Frau, die dir auf der Straße begegnet, am liebsten ausziehen – das ist nun einmal so.

Und dann siehst du plötzlich Saraha vor einer nackten Frau sitzen. Was soll man davon halten? Du siehst mit eigenen Augen: »Aha, der tut also genau das, was ich auch schon immer tun wollte. Ich bin also besser als er. Ich *tu* das wenigstens nicht. Klar, manchmal hab ich so meine Phantasien, aber das sind schließlich nur Gedanken, keine Taten. Er dagegen ist gefallen.« Diese Chance, selbstgerecht zu sein, wird sich niemand entgehen lassen.

Aber was tut er wirklich? Es ist eine Geheimwissenschaft. Durch Hinschauen, monatelanges Hinschauen, meditiert der Tantriker über der Körperform der Frau, über ihre Schönheit, schaut sich alles an, alles, was er sich gern ansehen möchte. Reizen ihn die Brüste? Gut, er sieht sich die Brüste an, er meditiert über sie. Er muß über die Form hinaus, und der einzige Weg, der über die Form *hinaus*führt, führt so tief in sie *hinein,* daß sie keinen Reiz mehr ausübt.

Es passiert also genau das Gegenteil von dem, was die Schwätzer verbreiten. Er geht über den Sex hinaus. Nie wieder wird er eine Frau ausziehen wollen – nicht einmal in Gedanken, nicht einmal im Traum. Diese Besessenheit ist er los. Aber die Masse, der Mob, hat seine eigenen Vorstellungen. Ahnungslos, unbewußt, schwatzen sie irgendwelches Zeug.

Obwohl das Spontane allgegenwärtig und nah ist,
Bleibt es dem Irrenden ständig fern.

Es mag viele Flüsse geben: im Meer sind sie eins.
Es mag viele Lügen geben: eine *Wahrheit wird alle besiegen.*
Wenn eine *Sonne aufgeht,*
Weicht das Dunkel, und sei es noch so tief.

Und Saraha sagt: »Sieh mich an – die Sonne ist aufgegangen. Soviel weiß ich: wie tief auch deine Dunkelheit sein mag, sie wird verschwinden. *Sieh* mich... die Wahrheit ist in mir geboren worden! Du magst also tausend Lügen über mich wissen, aber die eine Wahrheit wird sie alle besiegen.«

> *Es mag viele Flüsse geben: im Meer sind sie eins.*

Komm einfach näher. Laß deinen Fluß in mein Meer münden, und dann weißt du, wie ich schmecke.

> *Es mag viele Lügen geben:* eine *Wahrheit wird alle besiegen.*

Die Wahrheit ist eins. Nur Lügen sind unzählig, nur Lügen können unzählig sein – die Wahrheit nicht. Gesundheit ist eins, Krankheiten gibt es viele. Und *eine* Gesundheit besiegt alle Krankheiten. Und *eine* Wahrheit besiegt alle Lügen.

> *Wenn* eine *Sonne aufgeht,*
> *Weicht das Dunkel, und sei es noch so tief.*

Mit diesen vier Versen lädt Saraha den König dazu ein, sein inneres Sein zu betreten; er hat ihm sein Herz geöffnet.

Und er sagt: ich bin nicht hier, um dich mit Logik zu überzeugen. Ich bin hier, um dich existentiell zu überzeugen. Ich gebe dir keinen einzigen Beweis und sage auch kein Wort zu meiner Verteidigung. Mein Herz steht dir einfach offen, komm herein. Du siehst ja selbst, was geschehen ist – so nahe liegt das Unmittelbare, das Spontane, so nahe ist Gott, so nah die Wahrheit. Die Sonne ist aufgegangen. Mach die Augen auf!

Vergeßt nicht: Der Mystiker hat keine Beweise. Er *kann* keine Beweise haben, das liegt nicht in der Natur der Sache. Er ist der Beweis – und so kann er euch nur sein Herz offenbaren.

In diese Verse, die Lieder Sarahas, müßt ihr mit tiefer Meditation eindringen. Aus jedem von ihnen kann in eurem Herzen eine Blume aufblühen. Ich wünsche euch, daß mit diesen vierzig Versen vierzig Knospen in eurem Innern aufblühen, so wie es im Herzen des Königs geschah. Der König wurde befreit – auch ihr könnt befreit werden. Saraha hat ins Schwarze getroffen. Ihr könnt auch ins Schwarze treffen. Jeder von euch kann zu einem Saraha werden – zu einem, der seinen Pfeil abgeschossen hat.

II

PROBLEME GIBT ES NICHT

22. April 1977

Die erste Frage:

Gibt es einen Unterschied zwischen Shivas und Sarahas Tantra-Weg?

Nicht wirklich, nicht im wesentlichen. Aber soweit es die Form betrifft – ja. Religionen unterscheiden sich nur der Form nach. Religionen unterscheiden sich nur in ihrer Methodenlehre. Religionen unterscheiden sich nur, was die Tür zum Göttlichen betrifft, aber nicht existentiell. Und es gibt nur zwei grundsätzlich formale Unterschiede: den Weg der Hingabe, der Andacht, der Liebe, und den Weg der Meditation, der Bewußtheit. Diese beiden grundsätzlichen Unterschiede bleiben.

Shiva geht den Weg der Hingabe; es ist der Weg der Andacht, der Liebe. Saraha geht den Weg der Meditation, der Bewußtheit. Die Unterscheidung bleibt formal, denn wenn der Liebende und der Meditierende ankommen, erreichen sie das gleiche Ziel. Ihre Pfeile werden aus verschiedenen Winkeln abgeschossen, aber sie erreichen das gleiche Ziel. Die Pfeile werden von verschiedenen Bögen losgelassen, aber erreichen das gleiche Ziel. Auf den Bogen kommt es letzten Endes nicht an. Egal, welche Art von Bogen du gewählt hast – wenn nur das Ziel erreicht wird.

Und dies sind die beiden Bögen, weil der Mensch grundsätzlich zweigeteilt ist: in Denken und Fühlen. Entweder kannst du dich der Wirklichkeit durch das Denken nähern, oder du kannst dich der Wirklichkeit durch das Fühlen nähern.

Der buddhistische Weg – der Weg Buddhas und Sarahas – führt durch die Intelligenz. Grundsätzlich bestimmt der Verstand den Weg Sarahas. Natürlich, der Verstand muß zurückgelassen werden, aber es ist der *Verstand,* der zurückgelassen werden muß. Nach und nach muß sich der Verstand in Meditation auflösen – aber es ist der *Verstand,* was sich auflösen muß, es ist das *Denken,* was verwandelt werden muß. Und ein Zustand des Nicht-Denkens muß erzeugt werden. Aber denkt daran: es ist ein Zustand des Nicht-Denkens; und der kann nur erzeugt werden, indem die Gedanken nach und nach weggelassen werden. Die ganze Arbeit findet also im Bereich des Denkens statt.

Shivas Weg ist der des Gefühls, des Herzens. Das Fühlen muß verwandelt werden. Die Liebe muß umgewandelt werden, so daß daraus Andacht wird. Für Shiva bleiben ein Anbetender und eine Gottheit vorhanden, bleiben *bhakta* und *bhagwan.* Auf dem höchsten Gipfel lösen sich beide ineinander auf. Hört genau hin: wenn Shivas Tantra zum letzten Orgasmus kommt, löst sich das Ich im Du auf, und das Du löst sich im Ich auf – sie sind ein Ganzes, sie werden zur Einheit.

Wenn Sarahas Tantra zum höchsten Gipfel kommt, ist die Erkenntnis: weder du bist im Recht, weder du bist wahr, weder du existierst, noch ich – beide verschwinden. Die eine Null geht in der anderen auf – nicht ich und nicht du; weder ich noch du. Zwei Nullen, zwei leere Räume lösen sich ineinander auf; denn auf Sarahas Weg zielt alle Anstrengung darauf ab, das Denken aufzulösen; und ›Ich‹ und ›Du‹ sind Teil des Denkens.

Wenn sich das Denken endgültig aufgelöst hat – *wie kannst du dich ›Ich‹ nennen?* Und wen willst du deinen ›Gott‹ nennen? Gott ist ein Gedanke, ist eine gedankliche Schöpfung, eine gedankliche Konstruktion, eine Konstruktion des Verstandes. Alle Gedankengebilde verschwinden also, und *Shunya* – die Leere – steigt auf.

Auf Shivas Weg liebst du nicht mehr die Form, liebst du nicht mehr den Menschen, fängst du an, die ganze Schöpfung zu lieben. Die ganze Schöpfung wird dein ›Du‹; du richtest dich an die ganze Schöpfung. Du läßt die Besitzansprüche fallen, die Eifersucht fallen, den Haß fallen – läßt alles Negative in den Gefühlen fallen. Das Gefühl wird reiner, immer reiner. Es kommt der Augenblick, wo nur noch reine Liebe da ist. In diesem Augenblick reiner Liebe löst sich das Ich im Du auf, und das Du löst sich im Ich auf. Auch hier verschwindet ihr, aber ihr verschwindet nicht wie zwei Nullen, sondern ihr verschwindet wie der Liebende in der Geliebten verschwindet und die Geliebte im Liebenden verschwindet.

Bis zu diesem Punkt unterscheiden sich die beiden Wege, aber das ist auch nur ein formaler Unterschied. Jenseits davon – was macht es da, ob ihr wie der Liebende in der Geliebten oder wie zwei Nullen ineinander aufgeht? Der grundsätzliche Punkt, der hauptsächliche Punkt ist der, daß du dich auflöst, daß nichts zurückbleibt, daß keine Spur zurückbleibt. Dies Verschwinden ist Erleuchtung.

Man muß es also genau verstehen: wenn dich die Liebe anzieht, wird Shiva dich reizen, und *Das Buch der Geheimnisse* wird deine Tantra-Bibel sein. Wenn dich Meditation anzieht, dann wird Saraha dich reizen. Es kommt auf dich an. Beide haben recht, beide gehen auf die gleiche Reise. Mit wem du reisen möchtest, ist deine Wahl.

Wenn du allein und dabei glücklich sein kannst, dann Saraha. Wenn du allein nicht glücklich sein kannst, wenn dein Glück nur kommt, wenn du dich auf einen anderen beziehst, dann Shiva.

Das ist der Unterschied zwischen dem hinduistischen Tantra und dem buddhistischen Tantra.

Die zweite Frage:

Osho, ganz egal was du sagst – jedesmal stimme ich dir zu. Warum ändert sich dann nichts in meinem Leben?

Vielleicht wegen der Zustimmung. Wenn du mir zustimmst, oder wenn du mir nicht zustimmst, wird sich dein Leben nicht ändern. Es geht nicht um Zustimmung oder Ablehnung. Es geht um Verstehen. Und Verstehen geht sowohl über Zustimmung als auch Ablehnung hinaus.

Normalerweise glaubt ihr, mich verstanden zu haben, wenn ihr mir zustimmt. Wenn ihr mich aber verstanden habt, dann geht es weder um Zustimmung noch um Ablehnung. Wie kann man der Wahrheit zustimmen? Oder nicht zustimmen? Die Sonne ist aufgegangen – findest du das richtig oder nicht richtig? Du wirst sagen, daß die Frage fehl am Platz ist.

Zustimmung und Ablehnung, das gilt für Theorien, nicht für die Wahrheit. Wenn du mir also zustimmst, stimmst du nicht wirklich mir zu, sondern hast das Gefühl, daß ich mit deiner Theorie übereinstimme, die du schon immer mit dir herumträgst. Jedesmal, wenn du glaubst, Osho sei deiner Meinung, bist du auch Oshos Meinung. Wenn ich aber nicht deiner Meinung bin, dann gibt's Schwierigkeiten, dann stimmst du mir nicht mehr zu. Oder aber: Du hörst es gar nicht erst, du überhörst es. Du verschließt dich einfach, wenn ich etwas sage, das dir nicht behagt.

Es geht nicht um Zustimmung oder Ablehnung. Hör damit auf! Ich bin hier nicht auf der Suche nach Konvertiten, ich teste keine Philosophie aus. Ich verfechte hier keine Theologie; ich suche keine Anhänger. Ich suche Jünger – und das ist etwas ganz anderes, etwas absolut anderes.

Ein Jünger stimmt nicht zu. Ein Jünger ist jemand, der zuhört, der lernt. Das englische Wort für Jünger, ›disciple‹, kommt direkt von Lernen, von ›Disziplin‹.

Ein Jünger ist jemand, der bereit ist zu lernen. Ein Anhänger ist verschlossen. Ein Anhänger glaubt, längst derselben Meinung zu sein. Jetzt braucht er nichts mehr zu tun, braucht nicht mehr offen zu sein, er kann sich verschließen, er kann es sich leisten. Ein Jünger kann es sich nie leisten, sich zu verschließen; es gibt so viel zu lernen! Wie kannst du da zustimmen oder nicht zustimmen? Und ein Jünger hat kein Ego – *wer* also soll zustimmen oder nicht zustimmen? Ein Jünger ist einfach eine Offenheit, es gibt in seinem Innern keinen, der zustimmen oder nicht zustimmen kann. Gerade *daß* du zustimmst ist das Problem.

Und niemand wird je durch Zustimmung verwandelt. Zustimmung ist sehr oberflächlich, sehr intellektuell. Um sich zu ändern, muß man verstehen. Es ist immer nur Verstehen, was einen verwandelt, was einen erneuert. Und vor allem: Wenn du verstehst, brauchst *du* nichts zu tun – Verstehen wirkt sich von selbst aus. Es ist nicht so, daß du etwas *erst* verstehst und *dann* ausführst – nein. Das Verstehen selbst, der bloße Umstand, daß du verstehst, geht tief ins Herz, sinkt ein, und die Verwandlung ist da.

Verwandlung ist eine Folge von Verstehen.

Wenn du aber zustimmst, entsteht das Problem: Was tun? Ich habe zugestimmt, jetzt muß ich mich danach verhalten. Zustimmung ist sehr dumm, so dumm wie Ablehnung. Und dann ist der Kopf sehr schlau! Du hast einfach keine Ahnung, was du mit Zustimmung meinst... ein paar Szenen – die erste:

Die Mutter des Jungen war gestorben, als er noch ein Säugling war, und sein Vater hatte schwer gearbeitet, um ihm eine anständige Erziehung zu geben. Schließlich ging er fort, aufs College. Seine erster Brief war eine Enttäuschung für den Vater. Es war eine Enttäuschung, obwohl der alte Mann nicht genau wußte, warum. Es gab schließlich in dem Brief keinen Grund zum Verzweifeln. Vielleicht war es der Ton, der ihn betrübt hatte. Der Brief lautete:

»Lieber Papa,
alles läuft prima. Es gefällt mir hier im College. Ich bin in der Fußball-Mannschaft. Ich gehöre zur besten Studenten-Verbindung hier. In meinem ersten Algebra-Examen habe ich eine Eins gekriegt...«

Nachdem er nachgedacht hatte, konnte der Vater schließlich den Finger auf die Wunde legen. Er schrieb zurück:

»Hör zu, mein Junge. Ich will nicht wie ein alberner alter Mann erscheinen, aber du könntest mir eine große Freude machen. Du mußt nicht denken, daß ich dich für undankbar halte. Aber ich habe mich redlich abgemüht, um dich zu erziehen und aufs College schicken zu können; ich selbst hab nie das Glück gehabt, ein College zu besuchen. Was ich sagen will ist: Es würde mich riesig freuen, wenn du schreiben würdest: ›*Wir* haben dies und wir haben das gemacht‹, statt ›*Ich* habe dies und ich hab das gemacht.‹ Dann hätte ich das Gefühl, an allem teilzunehmen.«

Der Junge begriff sofort, und von nun an lauteten seine Briefe so: »Also, Papa, wir haben das große Spiel letzten Samstag gewonnen. Wir haben uns mit einem duften Mädchen verabredet. Und in Geschichte kriegen wir eine Eins.«

Dem Alten machte es ehrlich Freude, an allem so teilnehmen zu können. Die Sonne schien wieder für ihn. Eines Tages kam ein Telegramm: »Lieber Papa, wir haben die Tochter des Rektors in Schwierigkeiten gebracht. Sie hat Zwillinge bekommen. Meiner ist gestorben. Was willst du mit deinem anfangen?«

Der Kopf ist sehr schlau. Schau genau hin... Wenn du mir zustimmst, stimmst du dann wirklich *mir* zu? Oder pass' ich dir nur ins Konzept? Und dann ist der Kopf auch sehr legal; der Kopf ist ein Advokat. Er kennt Schliche, wie er zustimmen kann und trotzdem bleibt, was er ist. Nicht nur das – sondern wenn du mir zustimmst, denkst du schon, es sei jetzt Oshos Plicht, dich auch zu verändern – was sonst kannst du tun? –, schließlich hast du ihm zugestimmt! Du hast deinen Teil getan. Was sonst kannst du tun? Du bist einer Meinung, du bist Sannyasin geworden, du hast dich ausgeliefert. Was kannst du mehr tun?

Jetzt, wo nichts passiert, fängst du an, böse auf mich zu werden. Und wenn ich dann etwas zu dir sage, ist es nicht genau das, was du hörst. Du hörst auf deine Weise. Du hörst mit all deinen Interpretationen. Du hörst durch deine Vergangenheit hindurch, durch deine Erinnerungen, durch dein Wissen, durch deine Erziehung. Du hörst durch *deine* Vorstellungswelt. Und deine Vorstellungswelt gibt allem, was du hörst, ihre eigene Färbung. Sie greift sofort zu, verändert es, macht es annehmbar für dich; hier wird ein bißchen weggelassen, dort wird ein bißchen übertrieben; Lücken werden gefüllt. Nur ein Teil dessen, was ich gesagt habe, bleibt – und ein Teil kann nie verändern, sondern nur das Ganze.

Aber dies Ganze kann nur ganz bleiben, wenn du dir die Mühe sparst, zuzustimmen oder nicht zuzustimmen. Wenn du dir die Mühe sparst, zuzustimmen oder nicht, kannst du deinen Kopf beiseite lassen. Wenn du dich bemühst, zuzustimmen – wie kannst du da den Kopf beiseite lassen? Es ist der Kopf, der zustimmt oder nicht zustimmt.

Verstehen ist etwas, das über den Verstand hinausgeht. Verstehen spielt sich in deinem ganzen Wesen ab, in deinem Kopf ebenso wie in deinem Zeh. Verstehen ist etwas Totales. Der Verstand ist nur ein winziger Teil, aber sehr diktatorisch. Und er tut immer so, als wäre er das Ganze.

Die zweite Szene:

Ein Geschäftsmann in mittleren Jahren nahm seine Frau nach Paris mit. Nachdem er ihr von Geschäft zu Geschäft nachgetrottet war, bat er um einen Tag Ruhe, und bekam ihn bewilligt. Als seine Frau wieder auf Einkaufsbummel war, ging er in eine Bar und lachte sich eine üppige Pariserin an. Sie amüsierten sich, bis die Sprache aufs Geld kam. Sie wollte fünfzig amerikanische Dollar; er bot zehn.

Sie konnten sich nicht über den Preis einigen, also kamen sie auch nicht zusammen. Am selben Abend ging er mit seiner Frau in ein besseres Restaurant und entdeckte an einem Tisch seine üppige Freundin vom Nachmittag. »Sehen Sie, Monsieur«, sagte diese, als die beiden an ihr vorbeigingen, »mehr bekommt man eben nicht für lumpige zehn Dollar!«

Du verstehst's, wie du's verstehst. Deine Interpretation ist deine Interpretation. Du siehst alles von deiner Warte aus.

Was immer du hörst, es ist deine Interpretation. Denk immer daran – mach es dir bewußt! Es ist nicht das, was ich gesagt habe: Es ist das, was du gehört zu haben glaubst – und das ist nicht dasselbe. Du stimmst deinem eigenen Echo zu; du stimmst nicht mir zu. Du stimmst deiner eigenen Vorstellung zu. Wie kannst du dich also verändern? Die Vorstellung ist die deine, die Zustimmung ist die deine, also gibt es keine Möglichkeit zur Veränderung.

Hör bitte auf, mir zuzustimmen oder nicht zuzustimmen. Hör mir einfach nur zu.

Deine Methode, mir zuzustimmen, ist vielleicht ein Trick, mit dem du dich schützt, mit dem du dir den Schock ersparst. Es funktioniert wie ein Puffer. Ich sage etwas: Sofort stimmst du mir zu. Der Schock wird aufgefangen. Hättest du mir *nicht* zugestimmt, wäre dir der Schock vielleicht bis in die Knochen gefahren, hätte er dich bis in die Eingeweide aufgerüttelt. Ich sage etwas, und du sagst: »Ja, das finde ich auch!« Mit deiner Zustimmung schneidest du mich ab. Jetzt brauchst du dich nicht mehr geschockt zu fühlen: Du stimmst mir ja zu. Wenn du weder zustimmen noch ablehnen würdest... mit der Ablehnung ist es dasselbe. Im gleichen Moment, wo ich etwas sage, und jemand sagt: »Das lehne ich ab«, hat er die Energie abgeschnitten. Jetzt geht ihm meine Energie nicht mehr bis in die Wurzeln, wird ihn nicht mehr aufrütteln.

Wir haben viele, viele Puffer um uns aufgebaut – Schutzmaßnahmen. Diese Schutzmaßnahmen erlauben dir nicht, dich zu verändern. Um dich zu verändern, mußt du geschockt werden – ungeheuer, fürchterlich geschockt werden. Und das wird weh tun. Verwandlung geht nicht ohne Schmerzen ab. Zustimmung ist bequem, Ablehnung auch. Ich mache keinen großen Unterschied zwischen Zustimmung und Ablehnung. Sie gehören zusammen wie die zwei Seiten einer Medaille.

Der echte Mensch, der, der mir nahe sein will, der bei mir sein will, der wirklich in Kontakt mit mir sein will, der wird nicht zustimmen, nicht ablehnen. Er wird mir nur zuhören – reines Zuhören, absolut reines Zuhören, ohne Interpretation. Er läßt sich selbst beiseite. Er wird mir Raum geben.

Und die dritte Szene: Die Lehrerin hatte soeben den Erstkläßlern das Abc des Lebens erklärt. Lieschen in der ersten Reihe meldet sich: »Kann ein sechs Jahre alter Junge ein Baby machen?« – »Nein«, sagt die Lehrerin lächelnd, »das ist unmöglich. Sonst noch Fragen?« Pause. Wieder meldet sich Lieschen: »Kann ein sechs Jahre altes Mädchen ein Baby machen?«

»Nein«, sagt die Lehrerin. Woraufhin sich der Junge, der hinter Lieschen sitzt, ihr laut ins Ohr flüstert: »Siehste! Hab dir doch gleich gesagt, daß nix schiefgehen kann.«

All eure Zustimmungen oder Nicht-Zustimmungen sind nur Mittel, so zu bleiben wie ihr seid, euch nicht ändern zu müssen. Die Leute widmen ihr ganzes Leben nur dem einen Ziel: sich ja nicht zu verändern. Zwar sagen sie dauernd: »Ich will nicht unglücklich sein«, und tun laufend Dinge, die sie unglücklich machen. Sie sagen immer: »Ich will mich ändern«, aber ich sehe tief in sie hinein, und sie wollen sich gar nicht ändern.

Ja, dieser ausdrückliche Wunsch, sich ändern zu wollen, ist auch nur wieder ein Trick, sich nicht zu ändern; so können sie der Welt erklären: »Ich versuche ja, mich zu ändern, und ich verkünde hiermit laut und deutlich, daß ich mich ändern will, aber was soll ich machen, wenn trotzdem nichts passiert?«

Du kannst dich nicht ändern – das ist das letzte, was ich zu dieser Frage sagen will –, *du* kannst dich nicht ändern. Du kannst Veränderung höchstens zulassen. Indem du versuchst, dich zu ändern, änderst du dich nie. *Wer* versucht es denn? Das alte Du? Sieh dir die innere Logik davon an: *du* willst *dich* ändern. So als wolltest du dich an den eigenen Schnürsenkeln hochziehen. Was kann das schon werden? Auf die Art kann nichts passieren. Du kannst dich nicht selbst ändern; denn wer ist der, der es versucht? Es ist deine Vergangenheit. Es ist du.

Du kannst zulassen, daß *eine Veränderung* geschieht. Und was kannst du tun, um das zuzulassen? Bitte stimme nicht zu und lehne nicht ab. Hör nur zu! Sei du einfach nur hier. Laß meine Gegenwart einfach nur auf dich einwirken wie einen Katalysator. Laß dich einfach nur von mir anstecken. Fang dir einfach nur die Krankheit ein, die ich habe, die Masern, die ich habe. Laß mich nur gewähren. Versuche nicht, dich selbst zu ändern.

Dies Gewährenlassen ist die ganze Selbstaufgabe.

Ein Sannyasin ist nicht einer, der mir zugestimmt hat. Wenn er mir zugestimmt hat, ist er kein Sannyasin, sondern ein Gefolgsmann. So wie die Christen Christus folgen – sie stimmen Christus zu, aber das hat sie nicht verändert. So wie die Buddhisten Buddha folgen – sie haben Buddha zugestimmt, aber das hat sie nicht verändert. Könnt ihr nicht sehen, wie alle Welt irgend jemandem folgt?

Jemandem zu folgen, ist nur eine Methode, Veränderung zu vermeiden. Bitte folge mir nicht! Hör einfach nur, was hier geschieht, sieh, was hier geschieht. Sieh einfach in mich hinein und gib mir freie Bahn – so daß meine Energie auf deine Energie einwirken kann. Es ist keine Verstandessache. Es ist etwas Totales... so daß du anfangen kannst, auf der gleichen Wellenlänge mitzuschwingen – wenn auch nur für Augenblicke.

Solche Augenblicke werden dich umformen, solche Augenblicke vermitteln dir Ahnungen des Unbekannten. Solche Augenblicke machen dir bewußt, daß es Ewigkeit jenseits von Zeit gibt. Solche Augenblicke geben dir ein Gefühl davon, was es bedeutet, in Meditation zu sein. Solche Augenblicke geben dir einen kleinen Geschmack von Gott, von Tao, von Tantra, von Zen. Solche Augenblicke bringen die Möglichkeit der Veränderung, denn solche Augenblicke kommen nicht aus deiner Vergangenheit, sondern aus deiner Zukunft.

Wenn du mir zustimmst, ist es deine Vergangenheit, die mir zustimmt. Wenn du dich öffnest, mich einläßt, ist es deine Zukunft, die sich öffnet – mit mir öffnet. Die Möglichkeit zu deiner Veränderung liegt in deiner Zukunft. Die Vergangenheit ist tot, aus und vorbei. Begrabe sie! Sie hat keine Bedeutung mehr. Schleppe sie nicht weiter mit; sie ist unnötiger Ballast. An diesem Ballast liegt es, daß du nicht höher aufsteigen kannst.

Was meinst du, wenn du sagst, »Ich stimme dir zu?« Doch nur, daß mir deine Vergangenheit zustimmt, daß sich deine Vergangenheit wohl fühlt und nickt und sagt: »Ja, genau das ist es, was ich schon immer gedacht habe.« Das ist ein Trick, der Zukunft auszuweichen. Paß auf...

Einfach nur bei mir sein – das ist *satsang,* das ist ansteckend. Einfach nur bei mir sein... ob du dann willst oder nicht, es werden ein paar Strahlen in dein Dasein dringen und ihr Spiel beginnen. Und dann wird dir bewußt werden, daß das Leben, das du gelebt hast, überhaupt kein Leben war, daß du bisher in einer Illusion gelebt, daß du geträumt hast. Diese wenigen Blitze der Wirklichkeit werden deine ganze Vergangenheit erschüttern. Und dann ist die Verwandlung da.

Sie kommt ganz natürlich, ganz von selbst. Sie folgt dem Verstehen.

Die dritte Frage:

Manchmal beobachte ich die Leute, wie sie ihre alten, immer gleichen Spiele treiben, und meine Augen fühlen sich uralt und erloschen an, und mein Herz müde und zynisch. Ich vermute, weil ich mehr und mehr meine eigenen Spiele und Tricks erkenne. Deine Stimme zwischen meinen Ohren macht mich wahnsinnig, ewig dies: »Es ist okay – du brauchst dich bloß selbst zu lieben und zu akzeptieren, und es gibt kein Problem.«

Bloß???!

Wenn du das noch einmal sagst, dann schreie ich. War ich nicht besser dran, als ich noch glaubte, es gäbe ein Ziel?

Die Frage ist von Ma Deva Anando. Sie ist wichtig. Die Frage hätte von fast jedem hier gestellt werden können. Hört sie euch an. Sie zeigt einfach eine Situation, die jeder Sucher durchmachen muß.

Zuerst sagt Anando:

»Manchmal beobachte ich die Leute, wie sie ihre alten, immer gleichen Spiele treiben, und meine Augen fühlen sich uralt und erloschen an, und mein Herz müde und zynisch.«

Bitte, beobachte andere nicht – das geht dich nichts an. Wenn sie es für richtig halten, ihre alten Spiele zu treiben, wenn sie das so wollen, wenn es ihnen Spaß macht, ihre alten Spiele zu spielen – wer bist du, dich einzumischen? Wer bist du, auch nur zu urteilen?

Diese ständige Sucht, über andere zu urteilen, muß aufhören. Sie hilft andern nicht. Sie schadet dir, sie schadet nur dir. Warum sollte es dich kümmern? Es geht dich nichts an. Es ist das Vergnügen der anderen, wenn sie die Alten bleiben, im gleichen Gleis bleiben wollen, in der gleichen Routine. Gut! Es ist *ihr* Leben, und sie haben alles Recht, es auf ihre Weise zu leben.

Irgendwie können wir den andern nicht gestatten, nach ihrer Fasson selig zu werden. Wir hören nie auf, über sie zu urteilen – wie auch immer. Mal nennen wir sie Sünder, mal sagen wir, daß sie in der Hölle enden müssen; manchmal sagen wir, sie sind dies, manchmal das – Verbrecher. Wenn das alles nicht mehr gilt, kommt jetzt der neue Wertmaßstab – daß sie »alte Spiele spielen«, und »ich es müde bin«. Warum sollten dich ihre Spiele müde machen? Laß sie selber müde werden von ihren alten Spielen, wenn sie wollen. Oder wenn sie nicht wollen – auch das ist ihre Entscheidung. Bitte, beobachte andere nicht.

Richte deine gesamte Energie auf dich selbst. Vielleicht verdammst du die anderen wegen ihrer alten Spiele nur als Vorwand, damit du dich nicht selbst verdammen mußt. So ist es immer; es ist ein psychologischer Trick. Wir projizieren auf andere. Ein Dieb hält jeden für einen Dieb – das ist für ihn ganz natürlich; das ist ein Mittel, sein Ego zu schützen. Wenn er denkt, die ganze Welt ist schlecht, kommt er sich im Vergleich dazu gut vor. Für einen Mörder wimmelt die ganze Welt von Mördern – da kann er sich wohl und zufrieden fühlen. Es ist bequem, alle Welt für Mörder zu halten, dann kann er ohne Schuldgefühle morden, dann braucht er keine Gewissensbisse zu haben.

Wir projizieren also immerzu auf andere, was wir in uns selbst nicht sehen wollen. Bitte hör damit auf! Wenn du alte Spielchen wirklich satt hast, dann ist dies das alte Spiel – das allerälteste. Seit wie vielen Leben spielst du es schon: deine

Fehler erst auf andere zu projizieren und dich danach gut zu fühlen. Und natürlich mußt du übertreiben, mußt du vergrößern. Wenn du ein Dieb bist, mußt du das Bild der andern aufbauschen, damit sie größere Diebe sind als du. Dann fühlst du dich gut. Im Vergleich bist du ein viel besserer Mensch.

Deshalb lesen die Leute so gern Zeitung. Zeitungen helfen euch sehr. Frühmorgens, noch vor der ersten Tasse Tee, seid ihr schon bereit für die Zeitung. Und die Zeitung bringt absolut keine Neuigkeiten, denn es gibt überhaupt nichts Neues. Es ist immer der gleiche alte Schrott.

Aber ihr fühlt euch gut dabei: irgendwo ist jemand umgebracht worden, irgendwo gibt es ein Watergate, und woanders etwas anderes, und irgendwo hat einer gestohlen, und irgendeinem ist die Frau mit einem andern durchgebrannt... und so weiter und so fort. Wenn ihr das alles seht, entspannt ihr euch. Ihr denkt: »Na, so schlecht bin ich ja auch wieder nicht – die ganze Welt kommt auf den Hund. Dagegen bin ich noch ein guter Mensch. *Ich* bin noch nicht mit der Frau des Nachbarn durchgebrannt. Und umgebracht habe ich auch noch keinen... auch wenn ich manchmal mit dem Gedanken spiele, aber Denken ist noch kein Verbrechen, wo es Menschen gibt, die solche Sachen tatsächlich machen.« Du fühlst dich gut, und sobald du dich gut fühlst, bleibst du der gleiche.

Bitte beobachte andere nicht. Es bringt dir nichts. Richte deine Energie, deine Beobachtung auf dich selbst.

Und in der Beobachtung steckt eine ungeheure Verwandlungskraft. Wenn du dich beobachtest, fangen die Dinge an sich zu verändern. Wenn du anfängst, deine Wut zu beobachten, entdeckst du eines Tages, daß deine Wut nicht mehr die gewohnte Energie entfaltet; sie ist nicht mehr so jähzornig. Etwas darin ist abgestorben. Wenn du anfängst, dich zu beobachten, kannst du nach und nach sehen, daß das Negative stirbt und das Positive immer lebendiger wird; daß dein Unglück abnimmt und ein Glücksgefühl in dein Leben kommt; daß du öfter lächelst, manchmal sogar ohne Grund. Daß du einen Sinn für Humor bekommst, wenn du anfängst zu beobachten, und die alte deprimierte Leidensmiene verschwindet. Plötzlich hast du Humor. Du nimmst das Leben spielerischer, wenn du beobachtest. Ernsthaftigkeit wird immer unpassender. Du wirst unschuldiger, zuversichtlicher, immer weniger von Zweifeln geplagt.

Ich sage nicht, daß dein Vertrauen immer respektiert werden wird. Nein, darum geht es nicht. Du wirst vielleicht öfter betrogen werden. Aber selbst wenn du betrogen wirst, kann dein Vertrauen dadurch nicht zerstört werden – im Gegenteil, vielleicht sogar eher vertieft. Dir fällt plötzlich auf, wenn dich zum Beispiel jemand um eine kleine Summe betrogen hat, daß du etwas viel Wertvolleres gerettet hast – dein Vertrauen nämlich; und daß du nur etwas praktisch Wertloses, das Geld, verloren hast. Du hättest das Geld retten und dein Vertrauen verlieren können – das wäre ein viel größerer Verlust gewesen, denn Geld allein hat noch keinen glücklich gemacht. Aber Menschen, die vertrauen konnten, haben wie Gott auf Erden gelebt. Weil sie vertrauen konnten, haben sie das Leben so total genossen, daß sie Gott dankbar waren.

Vertrauen ist ein Geschenk des Himmels. Geld kann euch bestenfalls ein bißchen Komfort geben, aber keine Daseinsfreude. Vertrauen gibt euch vielleicht nicht viel Komfort, aber dafür eine große Daseinsfreude.

Nun, den Komfort der Daseinsfreude vorzuziehen, ist ganz einfach dumm; denn so ein komfortables Leben kann nur ein komfortables Sterben sein. Man kann bequem leben und man kann bequem sterben, aber der wahre Geschmack des Lebens wird erst möglich, wenn du es bis zum Optimum, bis zum Maximum feierst, wenn deine Fackel an beiden Enden zugleich brennt. Vielleicht nur für einen kurzen Moment... aber was für eine Intensität! Was für eine Totalität! Was für eine Ganzheit! Und dies geschieht nur durch Beobachtung.

Beobachtung ist eine der größten Transformationskräfte. Fang an, dich selbst zu beobachten. Vergeude deine Energie nicht mit der Beobachtung anderer – das ist reine Verschwendung. Und kein Mensch wird es dir danken; es ist ein undankbarer Job. Und ganz egal, wen du beobachtest, er wird sich angegriffen fühlen, denn niemand will gern beobachtet werden. Jeder will sein Privatleben führen. Ob gut, ob schlecht, dumm oder weise, aber jeder will sein eigenes Privatleben führen. Und wer bist du, dich einzumischen? Sei also kein Voyeur, geh bei andern nicht ans Schlüsselloch und beobachte sie nicht. Es ist *ihr* Leben. Wenn sie wollen und gern das alte Spiel spielen – laß sie spielen!

Als erstes also: Hör auf, andere zu beobachten. Richte die ganze Energie auf dich selbst.

Und als zweites sagst du:

»Ich vermute, weil ich mehr und mehr meine eigenen Spiele und Tricks erkenne. Deine Stimme zwischen meinen Ohren macht mich wahnsinnig, ewig dies: ›Es ist okay – du brauchst dich bloß selbst zu lieben und zu akzeptieren, und es gibt kein Problem.‹«

Ich muß es wiederholen: Es gibt kein Problem. Mir ist noch nie ein wirkliches Problem begegnet – bis heute nicht. Und ich muß schon Tausenden von Leuten zugehört haben, und ihren Tausenden von Problemen. Mir ist noch kein wirkliches Problem begegnet. Und ich glaube auch nicht, daß es je geschehen wird, denn ›das wirkliche Problem‹ existiert nicht. ›Problem‹ ist etwas Produziertes. Situationen gibt es. Probleme gibt es nicht. Probleme sind eure Interpretationen von Situationen. Die gleiche Situation mag kein Problem für den einen sein, und für den anderen ist sie ein Problem.

Es kommt also auf dich an, ob du etwas zu einem Problem machst oder nicht – aber Probleme gibt es nicht. Probleme existieren in der Schöpfung nicht; sie existieren nur in der menschlichen Psychologie.

Sieh das nächste Mal genau hin, wenn du auf Trip bist und auf einem Problem reitest – beobachte lediglich. Stell dich daneben und sieh dir das Problem an. Ist es wirklich da? Oder hast du es hergestellt? Sieh tief hinein, und du wirst plötzlich sehen, daß es nicht größer wird, sondern kleiner; es schrumpft immer mehr zusammen. Je mehr Energie du ins Beobachten steckst, desto kleiner wird es. Und dann kommt ein Moment, wo es plötzlich nicht mehr da ist ... und du wirst laut lachen.

Wann immer du grade ein Problem hast, sieh es dir einfach an. Probleme sind eingebildet, sie existieren nicht. Geh einfach um das Problem herum, und sieh es dir von allen Seiten an – wie kann es existieren? Es ist ein Gespenst! Du wolltest es haben, *darum* ist es da. Du hast um es gebeten, *darum* ist es da. Du hast es eingeladen, *darum* ist es da.

Aber die Leute mögen es nicht, wenn du ihnen sagst, daß ihr Problem kein Problem ist – das mögen sie nicht! Sie fühlen sich sehr schlecht behandelt. Wenn man sich ihre Probleme anhört, fühlen sie sich sehr wohl. Und wenn du sagst: »Ja, das ist ein großes Problem«, dann sind sie sehr zufrieden. Darum ist die Psychoanalyse zu einer der wichtigsten Angelegenheiten dieses Jahrhunderts geworden. Der Psychoanalytiker hilft keinem – vielleicht hilft er sich selbst, aber sonst hilft er niemandem. Er kann es nicht. Aber trotzdem gehen die Leute hin und zahlen. Sie genießen es – er akzeptiert ihre Probleme; egal, was für ein absurdes Problem du zum Psychoanalytiker bringst, er hört es sich sehr offen und ernst an, so als ob es wirklich da wäre. Für ihn ist es selbstverständlich, daß du darunter leidest, und er fängt an, es zu bearbeiten und zu analysieren. Und das dauert Jahre!

Selbst nach Jahren der Psychoanalyse ist das Problem nicht gelöst – schließlich war das Problem von Anfang an gar nicht da, wie soll es also einer lösen? Aber nach jahrelanger Analyse wird man müde, man macht Schluß mit dem alten Problem. Man will jetzt endlich irgendein neues haben. Eines Tages sagst du also: »Ja, es ist nicht mehr da, es ist weg!« und bedankst dich beim Psychoanalytiker. Aber es ist einfach nur die Zeit, die dir geholfen hat, die dich geheilt hat, nicht die Psychoanalyse. Aber es gibt Leute, die ungern nur warten und beobachten.

Wenn man einen Verrückten in ein Zen-Kloster bringt, setzen sie ihn dort einfach in eine Ecke, in eine kleine Hütte, weitab vom Kloster; sie bringen ihm Essen und sie sagen zu ihm: »Bleib einfach da, ganz ruhig.« Niemand geht hin, um mit ihm zu reden; das Essen wird ihm geliefert, alles Nötige wird für ihn getan, aber keiner kümmert sich um ihn. Und wozu die Psychoanalyse drei Jahre braucht, das passiert hier in drei Wochen. Nach drei Wochen kommt die Person einfach heraus und sagt: »Ja, das Problem ist nicht mehr da.«

Drei Wochen läßt man dich mit deinem Problem allein – wie kannst du da umhin, es zu sehen? Und es findet keine Analyse statt, also gibt es keine Ablenkung; du wirst nicht abgelenkt.

Der Psychoanalytiker lenkt dich ab! Das Problem wäre vielleicht in drei Wochen von allein gestorben, aber jetzt kann es nicht sterben, denn mit der Unterstützung des Analytikers wird es drei Jahre lang oder länger weiterleben. Es hängt davon ab, wie reich du bist. Wenn du reich genug bist, kann das Problem dein ganzes Leben andauern. Mit anderen Worten, es hängt davon ab, wieviel du dir leisten kannst.

Arme Leute leiden nicht an so vielen Problemen. Die Reichen wohl – sie können es sich leisten. Sie können das Spiel genießen, große Probleme zu haben. Ein armer Mensch kann es sich nicht leisten; er kommt nicht in den Genuß dieses Spiels.

Das nächste Mal, wenn du wieder ein Problem hast, sieh hinein, sieh genau hinein. Keine Analyse nötig! Analysiere es nicht, denn Analyse ist nur ein Ablenkungsmanöver. Wenn du mit dem Analysieren anfängst, siehst du nicht auf das Problem, sondern fragst: Warum? Woher? Wie ist es entstanden? – in deiner Kindheit, durch die Beziehung deiner Mutter zu dir, deines Vaters zu dir. Du bist schon vom Weg abgekommen. Jetzt siehst du nicht mehr in das Problem selbst hinein. Die Freudsche Analyse ist in Wirklichkeit ein intellektuelles Spiel, mit großer Könnerschaft gespielt. Geh nicht in die Ursachen. Das ist unnötig, denn es gibt keine Ursache. Geh nicht in die Vergangenheit; das ist unnötig, denn damit entfernst du dich nur von dem gegenwärtigen Problem. Sieh *hinein,* als eine Hier-und-Jetzt-Sache, geh einfach hinein. Und denk nicht über Ursachen nach, über Gründe. Beobachte das Problem einfach so, wie es ist.

Und du wirst überrascht sein: indem du genau hinsiehst, fängt das Problem an, sich aufzulösen. Beobachte es weiter, und du wirst sehen, es ist verschwunden.

Probleme existieren nicht. Wir schaffen sie, weil wir nicht ohne Probleme leben können. Das ist der einzige Grund, warum wir sie erzeugen. Ein Problem zu haben heißt, beschäftigt zu sein. Man fühlt sich gut: es gibt etwas zu tun. Wenn es kein Problem gibt, stehst du mit leeren Händen da, allein. Was kommt jetzt? Keine Probleme mehr!

Stellt euch vor, eines Tages kommt Gott an und sagt: »Keine Probleme mehr! Schluß! Aus! Alle Probleme weg.« Was würdet ihr tun? Stellt euch den Tag mal vor! Dann wüßten die Leute nicht weiter. Die Leute würden sehr böse auf Gott und sagen: »Das ist kein Segen! Was sollen wir jetzt tun? Keine Probleme?« Jetzt weiß die Energie plötzlich nicht mehr, wohin. Ihr habt das Gefühl zu stagnieren. Ein Problem ist ein Mittel für euch, in Bewegung zu bleiben, weiterzumachen, weiter zu pusseln, weiter zu hoffen, zu wünschen, zu träumen. Ein Problem gibt euch lauter Möglichkeiten, beschäftigt zu bleiben.

Und unbeschäftigt zu sein, oder zur Unbeschäftigtheit fähig zu sein, ist genau das, was ich Meditation nenne; ein unbeschäftigter Geist, der einen Augenblick *ohne* Beschäftigung genießen kann, ist ein meditativer Geist.

Fangt an, ab und zu einen unbeschäftigten Augenblick zu genießen. Selbst wenn das Problem da ist – für dich ist es da, ich sage zwar, es ist nicht da, aber für dich ist es da – dann schiebe das Problem beiseite und sag dem Problem: »Warte! Das Leben ist da, das ganze Leben ist da. Ich werde dich schon lösen, aber im Augenblick möchte ich mal ein bißchen Luft haben und mich mit keinem Problem beschäftigen.« Fang an, dir ein paar unbeschäftigte Augenblicke zu nehmen, und wenn du erst einmal angefangen hast, sie zu genießen, wirst du die Tatsache sehen, daß du dir deine Probleme geschaffen hast, weil du nicht fähig warst, unbeschäftigte Augenblicke zu genießen. Probleme sind Lückenbüßer. Hast du dich noch nie beobachtet? Du sitzt in einem Zimmer, und wenn du nichts zu tun hast, wirst du zappelig, fühlst du dich unwohl, fühlst du dich rastlos – du schaltest das Radio ein, oder schaltest den Fernseher ein, oder nimmst dir die gleiche alte Zeitung vor, die du seit dem Morgen schon dreimal gelesen hast. Oder, wenn dir nichts anderes übrigbleibt, legst du dich schlafen, damit du Träume herzaubern kannst, mit denen du wieder beschäftigt bist. Oder du fängst zu rauchen an. Hast du es je beobachtet? Wann immer du nichts zu tun hast, fällt es dir sehr schwer zu sein, einfach nur zu *sein*.

Ich sage es noch einmal: Es gibt kein Problem, Anando. Sieh der Tatsache ins Gesicht, daß es kein Problem im Leben gibt. Wenn du eins haben willst, ist es dein Vergnügen – genieße es, du hast meinen ganzen Segen. Aber die Wahrheit ist, daß es kein Problem gibt.

Das Leben ist überhaupt kein Problem – es ist ein Geheimnis, das gelebt und genossen werden will. Probleme werden von euch geschaffen, weil ihr Angst habt, das Leben zu genießen, und Angst, das Leben zu leben. Probleme bieten euch Schutz – gegen das Leben, gegen die Freude, gegen die Liebe. Man kann sich sagen: »Ich – und genießen? – Ich, mit meinen vielen Problemen! Wie soll ich genießen? Ich habe so viele Probleme! Wie könnte ich einen Mann oder eine Frau lieben? Ich habe so viele Probleme! Wie könnte ich tanzen und singen? – Unmöglich!«

Du kannst immer Gründe finden, nicht zu singen, nicht zu tanzen. Deine Probleme liefern dir eine wunderbare Ausrede.

Schau in den Kern deiner Probleme, und du wirst sehen, sie sind eingebildet.

Und selbst wenn du ein Problem hast und es für wirklich hältst – ich sage: es ist okay. Warum sage ich, daß es okay ist? Weil es sich von dem Augenblick an auflöst, wo du das Gefühl hast, ›es ist okay‹. Sobald du zu einem Problem ›okay‹ sagst, hast du aufgehört, ihm Energie zu geben. Du hast es akzeptiert. Sobald du ein Problem akzeptierst, ist es kein Problem mehr. Ein Problem ist nur so lange ein Problem, wie du es ablehnst, wie du sagst, daß es nicht so sein sollte . . . und es ist so. Das gibt dem Problem Auftrieb.

Darum sage ich es. Die Leute kommen mit ihren großen Problemen zu mir, und ich sage: »Es ist okay, sehr gut. Akzeptiere es!« Und ich sage: »Du brauchst dich bloß zu akzeptieren und selbst zu lieben.« Und ich verstehe, wenn Anando sagt: »Deine Stimme zwischen meinen Ohren macht mich wahnsinnig, ewig dies ›Es ist okay . . . es gibt kein Problem!‹ Bloß??!« Und Anando sagt: »Wenn du dies Wort noch einmal sagst, dann schreie ich.«

Du hast schon dein ganzes Leben lang geschrien – ob laut oder nicht, bleibt sich gleich – du schreist schon dein ganzes Leben. Du hast bis heute nichts anderes getan. Manchmal laut, manchmal still, aber schreien tust du ständig. So sehe ich die Menschen: schreiend. Ihr Herz schreit, ihr ganzes Dasein schreit. Aber das hilft ihnen nicht. Ihr könnt schreien, aber das hilft nicht. Versucht lieber zu verstehen, statt zu schreien. Versucht zu sehen, was ich euch sage. Und was ich euch sage, ist keine Theorie – es ist Tatsache. Und ich sage es, weil ich es selbst so erfahren habe. Wenn es mir geschehen kann, daß es kein Problem gibt, warum kann es nicht auch euch geschehen? Nehmt die Herausforderung an! Ich bin ein Mensch, so gewöhnlich wie ihr; ich beanspruche keine außergewöhnlichen Wunderkräfte.

Ich bin sehr gewöhnlich, gewöhnlich wie ihr. Der einzige Unterschied zwischen euch und mir ist der, daß ihr nicht okay zu euch sagt, und ich habe restlos okay zu mir gesagt – das ist der ganze Unterschied. Ihr versucht ständig, euch zu verbessern, und ich versuche *nicht,* mich zu verbessern. Ich habe gesagt: Unvollkommenheit gibt es nun mal. Ihr wollt vollkommen sein, und ich habe meine Unvollkommenheit akzeptiert. Das ist der einzige Unterschied.

Ich habe also keine Probleme. Wenn du deine Unvollkommenheit akzeptiert hast, wo soll dann das Problem herkommen? Wenn du zu allem was kommt okay sagst, von woher soll dann noch das Problem auftauchen? Wenn du Grenzen akzeptierst, von woher kann das Problem dann kommen? Das Problem kommt aus deiner Weigerung zu akzeptieren. Du kannst dich nicht so akzeptieren, wie du bist; daher das Problem. Und du wirst dich *nie* so akzeptieren, wie du bist; also wird das Problem immer bleiben. Kannst du dir vorstellen, daß du dich eines Tages akzeptierst, rückhaltlos so akzeptierst, wie du bist? Wenn du es dir vorstellen kannst, warum tust du es dann nicht gleich jetzt? Warum warten? Auf wen? Auf was?

Ich habe mich so akzeptiert, wie ich bin, und im gleichen Augenblick verschwanden alle Probleme. Im gleichen Augenblick verschwanden alle Sorgen. Nicht, daß ich etwa vollkommen wurde, aber ich fing an, meine Unvollkommenheit zu genießen. Kein Mensch wird je vollkommen. Denn vollkommen werden heißt: absolut tot werden. Vollkommenheit ist unmöglich, weil das Leben ewig ist. Vollkommenheit ist nicht möglich, weil das Leben immer und immer weitergeht; es hat kein Ende.

Der *einzige* Weg, aus diesen sogenannten Problemen herauszukommen, ist also der, dein Leben so zu akzeptieren, wie du es in diesem Augenblick vorfindest, und es zu leben, zu genießen, dich daran zu erfreuen. Und dann bringt der *nächste* Augenblick noch mehr Freude, denn er kommt aus *diesem* Augenblick; und der übernächste wird noch freudiger, weil du so mit der Zeit immer froher wirst. Freudiger, nicht weil du dich verbesserst, sondern weil du den Augenblick lebst.

Aber unvollkommen wirst du bleiben. Du wirst immer Grenzen haben und wirst immer Situationen erleben, aus denen du, wenn du willst, sofort Probleme machen kannst. Wenn du aber nicht willst, besteht kein Grund, welche zu schaffen. Du kannst schreien, aber das wird nicht helfen. Das tust du schon lange – das hat nicht geholfen.

Selbst die Primär-Therapie hat sich nicht als besonders hilfreich erwiesen. Sie läßt die Leute schreien – ja, das erleichtert etwas –, es ist eine Koller-Therapie. Sie hilft dir, dich auszukotzen. Das erleichtert, weil du etwas abgeladen hast, ein bißchen losgeworden bist, aber dann ist die Euphorie nach ein paar Tagen wieder vorbei; wieder bist du der Alte, wieder sammelt sich alles an. Wieder gehst du zur Primär-Therapie, fühlst dich ein paar Tage lang wohl... und so weiter.

Solange du nicht verstehst, daß man aufhören muß, Probleme zu erzeugen, solange erzeugst du immer weiter Probleme. Du kannst in eine Encounter-Gruppe gehen, du kannst Primär-Therapie machen, du kannst tausend andere Gruppen machen, und nach jeder Gruppe wirst du dich ganz wunderbar fühlen, weil du etwas losgeworden bist, was du auf der Seele hattest – *aber du bist nicht den Mechanismus losgeworden, der es erzeugt.* Du hast etwas rausgeworfen, was du auf der Seele hattest, aber die eigentliche Fabrik, wo es produziert wurde, hast du nicht rausgeworfen. Du wirst wieder etwas produzieren. Das hat nicht viel Zweck. Du bekommst nur eine Verschnaufpause, ein wenig Aufschub.

Aber wenn du die Sache wirklich verstehst, dann ist der springende Punkt, daß du aufhören mußt, Probleme zu erzeugen. Sonst kannst du von einer Gruppe zur andern gehen, von einem Psychoanalytiker zum andern, von einer Therapie zur andern ... und jedesmal bekommst du eine kleine Atempause, eine kleine Erholung, und dann machst du wieder das gleiche.

Meine ganze Anstrengung hier geht dahin, euch das Problem mit allen Wurzeln zu ziehen. Bitte erzeugt keine Probleme – es gibt sie nicht, sie existieren nicht.

Und schließlich fragt Anando: »War ich nicht besser dran, als ich noch glaubte, es gäbe ein Ziel?«

Ja, du warst glücklicher, aber du warst auch unglücklicher. Denn dein Glück lag in der Hoffnung; es war kein wirkliches Glück. Daher sage ich, daß du glücklicher und zugleich unglücklicher warst. Unglücklich warst du hier in der Gegenwart, und glücklich warst du in der Zukunft – aber wie kannst du in der Zukunft sein? Das Ziel liegt in der Zukunft.

Unglücklich warst du hier; glücklich warst du dort. Aber es gibt kein ›dort‹ – es ist alles hier. Es ist immer hier! Überall ist hier! ›Dort‹ existiert nur im Wörterbuch. Dasselbe gilt für ›dann‹. Es ist immer jetzt. ›Dann‹ gibt es nicht. Ja, du warst glücklicher mit deinen Träumen, voll von Gedanken an ein Ziel, von Gedanken an eine schöne Zukunft. Aber warum denkt jemand an eine schöne Zukunft? Weil er in der Gegenwart unglücklich ist.

Ich denke an keine schöne Zukunft. Ich kann mir nicht vorstellen, wie es schöner sein kann! Wie kann es schöner sein, als es genau jetzt ist, in diesem Augenblick? Wie kann die Schöpfung glücklicher, freudiger werden, als sie es in diesem Augenblick ist? Schaut euch um – wie kann sie glücklicher, freudiger sein? Aber das ist ein Trick, wieder so ein Trick des Verstandes: um der Gegenwart auszuweichen, denken wir ständig an die Zukunft; so brauchen wir die Gegenwart nicht zu sehen. Und die Gegenwart ist alles, was es gibt.

Du hast also recht – du *warst* glücklicher, glücklicher in deinen Träumen. Jetzt habe ich alle deine Träume zerschlagen. Glücklicher, ja, in deinen Hoffnungen – und jetzt tu ich, was ich kann, um in dir einen Zustand der Hoffnungslosigkeit herzustellen, so daß kein Rest von Hoffnung bleibt. Ich versuche, dich in die Gegenwart zu bringen. Du bist in der Zukunft herumgewandert; ich ziehe dich ins Hierjetzt zurück. Ein hartes Stück Arbeit. Und wenn einem die Ziele weggenommen werden – das macht sehr wütend. Ihr *seid* manchmal sehr wütend auf mich; ich habe euch eure Hoffnung, eure Träume genommen, oder versuche es jedenfalls – ihr klammert euch an sie. Ihr seid eurer Hoffnung so verfallen, daß ihr sogar anfangt, auf mich zu hoffen!

Ihr fangt durch mich zu hoffen an: »Osho wird's schon machen.« Dieser Mann wird überhaupt nichts machen. Ihr fangt zu hoffen an: »Jetzt bin ich bei Osho, ich brauch' also keine Angst mehr zu haben. Früher oder später werde ich erleuchtet sein!« Schlagt euch das aus dem Kopf! *Erleuchtung ist keine Hoffnung!* Sie ist kein Wunsch und ist nicht in der Zukunft. Wenn du genau in diesem Augenblick zu leben anfängst, *bist* du erleuchtet. Ich versuche jeden Tag, euch erleuchtet zu machen, und ihr sagt ›Morgen‹. Wie ihr wollt... aber morgen wird es nie passieren. Entweder jetzt oder nie!

Werde jetzt gleich erleuchtet! Und du kannst es werden; denn du bist es... nur verblendet, nur in dem Irrtum, es nicht zu sein.

Fragt also nicht ›wie‹. Im gleichen Moment, wo ihr nach dem Wie fragt, habt ihr zu hoffen angefangen. Fragt also nicht nach dem Wie und sagt auch nicht: »Ja, eines Tages...« Das sage ich nicht. Ich sage, ihr *seid* es. Somendra!... die Gans ist draußen![1] Die Gans ist nie drin gewesen. Man muß nur im Augenblick hellwach sein. Ein einziger Moment der Wachheit, ein Schock, und du bist frei.

Jeden Tag versuche ich, euch erleuchtet zu machen, denn ich weiß, daß ihr erleuchtet *seid*. Aber wenn ihr das Spiel des Samsara weiterspielen wollt, könnt ihr natürlich weiterspielen.

Glücklicher, ganz gewiß, das warst du – und unglücklicher auch. Dein Glück habe ich dir genommen, denn hoffen kannst

---

1 Der Beamte Riko bat Nansen einmal, ihm das alte Problem mit der Gans in der Flasche zu erklären.

»Wenn einer eine junge Gans in eine Flasche tut«, sagte Riko, »und sie füttert, bis sie aufgewachsen ist, wie kann er sie dann wieder aus der Flasche herausbekommen, ohne sie zu töten oder die Flasche zu zerschlagen?«

Nansen klatschte laut mit beiden Händen und rief:

»Riko!«

»Ja, Meister?« antwortete Riko aufgeschreckt.

»Siehst du?« sagte Nansen, »die Gans ist draußen!«

du nicht mehr. Wenn du mich noch ein bißchen mehr zuläßt, nehme ich dir auch dein Unglück. Aber erst muß das Glück gehen, denn Unglück existiert nur als der Schatten der Hoffnung auf das Glück. Erst muß also die Hoffnung auf das Glück weichen, nur dann wird der Schatten weichen.

Du kannst also schreien, wenn du schreien willst, aber ich werde es tausend-und-ein Mal wiederholen: Anando, es gibt kein Problem. Du brauchst dich bloß selbst zu akzeptieren und zu lieben – ja, *bloß*.

Die vierte Frage:

Führt Tantra nicht in die Ausschweifung?

Nein. Es ist der einzige Weg, aus der Ausschweifung herauszukommen. Es ist der einzige Weg, aus der Sexualität herauszukommen. Kein anderer Weg hat dem Menschen bisher dabei geholfen. Alle anderen Wege haben ihn nur immer sexueller gemacht.

Der Sex ist nicht verschwunden. Die Religionen haben ihn nur noch immer mehr vergiftet. Es gibt ihn immer noch – in vergifteter Form. Ja, Schuldgefühle hat der Mensch dazubekommen, aber der Sex ist nicht verschwunden. Er *kann* nicht verschwinden, denn er ist eine biologische Realität. Er ist existentiell. Er kann nicht einfach dadurch verschwinden, daß man ihn unterdrückt. Er kann nur verschwinden, wenn du so bewußt wirst, daß du die Energie, die in der Sexualität eingeschlossen ist, freisetzen kannst – und nicht durch Verdrängung wird die Energie freigesetzt, sondern durch Verstehen. Und ist die Energie erst einmal freigesetzt: ... aus dem Schlamm der Lotus! Der Lotus muß aus dem Schlamm *auf*steigen, er muß nach oben; Verdrängung jedoch drückt ihn nur noch tiefer in den Schlamm. Sie hält ihn unterdrückt.

Was ihr – die ganze Menschheit – bis heute getan habt, ist Unterdrückung des Sex, hinein in den Schlamm des Unbewußten. Unterdrückt ihn immerzu! Setzt euch oben drauf! Erlaubt ihm keine Bewegung! Tötet ihn durch Fasten, durch Disziplin, durch Einsiedelei in einer Höhle des Himalaja, oder geht in ein Kloster, wo Frauen keinen Zutritt haben. Es gibt Klöster, in die jahrhundertelang keine Frau ihren Fuß gesetzt hat. Es gibt Klöster, wo immer nur Nonnen gewohnt haben, und die noch kein Mann betreten hat.

Das alles sind Mittel der Unterdrückung. Und: sie erzeugen mehr und mehr Sexualität, und mehr und mehr Träume von sexuellen Ausschweifungen.

Nein, Tantra ist kein Weg in die Ausschweifung. Es ist der einzige Weg in die Freiheit. Tantra sagt: Alles, was ist, muß verstanden werden; und durch das Verstehen kommen Veränderungen ganz von allein.

Wenn ihr also mir oder Saraha zuhört, dürft ihr nicht denken, daß Saraha eure sexuellen Ausschweifungen befürwortet. Es wird böse für euch enden, wenn ihr es so versteht. Hört euch diese Geschichte an:

Ein alter Herr namens Martin ließ sich vom Arzt untersuchen. »Bitte sagen Sie mir offen – was ist los mit mir? Ich hab' überall Schmerzen und verstehe nicht, warum. Ich hab' ein sehr solides Leben geführt, nicht geraucht, nicht getrunken, mich nicht herumgetrieben. Jeden Abend geh' ich um neun ins Bett – allein! Warum fühle ich mich also nicht wohl?« – »Wie alt sind Sie?« fragte der Arzt. »Ich werde vierundsiebzig«, sagte Martin. Der Arzt antwortete: »Nun, schließlich sind sie nicht mehr der Jüngste, da müssen Sie mit so etwas rechnen. Aber Sie haben noch viel Zeit vor sich. Nehmen Sie's leicht, machen Sie sich keine Sorgen. Machen Sie Urlaub in Hot Springs.«

Also fuhr Martin nach Hot Springs. Dort lernte er einen andern Herrn kannen, der so alt und gebrechlich aussah, daß er beim Vergleich Mut schöpfte. »Bruder«, sagte Martin, »du mußt dich gut gehalten haben, daß du ein so hohes Alter erreicht hast. Ich hab' zwar auch nüchtern und ruhig gelebt, aber nicht so wie du, möchte ich wetten. Was ist dein Geheimnis, daß du so ein hohes Alter erreicht hast?« Antwortete da dieser verschrumpelte Alte: »Ganz im Gegenteil, Mann, als ich siebzehn war, sagte mein Vater: ›Mein Sohn, genieße das Leben. Iß, trink, und tu, was dein Herz begehrt. Lebe das Leben. Statt *eine* Frau zu heiraten, bleib Junggeselle und leiste dir zehn. Gib dein Geld fürs Vergnügen aus, für dich selbst, statt für Frau und Kinder.‹ Tja, und das war mein Motto mein

Leben lang: Wein, Weib und Gesang! Ich hab' mein Leben voll genossen, Bruder!«

»Du scheinst's richtig gemacht zu haben«, sagte Martin. »Wie alt bist du?«

Der andere antwortete: »Vierundzwanzig.«

Ausschweifung ist selbstmörderisch – so selbstmörderisch wie Verdrängung. Das sind die beiden Extreme, vor denen Buddha warnt. Das eine Extrem ist Verdrängung, das andere ist Ausschweifung. Bleib genau in der Mitte: Unterdrücke dich nicht und laß dich nicht gehen. Bleib genau in der Mitte, aufmerksam, wach, bewußt. Es ist dein Leben! Weder darf es unterdrückt noch darf es verschleudert werden – es muß verstanden werden.

Es ist dein Leben – geh sorgfältig damit um! Liebe es! Mach es dir zum Freund! Wenn du dir dein Leben zum Freund machen kannst, wird es dir viele Geheimnisse offenbaren, wird es dich unmittelbar zur Tür Gottes führen.

Aber Tantra ist absolut nicht Ausschweifung. Die repressiven Leute halten Tantra seit je für Ausschweifung – so sehr sind sie vom Sex besessen. Zum Beispiel: Einer, der in ein Kloster geht und dort lebt, ohne je eine Frau zu sehen, wie kann der glauben, daß Saraha nicht ausschweifend ist, wenn er mit einer Frau zusammenlebt? Nicht nur mit ihr lebt, sondern merkwürdige Dinge mit ihr treibt: nackt vor ihr sitzend – sie auch nackt – beobachtet er die Frau. Oder sogar während er sich mit ihr vereinigt, beobachtet er weiter.

Nun, man kann sein Beobachten nicht beobachten. Man kann nur sehen, daß er im Liebesakt ist. Und wenn man repressiv ist, kommt da die ganze verdrängte Sexualität hoch. Man muß verrückt davon werden! Und alles Verdrängte wird man jetzt auf Saraha projizieren – und Saraha tut nichts dergleichen, er bewegt sich in einer völlig anderen Dimension. Er ist nicht wirklich am Körper interessiert: er will sehen, was diese Sexualität ist; er will sehen, was den Reiz des Orgasmus ausmacht, was genau ein Orgasmus ist; er will auf dem Höhepunkt meditativ sein, so daß er den Schlüssel, das Geheimnis finden kann... vielleicht liegt dort der Schlüssel, der die Tür zu Gott öffnet. Und wirklich – dort liegt er.

Gott hat den Schlüssel in eurer Sexualität versteckt. Einerseits geht durch Sex das Leben weiter. Aber das ist nur zum Teil der Zweck der sexuellen Energie. Wenn man nämlich andererseits in die sexuelle Energie mit vollem Bewußtsein hineingeht, wird man finden, daß man auf einen Schlüssel gestoßen ist, der einem helfen kann, das ewige Leben zu betreten. Ein kleiner Teilaspekt des Sex ist es, daß euch Kinder geboren werden. Der andere Aspekt, ein höherer Aspekt, ist der, daß man in der Ewigkeit leben kann. Sexenergie ist Lebensenergie.

Normalerweise dringen wir nur bis zur Eingangshalle vor, wir betreten nie den Palast. Saraha versucht, in den Palast hineinzugehen. Nun, die Leute, die zum König kamen, müssen unterdrückte Leute gewesen sein, so wie eben alle Leute unterdrückt sind. Der Politiker und der Priester *müssen* die Unterdrückung predigen, denn nur durch Unterdrückung kann man die Leute zum Wahnsinn treiben. Und Wahnsinnige lassen sich leichter beherrschen als geistig gesunde Menschen. Und wenn die Menschen in ihrer Sexenergie wahnsinnig sind, gehen sie anderen Dingen nach – dem Geld oder der Macht oder dem Ansehen. Irgendwo müssen sie ihre Sexenergie zum Vorschein bringen; sie ist da und brodelt – irgendwie müssen sie sie freisetzen. Geldwahn oder Machtsucht also – das sind die Ventile.

Diese ganze Gesellschaft ist sex-besessen. Wenn Sex-Besessenheit von der Welt verschwindet, werden die Leute nicht mehr wie verrückt hinter dem Geld her sein. Wer schert sich dann noch ums Geld? Und den Leuten ist dann auch die Macht egal. Kein Mensch wird mehr Premierminister oder Präsident werden wollen – wozu denn?! Das Leben ist in seiner Einfachheit so ungeheuer schön, in seiner Gewöhnlichkeit so unübertroffen, warum sollte man noch ein Jemand werden wollen? Ein Niemand zu sein ist ein solcher Genuß! – nichts fehlt einem. Aber wenn man den Leuten ihre Sexualität zerstört und sie verdrängt, dann fehlt ihnen so viel, daß sie ständig gierig nach etwas suchen: irgendwo muß es ja Freude geben – *hier* ist sie jedenfalls nicht!

Sex ist eine der Aktivitäten – mitgegeben von Natur und von Gott –, die euch immer wieder auf den gegenwärtigen Augenblick zurückwerfen. Normalerweise seid ihr nie im Moment – außer wenn ihr euch liebt; und auch dann nur für ein paar Sekunden.

Tantra sagt, man muß den Sex verstehen, den Sex dekodieren. Wenn der Sex so zentral wichtig ist, daß aus ihm das Leben kommt, dann muß mehr daran sein. Dieses ›mehr‹ ist der Schlüssel zur Göttlichkeit, zu Gott.

Die fünfte Frage:

Was stimmt mit mir nicht? Ich verstehe, was du sagst, ich lese deine Bücher und genieße sie ungeheuer, aber immer noch fehlt etwas sehr Wesentliches.

Meditiere über diese schönen Worte von Wordsworth:

Die Welt belastet uns zu sehr – spät und früh:
Gewinn, Verlust – damit veröden unsere Kräfte.
Wenig sehen wir in der Natur, was unser ist.
Wir haben unser Herz verkauft – ein schmutziges Geschäft.
Dies Meer, das seine Brust dem Mond entblößt,
Die Winde, die sonst immer heulen,
Und die jetzt eingefaltet ruhn wie Knospen,
Für dies, für alles, fehlt in uns der Sinn.
Es rührt uns nicht...

Das ist es, was fehlt: »Es rührt uns nicht...«; wir haben keinen Sinn mehr für das Dasein. Diese »Welt belastet uns zu sehr... Gewinn, Verlust, damit veröden unsere Kräfte. Wenig sehen wir in der Natur...« Wie kannst du Gott finden, und wie kannst du Seligkeit finden, wenn du nicht in die Natur hineinsiehst? Die Natur ist die Manifestation Gottes. Die Natur ist Gottes Körper, Gottes Form, Gottes Tempel.

Wir haben unser Herz verkauft...

Das ist es, was fehlt.

Für dies, für alles, fehlt in uns der Sinn.
Es rührt uns nicht...

Es wird dir also nicht sehr helfen, mich nur zu lesen oder zu hören... fange an zu fühlen. Beim Zuhören – fühle auch; höre nicht nur zu. Beim Zuhören höre auch durch das Herz. Laß es in deine fühlende Seite einsinken. Das ist gemeint, wenn alle Religionen sagen, daß *shradda* – Vertrauen, Beherztheit – nötig ist. Vertrauen ist die Möglichkeit, durch das Herz zu hören: nicht durch Zweifel, nicht durch Logik, nicht durch Vernunftgründe, nicht durch den argumentierenden Intellekt, sondern durch eine tiefe Anteilnahme des Herzens.

So wie du Musik hörst, so höre mir zu. Hör mir nicht zu, wie du einem Philosophen zuhörst. Lausche mir, wie du den Vögeln lauschst. Lausche mir, wie du einem Wasserfall lauschst. Lausche mir, wie du dem Wind lauschst, der durch die Föhren rauscht. Hör mir nicht zu durch den logischen Verstand, sondern durch das teilnehmende Herz. Und dann wird dir dies etwas, das dir sonst immer fehlte, nicht mehr fehlen.

Der Kopf ist zu sehr zum Experten geworden; er ist bis zum äußersten Extrem gegangen. Er ist ein gutes Instrument; ja, als ein Sklave ist der Kopf wunderbar – aber als Chef ist er sehr gefährlich. Er ist bis zum äußersten Extrem gegangen. Er hat alle eure Energien verschlungen. Er hat sich zum Diktator gemacht. Natürlich, er funktioniert, aber eben weil er funktioniert, macht ihr euch zu sehr von ihm abhängig. Und man kann immer ins Extrem gehen; und der Verstand neigt zum Extrem.

Der junge Willi war sehr ehrgeizig, und als er einen Job als Dienstbote in einem Kaufhaus bekam, war er entschlossen, alles mögliche zu lernen, um dem Boß Eindruck zu machen und schnell vorwärtszukommen. Eines Tages rief ihn der Boß herein und trug ihm auf:

»Sag der Reiseabteilung, sie sollen mir einen Platz auf der Queen Mary buchen für den elften.«

»Entschuldigen Sie«, sagte Willi, »aber das Schiff fährt erst am zwölften.«

Der Boß sah sichtlich beeindruckt auf und sagte: »Die Einkaufsabteilung soll Aluminium für sechs Monate bestellen.«

»Darf ich vorschlagen«, antwortete Willi, »daß die Bestellung erst morgen rausgeht? Der Preis sinkt nämlich. Außerdem würde ich nur für einen Monat Aluminium bestellen, weil der Trend auf Preisabfall deutet.«

»Ausgezeichnet, junger Mann. Sie sind wirklich auf Draht. Schicken Sie Fräulein Müller zum Diktat herein.«

»Fräulein Müller ist heute nicht da«, antwortete der junge Mann.

»Wieso – ist sie krank?«

»Nein, krank ist sie erst am neunten.«

Nun, das heißt zu viel wissen; das geht zu weit. Und genau das ist mit dem menschlichen Verstand passiert: er ist zu weit gegangen, er hat seine Grenze überschritten. Er verschlingt alle Energie, so daß nichts für das Herz übrigbleibt. Ihr seid völlig an eurem Herzen vorbeigegangen. Ihr geht nicht durch das Herz. Diesen Weg kennt ihr nicht mehr. Das Herz ist fast ein totes Ding, ein totes Gewicht. Das ist es, was fehlt.

Du kannst mir durch den Kopf zuhören, und natürlich wirst du alles verstehen, was ich sage – und trotzdem wirst du nichts verstehen, kein einziges Wort, denn hier geht es um ein völlig anderes Verstehen. Dies ist ein Verstehen, das der Liebe näher verwandt ist als dem Wissen.

Wenn du mich liebst, nur dann ... wenn du angefangen hast, für mich zu empfinden, nur dann ... wenn zwischen dir und mir eine Neigung entsteht, wenn es eine Liebe ist, nur dann ...

Und die letzte Frage:

Osho, wie definierst du eine gute Rede?

Schwer zu sagen. Ich hab' in meinem ganzen Leben nicht eine einzige Rede gehalten. Du fragst den Falschen. Aber ich habe eine Definition gehört, die mir gefallen hat, und die will ich dir gern sagen.

»Ein guter Anfang und ein gutes Ende machen eine gute Rede aus – wenn sie wirklich nahe beieinander liegen, der Anfang und das Ende. Natürlich hat die beste Rede überhaupt keine Mitte, und die allerbeste wird nie gehalten.«

Und ich hab' immer nur die allerbeste Rede gehalten – die nie gehaltene. Ich habe in meinem ganzen Leben keine Rede gehalten, mein Geschäft ist Schweigen, nicht Reden. Selbst wenn ihr Worte hört, so war das nicht meine Absicht. Selbst wenn ich Worte gebrauche, werden sie nur als notwendiges Übel benutzt; weil sie nun einmal benutzt werden müssen, weil ihr das Schweigen noch nicht verstehen könnt.

Ich *rede* nicht zu euch. Ich habe nichts zu sagen; denn das, was ich habe, kann nicht gesagt werden, darüber kann nicht gesprochen werden. Aber ihr versteht nichts als Worte, also muß ich es erleiden und muß Wörter gebrauchen, die bedeutungslos sind. Und ich muß Dinge sagen, die nicht gesagt werden sollten – in der Hoffnung, daß ihr mit der Zeit immer direkter in mich hineinsehen werdet. Mit der Zeit werdet ihr nicht auf die Worte, sondern auf die Botschaft hören.

Vergeßt nicht: Das Medium ist nicht die Botschaft. Worte sind nicht meine Botschaft. Die Botschaft ist wortlos.

Ich versuche, euch die nie gehaltene Rede zu halten. Es ist eine Übertragung jenseits der Worte, und so werden nur die, die durch das Herz mit mir verbunden sind, sie empfangen können.

III

DIESER HONIG IST DEIN

23. April 1977

So wie die Wolke aus dem Ozean steigt,
Und von der Erde aufgenommen wird als Regen,
So bleiben Meer und Himmel immer gleich,
Und nehmen weder zu noch ab.

Das gleiche gilt von allen sinnbegabten Wesen:
Aus dem einmaligen Spontanen werden sie geboren –
Das überfließt von den Vollkommenheiten Buddhas –
Und im Spontanen kommen sie zur Ruhe;
Doch ist es weder Stoff noch Geist.

Sie gehen andere Wege, lassen das wahre Glück im Stich
Und suchen den Genuß im Rausch.
Der Honig, der in ihrem Munde ist – so nah! –
Verschwindet, wenn er nicht sofort getrunken wird.

Tiere verstehen nicht, welch trüber Ort
Die Welt ist; anders die Weisen,
Die den Himmels-Nektar trinken,
Während die Tiere nach dem Sinnlichen dürsten.

Alles verändert sich... Heraklit hat recht: man kann nicht zweimal in den gleichen Fluß steigen. Der Fluß verändert sich, und so veränderst du dich auch. Alles ist Bewegung. Alles ist fließend. Alles ist unbeständig, ist Übergang; nur für einen kurzen Moment ist etwas da, und dann schon vorbei... auf Nimmerwiedersehn. Es gibt kein Zurück. Was einmal vorbei ist, ist für immer vorbei.

Und nichts verändert sich... auch das ist wahr. Nichts ändert sich je. Alles bleibt immer gleich. Parmenides hat genauso recht, wenn er sagt: »Nichts ist neu unter der Sonne.« Wie sollte es auch? Die Sonne ist alt, und alles andere ebenfalls. Wenn man Parmenides fragt, dann gibt er zur Antwort, daß man in jeden beliebigen Fluß steigen kann – es ist immer der gleiche Fluß, egal ob Ganges oder Themse. Das Wasser ist das gleiche. Es ist überall H_2O. Und ob du nun heute oder morgen in den Fluß steigst, oder erst in Millionen von Jahren, es wird immer der gleiche Fluß sein.

Und du – wie solltest du ein andrer werden? Du warst einmal Kind; daran kannst du dich erinnern. Dann warst du ein Jugendlicher; auch daran erinnerst du dich. Schließlich wurdest du alt, und auch daran erinnerst du dich. *Wer* ist es, der sich an all das erinnert? Es muß in dir ein nicht veränderliches Element geben – unveränderlich, dauerhaft, absolut beständig. Die Kindheit kommt und geht, die Jugend ebenfalls, und das Alter auch – aber irgend etwas bleibt ewig gleich.

Laßt mich jetzt also folgendes sagen: Heraklit und Parmenides – beide haben sie recht. Oder besser: beide zusammen haben recht. Wenn Heraklit recht hat, hat er doch nur zur Hälfte recht; und wenn Parmenides recht hat, dann auch nur zur Hälfte. Und die halbe Wahrheit ist nicht die Wahrheit. Sie stellen Halb-Wahrheiten auf. Das Rad dreht sich, aber die Nabe steht still. Parmenides redet von der Nabe, Heraklit vom Rad... aber das Rad kann ohne Nabe nicht existieren. Und wozu ist eine Nabe ohne Rad gut? Beide Behauptungen, so widersprüchlich sie klingen, sind also nicht widersprüchlich, sondern ergänzen sich. Die eine Behauptung stimmt nur, sofern die komplementäre Wahrheit stillschweigend vorausgesetzt wird – sonst nicht.

Meditiert über das stille Zentrum des Zyklons...

Aber wenn man eine Behauptung aufstellt, kann sie allerhöchstens eine Halbwahrheit sein. Keine einzelne Behauptung kann je sich mit der ganzen Wahrheit decken. Erhebt eine Behauptung den Anspruch, die ganze Wahrheit zu enthalten, dann muß sie sich notwendig selbst widersprechen, dann muß sie unweigerlich unlogisch sein. Und so eine Behauptung klingt verrückt...

Genau das hat Mahavir getan. Er ist der Allerverrückteste, er hat nämlich versucht, die ganze Wahrheit und nichts als die Wahrheit auszusprechen. Er treibt dich zum Wahnsinn, denn auf jede Behauptung, die er aufstellt, läßt er augenblicklich deren Gegenteil folgen. Er entwickelte ein siebenfaches Aussagemodell. Auf die Grundbehauptung folgt ihr Widerspruch, darauf der Widerspruch des Widerspruchs... und so weiter und so fort. Siebenmal widerspricht er sich, und erst wenn seine Behauptung den Slalom siebenfacher Widersprüche hinter sich hat, schließt er damit, daß nunmehr der Wahrheit voll Genüge getan sei – nur weiß man dann nicht mehr, was hinten und was vorne ist.

Fragst du ihn: »Gibt es Gott?«, dann sagt er »Ja«, und dann »Nein», und dann »beides«, und dann »beides nicht«, und so geht es weiter... Schließlich stehst du mit leeren Händen da und kommst zu keinem Schluß. Er gibt dir keine Chance, zu einem klaren Schluß zu kommen. Er läßt dich im luftleeren Raum hängen.

Das ist die einzige Möglichkeit, wenn du darauf bestehst, die Wahrheit zu sagen.

Die andere Möglichkeit zeigt Buddha: er schweigt; denn er weiß, daß alles, was gesagt werden kann, nur die halbe Wahrheit ist. Und die halbe Wahrheit ist gefährlich. Über die letzten Wahrheiten sagt er kein einziges Wort. Er sagt nicht, daß die Welt fließt, und er sagt nicht, daß die Welt dauerhaft ist. Er sagt nicht, daß du bist, und er sagt nicht, daß du nicht bist. Sobald du ihn etwas über die absolute Wahrheit fragen willst, wehrt er ab. Er sagt: »Bitte frage nicht, denn mit deiner Frage bringst du mich in Schwierigkeiten. Entweder muß ich mich widersprüchlich ausdrücken und wie ein Narr reden, oder ich muß eine Halbwahrheit sagen, die nicht Wahrheit und gefährlich ist. Oder ich muß den Mund halten.« Das sind die drei Möglichkeiten: Buddha hat es vorgezogen, zu schweigen.

Das als erstes zum Verständnis der heutigen Sutras. Vor diesem Hintergrund könnt ihr leicht verstehen, was Saraha sagt.

Das erste Sutra:

So wie die Wolke aus dem Ozean steigt,
Und von der Erde aufgenommen wird als Regen,
So bleiben Meer und Himmel immer gleich,
Und nehmen weder zu noch ab.

Er sagt zum König: Sieh dir den Himmel an. Es gibt dort zwei Phänomene: den Himmel und die Wolke. Die Wolke kommt und geht. Der Himmel kommt nicht und geht nicht. Die Wolke ist manchmal da, manchmal nicht – sie ist ein Zeitphänomen, sie ist etwas Vorübergehendes. Der Himmel ist immer da – er ist eine zeitlose Erscheinung, er ist Ewigkeit. Die Wolken können ihn nicht beflecken, mögen sie noch so schwarz sein. Er ist einfach nicht zu beflecken. Seine Reinheit ist absolut, seine Reinheit ist unberührbar. Seine Reinheit ist immer jungfräulich, nichts kann sie verletzen. Wolken kommen und gehen, das tun sie seit eh und je, aber der Himmel ist so rein wie immer, keine einzige Spur bleibt zurück.

Es gibt also zwei Dimensionen des Daseins: etwas ist wie der Himmel, und etwas ist wie die Wolke. Eure Handlungen sind wie Wolken, sie kommen und gehen. Du aber? – Du bist wie der Himmel: du kommst nicht und gehst nicht. Deine Geburt, dein Tod, das sind Wolken – sie geschehen. Du? – du bist kein Geschehen; dich gibt es immer.

Dinge geschehen in dir: du geschiehst nie.

Dinge geschehen wie am Himmel die Wolken. Du bist schweigender Zuschauer dieses ganzen Spiels der Wolken. Manchmal sind sie weiß und großartig, manchmal dunkel und abgründig und erschreckend; manchmal sind sie voll mit Regen, manchmal leer. Manchmal bringen sie der Erde großen Segen, manchmal richten sie großen Schaden an. Manchmal bringen sie Überschwemmungen und Zerstörung, und manchmal Leben, Grün und reiche Ernten. Aber der Himmel bleibt immerzu der gleiche; gut oder schlecht, göttlich oder teuflisch – die Wolken können ihm nichts anhaben.

Handlungen sind Wolken, Taten sind Wolken; das Sein ist wie der Himmel.

Saraha sagt: Sieh auf meinen Himmel! Sieh nicht auf mein Tun. Du brauchst nur den Blickpunkt zu verschieben – nichts anderes, nur deinen Blickpunkt zu verschieben. Nur die ›Gestalt‹ wird verändert. Du schaust auf die Wolke, aber den Himmel hast du vergessen. Dann plötzlich fällt dir der Himmel wieder ein. Du verschiebst die Aufmerksamkeit von der Wolke auf den Himmel, und plötzlich wird die Wolke uninteressant, plötzlich bist du in einer ganz anderen Dimension.

Eine bloße Verschiebung des Blickpunkts... und schon ist die Welt anders. Wenn du das Verhalten eines anderen beobachtest, konzentrierst du dich auf die Wolke. Wenn du die innere Reinheit seines Wesens im Auge hast, beobachtest du den Himmel. Wenn du die innere Reinheit im Auge hast, erscheint dir niemand als böse, dann ist die gesamte Schöpfung heilig. Wenn du auf die Taten schaust, kommt dir niemand heilig vor. Selbst der heiligste Mensch ist nicht davor gefeit, viele Fehler zu begehen – was seine Taten betrifft. Wenn du auf die Taten schaust, kannst du selbst bei Jesus, bei Buddha, bei Mahavir, bei Krishna, bei Ram verkehrte Handlungen entdekken – selbst der größte Heilige wird dann zum Sünder.

Viele Bücher sind über Jesus geschrieben worden, unzählige Untersuchungen. Viele zu seinen Gunsten, um zu beweisen, daß er der ›eingeborene Sohn Gottes‹ ist. Natürlich läßt sich das beweisen. Dann gibt es viele, die beweisen wollen, daß er nichts anderes als ein Neurotiker war. Und auch das läßt sich beweisen. Und alle reden vom gleichen Menschen. Wie geht das? Wie schaffen sie das? Und es gelingt ihnen glänzend! Die einen nehmen sich die weißen Wolken vor, die anderen die schwarzen – und von beiden gibt es genug, denn keine Handlung ist einfach nur schwarz oder weiß. Um eine Handlung zu sein, muß sie beides zugleich sein.

Gleich, was du tust, du bringst damit sowohl Gutes wie Schlechtes in die Welt – egal was du tust. Schon die Entscheidung, etwas zu tun, setzt zugleich Gutes und Schlechtes in Gang. Nimm jede beliebige Handlung: gib zum Beispiel einem Bettler Geld. Du tust etwas ›Gutes‹. Aber der Bettler kauft sich dafür Gift und bringt sich um. Also war deine Absicht gut, aber am Ende kommt etwas Schlechtes dabei heraus. Du hilfst einem Menschen; er ist krank – du erweist ihm einen guten Dienst und bringst ihn ins Krankenhaus. Und wenn er wieder gesund ist, nun, dann begeht er einen Mord. Hättest du ihm nicht geholfen, hätte es einen Mord weniger auf der Welt gegeben. Deine Absicht war gut, das Resultat aber schlecht.

Wie soll man es nun beurteilen, von der Absicht her oder vom Resultat? Und wer weiß schon von deiner Absicht? Absicht ist etwas Innerliches... vielleicht hattest du ja ganz geheim den Wunsch, daß er gesund würde und dann diesen Mord beging?

Und umgekehrt kommt es vor, daß du etwas Böses beabsichtigst, und es kommt etwas Gutes dabei heraus. Du wirfst jemandem einen Stein an den Kopf, und dieser Jemand leidet seit einem Jahr an Migräne, aber durch den Schlag auf den Kopf verschwindet seine Migräne plötzlich... was soll man dazu sagen? Wie soll man deine Tat beurteilen? – moralisch, unmoralisch? Du wolltest den Mann töten – und hast nur seine Migräne beseitigt. Genauso wurde die Akupunktur entdeckt! Eine so bedeutende Wissenschaft, eine solche Wohltat! Eine der größten Segnungen der Menschheit... aber genau so ist sie entstanden.

Ein Mann litt seit Jahren unter schweren Kopfschmerzen, und jemand – sein Feind – wollte ihn umbringen. Er versteckte sich hinter einem Baum und schoß einen Pfeil auf sein Opfer ab. Der Pfeil traf das Bein des Mannes; er stürzte – aber sein Kopfschmerz war verschwunden. Die Leute, die sich um ihn kümmerten, die Ärzte der Stadt, waren sehr verwundert. Wie kam das? Sie untersuchten die Sache. Durch Zufall hatte der Pfeil einen der Akupunktur-Punkte getroffen: ein bestimmter Punkt am Bein war getroffen worden und hatte die inneren Ströme der Körper-Elektrizität verändert. Und aufgrund dieser veränderten Körper-Elektrizität war der Kopfschmerz verschwunden.

Daher beachtet der Akupunkteur, den du wegen Kopfschmerzen aufsuchst, deinen Kopf überhaupt nicht, sondern drückt vielleicht deine Füße oder deine Hand oder steckt eine Nadel in deine Hand oder in deinen Rücken. Und du denkst überrascht, was er da wohl macht. Schließlich tut mir der Kopf weh, nicht der Rücken! Aber er weiß es besser. Der ganze Körper ist ein elektrisches Kommunikationsnetz; es gibt siebenhundert Punkte, und er weiß, von wo aus er den nötigen Anstoß geben muß, um den Fluß der Energie zu lenken. Alles hängt zusammen... aber entdeckt wurde es so.

War nun der Mann, der den Pfeil abschoß, ein großer Wohltäter oder ein Verbrecher? Schwer zu sagen, sehr schwer zu sagen...

Wenn du nur auf die Taten siehst, kannst du so oder so urteilen. Du kannst dir das Gute aussuchen, du kannst dir das Schlechte aussuchen. Und in der umfassenden Wirklichkeit zieht jede Tat Gutes und Schlechtes nach sich.

Und nicht nur das. Meditiere über das, was ich hier sage, wie ich es verstehe: Egal was du tust, Gut und Böse halten sich immer die Waage. Nochmals: Es hält sich immer die Waage. Denn Gut und Böse sind zwei Seiten derselben Medaille. Du magst Gutes tun, aber zwangsläufig wird dadurch auch etwas Schlechtes bewirkt, denn wohin mit der Kehrseite? Du magst Schlechtes tun, aber es muß auch Gutes daraus entstehen, denn wo soll die andere Seite hin? Die Münze besteht aus beiden Seiten; eine Seite kann nicht für sich allein existieren.

Sünder richten also manchmal Gutes aus, und fromme Leute manchmal großen Schaden. Sünder und Heilige sitzen im gleichen Boot. Wenn ihr das erst einmal verstanden habt, ist eine Transformation möglich, dann seht ihr nicht mehr auf die Taten. Wenn sich Gut und Schlecht die Waage halten, was für einen Sinn hat es dann, Taten zu beurteilen? Dann müßt ihr den ganzen Akzent verlagern. Dann müßt ihr in eine andere Dimension umschalten – seht den Himmel!

Das ist es, was Saraha zum König sagt: Du hast recht, sagt er. Die Leute haben dir etwas erzählt, und sie haben sich nicht geirrt. Ich benehme mich wie ein tollwütiger Hund. Wenn du aber nur auf mein Tun schaust, bist du falsch beraten, dann kannst du mich nicht verstehen. Achte auf meinen inneren Himmel, schau auf meinen wirklichen Schwerpunkt, schau auf meinen inneren Wesenskern – nur so kannst du die Wahrheit *sehen.* Richtig, ich lebe mit dieser Frau zusammen, und normalerweise heißt das, was es eben heißt. Jetzt aber, sagt Saraha, schau genau hin! Dies hier ist nicht das Normale. Hier geht es nicht um die übliche Mann-Frau-Beziehung. Es hat nichts mit Sexualität zu tun. Wir leben zusammen als zwei offene Räume. Wir leben als zwei Freiheiten. Wir leben zusammen wie zwei leere Boote. Aber du mußt den Himmel sehen, nicht die Wolken.

So wie die Wolke aus dem Ozean steigt,
Und von der Erde aufgenommen wird als Regen,
So bleiben Meer und Himmel immer gleich,
Und nehmen weder zu noch ab.

Und an noch etwas erinnert er ihn: Beobachte das Meer. Millionen von Wolken steigen aus dem Meer auf, unendlich viel Wasser verdunstet, aber das Meer nimmt deswegen nicht ab. Und dann regnen die Wolken auf die Erde herab, und Bäche werden zu großen Strömen, Flüsse steigen über ihre Ufer, und das Wasser strömt zum Meer, zum Ozean zurück... Alle Flüsse der Erde ergießen sich wieder ins Meer, aber dadurch wächst das Meer nicht – das Meer bleibt immer gleich. Ob etwas weggenommen oder hinzugetan wird, macht keinen Unterschied.

Die Vollkommenheit des Meeres ist derart, daß ihm nichts genommen und nichts hinzugefügt werden kann.

Er sagt damit: Schau! das innere Wesen ist so vollkommen, daß du wie ein Sünder handeln kannst, ohne daß es dadurch leidet. Und handelst du wie ein Heiliger, macht dich das keinen Deut besser. *Du* bleibst immer gleich.

Damit sagt er etwas ungeheuer Revolutionäres. Nämlich: Nichts kann dem Menschen hinzugefügt und nichts kann ihm genommen werden – darin besteht seine innere Vollkommenheit. Man kann den Menschen nicht schöner machen. Man kann ihn nicht reicher machen und nicht ärmer. Er ist wie das Meer.

In einem buddhistischen Sutra, dem *Vaipulya Sutra,* heißt es, daß es zwei kostbare Juwelen im Meer gibt: der eine sorgt dafür, daß das Meer nicht abnimmt, wenn das Wasser verdunstet, und der andere, daß es nicht überfließt, wenn zuviel Wasser hineinströmt.

Ja, zwei unschätzbare Juwelen gibt es im Meer, und diese beiden Steine verhindern, daß es wächst oder schrumpft... sie sorgen dafür, daß es gleichbleibt. Es ist so riesig, daß es gleichgültig ist, wieviel Wolken aus ihm aufsteigen, wieviel Wasser verdunstet. Es ist so riesig, daß es gleichgültig ist, wie viele Flüsse sich ins Meer ergießen und welche Wassermengen sie ihm zuführen. Das Meer bleibt einfach immer gleich.

Und genauso sieht es im Innern des Menschen aus. Genauso sieht es im Kern der Schöpfung aus. Wachsen und Abnehmen gibt es nur an der Peripherie, nicht im Zentrum. Du magst ein großer Gelehrter sein, oder völlig unwissend sein – das ist nur Peripherie. Kein äußeres Wissen kann dich wissender machen, als du schon bist. Dir kann nichts hinzugefügt werden. Deine Reinheit ist unendlich, es ist unmöglich, sie irgendwie zu verbessern.

Das ist die tantrische Vision. Das genau ist der Kernpunkt der tantrischen Sehweise... *daß der Mensch so ist, wie er ist.* Da gibt es keine Sehnsucht nach Verbesserung. Nicht, daß der Mensch erst gut werden muß; der Mensch muß nicht erst dies und jenes ändern. Der Mensch muß alles so nehmen, wie es ist, und sich an seinen Himmel erinnern, an sein Meer. Und dann wird man nach und nach unterscheiden lernen, was Wolke ist und was Himmel, was Fluß und was Meer.

Bist du erst einmal in Einklang mit deinem inneren Meer, verschwindet alle Angst, alle Schuld, und du wirst unschuldig wie ein Kind.

Der König kannte Saraha von früher her als großen Gelehrten – und jetzt benahm er sich wie ein Idiot! Er rezitiert nicht mehr die Veden, hält sich nicht mehr an die Rituale, die die Religion vorschreibt; ja, sogar mit dem Meditieren hat er aufgehört. Er tut nichts mehr von all den Dingen, die allgemein als religiös gelten. Was macht er nur hier auf dem Verbrennungsplatz? Tanzt wie ein Verrückter herum, singt, als wäre er wahnsinnig. Und erst die untraditionellen Dinge, die er da treibt! Was ist aus seinem Wissen geworden?

Und Saraha sagt: Ihr könnt mein ganzes Wissen haben. Das würde nicht den geringsten Unterschied machen, das würde mir keinen Zacken aus der Krone brechen. Oder bringt meinetwegen alle heiligen Schriften der Welt und trichtert sie mir ein – es macht nicht den geringsten Unterschied, *das* machte mich nicht reicher.

Es war ein hochberühmter Mann: das ganze Reich hatte ihn verehrt. Jetzt ist er plötzlich in Schimpf und Schande geraten wie kein anderer. Und Saraha sagt dazu: Ihr könnt mich mit allen erdenklichen Ehren überhäufen, das macht mich um nichts reicher. Oder ihr könnt mir alle Ehre nehmen, ihr könnt mich beleidigen, ihr könnt meinen Ruf zerstören – tut was ihr wollt, es macht nichts. Trotzdem bleibe ich, der ich bin. Ich bin das, was niemals abnimmt und niemals zunimmt. Ich weiß jetzt, daß ich nicht Wolke bin; ich bin der Himmel.

Also kümmert es mich wenig, ob die Leute die Wolke nun für weiß oder schwarz halten, denn ich bin nicht die Wolke. Und ich bin nicht der kleine Fluß, der winzig kleine Fluß, und auch kein kleiner Teich, ich bin kein Glas Wasser. In einem Glas Wasser gibt es leicht Stürme, es ist so winzig klein. Nimm einen Löffel Wasser heraus, und schon ist es etwas weniger geworden. Schütte einen Löffel zuviel hinein, und schon schwappt es über.

Er sagt: Ich bin das unendliche Meer. Nimm mir jetzt weg was du willst, oder gib hinzu, was du willst – so oder so, es macht keinen Unterschied.

Seht doch das Schöne daran: Im selben Augenblick, wo nichts mehr ins Gewicht fällt, bist du zu Hause angekommen. Wenn noch irgend etwas wichtig ist, bist du weit von zu Hause entfernt. Solange du noch auf der Lauer liegst und in allem, was du tust, klug und listig bist, solange du dies noch tun mußt und jenes nicht tun darfst, solange es noch ein Muß und ein Darfnicht gibt, solange bist du noch weit von zu Hause entfernt. Dann siehst du dich noch immer mit den Augen des Momentanen und nicht des Ewigen. Du hast noch nicht von Gott gekostet.

Wie der Himmel, wie das Meer – bist du. Das zweite Sutra:

Das gleiche gilt von allen sinnbegabten Wesen:
Aus dem einmaligen Spontanen werden sie geboren –
Das überfließt von den Vollkommenheiten Buddhas –
Und im Spontanen kommen sie zur Ruhe;
Doch ist es weder Stoff noch Geist.

Aus dem einmaligen Spontanen werden sie geboren. – Als erstes: Im Tantra ist das Spontane der höchste Wert – einfach nur natürlich zu sein, die Natur zu belassen. Sie nicht zu hindern, sie nicht zuzumauern, sie nicht zu verbiegen, sie nicht in eine Richtung zu lenken, in die sie nicht von selbst will. Sich der Natur zu ergeben, mit ihr zu fließen. Nicht den Fluß anzutreiben, sondern mitzugehen mit ihm – und zwar bis zum Ende, egal wohin. Dies Vertrauen ist Tantra. Spontaneität ist sein Mantra, sein eigentliches Fundament.

Spontaneität bedeutet: Du mischst dich nicht ein, du hast dich losgelassen. Was immer passiert: du beobachtest, du bist Zeuge. Du weißt, daß es geschieht, aber du springst nicht dazwischen, du versuchst nicht, den Kurs zu ändern. Spontaneität heißt: du hast keine Richtung. Spontaneität heißt: du mußt kein Ziel erreichen; wenn du ein Ziel erreichen mußt, kannst du nicht spontan sein. Wie kannst du spontan bleiben, wenn deine Natur plötzlich in eine Richtung will, in der dein Ziel nicht liegt? Wie willst du dann spontan bleiben? Dann schleppst du dich deinem Ziel entgegen.

So machen es Millionen Menschen: sie schleppen sich auf ein eingebildetes Ziel zu. Und weil sie sich einem eingebildeten Ziel entgegenschleppen, verfehlen sie ihre natürliche Bestimmung – welche das einzige Ziel ist! Und allein daran liegt es, daß es so viel Frustration gibt, und so viel Elend, und so viele Höllen; denn du kannst dich noch so sehr auf den Kopf stellen – deine Natur fühlt sich unerfüllt.

Das ist es auch, was die Leute so tot und abgestumpft macht. Sie leben, und trotzdem leben sie nicht. Sie gehen wie Gefangene, in Ketten. Ihren Bewegungen fehlt jede Freiheit, sie haben nichts Tänzerisches... woher denn auch, wenn sie andauernd kämpfen, wenn sie ständig gegen sich ankämpfen? Jeden

Augenblick gibt es Konflikte: Du möchtest etwas essen, aber deine Religion verbietet es dir; du möchtest dich dieser Frau nähern, aber das gehört sich nicht. Du möchtest *so* leben, aber die Gesellschaft will es nicht. Du möchtest auf eine bestimmte Weise leben, du hast das Gefühl, daß du dann aufblühen würdest, aber alle andern sind dagegen.

Hörst du also auf deine eigene Natur? Oder hörst du auf die Stimmen der andern? Wenn du den Ratschlägen all der andern folgst, ist dein Leben leer, bleibt es ein Leben der Frustration. Dein Leben wird enden, ohne daß du je gelebt hast; du wirst sterben, ohne je zu wissen, was Leben ist.

Aber die Gesellschaft hat dich so sehr konditioniert, daß sie dich nicht nur äußerlich unter Kontrolle hat: sie sitzt mitten in dir drin. Das heißt dann Gewissen. Gleich, was du tun möchtest, dein Gewissen sagt: »Tu es nicht!« Dein Gewissen ist die Stimme deiner Eltern; die Priester und Politiker sprechen durch sie. Es ist ein geschicktes Täuschungsmanöver. Sie haben dir ein Gewissen eingepflanzt; von frühester Kindheit an, als du noch nicht merken konntest, was man mit dir machte, haben sie dir ein Gewissen eingepflanzt.

Jedesmal also, wenn du gegen dein Gewissen handeln willst, bekommst du Schuldgefühle. Und daraus entsteht Unglück. Du hast das Gefühl, etwas falsch gemacht zu haben. Du fängst an, dich zu verstecken, dich zu verteidigen; du fängst an, ständig so zu tun, als ob du nichts getan hättest, und hast Angst, daß du früher oder später doch ertappt wirst. Es muß ja rauskommen... nichts als Angst und Schuldgefühle und Beklemmungen. Und du verlierst dabei alle Liebe zum Leben.

Jedesmal, wenn du etwas tust, womit die andern nicht einverstanden sind, fühlst du dich schuldig. Und tust du etwas, das den andern recht ist, fühlst du dich auch nicht wohl, weil es nicht von Herzen kommt. Und zwischen diesen beiden Mahlsteinen steckt der Mensch in der Klemme.

Ich las vor kurzem folgende Anekdote:

»Was heißt eigentlich diese ›doppelte Haftung‹, vor der uns die Verfassung schützen soll?« fragte Roland seinen Freund Milton, den Rechtsanwalt. »Das ist so, Rollie«, sagte Milton, »wenn du mit dem Auto unterwegs bist, und hinten sitzen sowohl deine Frau als auch deine Schwiegermutter, und beide sagen dir, wie du zu fahren hast, dann ist das doppelte Haftung. Und du hast das Grundrecht, dich umzudrehen und zu fragen: ›Verdammt noch mal, wer fährt denn nun, du oder deine Mutter?‹«

Du magst am Steuer sitzen, aber den Wagen fährst du nicht. Viele Leute sitzen auf dem Rücksitz: deine Eltern, deren Eltern, dein Priester, dein Politiker, dein Parteiführer, dein Heiliger, dein Philosoph, allesamt sitzen sie auf dem Rücksitz. Und sie alle meinen es gut mit dir: »Tu dies, tu das nicht! Hier geht's lang, nicht da!« Und sie machen dich verrückt, weil du gelernt hast, ihnen zu gehorchen. Wenn du ihnen nicht gehorchst, löst das in dir eine wahnsinnige Angst aus, etwas falsch zu machen: Wie kannst du recht haben, wenn dir so viele Leute davon abraten? Und sie raten dir nur zu deinem Besten! Wie kannst du allein recht haben, wenn alle Welt dir rät: »Tu lieber das!« Schließlich sind sie in der Mehrheit; also müssen sie recht haben.

Aber merkt euch: Es geht nicht darum, wer recht hat, sondern vor allem darum, ob man spontan ist oder nicht. Das Spontane ist das Richtige. Andernfalls wirst du zum Nachahmer, und Nachahmer erfüllen nie ihre Natur.

Du wolltest Maler werden, aber deine Eltern haben sich dagegen gesperrt. Malen bringt nichts ein, und als Maler gewinnst du kein Ansehen in der Gesellschaft. Maler sind Bummler, Maler sind Gammler. Schlag dir das Malen also aus dem Kopf. Werde Jurist! Also bist du Richter geworden. Jetzt bist du unzufrieden. Dein Beamtenleben ist tödlich langweilig. Und tief drinnen willst du immer noch malen.

Während du im Gericht eine Sitzung abhältst, will dein Inneres malen. Du magst dem Angeklagten zuhören, aber du bist mit deinen Gedanken bei seinem Gesicht: Was für ein markantes Gesicht! Das hätte ein großartiges Porträt abgegeben!

Du siehst seine Augen und versuchst, den Blauton seiner Augenfarbe zu bestimmen... Aber du bist Richter. Du fühlst dich nie wohl in deiner Haut, du leidest unter ständigen Spannungen. Und mit der Zeit gewöhnst du dich daran, ein angesehener Mann zu sein, mit allem, was dazugehört. Dabei bist du nur eine Imitation, eine Attrappe.

Eine Geschichte:

Eine Frau, deren Papagei chronischen Husten hatte, hörte zu rauchen auf. Sie war besorgt und dachte, daß es am Rauch läge; sie war Kettenraucherin, und das mußte dem Papagei schlecht bekommen. Sie ging mit ihm zum Tierarzt. Der untersuchte den Vogel gründlich und konnte weder Lungenentzündung noch Bronchitis feststellen. Er befand, daß es reine Imitation war: der Papagei machte den Husten seiner rauchenden Herrin nach.

Es war nicht der Rauch, es war Nachahmung. Die Frau hustete chronisch, und der Papagei hatte das Husten von ihr gelernt.

Schau genau hin... vielleicht ist dein Leben auch nur ein Papageienleben. Wenn es so ist, dann entgeht dir etwas ungeheuer Wertvollles: Du gehst an deinem Leben vorbei. Was immer dabei herauskommen mag, es wird sich als wertlos erweisen, denn es gibt nichts Wertvolleres, als dein eigenes Leben zu leben.

Tantra macht daher das Spontane zum obersten Wert, zum allerwichtigsten Wert.

Aus dem einmaligen Spontanen werden sie geboren –

Noch eines: Tantra macht hier noch eine Unterscheidung, die genau verstanden werden muß. Spontaneität kann von zweierlei Art sein: Sie kann impulsiv sein, aber das macht sie nicht einmalig. Erst wenn sie mit Bewußtheit einhergeht, wird sie einmalig... wird sie zur Buddha-Vollkommenheit.

Oft hört ihr mir zu und fangt dann an, impulsiv zu werden, in dem Glauben, das sei nun Spontaneität. Was ist der Unterschied zwischen einem spontanen und impulsiven Verhalten?

Ihr habt zwei Seiten: den Köper und den Geist. Der Geist wird von der Gesellschaft kontrolliert, und der Körper von der Biologie. Der Geist wird von der Gesellschaft kontrolliert, weil die Gesellschaft euch bestimmte Gedanken denken läßt; und der Körper wird durch Jahrmillionen biologischen Wachstums kontrolliert.

Der Körper ist unbewußt, und das Denken auch. *Du* bist der, der beidem zusieht. Wenn du also aufhörst, auf deine Gedanken und auf die Gesellschaft zu hören, ist es sehr wahrscheinlich, daß du nun auf den Körper hörst. Wenn du dich zum Beispiel danach fühlst, jemanden umzubringen, sagst du dir: »Ich handle jetzt spontan – Osho hat gesagt ›Sei spontan!‹ – also muß ich es tun. Ich muß spontan sein.«

Du hast mißverstanden. So wird dein Leben nicht schön und beseligend werden. Du wirst ständig in neuen Konflikten sein, nur diesmal mit den Leuten draußen.

Mit ›spontan‹ ist im Tantra die Spontaneität reiner Bewußtheit gemeint. Um also spontan zu werden, muß man anfangen, voll bewußt zu werden. Sobald du bewußt wirst, gerätst du weder in die Falle des Denkens, noch in die Falle des Körpers. Dann sprudelt dir das Spontane mitten aus der Seele – aus dem Himmel, aus dem Meer kommt sie geströmt. Sonst tauschst du nur die Herren aus: entweder den Körper gegen den Kopf, oder den Kopf gegen den Körper.

Der Körper schläft tief und fest. Dem Körper folgen, heißt einem Blinden folgen. Diese Art von Spontaneität endet im Straßengraben. Damit ist dir nicht geholfen. Impulsiv sein heißt nicht spontan sein. Richtig, ein Impuls hat eine gewisse Spontaneität, mehr als das Denken, aber ihm fehlt jene ganz spezifische Qualität, für die Tantra dich öffnen will.

Darum spricht Saraha von dem *einmaligen* Spontanen... er fügt das Adjektiv ›einmalig‹ hinzu. Damit meint er nicht das Spontane der Impulse, sondern das der Wachheit, der Bewußtheit.

Wir leben unbewußt. Ob wir im Kopf oder im Körper leben, macht nicht viel Unterschied: wir leben unbewußt.

»Warum hast du die letzten Seiten aus diesem neuen Buch herausgerissen?« fragte die leidgeprüfte Frau des zerstreuten Chirurgen.

»Verzeih, Liebling«, meinte der, »dieser Teil war mit ›Appendix‹ überschrieben, und ich hab' ihn rausgenommen, ohne weiter drüber nachzudenken.«

Sein ganzes Leben war er damit beschäftigt, Blinddärme zu entfernen – und es muß wohl zu einer unbewußten Gewohnheit geworden sein. Er sah den Anhang mit ›Appendix‹ überschrieben und riß ihn automatisch heraus.

So leben, so funktionieren wir alle. Wir führen ein unbewußtes Leben. Solange Spontaneität unbewußt bleibt, hat sie nicht viel mit dem Spontanen zu tun.

Ein Betrunkener torkelte aus der Kneipe auf den Bürgersteig hinaus und fing an, mit dem einen Fuß auf dem Kantstein und mit dem andern im Rinnstein zu laufen. Nach ein paar hundert Metern hält ihn ein Polizist an: »He, Sie da! Sie sind ja betrunken!«

Der Betrunkene seufzt erleichtert. »Gott sei Dank! Das ist's also. Und ich dachte schon, ein Bein wär' zu kurz.«

Solange du unter dem Einfluß des Körpers stehst, wirst du von der Biochemie gelenkt. Die eine Falle bist du zwar los, aber dafür bist du in der andern gelandet. Vom Regen kommst du in die Traufe.

Und wenn du wirklich aus allen Fallen herauskommen und frei sein willst, mußt du den Körper und das Denken beobachten. Wenn du als Zeuge zuschaust und aus diesem Zeuge-Sein heraus spontan bist, dann wird deine Spontaneität einzigartig.

Aus dem einmaligen Spontanen werden sie geboren –
Das überfließt von den Vollkommenheiten Buddhas –

Und Saraha sagt: Wahre Spontaneität strömt über »von den Vollkommenheiten Buddhas«. Was sind das für ›Vollkommenheiten‹? Es sind zwei Dinge: *pragyan* und *karuna*... Weisheit und Menschenliebe. Dies sind die beiden Vollkommenheiten Buddhas. Wenn diese beiden Eigenschaften vorhanden sind und sich in deiner Spontaneität äußern, dann sind sie ›einzigartig‹.

Weisheit ist nicht Wissen. Weisheit bedeutet Bewußtsein, meditatives Schweigen, Wachheit, Achtsamkeit. Und aus dieser Achtsamkeit, aus dieser Stille heraus, fließt die Liebe zu allen Lebewesen.

Die ganze Welt leidet. An dem Tag, an dem du Seligkeit erfährst, fängst du auch an, für andere zu empfinden. Auch sie können Seligkeit erfahren. Sie stehen ganz nah an der Tür zum Tempel, aber sie betreten ihn nicht, sondern schauen in die andere Richtung. Sie besitzen den Schatz, den gleichen Schatz, den auch du gefunden hast; sie tragen ihn in sich, aber sie nutzen ihn nicht, weil sie nicht wissen, daß sie ihn haben.

Wenn ein Mensch erleuchtet wird, erfüllt sich sein ganzes Wesen mit Liebe – einer Liebe zu *allen* Lebewesen. Die ganze Schöpfung füllt sich mit seiner Liebe. Ströme des Mitgefühls sprudeln aus ihm und erreichen alle andern – Männer, Frauen, Vögel und Tiere, Bäume, Flüsse, Berge, Sterne. Die ganze Schöpfung empfängt seine Liebe. Das sind die beiden Eigenschaften des Buddha – daß er erkennt, und daß er fühlt und liebt.

Wenn deine Spontaneität wirklich aus Bewußtheit kommt, kannst du nichts tun, was nicht mit der Liebe in Einklang ist. Du kannst nicht mehr töten. Es kommen Leute zu mir und fragen:

»Osho, du sagst, wir sollen spontan sein, aber manchmal könnte ich meine Frau umbringen – was wäre dann?« Töten ist ausgeschlossen; wie solltest du noch töten können? Nein, nicht einmal deine eigene Frau! Mord ist ausgeschlossen.

Wenn deine Spontaneität bewußt ist, wenn sie lichterfüllt ist, wie kann überhaupt der Gedanke an Mord aufkommen? Dann weißt du, daß so etwas nicht möglich ist; kein Mensch wird je umgebracht. Das Sein ist der Himmel: du kannst nur die Wolken vertreiben, aber du kannst nicht morden. Was soll das also? Und wie kannst du morden, wenn du so bewußt und so spontan bist? Direkt nebenan fließt das Mitgefühl genau im gleichen Maße. Indem du bewußt wirst, stellt sich im gleichen Maß das Mitgefühl ein.

Buddha hat gesagt: Mitgefühl ohne Bewußtheit ist gefährlich. Ein gutes Beispiel dafür sind die Menschen, die wir Wohltäter nennen. Sie haben Mitgefühl, aber keine Bewußtheit. Sie tun ständig Gutes, aber ihnen selbst ist noch nicht einmal Gutes geschehen. Sie helfen ständig andern und brauchen selber Hilfe. Sie selbst sind krank und wollen andern helfen! Das ist nicht möglich. *Arzt, heile dich zuerst selbst!*

Buddha sagt, wenn du Mitgefühl hast, aber keine Bewußtheit, kann deine ›Nächstenliebe‹ nur schaden. Die Wohltäter sind die schädlichsten Menschen der Welt. Sie wissen nicht, was sie tun, aber sie sind ständig beschäftigt, andern zu helfen.

Einmal kam ein Mann zu mir, der sein ganzes Leben ›geopfert‹ hatte, vierzig, fünfzig Jahre – jetzt ist er siebzig. Mit zwanzig geriet er unter den Einfluß von Mahatma Gandhi und wurde zum Wohltäter. Gandhi hat den größten Haufen von Wohltätern in Indien geschaffen, noch heute leidet Indien unter Gandhis Wohltätern. Und es scheint schwer zu sein, sie loszuwerden. Dieser Mann ging unter dem Einfluß von Mahatma Gandhi zu einem primitiven Volksstamm in Bastar und fing an, die Primitiven zu unterrichten – vierzig, fünfzig Jahre mühsamer Arbeit. Er gründete viele Schulen und Oberschulen, und jetzt eröffnete er ein College.

Er kam zu mir. Er wollte meine Unterstützung für sein College. Ich sagte: »Nur eine Frage: Seit fünfzig Jahren gibst du dich mit ihnen ab – kannst du mit Sicherheit sagen, daß ihnen Erziehung geholfen hat, daß sie jetzt besser dran sind als damals, als sie noch keine Bildung hatten? Bist du sicher, daß deine fünfzigjährige Mühe bessere Menschen aus ihnen gemacht hat?«

Er war etwas verwirrt und fing zu schwitzen an. Er sagte: »Darüber habe ich nie nachgedacht. Aber vielleicht hast du recht. Nein, besser sind sie nicht geworden, sie sind schlauer geworden, sie sind jetzt genauso wie alle andern Leute. Als ich vor fünfzig Jahren zu ihnen kam, waren das unglaublich schöne Menschen. Freilich, sie waren ungebildet – aber sie besaßen eine große Würde. Vor fünfzig Jahren gab es nicht einen einzigen Mord unter ihnen. Und wenn es doch einmal geschah, dann ging der Mörder selbst zum Gericht und stellte sich. Es gab keine Diebstähle. Und wenn einmal einer stahl, ging er hinterher zum Stammesoberhaupt und beichtete: ›Ich hab dies und das genommen, weil ich Hunger hatte; nun bestrafe mich.‹ In ihren Dörfern war vor fünfzig Jahren keine Tür verschlossen. Sie hatten immer ein stilles, friedliches Leben geführt.«

Daraufhin bat ich ihn: »Wenn ihnen also deine Erziehung nicht geholfen hat, dann denke lieber noch mal nach. Als du anfingst, andern zu helfen, wußtest du nicht, was du tatest. Du gingst einfach davon aus, daß Erziehung gut sei.«

D. H. Lawrence hat gesagt, daß alle Universitäten hundert Jahre lang geschlossen werden müßten, wenn der Menschheit geholfen werden soll – ohne Ausnahme. Hundert Jahre lang dürfe kein Mensch eine Ausbildung bekommen. Hundert Jahre lang ohne alle Schulen, Hochschulen und Universitäten – eine Lücke von hundert Jahren. Das ist tatsächlich der einzige Weg, die Menschheit zu retten, denn Bildung hat die Menschen nur verschlagen gemacht – klug für noch mehr Ausbeutung, klug für die Ausnutzung anderer als Mittel zum Zweck, klug für Gemeinheiten.

Wenn du nicht weißt, was du tust, dann kannst du dir zwar einbilden, Gutes zu tun, aber es kann nichts Gutes dabei herauskommen.

Buddha sagt: Mitgefühl ist gut, wenn es als Folge der Bewußtheit kommt, sonst nicht. Mitgefühl ohne Bewußtheit ist gefährlich, und Bewußtheit ohne Mitgefühl ist selbstsüchtig. Daher, sagt Buddha, muß ein vollkommener Buddha beides haben: Bewußtheit und Liebe. Wenn du bewußt wirst und nicht an andere denkst und sagst: »Was kümmert's mich? Ich bin jetzt glücklich«, wenn du die Augen vor andern verschließt und ihnen nicht hilfst, nicht dabei hilfst, ebenfalls bewußt zu werden, dann bist du selbstsüchtig, dann sitzt tief in dir immer noch das Ego.

Bewußtheit bringt die eine Hälfte des Egos zur Strecke, und Liebe die andere. Zwischen diesen beiden wird das Ego völlig zunichte gemacht. Und wenn ein Mensch zu einem Nicht-Ich wird, dann ist er zum Buddha geworden.

Saraha sagt:

Das gleiche gilt von allen sinnbegabten Wesen.
Aus dem einmaligen Spontanen werden sie geboren –
Das überfließt von den Vollkommenheiten Buddhas –
Und im Spontanen kommen sie zur Ruhe;
Doch ist es weder Stoff noch Geist.

Er sagt: aus dieser einzigartigen Spontaneität sind wir geboren. Aus dieser Göttlichkeit stammen wir. Und in solche Göttlichkeit kehren wir zurück.

Dazwischen, unterwegs, zwischen Geburt und Tod, verlieren wir uns zu sehr an die Wolken. Das einzige, worauf es also ankommt, ist: sich nicht zu sehr an die Wolken zu hängen. Das ist das ganze Tantra in einer Nußschale: sich nicht an Traumgespinste zu binden. Denn Wolken sind nur für Augenblicke da. Wir kommen aus jener Quelle, jener unschuldigen Quelle, und wir kehren dorthin zur Ruhe zurück. Und zwischen beiden begegnen uns viele Wolken – laßt euch von ihnen nicht beirren. Beobachtet sie nur und vergeßt nicht, daß ihr nicht die Wolken seid. Dort »werden alle sinnbegabten Wesen aus dem Spontanen geboren...« und dorthin »kehren sie zurück«.

Wir kommen von Gott. Wir sind Götter. Und wir kehren zu Gott zurück. Und in der Zwischenzeit träumen wir tausend und einen Traum – daß wir dieses seien oder jenes.

Gott ist die allergewöhnlichste Wirklichkeit. Gott ist dein Ursprung. Gott ist deine Bestimmung. Gott ist jetzt hier, in diesem Augenblick! In deiner unmittelbaren Gegenwart ist Gott... sie ist die Gegenwart Gottes. Wenn du mich ansiehst, sieht Gott mich an, kein anderer. Eine kleine Verschiebung, eine Verschiebung des Brennpunktes von der Wolke zum Himmel – und plötzlich fällst du in tiefes Schweigen, erfüllt dich Seligkeit, fühlst du dich von Segnungen überhäuft.

...doch ist es weder Stoff noch Geist.

Sie ist weder Körper noch Geist, diese Göttlichkeit. Der Geist ist abstrakt, der Körper ist konkret; Körper ist grobstofflich, Geist feinstofflich. Körper ist Materie, Geist ist Gedanke. Diese innere Göttlichkeit ist weder das eine noch das andere. Die innere Göttlichkeit transzendiert beides.

Tantra ist Transzendieren.

Wenn du dich also für den Körper hältst, bist du im Wolkendunst, dann identifizierst du dich mit einer Wolke. Wenn du dich für Geist hältst, bist du genauso umnebelt. Wenn du dich in irgendeiner Weise mit Körper oder Geist identifizierst, hat dein Pfeil sein Ziel verfehlt.

Wenn du erwachst und dich plötzlich nur noch als Zeuge erfährst, der den Körper sieht, der den Geist sieht, dann bist du zum Saraha geworden – dann hat der Pfeil getroffen. Mit dieser Bewußtseinsveränderung – es ist nur ein kleiner Schaltvorgang – wird der Pfeil abgeschossen, und du bist angekommen. In Wirklichkeit hast du dein Zuhause nie verlassen.

Das dritte Sutra:

> *Sie gehen andere Wege, lassen das wahre Glück im Stich*
> *Und suchen den Genuß im Rausch.*
> *Der Honig, der in ihrem Munde ist – so nah! –*
> *Verschwindet, wenn er nicht sofort getrunken wird.*

Solange du nicht eins wirst mit dem Himmel – mit dem du in Wirklichkeit schon eins *bist* –, solange gehst du andere Wege. Und davon gibt es Millionen. Wahr ist nur *ein* Weg; ja, der wahre Weg ist überhaupt kein Weg. Der Himmel führt nirgends hin; nur Wolken wandern... manchmal nach Osten, manchmal nach Westen, manchmal nach Süden, hierhin, dorthin; sie sind große Wanderer. Sie ziehen ihrer Wege, sie finden ihre Bahn, sie folgen Wanderwegen – der Himmel jedoch ist einfach nur da. Er hat keinen Weg, er kann nirgendwo hingehen. Er hat kein Ziel. Er ist ein und alles.

Wer sich erinnert, daß er Himmel ist, der ist zu Hause, der ruht in sich. Außer diesen wenigen, diesen wenigen Buddhas, laufen alle andern auf ungezählten Wegen herum und gehen an der wahren Seligkeit vorbei. Versucht, das zu begreifen; es ist eine sehr tiefsinnige Aussage.

Im gleichen Augenblick, wo ihr auf *irgendeinem* Weg seid, geht ihr bereits an der wahren Seligkeit vorbei... denn die wahre Seligkeit ist euer angeborenes Wesen, das nicht erst geschaffen werden muß – es muß nicht errungen werden, es muß nicht erreicht werden.

Wir schlagen deshalb Wege ein, weil wir irgendwohin wollen. Es gibt aber kein Ziel. Es *ist* schon da. Im selben Augenblick also, da du dich in Bewegung setzt, entfernst du dich auch schon vom Ziel, alle Bewegung ist Fortbewegung. Alles Gehen ist Irregehen. Nicht-Gehen ist Ankunft. Nicht-Gehen ist der wahre Weg. Suche, und du wirst nicht finden; suche nicht, und du hast schon gefunden.

> *Sie gehen andere Wege, lassen das wahre Glück im Stich*
> *Und suchen den Genuß im Rausch.*

Es gibt zwei Arten von Seligkeit. Die eine ist bedingt, von bestimmten Bedingungen abhängig. Du siehst eine Frau und bist glücklich. Oder du liebst Geld und findest einen Sack voll Hunderter am Wegrand – schon bist du glücklich. Oder du bist ein großer Egoist, und dir wird der Nobel-Preis zuerkannt: du tanzt vor Freude.

Das sind Formen bedingten Glücks; es müssen nur die richtigen Bedingungen hergestellt werden – aber sie sind vergänglich.

Wie lange kannst du glücklich sein, wenn du von Bedingungen abhängst? Wie lange kann so ein Glück dauern? Es leuchtet für einen Augenblick wie eine Sternschnuppe, und dann ist es vorbei. Ja, ein Sack mit Hundertmarkscheinen mag dich glücklich machen – aber für wie lange? Nur sehr kurz. Einen Moment lang wird eine Energiewelle in dir aufsteigen und dich glücklich machen, aber schon im nächsten Augenblick bekommst du Angst; ob du wohl erwischt wirst? Wem gehört das Geld? Hat dich jemand gesehen? Und dein Gewissen meldet sich: »Das ist nicht recht! Das ist Diebstahl! Du solltest zur Polizeiwache gehen und es melden, solltest der Polizei das Geld aushändigen. Was machst du da? Ein anständiger Mann wie du!«... Angst und Schuldgefühle kommen auf. Trotzdem nimmst du das Geld mit nach Hause und versteckst es dort. Jetzt kommt die Angst vor deiner Frau dazu: wenn sie es nun entdeckt? Vielleicht hat dich tatsächlich jemand beobachtet – wer weiß, irgendwer könnte ja zugesehen haben. Irgendwer hat es der Polizei vielleicht schon gemeldet?! Ängste über Ängste...

Und selbst wenn dich niemand angezeigt und niemand gesehen hat, was wirst du mit dem Geld nun anfangen? Egal, was du damit machst, es gewährt dir nur ein kurzes Glück. Du kaufst dir ein Auto: es steht vor deiner Haustür, und einen Moment lang freust du dich. Und dann...? Dann hast du dich an den Wagen gewöhnt: am nächsten Tag ist es noch immer das gleiche Auto! Nach ein paar Tagen siehst du es überhaupt nicht mehr.

Das momentane Glück kommt und geht. Es ist wie eine Wolke. Und es ist wie ein Fluß – ein schmales Flüßchen: ein bißchen Regen, und schon ist es überschwemmt. Dann hört der Regen auf, das Wasser ist ins Meer geflossen, und das Rinnsal ist wieder das Rinnsal. Einen Augenblick lang tritt es über seine

Ufer, und im nächsten Augenblick ist es wieder leer. Nicht wie das Meer, das nie zunimmt und nie abnimmt.

Es gibt eine andere Art von Glück – Saraha nennt es ›die wahre Seligkeit‹. Diese Art von Glück ist nicht bedingt. Es hängt von keinen äußeren Umständen ab. Es ist einfach da! Du brauchst nur in dich hineinzusehen, und es ist da. Du brauchst keine Frau dazu, du brauchst keinen Mann. Du brauchst kein großes Haus und keinen dicken Wagen; du brauchst keinen guten Ruf und keinen Ruhm und keine Macht und keinen Einfluß – nichts. Schließ einfach nur die Augen und geh nach innen: es ist da...

Nur dieses Glück kann immer und ewig da sein. Nur diese Glückseligkeit kann immer dir gehören.

Wer sucht, findet nur vergängliche Dinge. Um dies Ewige zu finden, brauchst du nicht zu suchen.

Sie gehen andere Wege, lassen das wahre Glück im Stich
Und suchen den Genuß im Rausch.
Der Honig, der in ihrem Munde ist – so nah! –
Verschwindet, wenn er nicht sofort getrunken wird.

Der Honig ist in deinem Mund – und du gehst hin und suchst im Himalaja danach, in irgendeiner Waldeinsamkeit. Du hast Gerüchte gehört: im Himalaja soll es viel Honig geben – also brichst du auf, um ihn zu suchen. Dabei ist der Honig in deinem Mund!

In Indien erzählen die Mystiker seit uralten Zeiten vom Moschushirschen. Es gibt eine Hirschart, deren Nabel Moschus enthält. Zur Brunftzeit, auf dem Höhepunkt der Brunft, nimmt der Moschus zu... das ist ein biologischer Trick, ein Trick der Natur. Wenn der Moschus seinen Duft ausströmt, wird die Hirschkuh angezogen: der Geruch des Moschus bringt die Tiere zusammen.

Der Geruchssinn ist einer der erotischsten Sinne – deshalb hat der Mensch seine Nase abgetötet, denn es ist ein gefährlicher Sinn. Ihr riecht nicht wirklich. Sogar das Wort ›riechen‹ selbst ist in Verruf geraten. Wenn jemand gute, scharfe Augen hat, sagt ihr, daß er gut sieht. Wenn jemand ein gutes Ohr für Musik hat, sagt ihr, daß er gut hört – aber von wem sagt ihr, daß er gut riecht? Warum sagt ihr das nicht? Von jemandem zu sagen, daß er riecht, heißt sogar genau das Gegenteil, nämlich, daß er stinkt, nicht etwa, daß er die Fähigkeit zu riechen hat. Diese Fähigkeit habt ihr verloren. Der Mensch riecht nicht. Und wir versuchen, unsere sexuellen Gerüche mit Hygiene und Parfüms und allen möglichen Mittelchen zu überdecken – wir verstecken sie. Wir haben Angst vor dem Geruchssinn, weil er dem Sex am nächsten kommt. Tiere verlieben sich durch den Geruch. Sie beriechen sich gegenseitig, und nur wenn sie finden, daß ihre Gerüche zusammenpassen, lieben sie sich – nur so harmonieren sie.

Der Moschus wird nur dann erzeugt, wenn der Hirsch brünstig ist und er ein Weibchen braucht. Das Weibchen macht ihn ausfindig. Aber ihm selbst ergeht es schlecht: er selbst riecht nämlich auch den Moschus, aber er kann natürlich nicht wissen, daß der Geruch aus seinem eigenen Nabel kommt, aus seinem eigenen Körper. Er rennt herum und sucht wie verrückt nach der Quelle dieses Geruches – kein Wunder! Wie soll er darauf kommen? Wenn selbst der Mensch nicht die wahre Quelle des Glücks, der Schönheit, der Freude finden kann?! Dem Hirschen kann vergeben werden – armes Tier. Er rennt kopflos herum, sucht verzweifelt nach dem Moschus, und je mehr er herumrennt, desto mehr verbreitet er seinen Duft im ganzen Wald; wohin er kommt, hat er ihn in der Nase. Manchmal, so heißt es, wird er regelrecht wahnsinnig: ahnungslos, daß er den Moschus in sich hat.

Dem Menschen ergeht es ebenso. Der Mensch sucht und forscht, bis er verrückt wird – mal im Geld, mal im Ansehen, mal in diesem, mal in jenem, aber der Moschus ist in euch: *der Honig ist in deinem Mund.* Und hört auf das, was Saraha dazu sagt:

> *Der Honig, der in ihrem Munde ist – so nah! –*
> *Verschwindet, wenn er nicht sofort getrunken wird.*

Mit anderen Worten: Schlürfe ihn sofort, verliere keinen einzigen Augenblick! Sonst verschwindet er. Jetzt oder nie! Sofort – du darfst keine Zeit verlieren. Es kann unmittelbar jetzt geschehen, keinerlei Vorbereitung ist nötig. Es ist dein innerster Kern: dieser Honig ist dein; dieser Moschus ist in deinem Nabel. Du hast ihn mit auf die Welt gebracht, und du suchst die ganze Welt danach ab.

Das vierte Sutra:

Tiere verstehen nicht, welch trüber Ort
Die Welt ist; anders die Weisen,
Die den Himmels-Nektar trinken,
Während die Tiere nach dem Sinnlichen dürsten.

Das Wort ›Tier‹ ist die Übersetzung des Hindi- oder Sanskritwortes *pashu.* Das Wort hat seine eigene Bedeutung. Wörtlich bedeutet es ›Tier‹, aber es ist eine Metapher. Es kommt von dem Wort *pash – pash* bedeutet Knechtschaft. Pashu ist das Wesen, das in Knechtschaft lebt. Das Tier ist ein Wesen, das in Knechtschaft lebt: in der Knechtschaft des Körpers, der Instinkte, der Unbewußtheit; in der Knechtschaft der Gesellschaft, des Denkens, des Kopfes. Ein Wesen, das in der Knechtschaft lebt, ist *pashu,* ist ›Tier‹.

Tiere verstehen nicht, welch trüber Ort die Welt ist... Wie sollten sie verstehen? Ihre Augen haben nicht die Freiheit zu sehen. Ihre Wahrnehmung hat nicht die Freiheit zu erkennen, ihr Körper nicht die Freiheit zu fühlen. Sie hören nicht, sie sehen nicht, sie riechen nicht, sei tasten nicht – sie sind in Knechtschaft. Alle Sinne sind verkrüppelt, sie liegen in Ketten.

Tiere verstehen nicht,
Welch trüber Ort die Welt ist...

Wie sollten sie auch? Man kann die Welt nur in Freiheit verstehen. Wenn du nicht mehr Sklave irgendeines Evangeliums bist und dir keine Philosophie mehr die Hände bindet, dich keine Theologie mehr gefangenhält, wenn du aus aller Sklaverei entlassen bist, dann erkennst du. Erkenntnis kommt nur in Freiheit. Nur ein unbelasteter Geist versteht.

Tiere verstehen nicht, welch trüber Ort die Welt ist... Und sie können auch nicht verstehen, daß die Welt ein trüber Ort ist. Die sogenannte Welt, die von Geist und Körper geschaffen wird, ist eine Fata Morgana. Sie ist eine Erscheinung, sie *scheint* schön, aber sie scheint nur – sie ist es nicht wirklich. Sie ist ein Regenbogen ... hinreißend schön, farbenprächtig, aber wenn du ihm nahekommst, verschwindet er. Wenn du nach dem Regenbogen greifen willst, bleiben deine Hände leer – es ist nichts da! Es ist eine Erscheinung. Aber in unserer Unbewußtheit können wir das nicht sehen.

Erst mit der Bewußtheit kommt auch die Klarsicht. Erst dann können wir unterscheiden, was Luftspiegelung ist und was Wirklichkeit. Alles Glück, das durch äußere Zufälle zustandekommt, ist Luftspiegelung und führt zu Leid. Es ist Täuschung, Halluzination.

Du hältst dich für sehr glücklich, wenn du diese Frau, diesen Mann hast? – du wirst leiden müssen. Früher oder später wirst du sehen, daß alles Glück verschwunden ist. Früher oder später weißt du nicht mehr, ob du dir das alles nur eingebildet hast. Hat es je wirklich existiert? Es war wohl nur ein Traum. Du mußt phantasiert haben. Wenn die Wirklichkeit dieses Mannes, dieser Frau zutage tritt, sieht man zwei häßliche Tiere, die versuchen, sich gegenseitig zu beherrschen.

Ich habe gehört:

Der Trauzeuge tat, was er konnte, um den Bräutigam aufzurichten. »Wo sind denn deine Nerven hin, Alter?« sagte er. »Du zitterst ja am ganzen Leib.« »Ich weiß«, sagte der Bräutigam, »aber das ist wirklich eine Nervenbelastung für mich; da hab' ich doch wohl das Recht, Angst zu haben. Schließlich hab' ich noch nie geheiratet.«

»Natürlich nicht. Sonst hättest du auch doppelt soviel Angst.«

Je tiefer du ins Leben hineinblickst, je genauer du es beobachtest, je besser du es kennenlernst, desto mehr wirst du nach und nach desillusioniert. Es ist nichts da ... nichts als Loreleien, die dich locken. Wie oft haben sie dich schon zum Narren gehalten?! Wie oft bist du ihnen schon hinterhergerannt, hast dich auf weite Reisen gemacht – und nie etwas gefunden?

Wenn du wach bist, wird dich diese Erfahrung von der Welt frei machen. Und mit ›Welt‹ meine ich nicht, und Saraha genausowenig, die Welt der Bäume und der Flüsse und der

Sterne und der Berge. Mit ›Welt‹ meint er die Welt, die ihr durch euer Denken projiziert, durch eure Wünsche. Das ist die Welt der Maja, die Welt der Illusionen, geschaffen durch Wünsche, geschaffen durch Gedanken. Wenn Wünsche und Gedanken aufhören und nur noch Bewußtheit übrigbleibt, Wachheit, wenn es nur noch Bewußtsein ohne Inhalte gibt, ohne jede Gedankenwolke – nur reines Bewußtsein, reiner Himmel, dann siehst du die Welt, wie sie wirklich ist. Diese wirkliche Welt ist das, was alle Religionen ›Gott‹ nennen, was Buddha ›Nirvana‹ nennt.

Tiere verstehen nicht, welch trüber Ort
Die Welt ist; anders die Weisen,
Die den Himmels-Nektar trinken,
Während die Tiere nach dem Sinnlichen dürsten.

Aber wenn ihr mit eurer Hoffnung Schiffbruch erleidet, wenn euch euer Traum zerbricht, dann glaubt ihr, daß vielleicht nur dieser Traum unwirklich war, und ihr fangt an, einen neuen Traum zu träumen. Wenn sich euer Wunsch nicht erfüllt, glaubt ihr, euch nicht genügend angestrengt zu haben. Und so täuscht ihr euch von neuem…

Eine Frau saß in der Straßenbahn und bemerkte, wie der Mann neben ihr mit dem Kopf hin und her pendelte, wie ein Taktmesser. Die Frau konnte ihre Neugier nicht unterdrücken und fragte ihn: »Warum machen Sie das?«

»Damit ich weiß, wie spät es ist«, antwortete der Mann.

»Na, wie spät ist es denn?« fragte sie.

»Vier Uhr dreißig«, kam prompt die Antwort, während der Kopf weiter hin und her wackelte.

»Falsch! Es ist Viertel vor fünf.« »Oh, dann geh' ich ja nach!« sagte der Mann und beschleunigte den Takt.

Genauso geht es immer weiter: wenn du irgend etwas nicht erreichst, glaubst du, daß du dich nicht genug angestrengt hast, daß du nicht schnell genug warst, daß dein Kampfgeist nicht genügend entwickelt ist und du deshalb mit den andern nicht mithalten kannst. Daß du nicht aggressiv genug bist. Daß es dir an Durchsetzungsvermögen fehlt. Daß du lethargisch und faul bist. Daß du dich das nächste Mal mehr zusammenreißen mußt.

Daß du dich am Riemen reißen mußt. Daß du das nächste Mal zeigen mußt, was wirklich in dir steckt.

Es hat nichts damit zu tun, was in dir steckt. Du bist gescheitert, weil Erfolg an sich unmöglich ist. Du bist nicht gescheitert aus mangelnder Anstrengung, Schnelligkeit oder Aggression, ganz und gar nicht. Du bist gescheitert, weil Scheitern die einzige Möglichkeit ist, die es auf der Welt gibt. Kein Mensch hat je Erfolg. Kein Mensch kann Erfolg haben! Erfolg ist unmöglich. Wünsche können nicht in Erfüllung gehen. Eure Projektionen erlauben euch nie, die Wirklichkeit zu sehen, und so bleibt ihr Sklaven.

Ihr erlebt – und mir erging es genauso – wieder und wieder den gleichen Mißerfolg. Ihr erlebt – und Buddha und Saraha erging es ebenso – immer wieder die gleichen Pleiten. Worin unterscheiden wir uns dann aber? Ihr erfahrt den Mißerfolg, aber lernt nichts daraus. Das ist der ganze Unterschied. Im gleichen Augenblick, wo ihr daraus lernt, seid ihr Buddhas.

Eine Erfahrung folgt auf die andere, aber ihr rechnet niemals alle zusammen, ihr zieht nie den Schlußstrich. Ihr sagt: »Diese Frau war ein Alptraum, okay – aber es gibt Millionen von Frauen. Ich werd' schon eine neue finden.« Aber die neue entpuppt sich dann wieder als Alptraum, und dann kommt wieder die Hoffnung und der Traum von einer andern Frau. »Wenn es mit einer Frau schiefgegangen ist, heißt das nicht, daß es mit allen schiefgehen muß. Wenn der eine Mann ein Versager war, müssen deswegen nicht alle Männer Versager sein.«

Und wieder hofft ihr und hofft ihr – und die Hoffnung erweist sich jedesmal stärker als eure Erfahrung, und so lernt ihr nie.

Die eine Beziehung wird zur Hölle; du spürst, daß irgendwas schiefgegangen ist – das nächste Mal wirst du dafür sorgen, daß es keine Hölle wird. Aber gelingen wird es dir nicht – denn auf diesem Gebiet ist Erfolg ausgeschlossen. Scheitern ist die einzige Möglichkeit. Erfolg ist unmöglich.

Am Tag, an dem du einsiehst, daß Scheitern die einzige Möglichkeit ist, daß *alle* Regenbogen täuschen, daß alles Glück, so sehr es von weitem glitzern und glänzen mag und dich wie ein Magnet anzieht, nichts ist als leerer Traum und

Wunschgebilde, daß du dich immer wieder selbst betrügst: am gleichen Tag, an dem du diese Tatsache erkennst, findet eine Verwandlung, eine Umkehr statt, und ein neues Wesen wird geboren.

Mit Türknallen und wütendem Röckerauschen kam ein üppiges Weib in das Büro des Standesbeamten gesegelt.

»Haben Sie mir diese Heiratsurkunde mit John Henry ausgestellt oder nicht?« fuhr sie ihn an und knallte das Dokument auf den Tisch.

Der Beamte, die Brille auf der Nasenspitze, prüfte es sorgfältig und sagte vorsichtig: »Ja, meine Dame, ich glaube ja. Warum?«

»Dann tun Sie gefälligst was!« schrie sie. »Er ist durchgebrannt.«

Alle Beziehungen sind nur an der Oberfläche schön; unten drunter sind sie Sklaverei. Ich sage nicht, daß ihr mit andern keine Beziehung haben sollt. Ich sage: Geht Beziehungen ein, aber erwartet nicht, daß sie euch glücklich machen. Habt Bindungen! Natürlich müßt ihr Bindungen haben – ihr lebt in der Welt. Ihr müßt mit andern Menschen Beziehungen haben, aber *keine* Beziehung wird euch Glück bringen – denn Glück kommt *nie* von außen. Es blüht immer nur von innen auf, es strömt immer nur von innen.

Und Saraha sagt: Wer glaubt, daß es von außen kommt, ist ein Tier – ist ein *pashu* – lebt in Versklavung. Und wer erkennt, daß es nie von außen kommt, daß es, wenn überhaupt, nur von innen kommen kann, der ist frei. Er ist Mensch, wirklich Mensch, und kein Tier mehr. Diese Freiheit ist die Geburt des Menschen.

> *Tiere verstehen nicht, welch trüber Ort*
> *Die Welt ist; anders die Weisen,*
> *Die den Himmels-Nektar trinken…*

Was ist das für ein ›Himmels-Nektar‹? Es ist ein Symbol für den Honig, den ihr bereits im Mund habt – und von dem ihr noch nicht gekostet habt, weil ihr euch keine Zeit nehmt. Die ganze Welt liegt vor euch, und ihr rennt hin und her. Ihr habt keine Zeit, den Honig zu kosten, den ihr schon habt.

Das ist der himmlische Nektar; wer von ihm kostet, ist im Himmel. Wer ihn kostet, für den gibt es keinen Tod mehr; darum ›himmlischer‹ Nektar; du wirst unsterblich. Du *bist* unsterblich. Du hast es noch nicht erkannt, aber du bist es. Es gibt keinen Tod. Du bist todlos. Der Himmel ist todlos: nur Wolken werden geboren und sterben. Flüsse werden geboren und sterben – das Meer ist todlos. Und du bist es auch...

Saraha richtet diese Sutras an den König. Er versucht nicht, ihn mit logischen Argumenten zu gewinnen. Er tut nur eines: er macht ihm sein eigenes Inneres zugänglich. Und er ermöglicht ihm ein neues Schauen – er läßt ihn Saraha sehen. Tantra ist eine völlig neue Vision vom Leben. Und mir ist nie etwas Tieferes begegnet als Tantra.

IV

LIEBE IST EIN TOD

24. April 1977

Die erste Frage:

Osho, du bist für mich alles, was ich mir je gewünscht habe oder mir je wünschen könnte. Warum ist dann in mir so viel Widerstand gegen dich?

Eben darum – wenn du tiefe Liebe für mich empfindest, dann ist großer Widerstand da. Das hält sich die Waage. Wo Liebe ist, da ist auch Widerstand. Wo es dich mit aller Macht hinzieht, da willst du vor diesem Ort fliehen, willst du die Gegend meiden. Denn diese enorme Anziehungskraft bedeutet auch, daß du in den Abgrund fallen wirst, daß du nie wieder du selbst sein wirst.

Liebe ist gefährlich. Liebe ist ein Tod. Sie ist tödlicher als der Tod selbst – denn den Tod überlebst du, aber die Liebe überlebst du nicht. Wohl wird ein anderer dabei geboren, aber *du* bist nicht mehr. Daher die Angst.

Die mich nicht lieben, können mir sehr nahe kommen, und es wird keine Angst da sein. Die mich lieben, werden vor jedem weiteren Schritt Angst haben. Nur zögernd setzen sie ihre Schritte. Für sie wird es sehr schwer werden – denn je näher sie mir kommen, desto mehr nimmt ihr Ego ab. Das meine ich mit ›Tod‹. Im gleichen Augenblick, wo sie mir *wirklich* nahekommen, sind sie nicht mehr – genauso wie ich nicht mehr bin.

Sich mir zu nähern heißt, sich einem Zustand des Nichts zu nähern. Wenn also schon bei der gewöhnlichen Liebe Widerstand da ist – diese Liebe hier ist außergewöhnlich, diese Liebe ist einzigartig.

Die Frage ist von Anand Anupam. Ich beobachte sie schon lange. Sie sträubt sich wirklich. Die Frage ist nicht nur intellektuell; sie ist existentiell. Sie kämpft schon lange hart... aber sie kann nicht gewinnen. Sie ist gesegnet, weil sie nicht gewinnen kann. Ihre Niederlage ist gewiß, absolut gewiß. Ich habe diese Liebe in ihren Augen gesehen. Diese Liebe ist so stark, daß sie allen Widerstand zerstören wird, daß sie über alle Rettungsversuche des Egos siegen wird.

Wenn die Liebe stark ist, kann sich das Ego anstrengen, wie es will, es kämpft eine verlorene Schlacht. Darum leben auch so viele Menschen ohne Liebe. Sie reden von Liebe, aber sie leben ohne Liebe. Sie phantasieren über Liebe, aber machen sie nie wahr, denn die Liebe wahrzumachen bedeutet, daß du dich selbst restlos zerstören mußt.

Wenn du zu einem Meister kommst, heißt das: entweder totale Zerstörung oder nichts. Entweder mußt du dich ganz in mir auflösen und mir erlauben, mich in dir aufzulösen, oder du kannst dich zwar hier aufhalten, aber es geschieht nichts. Wenn das Ego bleibt, steht zwischen dir und mir eine Chinesische Mauer; und selbst eine Chinesische Mauer kann durchbrochen werden, aber das Ego ist eine noch subtilere Energie.

Aber sobald die Liebe erwacht ist, wird das Ego machtlos. Und diese Liebe habe ich in Anupams Augen gesehen. Sie ist da. Das wird einen Kampf geben! Wunderbar! Denn wer sehr leicht kommt, kommt überhaupt nicht. Nur wer viel Zeit braucht, wer um jeden Zentimeter kämpft, der kommt auch.

Also hab' keine Sorge. Die Reise wird zwar ihre Zeit dauern, Anupam wird lange brauchen, Jahre vielleicht – aber habt keine Sorge. Sie ist auf der richtigen Spur. *Und:* Sie hat den Punkt überschritten, von wo aus Umkehr noch möglich gewesen wäre. Sie hat den Punkt überschritten, von wo aus es noch ein Zurück gibt. Es ist also nur noch eine Frage der Zeit.

Sie ist mir offen. Ich zwinge keinen dazu – das ist auch nicht nötig. Und es ist gut, den Leuten Zeit zu lassen und ihnen genug Leine zu geben, so daß sie von sich aus kommen können. Wenn die Kapitulation in Freiheit geschieht, dann hat sie eine eigene Schönheit.

Aber du kannst dich darauf verlassen, daß die Kapitulation kommt, daß sie unterwegs ist. Im innersten Kern deines Wesens hat sie bereits stattgefunden. Jetzt ist es nur noch ein Frage der Zeit – soviel Zeit, wie dein Zentrum braucht, zur Peripherie deiner Gedanken und Gefühle durchzudringen. In deinem Herzen bist du schon zu mir übergelaufen. Nur im Kopf findet der Kampf noch statt. Im Zentrum bist du schon bei mir. Nur an der Peripherie geht der Kampf noch weiter. Der Generalstab hat in Wirklichkeit den Kampf schon aufgegeben.

Ihr habt sicher von jenem japanischen Soldaten gehört, der immer noch weitergekämpft hat. Der Zweite Weltkrieg war schon seit Jahren vorbei, und er kämpfte immer noch, zwanzig

Jahre nach dem Zweiten Weltkrieg kämpfte er immer noch; er hatte nicht davon gehört, daß Japan den Krieg verloren hatte. Irgendwo, in den dichtesten Urwäldern Indonesiens, glaubte er immer noch, dem Kaiser von Japan untertan zu sein und für ihn weiterzukämpfen. Er muß wahnsinnig gewesen sein! Er lebte in Verstecken, immer auf der Flucht, und mordete weiter... ganz allein!

Als er vor ein paar Jahren nach Japan zurückkehrte, wurde er wie ein Held empfangen. Und in gewissem Sinne war er auch ein Held. Völlig unbewußt – aber er muß einen eisernen Willen besessen haben. Er hatte von andern gehört – nicht, daß er nichts davon gehört hatte –, daß der Krieg vorbei war, daß Japan kapituliert hatte; wie ließ sich das zwanzig Jahre lang vermeiden? Aber er wollte sich nicht überzeugen lassen. »Solange ich nicht direkt Befehl von meinem Vorgesetzten erhalte, ergebe ich mich nicht.« Sein Befehlshaber war tot, es gab also keine Möglichkeit, einen Befehl vom Befehlshaber zu empfangen, und er wollte sein ganzes Leben lang weiterkämpfen. Es war sehr schwer, ihn einzufangen; er war sehr gefährlich – aber schließlich fing man ihn doch.

Und genauso steht es um Anupam – der Generalstab hat schon aufgegeben, der Befehlshaber ist tot! Nur an der Peripherie, irgendwo in den Urwäldern Indonesiens kämpfst du noch, Anupam. Aber früher oder später, du kannst so verrückt sein, wie du willst, wirst du die Nachricht erhalten...

Die zweite Frage:

Ich möchte gern wahr werden, aber was ist das, und wie geht das? Ich fühl' mich wie in einem Teufelskreis, wie in einem Gefängnis. Ich möchte raus, aber wie?

Als erstes: Du bist in keinem Gefängnis – niemand ist es, niemand war es je. Das Gefängnis ist Einbildung. Du bist zwar unbewußt, aber nicht im Gefängnis. Das Gefängnis ist ein Traum, ein Alptraum, der dir im Schlaf erscheint. Die eigentliche Frage lautet also nicht, wie du aus dem Gefängnis heraus kommst, die eigentliche Frage lautet: Wie kommst du aus dem Schlaf heraus! Und es macht einen großen Unterschied, wie du deine Frage artikulierst. Wenn du denkst: ›Wie komm' ich nur aus diesem Gefängnis raus?‹, dann fängst du an, dich mit einem ›Gefängnis‹ herumzuschlagen, das es gar nicht gibt, und kommst immer mehr vom Weg ab.

So haben es viele seit Jahrhunderten gemacht. Sie glauben, im Gefängnis zu sitzen, und fangen an, gegen das Gefängnis anzukämpfen, gegen den Wärter, gegen den Gefängnisdirektor, gegen das ganze Strafsystem. Sie kämpfen gegen die Wände! Sie feilen die Eisengitter durch, um davonzulaufen. Sie versuchen, das Schloß zu knacken – aber es geht nicht, denn das Gefängnis ist gar nicht da. Wächter und Direktor und Gitter und Schloß – alles ist Einbildung. Ihr liegt im Tiefschlaf und habt einen Alptraum. Die eigentliche Frage ist: Wie wacht ihr aus eurem Schlaf auf?

Hört zu:

Kann man sich ein schlimmeres Delirium vorstellen, als das jenes armen Trinkers, der um einen Park herumging, an den Eisenstangen des Parkgitters rüttelte und rief: »Laßt mich raus! Bitte, laßt mich raus!«

Genau das ist auch deine Situation. Du bist nicht hinter Gittern, du bist nicht im Gefängnis; du bist nur betrunken. Du *glaubst,* im Gefängnis zu sein. Es ist nur ein Gedanke. Und ich weiß, wieso dir diese Idee kommt: du fühlst dich auf allen Seiten eingeengt. Und aus dem Gefühl der Enge entsteht die Vorstellung vom Gefängnis. Wohin du dich auch wendest, du stößt auf Grenzen; du kommst bis zu einem gewissen Punkt, und dann geht's nicht weiter. Also muß da eine Mauer sein, die dir im Weg steht. Und du folgerst, daß diese Mauer dich von allen Seiten einschließt; mag sein unsichtbar, mag sein aus Glas, aus sehr durchsichtigem Glas, so daß du alles sehen kannst; aber sobald du in irgendeine Richtung vorstößt, stolperst du jedesmal und kommst über einen bestimmten Punkt nicht hinaus.

Daher deine Vorstellung von einem Gefängnis, in dem du gefangen sitzt. Aber diese Begrenztheit liegt ebenfalls daran, daß du schläfst. In deinem Schlafzustand identifizierst du dich mit dem Körper, und so werden die Grenzen deines Körpers zu *deinen* Grenzen. In deinem Schlaf identifizierst du dich mit deinem Denken, und so werden die Grenzen deines Denkens zu deinen Grenzen.

Du aber bist unbegrenzt. Du bist unendlich. So, wie du wirklich bist, in deinem wahren Sein, gibt es keine Grenzen; da bist du Gott. Aber um dieses Gott-Sein zu erfahren, darfst du dich nicht auf einen Kampf mit dem Gefängnis einlassen, denn diesen Kampf kannst du nicht gewinnen. Du wirst ihn nur immer von neuem verlieren und jedesmal noch frustrierter daraus hervorgehen, jedesmal noch mehr Selbstvertrauen einbüßen, und du findest es immer unmöglicher zu entkommen.

Du mußt anfangen, bewußter zu werden. Du mußt anfangen, mehr aufzupassen, wacher zu werden. Das ist alles, was du tun mußt. Indem du wacher wirst, merkst du, daß die Wände, die so bedrohlich heranrückten, sich zurückziehen. Sie lassen dir immer mehr Raum. Dein Gefängnis wird immer geräumiger. Je mehr sich dein Bewußtsein ausdehnt, desto deutlicher siehst du, daß dein Gefängnis gar nicht *so* klein ist, daß es immer größer wird. Je ausgedehnter dein Bewußtsein, desto mehr Raum hast du zur Verfügung, um dich zu bewegen, um zu sein, um zu leben und zu lieben. Und dann erkennst du den Grundmechanismus: Je unbewußter, desto enger die Wände; bist du ganz unbewußt, dann rücken sie dir direkt auf den Leib, dann lebst du in einer winzigen Zelle, und selbst die leiseste Bewegung wird unmöglich.

Merk dir dieses Wort: Bewußtseinserweiterung. Mit dieser Erweiterung weitest *du* dich aus. Eines Tages, wenn dein Bewußtsein absolut geworden ist und nicht einmal der Schatten eines dunklen Flecks in dir ist, wenn nichts mehr unbewußt und alles in dir bewußt ist, wenn das Licht hell brennt und die innere Bewußtheit aus dir strahlt, dann siehst du, daß dich nicht einmal der Himmel begrenzt, daß du überhaupt keine Grenzen hast.

Das ist die Erfahrung der Mystiker aller Zeiten: Wenn Jesus sagt: »Ich bin eins mit dem Vater im Himmel«, dann meint er dies. Er sagt damit: Ich habe keine Grenzen. Er sagt dasselbe, nur symbolisch, durch eine Metapher: »Ich und mein Vater im Himmel, wir sind nicht zwei, sondern eins. Ich in meinem kleinen Körper und Er, der die ganze Schöpfung in sich enthält, wir sind nicht zwei, sondern eins. Mein Ursprung und ich, wir sind eins... ich bin so groß wie die Schöpfung selbst.«

Dies bedeutet es auch, wenn der Mystiker der Upanishaden erklärt: »Aham Brahmasmi – ich bin das Absolute, ich bin Gott.« Das wurde aus einem Bewußtseinszustand heraus gesagt, in dem es keinen Rest von Unbewußtheit mehr gab.

Und das ist es auch, was der Sufi Mansoor erklärt: »Anal Haq – ich bin die Wahrheit.«

Diese gewaltigen Worte sind sehr bedeutsam. Sie besagen nichts anderes, als daß du so groß bist wie dein Bewußtsein. Nicht mehr, nicht weniger.

Aus diesem Grund sind Drogen so verführerisch; sie zwingen nämlich das Bewußtsein auf chemischem Wege, sich weiter auszudehnen, als es normalerweise ist. LSD, Marihuana oder Meskalin führen zu einer plötzlichen Bewußtseinserweiterung, die aber erzwungen und gewaltsam ist, und die man besser bleiben läßt. Und sie ist rein chemisch – hat also mit Spiritualität nichts zu tun. *Durch Drogen wächst du nicht im geringsten!* Spirituelles Wachstum kommt nur durch bewußte Mühe zustande. Seelisches Wachstum ist nicht billig zu haben, nicht so billig, daß schon ein bißchen LSD genügt, eine ganz kleine Dosis LSD, um anzukommen.

Aldous Huxley hat sich sehr geirrt, als er glaubte, durch LSD zur gleichen Erfahrung gelangt zu sein wie Kabir oder Meister Eckhart oder Basho. Nein, es war nicht das gleiche. Es gibt da wohl ein paar Ähnlichkeiten. Die Ähnlichkeit liegt in der Bewußtseinserweiterung. Aber es gibt auch entscheidende Unterschiede. LSD ist gewaltsam, es übt Zwang auf dein biochemisches System aus. Und: du veränderst dich nicht. Du wächst dadurch nicht. Sobald der Drogeneinfluß abnimmt, bist du wieder der gleiche Mensch, derselbe kleine Mensch.

Ein Kabir wird nie wieder der alte sein, denn seine Bewußtseinserweiterung wurde nicht erzwungen; er ist in sie hineingewachsen. Jetzt gibt es kein Zurück mehr, sie ist in ihn verwoben. Sie ist jetzt sein Seinszustand. Er konnte sie absorbieren.

Aber die Verführung der Drogen ist verständlich. Die hat es seit eh und je gegeben. Sie hat nichts mit der jetzigen Generation zu tun. Das gab es seit je... schon zu Zeiten der Veden.

Die Menschen haben sich schon immer ungeheuer von Drogen angezogen gefühlt. Aber Drogen sind Falschgeld. Sie geben euch zwar einen kleinen Einblick in die Wirklichkeit, jedoch auf sehr unnatürliche Weise. Aber der Mensch sucht immer nach Ausdehnung. Der Mensch möchte groß sein.

Manchmal versucht er es mit Geld – ja, auch Geld gibt euch ein Gefühl der Ausdehnung, ist eine Droge. Wenn du viel Geld hast, fühlst du deine Grenzen nicht so dicht auf der Haut – sie sind weit weg. Du kannst dir so viele Autos leisten, wie du willst; du bist nicht eingeschränkt. Wenn es dir plötzlich einfällt, Rolls-Royce zu fahren, dann schaffst du dir einen an; du fühlst dich frei. Wenn du kein Geld hast und einen Rolls-Royce vorbeifahren siehst, steigt ein Wunsch in dir auf… und du fühlst deine Grenze. Deine Taschen sind leer. Dein Konto ist in den roten Zahlen. Du stößt gegen die Wand – und fühlst den Schmerz; hier geht es nicht weiter. Da steht der Wagen, er steht vor deiner Nase, du könntest ihn jetzt gleich haben – aber zwischen dir und dem Wagen ist eine Wand: die Wand des Mangels.

Geld gibt dir ein Gefühl der Ausdehnung, ein Gefühl von Freiheit. Aber auch das ist eine falsche Freiheit. Du kannst dir noch so viele Dinge leisten, aber das verhilft dir nicht zu innerem Wachstum. *Du* wächst nicht; du hast zwar mehr, aber dein Sein bleibt unverändert.

Und genauso ist es mit der Macht. Als Präsident oder Premierminister eines Landes fühlst du dich mächtig: dir steht die Polizei, die Armee, die Justiz und das ganze Brimbaborium des Staates zu Gebote. Die Landesgrenzen sind deine Grenzen, du fühlst dich enorm mächtig. Auch das ist eine Droge.

Laßt es euch gesagt sein: Politik und Geld sind genau so starke Drogen wie LSD und Marihuana – und weitaus gefährlicher. Hätte man zwischen LSD und Geld zu wählen, wäre LSD weit besser. Hätte man zwischen Politik und LSD zu wählen, wäre LSD weit besser, weit religiöser. Warum sage ich das? Mit LSD zerstört man sich nur selbst, aber mit Geld zerstört man auch andere. Mit LSD zerstört man nur seinen eigenen chemischen Haushalt, seine Biochemie, aber mit Machtpolitik werden Millionen von Menschen zerstört.

Stellt euch nur vor, Adolf Hitler wäre drogensüchtig gewesen; der Welt wäre es besser bekommen. Hätte er LSD geschluckt oder Heroin gespritzt, wäre das ein unendlicher Segen gewesen, hätten wir Gott danken können: Gott sei Dank, daß Hitler zu Hause bleibt und schießt und törnt. Die Welt kommt ohne ihn besser zurecht.

Geld und Macht, das sind die weit gefährlicheren Drogen. Das Ironische ist nun, daß die Politiker immer gegen Drogen wettern, daß Leute mit Geld immer gegen Drogen sind – ohne zu wissen, daß sie selbst drogensüchtig sind. Und ihr Trip ist weitaus gefährlicher, denn er berührt auch das Leben anderer. Der Mensch hat die Freiheit, mit sich zu tun, was er will. LSD kann sich allenfalls selbstzerstörerisch auswirken, aber führt niemals zu Mord. Es ist Selbstmord! Man *hat* das Recht, Selbstmord zu begehen, jedenfalls sollte man die Freiheit dazu haben; denn es ist *dein* Leben und wenn du nicht leben willst, ist das okay. Aber Geld ist Mord. Und Machtpolitik ist ebenfalls Mord – sie tötet andere.

Wohlgemerkt, ich empfehle euch damit nicht, lieber Drogen zu nehmen! Ich nenne *alle* Drogen schlecht – ob Geld, ob Macht, ob LSD oder Marihuana. Ihr greift nach ihnen, weil ihr euch die falsche Hoffnung macht, sie würden euer Bewußtsein erweitern. Euer Bewußtsein läßt sich aber sehr einfach, sehr leicht erweitern: es *ist* nämlich schon erweitert. Ihr lebt nur in falschen Vorstellungen. Diese eure falschen Vorstellungen, das ist die Mauer, das ist euer Gefängnis.

Du fragst: »Ich möchte gern wahr werden...«

Das kannst du weder wollen, noch *nicht* wollen. Es ist keine Frage der Wahl. Die Wahrheit *ist.* Ob du sie möchtest oder nicht möchtest, darauf kommt es nicht an. Du kannst dich für Lügen entscheiden, aber nicht für die Wahrheit... die Wahrheit *ist einfach da.* Darum besteht Krishnamurti so sehr auf einem Bewußtsein ohne Wahl. Du kannst die Wahrheit nicht wählen. Die Wahrheit ist schon immer da. Sie hat nichts mit deiner Entscheidung zu tun, deinem Mögen oder Nicht-Mögen.

Sobald du deine Vorlieben aufgibst, zeigt sich die Wahrheit. Es liegt an deinen Vorlieben, daß du sie nicht sehen kannst.

Deine Vorlieben sind wie Scheuklappen vor deinen Augen. Dein Mögen und Nicht-Mögen ist das Problem. Weil du etwas möchtest, kannst du nicht sehen, was ist. Und weil du etwas nicht möchtest, kannst du nicht sehen, was ist. Dein Mögen und Nicht-Mögen setzt dir bunte Brillen auf, und so kannst du die Farbe der Wirklichkeit, so wie sie ist, nicht erkennen.

Du sagst: »Ich möchte gern wahr werden...« Genau deswegen bleibst du unwahr. Du *bist* wahr! Laß deine Vorlieben und Abneigungen fallen. Wie kannst du unwahr sein? Sein ist wahr. Dazusein ist wahr. Du bist da – du lebst, du atmest. Wie kannst du unwahr sein? Das ist dann deine Entscheidung; durch deine Wahl bist du Christ oder Hindu oder Mohammedaner geworden. In Wahrheit bist du nicht Christ, Hindu oder Mohammedaner. Aus eigener Entscheidung hast du dich mit Indien, mit China, mit Deutschland identifiziert, aber in Wahrheit gehört dir das Ganze, gehörst du dem Ganzen... du bist universal. Das Ganze lebt durch dich. Du bist nicht nur ein Teil. Das Ganze lebt durch dich *als* Ganzes. Wähle, möge, möge nicht, und du bist auf dem Holzweg.

Wenn du sagst: »Ich möchte gern wahr werden...«, dann wirst du im Namen der Wahrheit unwahr. So nämlich werden Leute zu Christen. Sie glauben, daß das Christentum wahr ist, und da sie gern wahr sein möchten, werden sie Christen. Werde bitte kein Christ, werde bitte kein Hindu. Du selbst bist ein Christus! Warum also Christ werden? Du bist von Natur ein Christus. Ein Christus zu sein, war nicht nur Jesus vorbehalten; du bist es genauso. Denn ein Christus zu sein heißt: bewußt zu sein ohne Wahl.

Komm also bitte nicht vom Wünschen her: »Ich möchte gern wahr werden...«, denn das ist der Weg in die Unwahrheit. Gib diesen Wunsch auf; *sei* einfach, versuch nicht zu werden. Werden heißt unwahr werden. Sein ist Wahrheit. Erkenne den Unterschied!

Werden – das geht in die Zukunft, das hat ein Ziel. Sein ist Hier-Jetzt, ist kein Ziel – alles ist schon so, wie es ist. Sei also was immer du bist, und versuche nicht, ein anderer zu werden. Man hat dir Ideale, Ziele vorgesetzt – ›Werde!‹ Man hat dich immer nur gedrängt, etwas zu werden.

Das ist meine ganze Lehre: was immer, wer immer du auch bist, es ist gut so. Es ist mehr als genug. Sei einfach nur das. Hör auf zu werden und *sei!*

Und was du dann fragst, ist nur logisch. Wenn du erst fragst, »Ich möchte gern wahr werden«, mußt du auch fragen: »Was ist das und wie geht das?« Wenn du erst einmal Vorstellungen vom Werden hast, dann möchtest du natürlich wissen, was das Ziel ist: »Was ist das? Was ist dies Wahre, das ich werden will?« Und dann natürlich, wenn du an ein Ziel denkst, kommt auch das ›Wie‹. Wie sollst du hinkommen? Und schließlich folgt die ganze Lehre von den Techniken und Methoden...

Ich sage: *Du bist Das.* Der Mystiker der Upanishaden sagt: »Tat-tvam-asi – Du bist *Das.*« Du bist bereits *Das.* Es ist keine Frage des Werdens. Gott ist nicht irgendwo in der Zukunft, Gott ist genau hier, in diesem Augenblick, in dir, außerhalb von dir, überall; denn nur Gott ist. Es gibt nichts anderes. Alles, was existiert, ist göttlich.

Sei also! Versuch nicht zu werden. Sonst führt eins zum andern; wenn du etwas werden willst, dann kommt von selbst der Gedanke: Was? Welches Ideal? Was soll ich anstreben? Dann mußt du dir ein Ideal vorstellen, daß du so oder so werden mußt: so wie Christus, wie Buddha, wie Krishna. Dann mußt du dir ein Bild aussuchen, und das kopierst du dann.

Einen Krishna hat es nie zweimal gegeben. Könnt ihr diese einfache Wahrheit nicht erkennen? Er hat sich nie wiederholt. Könnt ihr nicht die ganz simple Tatsache erkennen, daß Buddha unwiederholbar ist? *Jedes* Wissen ist einmalig, absolut einmalig – du natürlich auch. Wenn du also versuchst, wie jemand anderer zu werden, wirst du zur geschminkten Marionette, zu einer Pseudoexistenz. Du wirst zum Gipsabguß. Sei ein Original! Du kannst nur du selbst sein. Die Reise geht nirgends hin, du brauchst nichts zu werden.

Aber das Ego will irgendein Ziel. Das Ego existiert zwischen dem gegenwärtigen Augenblick und dem Ziel. Sieh dir den Mechanismus des Ego genau an: je größer dein Ziel, desto größer dein Ego. Wenn du als Christ ein Christus werden willst, dann hast du ein großes Ego... vielleicht ein sehr frommes, aber das macht keinen Unterschied. Ein frommes Ego ist ebensogut ein Ego wie jedes andere auch, und oft gefährlicher als das normale Ego.

Bist du Christ, dann bist du auf Ego-Trip. Ego ist der Abstand zwischen dir und deinem Ziel. Die Leute kommen zu mir und sagen: »Wie werd' ich das Ego los?« Du kannst es nur loswerden, indem du das Werden loswirst. Du kannst das Ego nicht fallenlassen, solange du nicht deine Wunschvorstellung, dein Ideal, deine Hoffnung, deine Zukunft fallenläßt.

Das Ego existiert zwischen dem jetzigen Augenblick und dem Zukunftsideal. Je größer, je weiter weg das Ideal, desto mehr Spielraum hat das Ego, desto besser kann es sich entfalten. Darum ist der religiöse Mensch ein größerer Egoist als der Materialist. Der Materialist hat keinen ganz so großen Spielraum wie der Fromme. Der Fromme will Gott werden. Das ist wirklich das Beste vom Besten. Kann man sich ein besseres Ideal wünschen? Der religiöse Mensch möchte Moksha erreichen, das Paradies, den Himmel... gibt es eine entferntere Küste? Der religiöse Mensch will absolut perfekt werden. Im Schatten dieser Perfektionsidee kann es sich das Ego bequem machen. Hört genau hin, was ich sage! Ich sage nämlich nicht, daß ihr zu Göttern werden sollt – ich erkläre, daß ihr Götter *seid.* So kann sich erst gar kein Ego bilden, dafür ist kein Platz. Ihr braucht nicht in den Himmel zu kommen, ihr seid schon im Himmel. Ihr braucht nur noch die Augen aufzumachen... ihr seid schon da! Es ist eine Jetzigkeit, das Paradies ist eine Jetzigkeit. Das Paradies ist immer an den jetzigen Augenblick gebunden.

Das Ego gedeiht, solange du Ziele und Ideale hast. Und das Ego bringt Tausende von Problemen. Einerseits fühlt es sich gut an, große Ideale zu haben; andererseits hast du Schuldgefühle, ständige Schuldgefühle, daß du nie an sie heranreichst. Jene Ideale sind nicht erreichbar, ausgeschlossen! Es gibt keine Möglichkeit hinzukommen, und so erfüllst du nie dein Soll. Auf der einen Seite blüht und gedeiht das Ego, auf der anderen Seite die Schuld... Schuld ist der Schatten des Ego.

Ist es euch noch nicht aufgefallen? Merkwürdiges Phänomen: Ein Egoist fühlt sich aus kleinsten Anlässen schuldig. Du rauchst eine Zigarette; bist du ein Egoist, hast du deswegen

Schuldgefühle. Rauchen ist nun wirklich eine unschuldige, törichte Sache – sehr unschuldig und sehr dumm. Kein Grund, sich deshalb schuldig zu fühlen, aber was ein frommer Mensch ist, der fühlt sich schuldig, denn er hat ein Ich-Ideal, das ihm das Rauchen verbietet. Sein Ideal, daß er nicht rauchen sollte, und seine Wirklichkeit, daß er raucht, erzeugen zweierlei: einerseits gibt ihm das Ideal das gute Gefühl, ein religiöser Mensch zu sein – »Ich weiß, daß ich nicht rauchen sollte; ich versuche mein Bestes...« – und andererseits sieht er sich immer wieder fallen. Er kann sein Ideal nicht erreichen, also fühlt er sich schuldig. Und wer sich schuldig fühlt, will auch jedem andern Schuldgefühle geben. Das ist nur natürlich; warum sollst du dich allein schuldig fühlen? Das wäre zu hart, das wäre eine zu große Last.

Ein schuldbeladener Mensch verbreitet Schuldgefühle um sich her. Er flößt allen Leuten aus geringstem Anlaß Schuldgefühle ein, wegen ganz läppischer Dinge. Wenn du lange Haare hast, gibt er dir Schuldgefühle. Was ist schon dran? Jeder kann sein Leben leben, und wenn einer lange Haare haben will – prima! Wenn du tust, was dir Spaß macht, will er dir Schuldgefühle geben. Was immer du auch tust, er wird etwas daran auszusetzen haben. Er muß etwas an dir auszusetzen haben, weil er selbst unter Schuldgefühlen leidet. Warum soll er allein leiden? Erst wenn sich alle andern auch schuldig fühlen, geht es ihm gut. Jedenfalls hat er den einen Trost: »Ich bin nicht allein, wir sitzen alle im gleichen Boot.«

Und der Trick, Schuldgefühle in anderen zu wecken, besteht darin, ihnen Ideale zu geben. Das ist ein sehr subtiler Trick:

Die Eltern stellen dem Kind ein Ideal vor Augen; *so* mußt du sein. Sie selbst sind nie so gewesen, kein Mensch ist je so gewesen. Aber indem sie ihm ein Ideal vorsetzen, wenden sie eine sehr hinterhältige und schleichende Methode an, das Kind mit Schuld zu belasten. Jetzt wird es sich immerzu mit dem Ideal vergleichen, ohne ihm je näherzukommen; im Gegenteil, es sieht, wie es sich immer weiter davon entfernt. Und das schmerzt, das bedrückt, das deprimiert.

Das ist der Grund, warum ihr so viel Elend auf der Welt seht. Es ist gar kein konkretes Elend; neunzig Prozent davon geht auf das Konto von Idealen, die man euch aufgeschwatzt hat. Sie erlauben euch nicht zu lachen, sie erlauben euch nicht froh zu sein. Ein Mensch, der keine Ideale hat, wird nicht im Traum daran denken, andern Schuldgefühle zu geben.

Erst neulich abend kam ein junger Mann zu mir und sagte: »Ich habe ein ungeheuer schlechtes Gewissen wegen meiner Homosexualität. Es ist so unnatürlich!« Wäre er nun an Mahatma Gandhi oder an den Papst im Vatikan geraten oder an den Shankaracharya von Puri, was wäre passiert? Sie hätten seine Schuldgefühle noch verstärkt. Und er ist nur allzu bereit, irgendeinem Folterknecht in die Hände zu fallen. Er ist bereit, er lädt selbst dazu ein. Er fleht die Mahatmas an, ihm Schuldgefühle zu geben. Allein schafft er es nicht so gut, darum wendet er sich an die Experten.

Aber da war er an den Falschen geraten. Ich sagte ihm: »Na und? Warum sagst du, daß das unnatürlich ist?«

Er sagte: „Wieso, ist es das etwa nicht?« Er war überrascht und schockiert. »Es ist *nicht* unnatürlich?«

Ich sagte: »Wieso sollte es unnatürlich sein? Meine Definition von Natur ist: Alles was geschieht, ist natürlich. Wie kann es da also überhaupt etwas Unnatürliches geben?«

Sofort sah ich, wie er aus seinem Schützengraben kam: sein Gesicht fing zu strahlen an. Er wiederholte: »Es ist also nicht unnatürlich? Es ist nicht pervers? Es ist nicht anormal?«

Und ich sagte: »Nein, ist es nicht.«

»Aber«, wandte er ein, »Tiere – die sind doch auch nicht homosexuell!« Ich antwortete ihm: »Sie haben nicht genug Intelligenz dazu. Sie leben ein fixiertes Leben. Was immer ihnen die Biologie vorschreibt, danach leben sie. Geh und sieh dir einen Wasserbüffel an. Er frißt Gras – er frißt sogar nur eine ganz bestimmte Sorte von Gras, und nichts anderes. Du kannst ihm die erlesensten Speisen vorsetzen, das kümmert ihn gar nicht. Er frißt ruhig sein Gras weiter. Er hat keine Alternative. Sein Bewußtsein ist äußerst beschränkt, praktisch null. Der Mensch ist intelligent. Er probiert neue Formen von Beziehungen aus, neue Lebensweisen. Der Mensch ist das einzige Tier, das neue Wege sucht. Zum Beispiel: in einem Haus zu leben ist unnatürlich, schließlich tut das kein Tier. Ist es also pervers?

Oder Kleider zu tragen, ist das anormal? Denn kein Tier trägt Kleider. Ist es eine Perversion? Essen zu kochen ist unnatürlich: das hat noch kein Tier getan. Ist es verkehrt, Essen zu kochen? Und Leute einzuladen, mit dir zu essen oder zu trinken, ist dann auch unnatürlich, weil kein Tier je ein anderes Tier einlädt. Tiere ziehen sich im Gegenteil zurück, wenn sie essen wollen. Gib einem Hund zu fressen, und er verzieht sich sofort in eine Ecke, kehrt allen den Rücken zu und verschlingt seinen Fraß, so schnell er kann. Er würde nie auf den Gedanken kommen, andere einzuladen, seine Freunde zu sich zu rufen: »Kommt und eßt!« Das ist für einen Hund natürlich, aber ihr seid keine Hunde, ihr seid ihnen weit überlegen. Ihr habt mehr Intelligenz. Ihr habt mehr Möglichkeiten. Der Mensch tut alles auf seine Weise – das ist *seine* Natur.«

Er war sichtlich erleichtert. Ich sah, wie ihm eine große Last, wie ihm ein ganzer Berg von Sorgen vom Herzen fiel. Ich bin mir nicht sicher, wie lange er frei und unbelastet bleiben wird. Irgendein Mahatma mag ihn zu fassen bekommen und ihm wieder dieselbe alte Idee in den Kopf setzen: »Das ist unnatürlich!« Mahatmas sind entweder Sadisten oder Masochisten – geht ihnen aus dem Weg! Rennt davon, so schnell ihr könnt, wo immer ihr einen Mahatma seht, bevor er euch irgendwelche Schuldkomplexe anhext.

Alles, was ihr sein könnt, seid ihr schon. Es gibt kein Ziel. Und die Reise geht nirgendwohin. Wir sind nur hier, um zu feiern. Die Schöpfung ist keine Reise, sie ist ein Fest. Stellt euch das Leben als Fest vor, als Jubel, als Freude! Macht keine Qual daraus. Macht keine Pflicht, keine Arbeit daraus, laßt es ein Spiel sein!

Das ist meine Definition von ›religiös werden‹. Ohne Schuld, ohne Ego, ohne irgendwelche Trips, einfach nur zu sein, hier-jetzt dazusein, mit den Bäumen und den Vögeln und den Flüssen und den Bergen und den Sternen.

Ihr seid in keinem Gefängnis. Ihr seid in Gottes Haus, ihr seid in Gottes Tempel. Bitte nennt es nicht Gefängnis; es ist keins. Das ist ein Mißverständnis. Ihr habt alles in den falschen Hals bekommen. Auch wenn ihr mir zuhört, könnt ihr vieles mißverstehen. Ihr interpretiert mich ständig...

Zwei kleine Episoden – die erste:

Der Gartenspezialist, der vor der Schrebergärtner-Vollversammlung sprach, pries die Vorzüge alter Pferdeäpfel beim Düngen des Gartens im Frühling. Als Fragen gestellt werden durften, wollte eine vornehme Dame aus der Stadt wissen: »Sie sagten, alte Pferdeäpfel – wie alt, bittschön, sollten denn die Pferde sein?«

Die zweite Szene:

Eine Hillibilly-Frau brachte ihren kleinen Jungen auf die Kreisschule. Befragt, wer der Vater sei, vertraute sie der Schulbehörde an: »Ich habe nie viel über den Vater dieses Jungen gewußt. Er war hier auf der Durchreise, hielt um meine Hand an und wir heirateten. Bald darauf fand ich heraus, daß er hobosexuell war.«

»Sie meinen *homo*sexuell!« kam die prompte Korrektur.

»Nein, *hobo*sexuell. Er war sehr leidenschaftlich, aber ein Nichtsnutz, ein richtiger Hobo.«

Jeder interpretiert Worte auf seine Weise. Wenn ich also etwas sage, kann ich nie wissen, was ihr daraus macht. Jeder hält ein Privatlexikon in seinem Unbewußten versteckt. Durch dies Privatlexikon wird laufend alles gefiltert, gefärbt und verändert.

Ich sage zum Beispiel: »Werde frei!« Du mißverstehst mich und hörst heraus, daß du im Gefängnis bist. Ja, ich sage: »Werde frei!« Sofort interpretierst du es so, als ob du im Gefängnis wärst. Du verlagerst den ganzen Schwerpunkt. Meine Betonung liegt auf *dir*! Sei frei! Deine Betonung liegt auf Gefängnis. Jetzt folgerst du: »Ich bin also in einem Gefängnis. Wenn ich nicht aus dem Gefängnis herauskomme, wie kann ich dann frei sein?« Meine Betonung war, sei frei, und wenn du frei bist, gibt es kein Gefängnis. Das Gefängnis besteht aus deiner Gewohnheit, unfrei zu sein.

Seht ihr, wie sich die Betonung verlagern kann? Und anscheinend bedeutet beides fast das gleiche. Wenn ich sage »Sei frei!« und einer daraufhin sagt: »Ja, ich bin in einem Gefängnis« – wo liegt da der Unterschied? Es ist ein großer, ein riesiger Unterschied! Das ganze Bild verändert sich. Es hört sich völlig anders an, wenn du sagst: »Ich bin im Gefängnis.« Denn nun wird der Wärter, wird das Gefängnis verantwortlich gemacht. Und wenn niemand dich herausläßt, wie sollst du dann rauskommen? Jetzt hast du die Verantwortung auf eine andere Instanz abgeschoben.

Indem ich sage »Sei frei«, sage ich: *Du* bist verantwortlich. Es liegt an dir, ob du frei bist oder nicht. Wenn du dich entscheidest, nicht frei zu sein, dann entsteht das Gefängnis, mitsamt Wärtern und Gittern. Wenn du dich entscheidest, frei zu sein, verschwinden Gefängnis, Wärter und Gitter. Du brauchst nur die Gewohnheit fallenzulassen, unfrei zu sein.

Wie kannst du das? Freiheit und Bewußtheit gehen Hand in Hand. Je bewußter, desto freier; je unbewußter, desto unfreier. Tiere sind weniger frei, weil sie weniger bewußt sind. Der Fels ist sogar noch unfreier, weil er gar kein Bewußtsein hat, praktisch null. Der Mensch ist das am höchsten entwickelte Wesen, zumindest auf dieser Erde. Der Mensch hat eine gewisse Freiheit. Und ein Buddha hat absolute Freiheit – reines Bewußtsein.

Es ist also nur eine Frage von Bewußtseinsgraden. Dein Gefängnis besteht nur aus den Schichten deiner Unbewußtheit. Fang an, bewußt zu werden, und es gibt kein Gefängnis mehr.

Und vergiß nicht, wie listig der Verstand ist. Er kann immer neue Wege finden, dich hinters Licht zu führen. Er hat lauter Tricks zur Verfügung. Der Verstand braucht nur ein anderes Wort unterzuschieben, ohne daß du den Unterschied bemerkst; der Unterschied ist so fein, daß es fast Synonyme sind – und schon bist du ihm auf den Leim gegangen.

Ganz gleich also, was ich sage, interpretiert es bitte nicht! Hört einfach nur zu, so aufmerksam wie möglich, ändert kein einziges Wort ab, nicht einmal ein Komma. Hört einfach nur, was ich sage. Mischt euch nicht mit eurem Verstand ein, sonst hört ihr etwas anderes. Hütet euch immer vor der Schläue des Verstandes. Diese Schläue habt ihr zur hohen Kunst entwikkelt, nicht euret-, sondern anderer Leute wegen. Wir möchten gern andere zum Narren halten, und so wird der Verstand allmählich zum geschickten Betrüger, der euch am Ende selbst betrügen will.

Folgende Geschichte: Ein Journalist war gestorben. Als Journalist war er unangemeldet im Hause des Präsidenten und des Premierministers ein und aus gegangen, denn er war ein großer Journalist. Und so fuhr er schnurstracks zum Himmel, die Hölle kam selbstverständlich nicht in Frage. Aber Petrus wies ihn ab, indem er sagte: »Wir brauchen keine Journalisten mehr im Himmel, wir haben schon die volle Anzahl; mehr als ein Dutzend brauchen wir nicht. Und sogar die sind überflüssig, denn wir drucken hier keine Zeitung.«

Und im Himmel gibt es auch keine Neuigkeiten, dort passiert ja nie etwas, alles läuft so glatt, daß es zu keinen Neuigkeiten kommen kann. Und könnt ihr euch bei Heiligen irgendwelche Neuigkeiten vorstellen? Heilige sitzen unter ihren Bäumen, ihren Bodhi-Bäumen, und meditieren. Also ist die Himmelszeitung keine bedeutende Zeitung, aber aus rein formalen Gründen, nur damit eine erscheint, wird tatsächlich eine gedruckt, und jeden Tag steht da nur: »Dito... wie gehabt.«

»Wir brauchen keine Journalisten«, sagte Petrus also. »Du kommst in die Hölle. Dort können sie gar nicht genug Journalisten bekommen, denn es passiert eine Menge, dort gibt es einen regelrechten Zeitungsdschungel. Sie planen gerade eine neue Zeitung – ich hab' es eben erfahren. Geh also zur Hölle, dort erwartet dich ein toller Job, er wird dir Spaß machen.«

Aber der Journalist wollte unbedingt in den Himmel, also sagt er: »Bitte tu mir einen Gefallen. Ich kenne Journalisten... wenn ich es schaffe, einen von den Journalisten hier zu überreden, in die Hölle zu gehen, kann ich dann seinen Platz haben?«

Petrus erbarmte sich seiner und sagte: »Okay. Wieviel Zeit brauchst du denn, um einen Journalisten rumzukriegen, in die Hölle zu gehen?«

Er sagte: »Vierundzwanzig Stunden, nur vierundzwanzig Stunden.« Also wurde er für vierundzwanzig Stunden in den Himmel aufgenommen. Er setzte sofort ein Gerücht in Umlauf: Eine große Zeitung sei geplant, und man suche einen Chefredakteur, einen stellvertretenden Chefredakteur und verschiedene Ressortchefs... zu besten Bedingungen. Einzige Einschränkung: die Zeitung werde in der Hölle gemacht.

Vierundzwanzig Stunden lang war er unterwegs. Er traf mit allen Journalisten zusammen. Und als er sich nach der abgelaufenen Frist wieder bei Petrus meldete, um zu sehen, ob einer abgereist wäre, verriegelte Petrus sofort das Tor und sagte: »Geh du nicht auch noch – sie sind alle weg!«

Aber der Journalist sagte: »Nein, jetzt muß ich auch mit. Vielleicht ist ja doch was dran. Halt mich also bitte nicht auf. Ich *muß* einfach.«

Er selbst hatte das Gerücht gestartet, aber wenn zwölf Leute dran glauben, fängt man selbst an, dran zu glauben.

Und genau das ist euch mit der List des Verstandes passiert. Erst habt ihr immer wieder andere betrogen... und dabei hat der Verstand das Betrügen so gut gelernt, daß er jetzt euch selbst betrügt.

Der Kläger in einem Prozeß, wo es um Unfall-Schmerzensgeld ging, erschien im Rollstuhl vor Gericht und gewann eine Riesenentschädigung. Der Anwalt des Angeklagten beschuldigte wütend den Gewinner in seinem Rollstuhl: »Sie spielen Theater! Ich weiß es genau. Sie spielen Theater«, schrie er. »Ich schwöre bei Gott, ich werde mich bis an Ihr Lebensende an Ihre Fersen heften, um es zu beweisen!«

Der Anwalt wußte genau, daß es Theater war, daß der Rollstuhl nur Schau war und daß dem Mann nichts fehlte. Deshalb konnte er so bestimmt drohen.

»Bitte sehr, heften Sie sich nur«, antwortete der Mann im Rollstuhl. »Ich will Ihnen gern meine Pläne verraten; erst fliege ich nach London, um mich einzukleiden, dann fahr' ich an die sonnige Riviera, und danach – nach Lourdes, für das Wunder.«

Der Verstand ist sehr gewitzt, er findet immer ein Schlupfloch. Es gibt ja noch Lourdes... Aber wenn du erst mal angefangen hast, andern solche Gruben zu graben, fällst du früher oder später selbst hinein. Hüte dich vor deinem eigenen Verstand. Trau ihm nicht, schau ihm genau auf die Finger. Wenn du lernst, deinem eigenen Verstand zu mißtrauen, hast du einen großen Schritt getan, und du beginnst, deinem Selbst zu trauen. Solange du dich auf den Verstand verläßt, zweifelst du am Selbst. Wenn du dem Verstand mißtraust, beginnst du, dem Selbst zu trauen.

Das ist der ganze Sinn, warum man einem Meister vertrauen muß. Wenn du dich mir anvertraust, dann ist das lediglich eine Technik, die dir hilft, deinem eigenen Verstand zu mißtrauen. Du beginnst, mir zu vertrauen. Du sagst: »Ich will auf dich hören, ich will nicht mehr auf meinen Verstand hören. Ich habe lange genug auf ihn gehört; das führt nirgends hin, es geht immer nur im Kreis herum. Er bringt mich immer nur auf den gleichen Trip. Ewige Wiederholung, reine Monotonie.« Jetzt sagst du: »Ich will auf dich hören.«

Ein Meister ist nur ein Mittel, den Verstand loszuwerden. Wenn du erst einmal den Verstand los bist, brauchst du keinem Meister mehr zu vertrauen, denn dann bist du auf deinen inneren Meister gestoßen. Der Meister ist nur der Durchgang zu deinem inneren Meister. Der Umweg über ihn macht es dir leicht; sonst gehst du immer wieder dem Verstand in die Falle und bist am Ende ratlos, was du mit ihm machen sollst.

Je mehr du auf den Meister hörst, ihm vertraust, desto mehr rückt der Verstand in den Hintergrund. Und dem Verstand mußt du wieder und wieder deine Absagen erteilen; denn der Meister sagt ständig Dinge, die sich nicht mit ihm vereinbaren lassen... er sagt *nur* solche Dinge. Und wenn der Verstand nicht beachtet wird, dann stirbt er. Er schrumpft auf seine richtige Größe zusammen.

So, wie er jetzt ist, spielt er den Hochstapler. Im Augenblick tut er so, als wäre er dein ein und alles, dabei ist er nur ein winzig kleiner Mechanismus – gut zu gebrauchen, aber höchst gefährlich, wenn du ihn zum Meister machst.

Der Verstand sagt: »Werde!« Der Meister sagt: »Sei!« Der Verstand sagt: »Begehre!« Der Meister sagt: »Genieße!« Der Verstand sagt: »Du hast einen langen Weg vor dir!« Der Meister sagt: »Du bist angekommen, du bist Saraha – du hast schon ins Schwarze getroffen.«

Die dritte Frage:

Was hältst du von Zivilisation? Bist du absolut dagegen?

Es gibt keine Zivilisation, nirgendwo! – wie kann ich also gegen sie sein? Es gibt keine. Zivilisation ist eine Fata Morgana. Der

Mensch hat zwar seine ursprüngliche, unverfälschte Unschuld verloren, wurde deshalb aber nicht zivilisiert... denn so wird man nicht zivilisiert. Der einzige Weg zur Zivilisation kommt aus der Unschuld! Ihr müßt bei eurer primitiven Unschuld beginnen, nur von da aus könnt ihr wachsen.

Darum sagt Jesus: »Wenn ihr nicht werdet wie die Kinder, wenn ihr nicht wiedergeboren werdet, könnt ihr nicht erfahren, was Wahrheit ist.«

Unsere sogenannte Zivilisation ist Attrappe, Falschmünzerei. Wenn ich gegen sie bin, dann bin ich nicht gegen Zivilisation an sich – denn es gibt keine. Ich bin gegen sie, weil sie überhaupt keine Zivilisation ist. Sie ist eine Fälschung.

Eine Anekdote:

Jemand fragte den Prinzen von Wales: »Was halten Sie von der Zivilisation?«

»Gute Idee«, meinte dieser. »Man sollte sie mal ausprobieren.«

Diese Antwort gefällt mir. Ganz richtig; man sollte sie mal ausprobieren. Bisher hat das nämlich noch niemand getan. Der Mensch ist nicht zivilisiert; er tut nur so.

Ich habe etwas gegen Hochstapelei. Ich habe etwas gegen Heuchelei. Der Mensch gibt nur vor, zivilisiert zu sein. Man braucht nur ein bißchen an ihm zu kratzen, und schon kommt der Barbar zum Vorschein. Kratz an ihm, und alles Gold blättert ab, der faule Kern wird sichtbar. Seine Zivilisation ist hauchdünn. Alles ist eitel Sonnenschein, du lächelst und so weiter, aber plötzlich wirft dir einer ein Wort an den Kopf, eine Beleidigung, und schon wirst du zum Berserker, zum Besessenen, und willst ihm die Kehle durchschneiden. Einen Augenblick vorher hast du noch gelächelt, und im nächsten bist du schon bereit zu töten, kommt dein mörderisches Potential ans Licht. Und so etwas nennt ihr Zivilisation?

Ein Mensch ist erst dann zivilisiert, wenn er wirklich meditativ geworden ist. Nur Meditation kann der Welt echte Zivilisation bringen. Nur Buddhas sind zivilisiert.

Und das Paradoxe ist, daß die Buddhas das Primitive nicht ablehnen, sondern als Grundlage nutzen; sie gehen von der

Unschuld der Kinder aus. Und auf diesem Fundament errichten sie einen großen Tempel. Unsere Zivilisation dagegen zerstört die Unschuld der Kinder und gibt dafür nichts als Falschgeld zurück. Zuerst zerstört sie deine ursprüngliche Unschuld, und wenn sie das geschafft hat, wenn du hinterhältig, berechnend und schlau geworden bist, dann sitzt du in der Falle. Jetzt kann sich die Gesellschaft ans Werk machen und dich ›zivilisieren‹.

Zuerst wirst du deinem eigenen Selbst entfremdet. Sobald du dir fremd bist, bekommst du Falschgeld in die Hand und mußt dich dann damit zurechtfinden. Wahre Zivilisation steht nicht im Gegensatz zu eurer Natur. Sie zerstört nicht eure Kindlichkeit, sondern wächst aus ihr hervor. Sie ist der primitiven Unschuld nicht feindlich gesinnt, sondern ist deren Blüte. Sie kann bis in den Himmel hineinwachsen, aber ihre Wurzeln hat sie in der ursprünglichen Unschuld.

Unsere jetzige Zivilisation ist eine reine Wahnsinnsmaschinerie. Könnt ihr nicht erkennen, daß die ganze Welt zu einem einzigen Irrenhaus geworden ist? Die Menschen haben ihre Seele verloren, die Menschen sind keine Menschen mehr. Sie haben ihr Selbst verloren, sie haben ihre Persönlichkeit verloren. Sie haben alles verloren. Sie sind leere Masken. Sie haben ihr ursprüngliches Gesicht verloren.

Ich bin absolut für Zivilisation. Aber das hier ist keine Zivilisation. Darum bin ich gegen sie. Ich möchte den Menschen wirklich zivilisiert, wirklich kultiviert sehen, aber solche Kultur kann nur natürlich wachsen, sie kann nicht von außen übergestülpt werden. Sie kann nur von innen kommen. Sie mag sich vom Zentrum zur Peripherie ausbreiten, aber entstehen sollte sie – entstehen *muß* sie – im Zentrum.

Die jetzige ›Zivilisation‹ tut genau das Gegenteil. Sie zwingt alles von außen auf. Auf der ganzen Welt wird Gewaltlosigkeit gepredigt; Mahavir, Buddha, Jesus – sie alle lehren die Gewaltlosigkeit. Sie lehren Gewaltlosigkeit, weil sie selbst diesen Genuß kennengelernt haben. Aber ihre Anhänger? – die haben nie, auch nur für einen Augenblick, Gewaltlosigkeit erfahren. Sie kennen nur Gewalt. Aber als fromme Anhänger tun sie so, als wären sie gewaltlos; sie setzen sich das auf, sie schmieden sich einen Charakter. Dieser Charakter hüllt sie ein wie ein Panzer. Im Inneren brodelt es wie ein Vulkan kurz vor dem Ausbruch. Und an der Oberfläche lächeln sie ihr falsches Lächeln, ihr Plastik-Lächeln.

Das ist keine Zivilisation. Das ist etwas sehr Abstoßendes. Ja, ich möchte eine Gewaltlosigkeit, die von innen kommt, die nicht von außen anerzogen ist, sondern der geholfen wird, sich zu entfalten. Das ist der eigentliche Sinn des Wortes ›Erziehung‹. Es ist fast wie das Hochziehen des Wassers aus dem Brunnen; erziehen bedeutet ›herausholen, was innen ist‹. Das lateinische Wort ›educatio‹ hat diese Bedeutung. Aber was hat die ›Erziehung‹ bisher gemacht? Wann holt sie je etwas heraus? Sie zwingt hinein. Sie stopft dem Kind alles mögliche in den Kopf; das Kind spielt gar keine Rolle, nach ihm wird nicht gefragt. Das Kind ist dabei nur eine Maschine, in die immer mehr Information eingefüttert werden muß. *Das* ist keine Erziehung! Die Seele des Kindes muß hervorgeholt werden. Das, was im Kind verborgen ist, muß zum Vorschein kommen. Das Kind darf in kein Korsett gezwängt werden. Seine Freiheit muß unangetastet bleiben und das Wachstum seines Bewußtseins gefördert werden. Ein Mehr an Information bedeutet kein Mehr an Erziehung. Ein Mehr an Bewußtheit – das ist Erziehung; ein Mehr an Liebe – das ist Erziehung. Nur solche Erziehung führt zu Zivilisation.

Unsere Zivilisation ist unecht. Unsere Zivilisation ist verlogen. Darum bin ich gegen sie. Ich bin gegen sie, weil sie in Wirklichkeit keine Zivilisation ist.

Osho, ich muß immer so über deine Witze lachen. Kann ich dich dazu etwas fragen? Warum muß man bei einem Witz lachen?

Vor allem darum, weil ihr nie wirklich lachen durftet; euer Lachen ist unterdrückt worden. Das ist wie bei einer Sprungfeder; kaum ist der Druck weg, springt sie hoch. Ihr habt gelernt, ein langes, trauriges Gesicht zu machen. Man hat euch beigebracht, ernst zu sein.

Solange du ernst bist, schöpft niemand Verdacht, daß du verbotene Dinge tust; so soll es sein, so gehört es sich. Aber wenn du lachst, zu laut lachst, dann machst du die Leute um dich her verlegen. Sie denken, daß irgendwas nicht mit dir stimmt. »Warum lacht er nur?« Und wenn du auch noch ohne Grund lachst, bist du sogar verrückt, und sie schleppen dich zum Psychiater oder zum Hypnotiseur. Und sie flüstern: »Er lacht ohne jeden Grund. Das tun doch nur Verrückte!«

In einer besseren Welt, in einer zivilisierteren Welt, in einer wirklich zivilisierten Welt, wird Lachen das Allernatürlichste sein. Dann werden wir nur die Leute ins Krankenhaus bringen, die immerzu traurig sind.

Traurigkeit ist krankhaft, Lachen ist gesund. Da man euch also nicht erlaubt hat, zu lachen, ist euch jeder Vorwand recht... ein Witz ist ein Vorwand zum Lachen: du darfst lachen, ohne verrückt genannt zu werden. Du kannst sagen: »Bei so einem Witz...!«

Und der Witz löst einen Mechanismus aus, der dir hilft, dich zu entkrampfen. Der Mechanismus des Witzes ist sehr kompliziert; er sieht zwar sehr einfach aus, ist aber sehr komplex. Ein Witz ist kein Witz! Er ist eine hochkomplizierte Sache. Mit ein paar Worten, mit ein paar Zeilen kann er das Klima total verändern. Was passiert?

Wenn ein Witz erzählt wird, ist von Anfang an die Erwartung da, daß es gleich etwas zu lachen gibt. Du bist bereit. Das ist Selbsthypnose. Du wirst aufmerksam. Du magst eben noch gedöst oder geschlafen haben, aber jetzt wird ein Witz erzählt – und plötzlich bist du wach. Dein Rückgrat richtet sich auf; du hörst aufmerksam zu. Du wirst bewußter. Und je länger die Geschichte dauert, desto mehr nimmt die Spannung zu. Du willst wissen, wie es ausgeht. Die Geschichte geht logisch geradeaus, und bisher ist sie nicht witzig, aber plötzlich macht sie einen Sprung... dieser plötzliche Sprung löst eine Sprungfeder aus. Erst ziehst du sie immer fester auf, während du wartest und wartest und wartest – »was soll da eigentlich witzig sein?« Und dann plötzlich ist es da! Und zwar so plötzlich, so sehr aus heiterem Himmel, daß du deine Ernsthaftigkeit vergißt, daß du vergißt, wer du bist, und in dieser Plötzlichkeit wieder zum Kind wirst – und du lachst. Dein unterdrücktes Lachen wird freigesetzt.

Witze beweisen nur, daß unsere Gesellschaft das Lachen verlernt hat. In einer besseren Welt, wo die Leute mehr lachen werden, wird es eines nicht mehr geben: Witze. Es ist nicht mehr nötig – die Leute werden lachen und glücklich sein. Warum? Weil jeder Augenblick ein Augenblick des Lachens sein wird. Wenn ihr nämlich das Leben wirklich sehen könntet, würde alles zum Witz. Aber ihr dürft es nicht sehen! Man hat euch Scheuklappen vor die Augen gebunden. Ihr dürft nur ganz wenig sehen. Ihr dürft nicht sehen, wie lachhaft alles ist, und alles *ist* zum Lachen.

Kinder können es noch leichter erkennen; darum lachen Kinder leichter und lauter. Und sie machen ihre Eltern verlegen, denn Kinder können den ganzen Unsinn erkennen. Ihre Scheuklappen sitzen noch nicht so fest. Der Vater predigt dem Kind: »Sei ehrlich, immer ehrlich!« Und dann klopft eines Tages ein Mann an die Tür und der Vater sagt: »Geh hin und sag ihm, daß Papa nicht zu Hause ist.« Und das Kind... der Vater sieht gar nicht, was los ist, aber das Kind lacht sich tot. Es ist einfach nicht zu glauben, es ist einfach lächerlich! Also geht es zur Tür und sagt dem Fremden, der draußen steht: »Papa sagt, er ist nicht zu Hause.« Es läßt die Katze aus dem Sack... und amüsiert sich königlich.

Wir leben mit Scheuklappen. Wir sind so kultiviert, daß wir die Lächerlichkeit des Lebens nicht sehen. Es *ist* nämlich in Wirklichkeit lächerlich. Deswegen lachen Leute manchmal sogar ohne Witz – aus ganz nichtigen Anlässen. Zum Beispiel: Präsident Ford rutscht aus und fällt hin. Warum amüsiert das die Zuschauer so? Auch wenn sie es nicht zeigen, es amüsiert sie trotzdem. Überlegt mal: Wenn ein Bettler auf einer Bananenschale ausrutscht, wen kümmert das? Aber wenn der Präsident eines Landes auf einer Bananenschale ausrutscht, lacht sich die ganze Welt kaputt. Warum? Weil die Bananenschale die Dinge wieder richtigstellt. Die Bananenschale hat dem Präsidenten bewiesen, daß er ein menschliches Wesen ist, genauso wie der Bettler. Die Bananenschale macht keinen Unterschied, kommt Bettler, kommt Präsident, kommt Kanzler – ihr ist es egal. Eine Bananenschale ist eine Bananenschale. Was interessiert sie der Rest?

Wenn ein gewöhnlicher Sterblicher ausrutscht, lacht ihr vielleicht ein bißchen, aber nicht viel, denn er hat nie versucht zu beweisen, überlebensgroß zu sein. Also kein Grund zum Lachen. Aber wenn ein Präsident auf einer Bananenschale ausrutscht, wird plötzlich die Lächerlichkeit, wird die Wirklichkeit klar: Dieser Mann hat sich eben noch wie der Herr der Welt gefühlt. Wem will er das jetzt weismachen, wenn ihm das nicht mal eine Bananenschale abnimmt? Also lachen wir.

Beobachtet es mal... immer, wenn ihr lacht, ist die Lächerlichkeit des Lebens durch eure Scheuklappen gedrungen, seid ihr wieder zum Kind geworden. Ein Witz versetzt dich in die Kindheit zurück, in deine Unschuld. Er läßt für einen Augenblick deine Scheuklappen von den Augen rutschen.

Und jetzt noch ein paar Witze...

Jemand aus dem Dorf wurde tot aufgefunden – unter ungewöhnlichen Umständen. Eine Untersuchungskommission wurde eingesetzt, und der Vorsitzende bat die Frau, in deren Bett der Tote gefunden worden war, ihre Aussage zu machen. Er ermunterte sie, daß alle Anwesenden sich ja kennen würden, und so solle sie einfach in ihren eigenen Worten sagen, was geschehen sei.

Die Frau berichtete, daß sie den Mann, Gott hab' ihn selig, in einer Kneipe im Dorf kennengelernt hätte, und als die Kneipe dichtgemacht hätte, wär er mit ihr noch auf einen Schluck mit nach Hause gekommen. Und dann wär' eben eins zum andern gekommen, und schließlich seien sie beide im Bett gelandet. Plötzlich hätte sie einen seltsamen Ausdruck in seinen Augen bemerkt, den sie der Jury mit den Worten beschrieb: »Ich dachte, er kommt – dabei ging er.«

Und der zweite: Ein alter Pfarrer mußte im Hotel absteigen und wurde mit zwei anderen Gästen in einem Dreibettzimmer einquartiert. Bald nachdem das Licht gelöscht war, fing einer von ihnen laut zu schnarchen an, so daß der Pfarrer keinen Schlaf fand. Das Getöse nahm derart zu, daß es einfach entsetzlich war. Etwa zwei oder drei Stunden nach Mitternacht drehte der Schnarcher sich mit einem gräßlichen Stöhnen auf die andere Seite und wurde still.

Der Pfarrer hatte geglaubt, daß der dritte Gast schlief, aber jetzt plötzlich hörte er ihn rufen: »Er ist tot! Gott sei Dank, er ist tot!«

Und der letzte ist ein ganz besonderer Witz – meditiert darüber.

Eines Tages, als Jesus durch sein Dorf ging, stieß er auf eine wütende Menschenmenge, die gerade eine Frau steinigen wollte, die gegen eine Wand gelehnt stand.

Jesus erhob die Hand, brachte die Menge zum Schweigen und sagte feierlich: »Wer von euch ohne Sünde ist, der soll den ersten Stein aufheben!«

Sofort bückte sich eine kleine alte Dame, nahm einen großen Steinbrocken in beide Hände und scheuderte ihn auf die Frau.

»Mutter!« stieß Jesus zwischen den Zähnen hervor, »du treibst mich noch zur Verzweiflung!«

Und die letzte Frage:

Es ist offensichtlich, daß du in Orange verliebt bist – aber warum trägst du dann nicht selbst Orange?

Ich – und in Orange verliebt? Das hätte noch gefehlt! Ich hasse Orange. Darum zwinge ich euch ja, es zu tragen! Sozusagen als Strafe, daß ihr noch nicht erleuchtet seid.

V

DER MENSCH IST EIN MYTHOS

25. April 1977

Die Fliege liebt den Aasgeruch;
Für sie ist Sandelduft Gestank.
Wer das nirvana *leugnet,*
Begehrt den Schmutz des samsara.

Die Fußstapfen des Ochsen, voller Wasser,
Sind sehr bald ausgetrocknet.
Wer fest entschlossen ist, trotz vieler Schwächen,
Dessen Schwächen trocknen bald.

Das Wasser des Meeres wird süß,
Wenn es die Wolken trinken.
Wer mit Entschlossenheit für andre wirkt,
Verkehrt das Gift des Sinn-Objekts zu Nektar.

Ist es unaussprechlich, dann hat alle Unzufriedenheit ein Ende.
Ist es unvorstellbar, dann muß es die Seligkeit selbst sein.
Die Wolke läßt uns Blitz und Donner fürchten –
Doch reift die Ernte, wenn der Regen aus ihr strömt.

Der Mensch ist ein Mythos – und zwar der gefährlichste Mythos überhaupt. Denn wenn ihr glaubt, der Mensch existiere schon, dann tragt ihr nichts mehr zur Evolution des Menschen bei. Wozu auch? Wenn ihr glaubt, bereits Mensch zu sein, dann hört damit jedes Wachstum auf.

Ihr seid noch nicht Mensch. Ihr seid nur ein Seins-Potential. Ihr könnt sein. Ihr könnt nicht sein. Ihr könnt es verfehlen. Vergeßt nicht: Ihr könnt es verfehlen.

Der Mensch wird nicht geboren; er ist kein vorgegebenes Faktum. Man kann ihn nicht als Selbstverständlichkeit ansehen. Er ist nur eine Möglichkeit. Der Mensch existiert als Samenkorn, nicht als Baum – noch nicht. Der Mensch ist noch keine Wirklichkeit, und der Unterschied zwischen Potential und Realität ist groß.

Der Mensch ist, so wie er jetzt ist, eine Maschine... auch wenn er arbeitet, auch wenn er weltlichen Erfolg hat, auch wenn er sein sogenanntes Leben lebt und stirbt. Aber vergeßt nicht: Er *existiert* nicht.

Er funktioniert wie eine Maschine.

Der Mensch ist eine Maschine. Gewiß, diese Maschine hat etwas in sich, das sich entfalten, das über den Mechanismus hinausgehen kann. Diese Maschine ist keine gewöhnliche Maschine. Sie hat das ungeheure Potential, über sich hinauszuwachsen. Sie kann etwas hervorbringen, das über die eigene Struktur hinausführt. Hin und wieder hat sie einen Buddha, einen Christus, einen Gurdjieff hervorgebracht. Hin und wieder hat sie tatsächlich einen Menschen hervorgebracht, aber glaub ja nicht, daß du schon ein Mensch bist. Wenn du das glaubst, wird dich dieser Glaube töten – denn was wir für bereits vorhanden halten, das suchen wir nicht mehr, das wollen wir nicht mehr herbeiführen, das wollen wir nicht mehr entdecken, das wollen wir nicht mehr entwickeln.

Stellt euch vor, ein kranker Mensch, ein Schwerkranker, bildet sich ein, gesund zu sein. Warum sollte er zum Arzt gehen? Warum sollte er irgendwelche Medikamente einnehmen? Warum sollte er sich ins Krankenhaus einliefern lassen? Er hält sich für gesund, er ist vollkommen gesund... und in Wirklichkeit stirbt er! Sein Glaube bringt ihn um.

Aus dem gleichen Grund nenne ich diesen Mythos so gefährlich – den gefährlichsten, den die Priester und Politiker je in die Welt gesetzt haben: daß es den Menschen schon gebe. Diese Abermillionen Menschen auf der ganzen Welt sind nichts als Möglichkeiten, und es ist ein Unglück, daß sich die Mehrheit von ihnen nie verwirklichen wird; es ist ein Unglück, daß viele von ihnen als Maschinen sterben werden.

Was meine ich damit, wenn ich den Menschen eine Maschine nenne? Ich meine damit, daß der Mensch von der Vergangenheit programmiert wird. Der Mensch lebt aus einer toten Struktur, aus Routine heraus. Der Mensch bewegt sich immerzu im gleichen Kreis, im gleichen Gleis... wieder und wieder. Könnt ihr den Teufelskreis in eurem Leben nicht erkennen? Ihr tut täglich die gleichen Dinge: Ihr hofft, seid wütend, habgierig, ehrgeizig, sinnlich, sexuell, enttäuscht, und dann hofft ihr wieder. Und wieder fängt das Karussell sich zu drehen an. Jede Hoffnung führt zu einer Enttäuschung. Es ist niemals anders. Und auf jede Frustration folgt eine neue Hoffnung... und wieder dreht sich das Karussell.

Im Osten nennen wir es das Rad des *samsara* – es ist wirklich ein Rad. Die Speichen sind immer gleich. Und ihr laßt euch immer wieder täuschen. Immer wieder hofft ihr. Dabei wißt ihr genau, daß nie etwas dabei herauskommt. Ihr hofft nicht zum ersten Mal, ihr habt schon millionenmal gehofft. Das Rad dreht sich immer nur weiter; es tötet euch immer wieder von neuem, es zerstört immer wieder erneut euer Leben.

Die Zeit zerrinnt euch zwischen den Fingern. Jeder Augenblick, der verlorengeht, geht für immer verloren, und ihr wiederholt immer nur das alte Lied. Das meine ich damit, wenn ich den Menschen eine Maschine nenne. Ich stimme George Gurdjieff absolut zu, der immer sagte, daß wir noch keine Seele haben. Er war der erste, der es so drastisch ausgedrückt hat, daß der Mensch noch keine Seele hat. Die Seele kann zwar aus dir geboren werden, aber du selbst mußt ihr das Leben schenken. Du mußt erst in der Lage sein, ihr zur Geburt zu verhelfen.

Jahrhundertelang haben euch die Priester erzählt, daß ihr diese Seele schon habt, daß ihr dieser ›Mensch‹ schon seid. Es ist aber nicht wahr. Es ist nur möglicherweise wahr. Du kannst wirklich Mensch werden, aber erst muß der Mythos zerstört werden. Sieh der Tatsache ins Gesicht: *Du bist kein bewußtes Wesen!* Und wenn du kein bewußtes Wesen bist, wie kannst du dann ein Mensch sein?

Was ist der Unterschied zwischen einem Fels und dir? Was ist der Unterschied zwischen einem Tier und dir? Was ist der Unterschied zwischen einem Baum und dir? Der Unterschied ist der Bewußtseinsgrad - aber *wieviel* Bewußtsein hast du? Nur ein Aufzucken, ab und zu. Nur manchmal, in seltenen Augenblicken wirst du bewußt. Und das auch nur für Sekunden; danach fällst du in Unbewußtheit zurück. Ja, manchmal passiert es, daß sich dein Potential regt. Manchmal passiert es, trotz allem.

Eines Tages, die Sonne geht eben auf, und plötzlich fühlst du dich in Harmonie mit der Schöpfung – plötzlich ist *es* da, in seiner vollen Schönheit, in seinem vollen Glanz, mit seinem vollen Duft, mit seinem ganzen Segen. Plötzlich ist es da, und du hast einen Geschmack davon, was es sein könnte, was es sein kann, was es *ist.* Aber sobald du feststellst, daß es da ist, ist es auch schon wieder fort. Nur eine Spur von Erinnerung bleibt zurück. Nur in seltenen Augenblicken passiert es, manchmal, in der Liebe, oder wenn du den Vollmond betrachtest, oder den Sonnenaufgang, oder du sitzt in einer stillen Berghöhle, oder du siehst einem Kind zu, wie es spielt und vor Vergnügen lacht; ja, oder manchmal auch bei Musik... aber solche Augenblicke sind selten.

Wenn der gewöhnliche Mensch, der sogenannte Mensch, in seinem Leben auf sieben solcher Momente der Bewußtheit kommt, dann ist das schon hochgegriffen. Selten, nur ganz selten, bricht ein Strahl durch die Finsternis und ist dann wieder fort, und ihr findet euch wieder in eurem trivialen Leben, abgestumpft und tot. Und das geht nicht nur ›gewöhnlichen‹ Menschen so; euren sogenannten außergewöhnlichen Menschen ergeht es genauso.

Erst vor ein paar Tagen las ich etwas über C. G. Jung, einen der bedeutendsten Psychologen dieses Jahrhunderts. Aber manchmal fragt man sich, ob man diese Leute Psychologen nennen soll oder nicht. Er war ein sehr unruhiger Mann, unglaublich unruhig. Er konnte keinen Moment still sitzen. Ständig wand er sich hin und her, ständig suchte er nach einem Ventil für seine Rastlosigkeit. Wenn es nichts zu tun gab, rauchte er Pfeife. Er war Kettenraucher. Dann hatte er einen Herzanfall und die Ärzte verboten ihm das Rauchen. Absolutes Rauchverbot! Jetzt wurde es erst recht kritisch, seine Unruhe wurde unerträglich, es machte ihn ganz verrückt. Er tigerte in seinem Arbeitszimmer auf und ab oder ging ohne jeden Grund nach draußen. Er wechselte ständig die Stühle. Er erkannte, was für eine wichtigeStütze ihm seine Pfeife gewesen war. Sie war ein Ventil, eine Art Ventil für seine Unruhe. Also fragte er seinen Arzt: »Darf ich wenigstens die leere Pfeife in den Mund stecken? Ist das erlaubt?« Eine leere Pfeife! »Das würde mich erleichtern.«

Es wurde erlaubt, und jahrelang steckte er sich die leere Pfeife in den Mund, ganz so, als würde er rauchen. Er nahm sie nie heraus, studierte sie sorgfältig, fummelte an ihr herum, spielte mit ihr. Und das alles tut einer der ganz Großen der Psychologie unseres Zeitalters. Welche Unbewußtheit! So total im Griff der Gewohnheit! So total im Griff des Unbewußten. Wie kindisch es aussieht. Natürlich, in so einem Fall finden wir lauter Rationalisierungen und machen uns etwas vor, wir verteidigen uns mit irgendwelchen Gründen.

Im Alter von fünfundvierzig verliebte sich Carl Gustav Jung in eine Frau. Die Ehe war völlig in Ordnung, aber seine Unruhe muß ihn dazu getrieben haben. In der Regel bekommt man um fünfundvierzig herum das Gefühl, daß jetzt das ganze Leben vorbei ist.

Der Tod naht. Und wenn der Tod näherrückt, wird man entweder spirituell oder stürzt sich in die Sexualität.

Das sind die beiden einzigen Verteidigungsstrategien; entweder du wendest dich der Wahrheitssuche zu, der Suche nach dem Ewigen, nach dem, was nicht stirbt, oder du berauschst dich an erotischen Fantasien. Und das gilt vor allem für Intellektuelle, für alle, die ihr ganzes Leben nur im Kopf gelebt haben. Das sind die eigentlichen Opfer der Wechseljahre. Denn jetzt rächt sich die Sexualität. Sie war immer verdrängt worden; jetzt rückt der Tod heran. Und wer weiß schon, ob man auf die Welt zurückkommt oder ob es ein Leben nach dem Tode gibt! Der Tod kommt, und du hast dein Leben im Kopf gelebt! Der Sex bricht aus – nun erst recht.

C. G. Jung verliebte sich in eine junge Frau. Das brachte seinen Ruf in Gefahr. Seine Frau war tief verstört – sie hatte ihn außerordentlich geliebt, hatte ihm voll vertraut. Er rationalisierte es aber wunderbar. Schaut euch seine Rationalisierung an: ein gutes Beispiel dafür, wie der unbewußte Mensch funktioniert. Erst handelt er unbewußt, und dann versucht er, es zu rationalisieren und zu beweisen, daß es *nicht* unbewußt ist: »Ich tue es sehr bewußt« – und nicht nur das, »es *muß* sogar getan werden.«

Was tat er? Er entwickelte ganz plötzlich eine Theorie, daß es zwei Frauentypen auf der Welt gäbe: der eine ist der ›Mutter-Typ‹, die liebevolle, die sorgende Ehefrau; und der andere ist der ›Mätressen-Typ‹, die Geliebte, die Frau als Inspiration des Mannes. Und ein Mann braucht *beide* – erst recht natürlich ein Mann wie er, C. G. Jung! Er braucht Inspiration, ganz gewiß; und er braucht eine liebevolle Frau. Seine eigene Frau erfüllt diese Rolle; sie ist liebevoll, sie ist der mütterliche Typ. Aber damit ist nicht sein ganzes Bedürfnis abgedeckt – er hat auch Inspiration nötig, er braucht auch eine romantische Geliebte, eine Frau, die ihn in tiefe Träume einwiegen kann. Das ist für ihn ein Muß. Jung entwickelte eine entsprechende Theorie. Aber sie ist eine Rationalisierung.

Er ist nie auf den Gedanken gekommen, auch das Pendant dieser Theorie zu entwickeln, daß es nämlich zwei Typen von Männern gäbe. Hier verrät er, daß es sich um eine Rationalisierung handelt. Wäre es wirklich sein psychologischer Tiefblick gewesen, dann hätte die Ergänzung nicht gefehlt, daß es auch zwei Typen von Männern gibt, den Vater-Typ und den Don Juan. Sonst hätte nämlich auch Frau Jung zwei Männer gebraucht: einen Liebhaber, falls Jung sich für einen Vater-Typ hielt; oder, wenn er sich für einen Liebhaber hielt, dann einen Vater-Typ. Aber über diese Seite der Theorie schweigt er sich aus. Damit verrät er sich... hier war nicht Einsicht am Werk, sondern Spiegelfechterei, Rationalisierung.

Und so machen wir es immer: wir rationalisieren. Wir tun Dinge unbewußt. Wir tun sie, ohne zu wissen, warum. Aber wir können es nicht hinnehmen, wir finden es demütigend, uns einzugestehen, daß »ich etwas unbewußt getan habe, etwas, für das ich keine Erklärung finde«. Hütet euch vor Rationalisierungen. Und wie können solche Leute andern Leuten helfen? Es ist eine bekannte Tatsache, daß viele von C. G. Jungs Patienten Selbstmord begangen haben. Warum? Sie waren zu ihm gekommen, damit er ihnen half – warum begingen sie Selbstmord? Etwas muß an der Wurzel faul gewesen sein. Seine Analyse ist einfach Schlamperei. Er war ein sehr arroganter Mann, sehr egozentrisch, immer bereit, zu kämpfen. Vielleicht ist sogar seine ganze psychoanalytische Theorie nur aus der Arroganz gegenüber Freud hervorgegangen. Vielleicht ist auch sie nur eine Rationalisierung, denn er selbst scheint unter genau denselben Problemen zu leiden, von denen er andere zu heilen vorgibt.

Jung hatte immer Angst vor Gespenstern; selbst als alter Mann fürchtete er sich noch vor Geistern. Sein wichtigstes Buch hat er nicht zu Lebzeiten veröffentlicht, weil er nicht wollte, daß die Öffentlichkeit die Tatsachen erfuhr. Seine Memoiren wurden erst nach seinem Tod veröffentlicht, so wie er es bestimmt hatte. Was ist seine Wahrheit wert, was ist seine Authentizität wert? Er fürchtete so sehr, man könne ihm irgend etwas Falsches oder Unrechtes nachweisen, daß er nie zuließ, irgendwelche Tatsachen über sein Leben zu veröffentlichen.

Folgende Anekdote:

Ein Mann kam zum Psychiater und begann, seine Lebensgeschichte zu enthüllen, mit allen Kindheitserlebnissen, Gefühlserfahrungen, Eßgewohnheiten, Berufsproblemen und was ihm sonst noch einfiel.

»Nun«, sagte der Arzt, »es sieht so aus, als fehlte Ihnen überhaupt nichts. Sie kommen mir geistig so gesund vor wie ich selbst.«

»Aber Herr Doktor«, protestierte der Patient mit grauenerfüllter Stimme, »und was ist mit diesen Schmetterlingen? Mir graust! Sie sitzen zu Tausenden auf mir!«

»Um Gottes willen«, rief der Arzt und wich zurück, »bürsten Sie sie ja nicht auf mich ab!«

Die Patienten und die Ärzte, sie sitzen allesamt im gleichen Boot. Der Analytiker und der Analysierte sind kaum zu unterscheiden. Es ist ein Spiel. Mag sein, daß der Analytiker etwas schlauer ist, aber die Wirklichkeit kennt er auch nicht – denn um die Wirklichkeit zu erkennen, muß man ungeheuer bewußt werden. Anders geht es nicht. Auf dem Wege intellektuellen Denkens kommt man nicht hin. Sie hat nichts mit euren Philosophierereien zu tun. Um die Wirklichkeit zu erkennen, muß das Bewußtsein wachsen.

Gurdjieff hat oft über eine zukünftige Psychologie gesprochen. Für ihn existierte überhaupt noch keine Psychologie. Wie denn auch, wo es den Menschen noch nicht gibt! Wenn es den Menschen noch nicht gibt, wie kann es da schon eine Wissenschaft vom Menschen geben? Erst muß es den Menschen geben, dann kann auch eine Wissenschaft vom Menschen entstehen. Alles, was es da bisher gibt, hat mit Psychologie nichts zu tun. Mag sein, daß es mit der Maschine zu tun hat, die der Mensch bis heute noch ist...

Psychologie kann es nur im Umkreis eines Buddhas geben. Buddha lebt mit Bewußtsein. Seine Psyche, seine Seele ist zu finden. Der normale Mensch lebt ohne Seele. Sicher, man kann Defekte in seinem Mechanismus finden und sie auch reparieren... Was wir bis heute von Psychologie wissen, ist nichts als Behaviorismus. Und in diesem Sinne sind Pavlov und Skinner weit ehrlicher als Freud und Jung – denn sie halten den Menschen tatsächlich für eine Maschine. Und so wie der Mensch jetzt ist, haben sie auch recht, obwohl sie auch wieder nicht völlig recht haben. Sie glauben nämlich, daß das alles ist, daß es nicht anders sein kann. Das ist ihre Grenze. Sie glauben, der Mensch kann *nur* Maschine sein. Sie haben recht, was den aktuellen Menschen angeht: Der Mensch ist eine Maschine. Aber sie glauben, daß es nicht anders sein kann... und da irren sie. Aber Jung und Freud und Adler irren sich weit mehr, wenn sie den Menschen für bereits existent halten. Man brauche nichts weiter zu tun, als den Menschen, so wie er ist, zu studieren, und dann wisse man alles... Aber der Mensch ist noch gar nicht da. Ihre Psychologie ist eine sehr unbewußte Sache.

Der Mensch ist ein Mythos – laßt diese Einsicht tief in euch eindringen. Sie wird euch helfen, aus der Lüge, aus eurer Selbsttäuschung aufzuwachen.

Tantra ist ein Versuch, euch bewußter zu machen. Das Wort ›Tantra‹ bedeutet: ›Ausdehnung des Bewußtseins‹. Es kommt aus einer Sanskritwurzel. ›Tan‹ bedeutet Ausdehnung. Tantra heißt Bewußtseinserweiterung.

Und das allerwichtigste, das Entscheidende, das ihr begreifen müßt, ist, daß ihr fest schlaft, daß ihr aufgeweckt werden müßt.

Tantra benützt Gruppenmethoden; auch das muß verstanden werden. In diesem Sinn ist Gurdjieff einer der größten Tantriker unseres Zeitalters. Zum Beispiel: Wenn man fest schläft, sind die Aussichten gering, daß man von allein aufwachen kann. Ich will das an einem Beispiel klarmachen. Am Neujahrstag nimmst du dir vor, wie schon an vielen Neujahrstagen vorher, daß du nicht mehr rauchen willst. Wieder ist Neujahr und du schwörst es dir von neuem: Diesmal ganz bestimmt. Du nimmst es dir ganz fest vor, aber du erzählst keinem Menschen davon, weil du Angst hast. Das wäre gefährlich, denn aus eigener Erfahrung weißt du, daß du deine guten Vorsätze schon oft genug gebrochen hast. Und diesmal willst du dir die Demütigung ersparen, also bewahrst du Stillschweigen. Damit stehen die Chancen neunundneunzig zu eins, daß du deinen Vorsatz nicht hältst. Mit größter Wahrscheinlichkeit wirst du ihn früher oder später brechen.

Du bist ein unbewußtes Wesen. Dein Vorsatz will nicht viel heißen. Aber wenn du hingehst und jedem erzählst – Freunden, Kollegen, Frau und Kindern: »Ich hab' mir vorgenommen, nicht mehr zu rauchen« – dann stehen die Chancen besser, mindestens zehn Prozent besser, daß du zu rauchen aufhörst. Erst war die Chance ein Prozent, jetzt ist sie zehn. Mit neunzigprozentiger Wahrscheinlichkeit wirst du wieder anfangen zu rauchen; aber das Fundament fürs Nichtrauchen ist etwas breiter und solider. Aus einem sind zehn Prozent geworden. Aber wenn du einem Club von Nichtrauchern beitrittst, wenn du zu einer Gemeinschaft von Nichtrauchern gehörst, dann wachsen deine Chancen noch mehr. Jetzt besteht eine neunundneunzigprozentige Wahrscheinlichkeit, daß du nicht mehr rauchst. Wie kommt das?

Wenn du allein bist, hast du keine äußere Unterstützung – du bist auf dich gestellt. Du kannst leicht wieder einschlafen. Und wenn es niemand weiß, machst du dir auch weiter keine Gedanken. Wenn alle Bescheid wissen, wird dich ihre Mitwisserschaft leichter vorm Einschlafen bewahren. Jetzt geht es um das Ego, jetzt steht dein Ansehen, deine Ehre auf dem Spiel. Und wenn du einem Nichtraucher-Club beitrittst, dann stehen die Chancen am besten – denn ihr lebt durch Gewohnheiten. Wenn jemand eine Schachtel Zigaretten aus der Tasche holt, greifst du sofort in deine eigene. So mechanisch bist du. Jemand raucht, und schon denkst du zurück an die schönen Zeiten, als du noch rauchtest. Wenn niemand raucht, wenn du mit lauter Nichtrauchern zusammen bist, dann erinnert dich niemand ans Rauchen, und mit der Zeit stirbt die Gewohnheit... einfach durch Nichtgebrauch. Wenn eine Angewohnheit nicht ständig wiederholt wird, verschwindet sie langsam. Sie stirbt ab, sie verliert ihre Macht über dich.

Tantra sagt: Der Mensch kann nur durch Gruppenmethoden, durch Schulen wach werden. Darum bestehe ich so sehr auf Sannyas. Allein hast du nicht die geringste Chance. Gemeinsam ist sie weit größer. Es ist, wie wenn sich zehn Leute nachts in der Wüste verirren... und es ist sehr gefährlich. Von allen Seiten lauern Feinde und können sie töten. Wilde Tiere und Räuber und Mörder... eine schwierige Situation. Sie behelfen sich mit einer Gruppenmethode und sagen: »Jeder von uns wacht eine Stunde lang.«

Von einem unbewußten Menschen zu verlangen, daß er acht Stunden lang wach bleiben soll, ist wirklich zuviel verlangt. Aber eine Stunde kann jeder wach bleiben, und bevor er einschläft, weckt er den nächsten. So ist die Chance, daß die ganze Nacht lang zumindest je einer wach ist, größer.

Oder, wie es Gurdjieff darzustellen pflegte: Du bist im Gefängnis und willst raus. Allein hast du keine große Chance, aber wenn sich alle Gefängnisinsassen zusammentun, dann sind die Aussichten sehr viel besser; gemeinsam können sie den Wärter überwältigen, allen Widerstand brechen, die Mauern niederreißen. Wenn sich alle Gefangenen zusammentun, ist ihre Chance viel größer.

Und sie ist noch viel größer, wenn sie mit ein paar Leuten draußen in Kontakt kommen, mit Leuten, die schon in der Freiheit leben.

Genau das heißt es, einen Meister zu finden, jemanden, der nicht im Gefängnis ist. Er kann eine unschätzbare Hilfe sein, aus vielen Gründen. Er kann Dinge einschmuggeln, die zur Flucht nötig sind: nützliche Dinge, wie Feilen zum Beispiel, praktische Werkzeuge. Er kann von draußen spionieren und euch sagen, wann die Wachen abgelöst werden – die Lücke ist die Chance zum Ausbruch. Er kann euch sagen, wann die Wachen nachts schlafen gehen. Er kann sie an einem bestimmten Abend betrunken machen. Er kann den Gefängnisdirektor zu sich nach Hause einladen, zu einer Party. Er kann tausend Dinge tun, die ihr von innen nicht tun könnt. Er kann draußen Unterstützung sammeln. Er kann eine freundliche Atmosphäre unter den Leuten draußen herstellen, damit ihr willkommen seid, wenn ihr aus dem Gefängnis kommt, damit ihr unterkommt, in Häuser aufgenommen werdet. Wenn die Gesellschaft draußen euch nicht aufnehmen will, könnt ihr zwar aus dem Gefängnis entkommen, aber sie werden euch wieder den Gefängnisautoritäten ausliefern.

Mit einem in Kontakt zu sein, der schon erwacht ist, ist unerläßlich. Und mit andern Menschen zusammenzusein, die auch aufwachen wollen, ist genauso unerläßlich. Das ist der Sinn von Gruppenmethoden, von Schulmethoden. Tantra ist eine Gruppenmethode. Es sagt: Tut euch zusammen. Kundschaftet alle Möglichkeiten aus; viele verschiedene Leute können sich zusammentun und ihre Energien in einen Topf werfen. Der eine ist sehr intelligent, der andere sehr liebevoll. Jedem fehlt eine Hälfte, aber zusammen bilden sie eine Einheit, eine Ganzheit.

Der Mann ist nur die eine Hälfte, die Frau nur die andere. Außer auf dem Weg von Tantra haben es alle Wahrheitssucher allein versucht. Der Mann wollte immer ohne die Frau auskommen, die Frau immer ohne den Mann. Tantra sagt: Warum nicht zusammengehen? Warum sich nicht die Hände reichen? Die Frau ist halb, der Mann ist halb, zusammen bilden sie eine größere Energie, eine geschlossenere Energie, eine gesündere Energie. Verbindet euch! Laßt Yin und Yang zusammenwirken. Die Chance, aus dem Gefängnis herauszukommen, ist so größer.

Andere Methoden basieren auf Kampf und Konflikt. Der Mann kämpft gegen die Frau; er läuft vor den Frauen davon. Statt die Möglichkeit der gegenseitigen Hilfe zu nutzen, sieht er in der Frau den Feind. Tantra nennt das pure Dummheit; du verschwendest deine Energie unnötig im Kampf mit der Frau; es gibt wichtigere Kampfobjekte! Es ist besser, in der Gesellschaft einer Frau zu bleiben; laß dir von ihr helfen, und hilf du ihr auch. Geht als Einheit zusammen, und eure Chance, gegen eure unbewußte Natur anzukommen, ist größer.

Nutzt alle Möglichkeiten. Nur dann gibt es eine gewisse Chance, sich zu einem bewußten Wesen zu entwickeln, zu einem Buddha zu werden.

Und nun zu den Sutras... es sind sehr wichtige Sutras. Das erste:

> *Die Fliege liebt den Aasgeruch;*
> *Für sie ist Sandelduft Gestank.*
> *Wer das* nirvana *leugnet,*
> *Begehrt den Schmutz des* samsara.

Zunächst, wie ich schon sagte: Der Mensch ist eine Maschine. Der Mensch lebt aus Gewohnheiten, aus der Vergangenheit, aus Erinnerungen. Der Mensch lebt aus einem Wissen heraus, das er erst lernen mußte, das er sich angeeignet hat. So geht er ständig an allem Neuen vorbei... und die Wahrheit ist immer das Neue. Er ist wie die Fliege, die gern Aas riecht, die den Geruch der Fäulnis und Verwesung liebt. Der Duft des Sandelholzes ist für die Fliege Gestank. Sie hat einen festen Erinnerungsbestand, eine ganz bestimmte Vergangenheit. Sie hat den süßlichen Geruch faulenden Fleisches seit je für ein erlesenes Aroma gehalten. Das ist ihr Wissen, das ist ihr Programm, das ist ihre Routine... das ist ihre tote Vergangenheit. Jetzt, wo sie plötzlich Sandelholz riecht, stößt sie dieser Duft ab, als wäre es süßlicher, fauler Aasgeruch.

Wundert euch darüber nicht zu sehr; euch geht es genauso. Wenn ihr zu sehr im Körper gelebt habt, dann kommt euch etwas faul vor, sobald ihr euch einem Mann nähert, der in seiner Seele lebt. Wenn ihr euch einem Buddha nähert, nehmt ihr nicht seinen Duft wahr. Im Gegenteil, womöglich habt ihr plötzlich einen üblen Geruch in der Nase. Das ist eure Interpretation. Warum sonst hätten die Leute einen Jesus umgebracht? Jesus war Sandelholz! Und das Volk brachte ihn einfach um! Und warum vergifteten sie Sokrates? Sokrates war Sandelholz! Aber die Fliegen – sie verstehen nur die eigene Vergangenheit, sie interpretieren gemäß ihrer Vergangenheit.

Ich las irgendwo: Eines Tages kam eine Prostituierte, die bekannteste Hetäre Athens, zu Sokrates, und es saßen ein paar Leute da, nur eine kleine Schar, so wie hier, und Sokrates sprach zu ihnen. Die Prostituierte sah sich um und sagte zu Sokrates: »Was? – ein großer Mann wie du, und nur so wenig Leute, die dir zuhören? Ich hatte geglaubt, ganz Athen säße hier! Und ich sehe auch nicht die angesehensten, die ehrbarsten Bürger hier – die Politiker, die Priester, die Intellektuellen. Ich kann sie nicht entdecken. Was ist los? Komm einmal zu mir zu Besuch, Sokrates, da wirst du sehen, wie sie Schlange stehen.«

Sokrates antwortete: »Recht hast du, denn du befriedigst eine universelle Nachfrage. Ich nicht. Ich ziehe nur wenige an, ein paar Auserwählte. Die anderen können meinen Duft nicht spüren. Sie meiden mich. Selbst wenn sie mir zufällig begegnen, suchen sie das Weite. Sie haben Angst. Es ist nicht der gewohnte Duft.« So Sokrates.

Die Prostituierte muß von ungewöhnlicher Intelligenz gewesen sein. Sie sah Sokrates in die Augen, neigte ihren Kopf und sagte: »Sokrates, nimm mich unter deine Freunde auf«, und verließ ihn nie wieder. Sie wurde Teil der kleinen Gemeinschaft.

Das muß eine Frau von außerordentlicher Bewußtheit gewesen sein. Ein so plötzlicher Wandel! Sie verstand augenblicklich. Aber Athen tötete Sokrates. Sie mochten den Mann nicht. Der Mann sah ihnen zu gefährlich aus. Viele Anklagen wurden gegen ihn erhoben; eine davon war, daß er den Leuten den Glauben nahm und vor allem der Jugend den Kopf verdrehte; daß er anarchisch war; daß er die Gesellschaft aus dem Gleis bringen würde, wenn man ihn gewähren ließe. Kurz, ein Feind der Gesellschaft!

Und was tat er in Wirklichkeit? – etwas völlig anderes. Er versuchte, den Bereich jenseits des Denkens zugänglich zu machen. Aber die Leute hielten das für Zerstörung des Denkens. Und sie haben auch ganz recht, die Fliegen. Ja, die Jugend fühlte sich wirklich ungeheuer zu Sokrates hingezogen; nur junge Menschen können das, nur die Jugend hat soviel Mut. Selbst wenn alte Menschen zu Sokrates oder zu mir kommen, sind das immer nur junge Leute. Nur weil sie jung sind, kommen sie, anders wäre es ausgeschlossen. Ein alter, verdorrter Kopf kann nicht zu mir finden. Der Körper mag so alt sein wie er will, aber wenn ein alter Mann zu mir kommt, oder eine alte Frau, kommen sie nur, weil sie sich die Jugend der Seele bewahrt haben, weil sie irgendwo jung geblieben sind. Sie können immer noch Neues verstehen, Neues lernen. Es heißt, einem alten Hund könne man keine neuen Kunststükke mehr beibringen. Das ist kaum möglich. Der alte Hund kennt nur die alten Kunststückchen, und die wiederholt er. Einem alten Kopf noch etwas beizubringen, ist sehr schwer.

Und die Dinge, um die es hier geht, sind so radikal anders, sie widersprechen so sehr allem, was man euch beigebracht hat, daß jemand, der nicht *wirklich* jung ist, noch nicht einmal zuhören kann.

Die Jugend Athens fühlte sich also angezogen. Das ist das sicherste Zeichen dafür, daß etwas vom Ewigen, etwas von der ewigen Jugend des Alls von Sokrates ausging.

Wo immer ein Jesus existiert, findet man ihn umringt von der Jugend. Andererseits hat man noch nie gehört, daß die jungen Leute etwa zum Papst strömen! Alte Leute, tote Leute – Leute, die schon längst gestorben sind, das sind die Fans des Papstes. Als der erste Shankaracharya lebte, hättet ihr ihn von lauter jungen Menschen umgeben gefunden. Aber dem Shankaracharya von Puri hören nur Tote, nur Leichen zu. Lebendige Menschen sind dort nicht zu finden.

Ihr könnt hingehen und in den Tempel schauen. Nur alte Frauen und alte Männer, keine Jugend. So ist es eben. Solange eine Religion wirklich lebt, fühlt sich die Jugend angezogen. Wo die Wahrheit ist, fühlt sich die Jugend hingezogen. Wenn nur noch Lügen übrig sind, Glaubenssätze, Dogmen, Glaubensbekenntnisse, dann kommen die alten Leute. Wenn sich die Jugend angezogen fühlt, heißt das, daß die Wahrheit frisch ist. Wenn die Wahrheit alt ist, fast schon tot, dann fühlen sich die Alten angezogen.

Alte Menschen kommen nur aus Angst vor dem Tod angelaufen. Im hohen Alter werden selbst Atheisten zu Theisten... aus Angst. Wenn ein junger Mensch sich zu etwas hingezogen fühlt, dann nicht aus Angst vor dem Tod, denn er weiß noch nichts vom Tod. Es kommt aus einer gewaltigen Liebe zum Leben. Und das ist der Unterschied zwischen echter und unechter Religion. Unechte Religion orientiert sich an der Angst; echte Religion orientiert sich an der Liebe.

Ihr kennt sicher das häßliche Wort ›Gottesfurcht‹ – es existiert in allen Sprachen der Welt. Es muß von toten, stumpfsinnigen, alten Menschen geprägt worden sein. Gottesfurcht? Wie kann man Gott fürchten? Wenn du Gott fürchtest, wie kannst du ihn dann lieben? Aus Furcht kommt niemals Liebe, sondern nur Haß. Mit Furcht kannst du nur gegen Gott sein, er ist dann zwangsläufig dein Feind. Wie kannst du ihn lieben? Wenn du ihn aber liebst, wie kannst du ihn dann fürchten? Hast du schon einmal vor einem Menschen Angst gehabt, den du lieb hast? Hast du schon einmal vor deiner Mutter Angst gehabt, wenn du sie liebst? Hast du schon einmal vor deiner Frau Angst gehabt, wenn du sie liebst? Wenn du liebst, gibt es keine Angst... Liebe vertreibt alle Angst. Gottesliebe, ja!... romantisch, ekstatisch in Gott verliebt!

Aber das kennt nur der junge Geist. Ob dieser junge Geist allerdings in einem jungen Körper oder in einem alten wohnt, spielt keine Rolle – aber so etwas ist nur dem jungen Geist möglich. Sokrates wird also bestraft, weil er die Jugend anzog. Buddha wird bestraft, weil er die Jugend anzog. Aber vergeßt nicht: Wann immer eine Religion geboren wird, strömen die jungen Menschen aus allen Ecken der Erde zusammen. Daran sollte man erkennen, daß etwas Neues passiert. Wenn irgendwo die Alten zusammenlaufen, kann man sicher sein, daß da nichts los ist... da passiert's nicht. Wo die Jugend hinströmt, da passiert's. Allerdings:

Die Fliege liebt den Aasgeruch;
Für sie ist Sandelduft Gestank.
Wer das nirvana *leugnet,*
Begehrt den Schmutz des samsara.

Die Wahrheit ist das Unbekannte, das Geheimnisvolle. Man kann sich ihr nicht durch die Riten der Vergangenheit nähern. Man kann sich ihr nur nähern, wenn man nackt kommt, wenn man alle Gewohnheiten abgestreift hat.

Das Kleid des christlichen Priesters wird ›Habit‹ genannt. Eine schöne Anwendung des Wortes ›habitus‹ – Gewohnheit! Ja, ich sage es noch einmal, wenn du jeden Habitus abgestreift hast, wenn du nackt dastehst, und alle Kleider gefallen sind, dann lebst du nicht mehr aus dem Gedächtnis, sondern aus der Bewußtheit. Das sind zwei verschiedene Funktionen. Wenn du vom Gedächtnis her funktionierst, siehst du nicht, was ist. Du siehst nur immer das, was du schon früher gesehen hast. Du interpretierst das Gegenwärtige durch vergangene Vorstellungen. Du überkleisterst alles mit Dingen, die gar nicht da sind. Du siehst immerzu etwas, das nicht da ist, und das, was da ist, siehst du nicht. Das Gedächtnis muß abgelegt werden. Gedächtnis ist gut; benutze es. Aber die Wahrheit ist noch nie durch Gedächtnis gefunden worden. Wie sollte die Wahrheit durch das Gedächtnis zu finden sein? Du hast in der Vergangenheit noch nie die Wahrheit erkannt.

Die Wahrheit ist nicht bekannt. Die Wahrheit ist ein Fremdling. Da mußt du schon alle Erinnerungen beiseite legen. Du mußt zu deinem Kopf sagen: »Halt den Mund! Laß mich mal ohne dich hinsehen. Laß mich mit klaren Augen sehen, ohne Gedanken, nicht umnebelt von Weltanschauungen, Heiligen Schriften, Ideologien, Religionen. Laß mich direkt hinschauen, unverstellt! Laß mich hier und jetzt sehen, was ich vor Augen habe.« Nur so kannst du dich auf das Geheimnis der Wahrheit einstimmen.

Und mach dir klar: Die Wahrheit wird nie zu einer Erinnerung. Selbst wenn du sie erkannt hast, wird sie nie zur Erinnerung. Die Wahrheit ist so ungeheuer groß, daß dein Gedächtnis sie nicht halten kann. Und wenn sie dir wieder erscheinen sollte und du sie wiedererkennst, wird sie neu sein. Sie ist niemals alt. Sie ist immer neu. Sie ist immer frisch. Es ist eine ihrer Eigenschaften, daß sie niemals alt wird. Sie ist *immer* jung.

»Wenn du also die Wahrheit wissen willst, Herr«, sagt Saraha zum König; »wenn du wirklich die Wahrheit darüber wissen willst, was mit mir passiert ist, dann laß bitte deinen Kopf beiseite. Ich weiß, du bist genau wie die Fliege. Du hast das Leben des Körpers und des Verstandes gelebt; du kennst nichts, was darüber hinausgeht. So, wie ich hier stehe, bin ich jenseits von beidem. Und es ist nicht möglich, dir das innerhalb der Grenzen deines Verstandes zu erklären; es ist einfach nicht zu erklären. Wenn du es wirklich erfahren willst... du *kannst* es erfahren, aber erklärt werden kann es nicht.«

Gott ist undefinierbar. Gott ist unerklärbar. Bitte vergeßt das nicht! Versucht nie, Gott zu erklären. Denn wenn ihr das tut, erklärt ihr ihn nur weg. Gott kann in keinem Gedanken enthalten sein, sondern nur gelebt werden. Gott kann nur geliebt werden. *Ihr selbst könnt zu Göttern werden!* Das ist möglich! Aber der Verstand kann Gott nicht fassen. Der Verstand ist ein sehr kleiner Behälter. Nicht größer als ein Teelöffel – und ihr hättet gern den Stillen Ozean in eurem Teelöffelchen.

Sicher, man kann ein bißchen Salzwasser in seinem Teelöffel halten, aber das gibt einem noch keine Vorstellung vom Pazifik, von seiner riesigen Ausdehnung. In eurem Teelöffel gibt es keine Orkane, keine hohen Wellen. Es ist nicht der Ozean, auch wenn es danach schmeckt.

Saraha sagt: »Wenn du mich sehen willst, Herr, mußt du schon deinen Verstand weglassen – du hast einen Fliegenverstand. Du hast bestimmte Denk- und Gefühlsgewohnheiten. Du hast bestimmte Lebensgewohnheiten. Du hast ein Leben des Körpers und des Verstandes gelebt, und was du bisher von Gott erfahren hast, das hast du allenfalls aus Büchern, aus den Heiligen Schriften erfahren.«

Saraha hatte ja selbst dem König früher aus den Schriften vorgetragen. Er wußte also, wovon er sprach. Er weiß, wieviel der König weiß, und daß es nicht mehr als Informationen sind. Saraha sagt: »Es ist mir selbst widerfahren. Aber um das zu sehen, mußt du *anders* sehen als bisher.«

Der Verstand begegnet der Wahrheit nie, er trifft nie mit ihr zusammen. Die Wege des Verstandes und die Wege der Wahrheit scheiden sich absolut. Wahrheit ist eine andere Wirklichkeit. Von daher der unerbittliche Anspruch der Mystiker der ganzen Welt, daß man einen Zustand des Nicht-Denkens erreichen muß. Und Meditation ist nichts anderes als das: ein Zustand des Nicht-Denkens, bei vollem Bewußtsein, bei strahlend klarem Bewußtsein. Kein einziger Gedanke ist mehr da, dein Himmel ist reingefegt von Wolken, und die Sonne leuchtet hell.

Normalerweise sind wir so von Gedanken, Wünschen, ehrgeizigen Zielen und Träumen umnebelt, daß die Sonne nicht hereinscheinen kann. Sie hat sich hinter diesen dunklen Wolken versteckt. Jeder Wunsch ist eine Wolke, jede Fantasie ist eine Wolke – und man muß erst wolkenlos werden, bevor man weiß, was ist.

Saraha sagt:

> *Wer das* nirvana *leugnet,*
> *Begehrt den Schmutz des* samsara.

Samsara bedeutet: als Körper, als Verstand, als Ego leben. Samsara bedeutet, nach außen gerichtet zu leben. Samsara bedeutet, mit Gegenständen zu leben, mit der Vorstellung, daß alles Materie ist, und daß es sonst nichts gibt. Samsara bedeutet drei Gifte: Macht, Geltung, Einfluß ... bedeutet, in der Welt zu leben, den Blick auf mehr Macht, mehr Geltung, mehr Geld, mehr Einfluß, mehr dies und mehr jenes gerichtet ... bedeutet, unter lauter Dingen und für lauter Dinge zu leben. Das ist die Bedeutung des Wortes ›samsara‹ – ›Welt‹.

Schau genau hin: Hast du je mit Menschen gelebt? Oder lebst du nur mit Dingen? Ist deine Frau für dich ein Mensch oder ein Ding? Ist dein Mann für dich ein Mensch oder ein Ding? Behandelst du deinen Mann als einen Menschen, als einen unnachahmlichen, unschätzbar wertvollen Menschen, oder nur als Gebrauchsware? Weil er für das tägliche Brot sorgt, oder weil sie den Haushalt führt und sich um die Kinder kümmert? Ist deine Frau in sich wertvoll, oder ist sie nur ein Zweckwesen, eine Ware für den Konsum? Manchmal benutzt du sie sexuell, manchmal nutzt du sie anders – aber einen Menschen zu benutzen bedeutet, daß dieser Mensch für dich ein Ding und kein Mensch ist.

Ein Mensch kann nicht benutzt werden. Nur Dinge können benutzt werden. Ein Mensch kann nicht erworben werden; nur Dinge können erworben werden. Ein Mensch hat einen so ungeheuren Wert, eine solche Göttlichkeit, eine solche Würde – wie kann man den Menschen benutzen? Er kann wohl schenken, aus seiner, aus ihrer Liebe schenken... aber du kannst das nicht ausnutzen. Und du mußt dankbar sein. Bist du je deiner Frau dankbar gewesen? Bist du je deinem Vater, deiner Mutter dankbar gewesen? Bist du je deinen Freunden dankbar gewesen? Manchmal bist du einem Fremden dankbar, aber nie den Leuten, mit denen du lebst – die sind selbstverständlich für dich.

Mit Dingen zu leben heißt, in *samsara* zu leben. Mit Menschen zu leben heißt, im *nirvana* zu leben. Und sobald du anfängst, als Mensch unter Menschen zu leben, verschwinden die Dinge. Normalerweise werden selbst Menschen zu Dingen reduziert, aber wenn ein Mensch meditativ wird, werden selbst aus Dingen Menschen, wird sogar ein Baum zur Person, wird selbst ein Fels zur Person. Alles bekommt mit der Zeit eine Persönlichkeit – denn Gott breitet sich über die gesamte Existenz aus.

Saraha sagt: »Herr, du hast in *samsara* gelebt und kannst die Wege des *nirvana* nicht begreifen. Wenn du es wirklich willst, mußt du es selbst leben – anders geht es einfach nicht. Um es kennenzulernen, mußt du davon gekostet haben. Und ich stehe hier vor dir, während du nach Erklärungen fragst! Nirvana steht vor dir, und du fragst nach Theorien? Nicht nur das – du mußt stockblind sein. Du willst mich überreden, in dein *samsara* zurückzukehren! Eine Fliege will mich überreden, den Sandelholz-Wald zu verlassen und sein Aroma gegen fauligen

Aasgeruch zu vertauschen? Bist du denn verrückt geworden?« fragt Saraha den König. »Laß dich überreden, in meine Welt zu kommen, statt daß du versuchst, mich in deine Welt zurückzulocken. Ich kenne deine Welt sehr gut, und ich kenne auch diese neue Wirklichkeit. Ich kann vergleichen, du nicht.«

Wenn ein Buddha diese Welt illusorisch nennt, dann meditiert darüber – denn *diese* Welt kennt auch er. Wenn irgendein Atheist, Materialist oder Kommunist behauptet, die Welt des *nirvana* sei illusorisch, dann braucht euch das nicht zu beunruhigen – denn er hat sie nie kennengelernt. Er kennt nur *diese* Welt. Seine Aussagen über jene Welt sind nicht zuverlässig. Er hat nie meditiert, er hat sie nie betreten.

Seht es doch: Von allen Menschen, die meditiert haben, hat kein einziger je die innere Wirklichkeit geleugnet – nicht ein einziger von ihnen. Ohne Ausnahme sind alle Meditierer zu Mystikern geworden. Diejenigen, die nie meditiert haben, kennen nur die Welt der Fliegen und des fauligen, süßlichen Geruchs von verwesendem Aas. Sie leben in der verrotteten Welt der Dinge und kennen nichts als das, also darf man ihren Behauptungen ganz einfach nicht trauen. Einem Buddha darf man trauen, einem Christus, einem Mahavir darf man trauen. Sie kennen beide Welten. Sie haben die niedere und die höhere Welt kennengelernt. Und da sie die höhere kennen, können sie Dinge über unsere niedere Welt aussagen, die uns geradezu zwingen, darüber zu meditieren. Verwerft es nicht so schnell!

Zum Beispiel haben Leute wie Marx, Engels, Lenin, Stalin, Mao nie meditiert; und sie sagen, daß es keinen Gott gibt. Nun, das ist fast so, wie wenn ein Mensch noch nie ein Labor von innen gesehen hat und irgend etwas über Wissenschaft behauptet; wenn jemand ohne jede Forschungserfahrung behauptet, die Relativitätstheorie sei Abrakadabra – was kann man darauf geben? Man muß im Labor geforscht haben, man muß sich in der höheren Mathematik auskennen, man muß es auch beweisen können. Daß du nichts davon verstehst, gibt dir noch kein Recht, die Relativitätstheorie zu verwerfen. Es gibt nur sehr wenige Menschen, die sie verstehen. Es heißt, daß zu Einsteins Lebzeiten nur zwölf Personen auf der ganzen Welt seine Theorie verstanden. Und es gibt Leute, die sogar das für übertrieben halten, die die Zahl für kleiner schätzen und sagen, daß noch weniger als zwölf Menschen seine Theorie richtig verstanden haben. Aber deswegen könnt ihr nicht behaupten, daß sie nicht stimmt. Darüber läßt sich nicht abstimmen. Sie läßt sich nicht durch Wahl aus der Welt schaffen; man muß sich durch den gleichen Prozeß hindurcharbeiten.

Wenn also Marx sagt, es gibt keinen Gott, dann ist das eine dumme Behauptung – er hat nie meditiert, sich nie ins Innere versenkt, keine Andacht gekannt. Seine Behauptung ist irrelevant. Alle, die meditiert haben, alle, die ein bißchen tiefer in ihrem Wesen nachgegraben haben, sind auf die gleichen Wahrheiten gestoßen.

> *Wer das* nirvana *leugnet,*
> *Begehrt den Schmutz des* samsara.

Saraha sagt: »Du leugnest nirvana und rennst weiter hinter Illusionen her. Und du willst mich überzeugen? Sieh mich an, wie ekstatisch ich bin. Ich bin nicht mehr der, der deinen Hof verlassen hat – ich bin ein total verwandelter Mensch.«

Er will die Aufmerksamkeit des Königs auf den jetzigen Augenblick ziehen – mit Erfolg. Er muß eine ungeheure Ausstrahlung gehabt haben. Er zog den König aus der Welt der Fliegen, aus der Welt des faulen Fleisches heraus; zog ihn hinein in die Welt des Sandelholzes und in dessen Duft.

Das zweite Sutra:

> *Die Fußstapfen des Ochsen, voller Wasser,*
> *Sind sehr bald ausgetrocknet.*
> *Wer fest entschlossen ist, trotz vieler Schwächen,*
> *Dessen Schwächen trocknen bald.*

Er sagt: »Sieh! Ein Ochs hinterläßt seine Fußstapfen im Erdboden, und das Loch hat sich mit Wasser, mit Regenwasser gefüllt; wie lange wird es bleiben? Früher oder später wird es verdunsten, und das Wasser in der Fußspur ist nicht mehr. Aber das Meer bleibt ewig. Obwohl auch das Wasser in der Spur des Ochsen aus dem Meer stammt, ist hier dennoch etwas anders.

Der Ozean bleibt, er nimmt weder zu noch ab. Große Wolken steigen aus ihm auf; er nimmt deswegen nicht ab. Große Ströme ergießen sich in ihn; er nimmt deswegen nicht zu. Er bleibt immer gleich. Aber dieser kleine Fußstapfen eines Ochsen ist jetzt voll Wasser; binnen weniger Stunden oder Tage wird es fort sein, wird es vertrocknen. Genauso ist es mit dem Geist des Menschen im Schädel – nicht mehr als die Spur eines Ochsen. Etwas ganz Winziges, eine kleine Wasserpfütze – verlasse dich nicht zu sehr darauf; sie ist schon am Verdunsten. Sie wird verschwinden. Der Schädel ist ein winzig kleines Ding. Glaub nicht, daß du das Universum in deinem Schädel enthalten kannst. Er enthält nur Vergängliches, niemals das Ewige.

Die Fußstapfen des Ochsen, voller Wasser,
Sind sehr bald ausgetrocknet.
Wer fest entschlossen ist, trotz vieler Schwächen,
Dessen Schwächen trocknen bald.

Was hast du denn in deinem kleinen Schädel? Was ist der Inhalt? Wünsche, Träume, ehrgeizige Pläne, Gedanken, Fantasie, Wille, Gefühl – das sind die Dinge, die du darin hortest. Sie werden *alle* austrocknen! Alle Inhalte werden austrocknen. Verschiebe also den Akzent von den Inhalten auf das, was sie enthält. Das ist das Geheimnis von Tantra. Schau auf den Behälter und vergiß die Inhalte. Der Himmel ist voll von Wolken; blicke nicht auf die Wolken, blicke auf den Himmel. Blick nicht auf das, was da alles in deinem Kopf ist, was da in deinem Hirn passiert – blicke nur auf deine Bewußtheit. Zunächst findest du Gefühle: Wut, Liebe, Gier, Angst, Eifersucht; alles Inhalte. Und direkt dahinter: der unendliche Himmel der Bewußtheit.

Der Mensch, der durch die Inhalte lebt, lebt das Leben einer Maschine. Und der Mensch, der anfängt, den Akzent von den Inhalten auf das zu verlagern, was sie enthält, der fängt ein Leben der Bewußtheit an, ein Buddha-Dasein.

Und so sagt Saraha: »Herr, die Inhalte, die du da in deinem Hirn hast, sind bald vertrocknet… schau dir die Spuren des Ochsen an. Dein Kopf ist auch nicht größer, dein Schädel ist auch nicht größer. Aber dein Bewußtsein ist unendlich.«

Nun, das muß dir einfach klar werden: daß zwar die Gefühle in deinem Kopf stecken, aber das Bewußtsein nicht. Umgekehrt – dein Kopf steckt im Bewußtsein! Das Bewußtsein ist unendlich, grenzenlos. Gefühle, Wünsche, Ziele, stecken im Kopf und werden vertrocknen. Aber selbst wenn dein Kopf völlig zu Staub zerfallen und in der Erde verschwunden sein wird, ist dein Bewußtsein nicht verschwunden. Du enthältst nicht das Bewußtsein in dir: das Bewußtsein enthält dich. Es ist größer als du. Es gibt Leute, die fragen... manchmal kommt jemand und fragt: »Wo sitzt die Seele im menschlichen Körper? Im Herzen? Im Nabel? Im Kopf? Wo sitzt die Seele?« Sie glauben, eine sehr wesentliche Frage zu stellen. Sie ist nirgends im Körper; dein Körper ist in der Seele. Die Seele ist ein größeres Phänomen als der Körper. Die Seele schließt dich ein.

Und deine und meine Seele sind nicht verschieden. Wir leben in *einer* Existenz, wir leben im Ozean *einer* Seele. *Eine* Seele umgibt uns auf allen Seiten, innen und außen. Es ist alles *eine* Energie. Ich habe keine isolierte Seele, und du hast keine isolierte Seele. Wir haben verschiedene Körper. Es ist fast wie mit dem elektrischen Strom, der in die Glühbirne geht und in das Radio und in den Fernseher und in den Ventilator... tausend Dinge setzt er in Gang. Die Glühbirne ist anders als der Ventilator, aber der Strom, der sie antreibt, ist derselbe.

Wir sind *eine* Energie. Wir bringen sie verschieden zum Ausdruck, aber unsere Wirklichkeit ist ungeteilt. Solange du nur auf den Inhalt achtest, solange ich nur auf den Inhalt achte, solange sind meine Träume anders als deine, ganz gewiß. Wir können nicht unsere Träume teilen. Ich habe meinen Ehrgeiz, du hast deinen. Und wir können unsere Träume nicht sich nicht teilen, sondern sie kollidieren; mein Ehrgeiz reibt sind an deinem Ehrgeiz, dein Ehrgeiz ist der Feind meines Ehrgeizes. Aber wenn wir die Inhalte vergessen und nur das Bewußtsein im Auge behalten, das reine Bewußtsein, den wolkenlosen Himmel, dann – ja, wo bist ›du‹, wo bin ›ich‹ dann? Wir sind eins. Im selben Augenblick herrscht Einheit. Im selben Augenblick herrscht das universale Bewußtsein.

Alles Bewußtsein ist universal. Am Tag, wo du wirklich zum Menschen wirst, bist du ein universaler Mensch. Das heißt es, ein Buddha zu sein: ein universaler Mensch. Du bist zu totaler und absoluter Bewußtheit gelangt.

Der Mensch als Maschine unterscheidet sich von andern. Das müßt ihr verstehen. Wenn du eine Nierenkolik hast, habe ich keine. Wenn ich Kopfschmerzen habe, hast du keine; selbst wenn du mich liebst, kannst du mein Kopfweh nicht mit mir teilen. Selbst wenn ich dich liebe, kann ich nicht deinen Schmerz haben. Aber wenn wir zusammensitzen und meditieren, kommt ein Augenblick, wo ich keinen Inhalt mehr im Kopf habe, und du auch nicht: nun sind wir nicht mehr zwei. Meditierer beginnen als *viele,* aber enden als *eins*.

Wenn ihr alle hier in Meditation sitzt und mir zuhört, dann seid ihr nicht in der Mehrzahl, sondern in der Einzahl da. Dann seid nicht nur ihr eins, sondern auch Sprecher und Zuhörer sind nicht getrennt... dann sind wir verbunden. Wenn zwanzig Meditierende in einem Raum zusammensitzen und in wirkliche Meditation gehen, dann sind sie nicht mehr zwanzig; was übrigbleibt, ist ein ungeteiltes, meditatives Fluidum.

Es gibt eine Geschichte über Buddha: Ein paar Leute suchten ihn auf. Ananda hielt vor seinem Zimmer Wache, aber diese Leute blieben so lange bei Buddha drin, daß Ananda sich allmählich Sorgen machte. Wieder und wieder schaute er durch den Türspalt, aber die Sitzung dauerte und dauerte... Schließlich ging er hinein, um nach dem Rechten zu sehen. Und fand niemanden... außer Buddha, der dasaß. Da fragte er Buddha: »Wo sind denn die Leute hin? Es gibt doch nur diesen einen Ausgang, und ich sitze davor. Wo sind sie also?«

Und Buddha sagte: »Sie meditieren.«

Eine wunderschöne Geschichte! Sie alle waren in so tiefe Meditation versunken, daß Ananda sie nicht sehen konnte; er selbst war nämlich noch kein Meditierer. Er konnte dies ungewohnte Phänomen, diese totale Energieverlagerung nicht erkennen. Sie waren nicht da, weil sie nicht als Körper da waren, nicht als Verstand. Ihr Ego hatte sich aufgelöst. Ananda konnte nur das sehen, was *er* sehen konnte. Eine andere Realität hatte sich entfaltet.

Es kam einmal ein großer König zu Buddha; sein Kanzler hatte ihn dazu überredet. Trotzdem blieb der König skeptisch, wie es Könige und Politiker nun einmal sind – sehr skeptisch. Er wollte eigentlich überhaupt nicht hingehen, aber er hatte politische Beweggründe. In seiner Hauptstadt verbreitete sich das Gerücht, er sei gegen Buddha, während die Bevölkerung für ihn war. Er hatte also Angst, hielt es aber für unklug, nicht hinzugehen.

Als er sich mit seinem Kanzler dem Hain näherte, in dem Buddha und seine zehntausend Mönche saßen, bekam er es erst recht mit der Angst zu tun, zog sein Schwert und sagte zu seinem Kanzler: »Was hat das zu bedeuten? Du hast gesagt, daß sich zehntausend Menschen hier aufhalten, und jetzt, wo wir fast da sind, ist kein Laut zu hören? Ist hier eine Verschwörung im Gang?«

Der Kanzler lachte und sagte: »Du kennst Buddhas Leute nicht. Steck nur dein Schwert wieder ein. Komm weiter – hier gibt es keine Verschwörung oder dergleichen. Kein Mensch trachtet dir nach dem Leben. Du kennst Buddhas Leute nicht.«

Nach wie vor skeptisch, wagte sich der König in den Hain vor, die Hand am Schwertknauf. Als er die Zehntausend sah, war er überwältigt. Er konnte es nicht fassen, wie sie da alle unter den Bäumen saßen, als wäre niemand da. Er fragte Buddha: »Ich kann's nicht glauben – zehntausend Leute?! Zehn Leute würden mehr Lärm machen! Was tun sie bloß? Ist irgend etwas passiert? Leben sie überhaupt noch? Sitzen da wie die Ölgötzen! Was soll dieses Rumsitzen eigentlich? Haben sie denn nichts zu tun?«

Und Buddha antwortete: »Sie tun ja etwas; aber das hat nichts mit der Außenwelt zu tun. Sie tun etwas in ihrem Innern. Sie sind nicht in ihren Körpern, sie sind in ihrem eigentlichen Sein, sie sind genau im Zentrum. Und es sind jetzt auch keine Zehntausend mehr: sie sind allesamt Teil einer einzigen Bewußtheit.«

Das dritte Sutra:

Das Wasser des Meeres wird süß,
Wenn es die Wolken trinken.
Wer mit Entschlossenheit für andre wirkt,
Verkehrt das Gift des Sinn-Objekts zu Nektar.

Die grundsätzliche Einstellung von Tantra ist: Sinnliches kann zu Erhabenem, Stoff kann zu Geist, Unbewußtheit zu Bewußtheit transformiert werden.

Die moderne Physik sagt, daß Materie zu Energie werden kann – und umgekehrt. Denn beide sind in Wirklichkeit dasselbe, sind nur zwei verschiedene Erscheinungsformen derselben Energie. Tantra sagt: Aus Sex kann kosmisches Bewußtsein werden. Auch hier das gleiche Prinzip; es ist sehr fundamental und entscheidend.

Das Niedere kann in das Höhere verwandelt werden, denn Oben und Unten hängen zusammen, wie eine Leiter. Sie waren nie zweigeteilt, sie sind an keinem Punkt zu trennen. Zwischen ihnen klafft keine Lücke. Du kannst von unten nach oben steigen, und von oben nach unten.

Und diese Leiter – das ist der Mensch. Er kann auf der niedrigsten Sprosse leben, die Entscheidung liegt bei ihm. Er kann aufsteigen; er kann auf der höchsten Sprosse sein. Er kann als Tier existieren oder als Buddha, beide Sprossen gehören zu ihm, die niedrigste und die höchste. Der Mensch ist eine Leiter. Er kann in tiefe Unbewußtheit fallen und wie Stein werden, und er kann zur absoluten Bewußtheit aufsteigen und Gott werden. Aber beides geht nahtlos ineinander über... das ist die Schönheit von Tantra.

Tantra spaltet nicht. Tantra ist die einzige Religion, die nicht schizophren ist. Tantra ist die einzige Religion, die nicht geisteskrank ist, sondern die gesündeste Religion, die es gibt: eben weil sie nicht spaltet. Wo geteilt wird, entsteht eine Bewußtseinsspaltung. Wenn man den Leuten erzählt, daß der Körper schlecht ist, daß der Körper dein Feind ist, daß der Körper verdammt werden muß, daß der Körper das Werkzeug des Teufels ist, dann entsteht ein Riß im Menschen, dann bekommt er Angst vor dem Körper. Und nach und nach öffnet sich ein unüberbrückbarer Abgrund, und der Mensch wird entzweigerissen, in zwei entgegengesetzte Richtungen gezerrt. Der Körper wird zum Körperlichen hingezogen, der Geist zum Geistigen – und es herrscht Konflikt und Chaos.

Tantra sagt, daß du eins bist. Du brauchst dich nicht zu fragen, zu welcher Seite du gehörst. Du darfst zu *einer* Wirklichkeit verschmelzen. Es ist kein Kampf nötig, alle innere Zerrissenheit ist überflüssig. Kein Grund, verrückt zu werden: du darfst alles lieben, was dir mitgegeben wurde, und du kannst es weiterentwickeln – es kann mit viel Liebe, Umsicht, Kreativität zum Gedeihen gebracht werden. Dein Körper ist nicht der Feind deiner Seele; der Körper ist wie die Scheide des Schwertes. Der Körper ist nur der Tempel, dein Unterschlupf. Er ist nicht dein Feind, er ist dein Freund.

Tantra macht Schluß mit allen Formen von Gewalt. Nicht nur mit der Gewalt gegen andere, sondern auch mit der Gewalt gegen dich selbst. Tantra sagt: Liebe die Wirklichkeit in ihrer Gesamtheit. Zwar ist vieles noch entwicklungsfähig, aber jegliche Entwicklung kommt nur durch Liebe zustande. Und Kampf ist dazu einfach nicht nötig.

Das Wasser des Meeres wird süß,
Wenn es die Wolken trinken.

Meerwasser kann man nicht trinken; es ist zu salzig, durch und durch versalzen. Wer salziges Meerwasser trinken muß, der stirbt. Aber wenn eine Wolke kommt und es aufsaugt, wird es süß... und wir können es trinken.

Saraha sagt: Samadhi ist wie eine Wolke, meditative Energie ist wie eine Wolke, die deine sexuelle Energie in höhere Zonen hebt, die deine physische Existenz zu einer nicht-physischen Existenz transformiert, die die salzigen, bitteren Erfahrungen der Welt in die süße, nektargleiche Erfahrung des *nirvana* verwandelt. Samsara wird zu nirvana, wenn du in dir die Wolke erzeugen kannst, die die Transformation bewirkt. Diese Wolke... Buddha hat tatsächlich von ›dharmamegha samadhi‹ gesprochen, vom ›Samadhi der Wolke des Urgesetzes‹... diese Wolke kannst du hervorbringen. Meditation erzeugt sie, ständige, intensive Meditation.

Du läßt immer mehr Gedanken, Wünsche und Zukunftspläne fallen, und aus dem Feuer deiner Bewußtheit – die Wolke. In diesem Feuer kannst du alles verwandeln. Dieses Feuer schmilzt alles um, es ist ein alchemisches Feuer. Durch Meditation wird das Niedere zum Höheren veredelt, gewöhnliches Metall zu Gold geläutert.

Das Wasser des Meeres wird süß,
Wenn es die Wolken trinken.
Wer mit Entschlossenheit für andre wirkt,
Verkehrt das Gift des Sinn-Objekts zu Nektar.

Zwei Dinge: erstens, daß man diese Wolke der Meditation selbst in sich erzeugen muß. Und zweitens: Liebe – daß man für andere wirken muß. Buddha besteht auf zwei Dingen: auf Meditation *und* Liebe, *pragyan* und *karuna*. Er sagt, es komme vor, daß ein Meditierer zu egoistisch wird; damit kann die Sache schiefgehen. Meditiere, genieße dies Entzücken, aber teile es auch mit andern, behalte es nicht für dich, horte es nicht, denn wenn du es hortest, bildet sich Ego. Sitze nie auf deinen Schätzen. Gib im gleichen Moment, wo du bekommst, und du wirst immer mehr bekommen. Je mehr du gibst, desto mehr erhältst du, und alles wird zu Nektar. Alles *ist* Nektar... wir brauchen nur das Geheimnis der Verwandlung zu wissen, nur diese alchemische Kunst zu beherrschen.

Das letzte Sutra:

Ist es unaussprechlich,
Dann hat alle Unzufriedenheit ein Ende.
Ist es unvorstellbar, dann muß es die Seligkeit selbst sein.
Die Wolke läßt uns Blitz und Donner fürchten –
Doch reift die Ernte, wenn der Regen aus ihr strömt.

Das Unaussprechliche... Saraha sagt: »Frag mich nicht, was es ist – es läßt sich nicht aussprechen, es kann nicht gesagt werden. Es gibt keinen Ausdruck dafür. Keine Sprache der Welt kann es beschreiben. Aber es läßt sich erfahren. Sieh dir meine Seligkeit an. Sieh, wie erfüllt ich jetzt bin! Du weißt selbst, wie ich früher war – wie ruhelos, wie unzufrieden mit allem. Dabei hatte ich alles; ich war dein Günstling, nichts wurde mir versagt; trotzdem war ich nicht zufrieden. Aber sieh mich jetzt an! Ich stehe auf der Verbrennungsstätte und hab' noch nicht einmal ein Dach überm Kopf; ich lebe nicht mit Königen und Königinnen; ich lebe mit dieser Pfeilmacherin. Aber sieh in meine Augen... wie glücklich ich bin! Kannst du nicht sehen, daß etwas Unaussprechliches geschehen ist? Kannst du nicht meine Ausstrahlung spüren? Bist du so stumpf und abgestorben, daß du noch nach Erklärungen fragen mußt?«

Ist es unaussprechlich,
Dann hat alle Unzufriedenheit ein Ende.

Das ist das einzige Erkennungsmerkmal, ob ein Mensch zur Wahrheit gelangt ist oder nicht: er wird nie wieder unzufrieden sein. Seine Zufriedenheit ist absolut. Nichts kann ihn aus seiner Zufriedenheit herausholen. Man kann ihn nicht unzufrieden machen. Was immer geschieht, er bleibt der gleiche: erfüllt. Ob Erfolg oder Mißerfolg, ob Leben oder Tod, ob Freunde oder Feinde, ob man ihn liebt oder nicht – es macht keinen Unterschied. Seine Heiterkeit, seine Stille ist absolut. Er ruht in sich.

Ist es unaussprechlich,
Dann hat alle Unzufriedenheit ein Ende.

Wenn das, was sich nicht sagen läßt, geschehen ist, dann gibt es nur einen Beweis dafür: der Anblick der Erfülltheit.

Ist es unvorstellbar,
Dann muß es die Seligkeit selbst sein.

»Und ich weiß«, sagt er, »du kannst es dir einfach nicht vorstellen, was mit mir geschehen ist. Wie solltest du auch? Du hast es ja nie selbst erfahren. Deine Erfahrung ist nur immer die Wiederholung des schon Bekannten.

Du kannst dir Glück vorstellen; das hast du hier und da kennengelernt. Du kannst dir Unglück vorstellen; du kennst es, kennst es zur Genüge. Du könntest dir Glück sogar dann vorstellen, wenn du es nie kennengelernt hättest, nämlich als das Gegenteil von Unglück. Aber wie solltest du dir wahre Glückseligkeit vorstellen können? Sie ist dir fremd. Und sie hat kein Gegenteil – sie ist jenseits aller Dualität. Unmöglich, es sich vorzustellen.

Also sagt Saraha: Ich kann es verstehen, daß du dir das nicht vorstellen kannst, aber das verlange ich ja auch gar nicht. Mach einfach die Augen auf! Es ist hier und jetzt vor dir. Und wenn du es dir nicht vorstellen kannst, dann ist – genau das – auch ein

Kriterium für die Wahrheit: Die Wahrheit *ist* ›unvorstellbar‹. Sie kann gesehen, aber nicht gedacht werden. Man kann sie schauen, aber nicht träumen. Und das ist der Unterschied zwischen Traum und Schau.

Der Traum gehört dir; das Schauen der Wahrheit nicht.

Christus *sah* Gott, und die Schriften sprechen von seiner Vision. Nun kommt der Psychoanalytiker und behauptet, daß es ein Traum war. Für ihn gibt es keinen Unterschied zwischen Traum und Vision. Einen Traum hast *du;* du hast dir etwas eingebildet; du hast ihn selbst fabriziert, er ist Produkt deiner eigenen Fantasie. Eine Vision – das Schauen der Wahrheit – ist etwas aus heiterem Himmel, etwas, das du dir nie hättest träumen lassen, nicht das geringste Detail hättest du dir je vorher ausdenken können, so ungeheuer neu ist es. Das ist eine Vision. Eine Vision kommt von Gott; ein Traum kommt aus deiner eigenen Geisteswelt.

Ist es unvorstellbar,
Dann muß es die Seligkeit selbst sein.

Sieh mich an – du kannst dir nicht vorstellen, was mir passiert ist. Kannst du es denn nicht sehen? ... Hast du denn keine Augen im Kopf? Sieh her, sieh genau hin, halt meine Hand! Komm näher, öffne dich mir einfach, dann werden meine Schwingungen dein ganzes Wesen zum Schwingen bringen – und das Unvorstellbare, das Unaussprechliche wird dir offenbar werden.

Die Wolke läßt uns Blitz und Donner fürchten –

Damit sagt Saraha: »Ich verstehe...« Er muß gesehen haben, daß der König Angst hatte. Ich sehe es jeden Tag: Leute kommen zu mir, und ich sehe sie zittern, ängstlich, furchterfüllt, und sie sagen: »Osho, ich hab' Angst...« Ich verstehe! Saraha muß tief im Herzen des Königs ein Zittern gesehen haben, wenn es auch nicht nach außen sichtbar war. Er war ein großer König, und war sicher sehr diszipliniert, und so wird er aufrecht dagestanden haben... aber tief im Innern bebte er.

So ist es immer, wenn ihr einem Mann wie Saraha nahe kommt, oder wie Buddha: ihr bekommt es unweigerlich mit der

Angst zu tun. Erst neulich abend kam ein junger Mann zu mir: »Warum hab' ich nur solche Angst vor dir? Du hast mir doch nichts zuleide getan – warum diese Angst? Ich liebe dich, das weiß ich, aber warum hab' ich so viel Angst vor dir?«

Es ist natürlich. Wenn du an einen Abgrund herantrittst – was denkst du denn? –, da bekommst du Angst. Es besteht jede Aussicht, daß du da hineinfällst und dich nicht wieder fangen wirst. Unwiderruflich, unwiederbringlich wirst du endgültig, spurlos darin verlorengehen. Du wirst dir die Sache dann nicht noch einmal überlegen können...

Angst ist also das Natürlichste von der Welt.

Saraha sagt:

Die Wolke läßt uns Blitz und Donner fürchten –

Er sagt: Ich bin wie eine Wolke, und du hast Angst vor dem Donner, dem Blitz. Aber vergiß nicht:

Doch reift die Ernte, wenn der Regen aus ihr strömt.

Laß du mich nur meinen Regen auf dich niederströmen, mein König, so wird die Saat aufgehen, und der Mensch, der sich jetzt noch hinter dir verbirgt – er, der noch Ungeborene –, wird geboren werden. Du wirst reifen, du wirst aufblühen und Frucht tragen. Ich lade dich ein, sagt Saraha, zu einem großen Erntefest... zur Ernte der Bewußtheit, zur Ernte des Erwachens.

VI

ICH BIN
EIN ZERSTÖRER

26. April 1977

Die erste Frage:

Ich träume in letzter Zeit mit offenen Augen von der Erleuchtung – herrlicher als alle meine Träume von Liebe und Ruhm. Kannst du etwas über Tagträume sagen?

Die Frage ist von Prem Pankaja. Tagträume sind völlig in Ordnung, solange sie sich um Liebe und Ruhm drehen – das sind schließlich Traumwelten. Davon kannst du träumen, soviel du willst. Liebe ist ein Traum, und Ruhm auch. Sie stehen nicht im Widerspruch zu Träumen. Im Gegenteil: Wenn alle Träume aus sind, verschwinden auch sie. Sie existieren auf der gleichen Ebene, auf der Ebene der Träume.

Aber du kannst nicht von der Erleuchtung träumen. Erleuchtung ist nur möglich, wenn das Träumen aufhört. Erleuchtung ist die Abwesenheit aller Träume – ob tagsüber oder nachts, das ist egal. Erleuchtung heißt, daß dein Bewußtsein jetzt voll erwacht ist. In einem erwachten Bewußtsein gibt es keine Träume mehr.

Mit dem Träumen ist es wie mit dem Dunkeln: Es ist da, solange kein Licht da ist. Ist das Licht da, kann die Dunkelheit einfach nicht weiterexistieren. Träume gibt es deshalb, weil das Leben dunkel, trüb und zwielichtig ist. Träumen ist ein Ersatz – wir kennen keine wirkliche Freude, und so träumen wir. Wir haben nicht wirklich etwas vom Leben, also träumen wir. Wie sollten wir sonst die Leere ertragen, die wir sind? Wie sollten wir unsere Existenz aushalten? Sie wäre absolut unerträglich. Träume machen sie erträglich. Träume helfen uns. Sie flüstern: »Warte. Geht heut alles schief? Keine Sorge, morgen wird alles wieder gut. Alles *muß* gut werden. Wir wollen's versuchen – wir haben uns sicher noch nicht genug Mühe gegeben. Vielleicht haben wir in die falsche Richtung gearbeitet? Vielleicht ist das Schicksal nicht auf unserer Seite? Gott war gegen uns, aber das kann nicht immer so bleiben.« Und Gott ist mitfühlend, liebevoll; alle Religionen der Welt sagen, daß Gott lieb und voller Erbarmen ist. Gott ist Hoffnung!

Die Mohammedaner wiederholen unermüdlich: Gott ist *rahim, rehman* – hilfreich und gut. Warum? Wozu müssen sie sich das ständig vorsagen? Jedesmal, wenn sie ›Gott‹ sagen,

sagen sie im gleichen Atemzug ›der Hilfreiche, der Gute‹. Warum? Wenn er das alles nicht ist – ja, wohin dann mit unserer Hoffnung, mit unsern Träumen? Er *muß* gut sein, damit unsere Träume weiterleben können, denn davon lebt unsere Hoffnung: von Gottes Güte, von Gottes Erbarmen. Morgen wird alles gut sein; morgen ist alles in Butter.

Tagträumen ist okay, soweit es Liebe und Ruhm betrifft, soweit es Energien betrifft, die sich nach außen richten; denn sobald wir nach außen gehen, ergehen wir uns in Träumen. Die Welt ist ein Traumgebilde. Das meinen die Hindus, wenn sie die Welt *maja* nennen – den Schleier der Illusion. Sie ist aus dem Stoff, aus dem die Träume sind. Es ist ein Traum mit offenen Augen.

Aber Erleuchtung ist eine völlig andere Seins-Ebene. Es gibt dort keine Träume. Und solange du mit dem Träumen weitermachst, kann es nicht zur Erleuchtung kommen.

Erst vor ein paar Tagen las ich folgende schöne Geschichte: Ein Pastor hatte einen Papagei. Trotz seiner verzweifelten Versuche, den Vogel zum Sprechen zu bringen, blieb er stumm.

Der Pastor klagte einer alten Dame aus seiner Gemeinde sein Leid, die ihn besuchen kam. Sie war interessiert und sagte: »Ich habe auch einen Papagei, der nicht spricht. Vielleicht sollten wir die beiden zusammenbringen? Mal sehn, was dann passiert.«

Gesagt, getan. Die beiden Vögel wurden zusammen in einen großen Käfig gesperrt, und die Besitzer zogen sich zurück, aber so, daß sie alles hören konnten. Erst blieb alles still. Dann ein kleines Flattern und die Stimme des Vogels der alten Dame: »Nun, wie wär's mit uns beiden, Herzchen?« – worauf der Pastoren-Papagei antwortete: »Mein ganzes Leben lang hab' ich für diesen Augenblick gebetet und auf ihn gewartet. Heute erfüllt sich mein Traum. Heute darf ich sprechen.«

Wenn du wartest und betest und von Liebe und Ruhm träumst, passiert es eines Tages. Es ist nicht so schwierig. Man muß nur eine zähe Geduld haben... dann passiert es. Man muß nur immer weitermachen... dann *muß* es eintreten, schließlich ist es *dein* Traum. Irgendwo findest du das Fleckchen, worauf du ihn projizieren kannst, wo du ihn dir sichtbar machen kannst, fast so, als wäre er nun Wirklichkeit.

Wenn du dich in eine Frau oder einen Mann verliebst, was tust du genau? Du hast einen Traum in dir. Jetzt plötzlich funktioniert die Frau wie ein Bildschirm, und du projizierst deinen Traum auf sie. Du hast mit einem Mal das Gefühl: ›Mein Traum geht in Erfüllung.‹ Und die Frau projiziert ihren Traum auf dich; du funktionierst als ihre Leinwand, und sie hält ihren Traum für erfüllt. Wenn du immerzu weiterträumst, wirst du früher oder später eine Projektionsfläche finden, und dein Traum wird sich ›erfüllen‹.

Aber Erleuchtung ist kein Traum. Sie macht dir einen Strich durch alle Träume. Bitte träume also nicht von Erleuchtung. Liebe kommt durch Träumerei zustande; um es genau zu sagen: *nur* durch Träumerei. Sie geschieht nur Träumern. Aber Erleuchtung kommt nicht durch Träumerei zustande – das bloße Vorhandensein von Träumen macht Erleuchtung unmöglich.

Stell sie dir im Traum vor, und du gehst an ihr vorbei. Warte auf sie, und du wartest vergeblich. Hoffe auf sie, und du hoffst vergeblich. Da bleibt dir nur eines übrig: du mußt den Mechanismus des Träumens verstehen. Die Erleuchtung kannst du vergessen; sie geht dich nichts an. Du tust nichts anderes, als tief in den Mechanismus des Träumens hineinzublicken, als zu verstehen, wie das Träumen funktioniert. Und indem du verstehst, klärt sich alles. In dieser Klarheit hört das Träumen auf – es verschwindet.

Wenn keine Träume mehr da sind, ist die Erleuchtung da. Schlag dir die Erleuchtung aus dem Kopf! Du darfst keinen Gedanken daran verschwenden – wie solltest du darüber nachdenken können? Was immer du denkst, es muß verkehrt sein. Wie kannst du auf sie hoffen? – alle Hoffnungen müssen trügen. Wie kannst du sie herbeiwünschen? Sie kann nicht gewünscht werden. Was bleibt dir also zu tun übrig?

Versuche, den Wunschmechanismus zu verstehen. Versuche, das Hoffen zu verstehen. Versuche, das Träumen zu verstehen. Das allein ist nötig. Du versuchst ganz einfach zu verstehen, wie dein Verstand bisher funktioniert hat. Und indem du die Mechanik des Verstandes studierst, verschwindet er. Ein scharfer Blick in den gesamten Verstandesmechanismus, und plötzlich bleibt er stehen! Dies Stehenbleiben – das ist Erleuchtung. In diesem Stillstand kostest du eine völlig neue Dimension der Existenz.

Träumen – das ist die eine Dimension, existentielle Wirklichkeit ist die andere. Gemessen an der existentiellen Wirklichkeit sind Traum und Glaube dasselbe.

Die zweite Frage:

Du hast in den letzten Tagen öfter über das ›Nicht-Problem‹ gesprochen, das Nicht-Vorhandensein unserer Probleme. Ich wurde in einer repressiven katholischen Familie erzogen und verbrachte einundzwanzig Jahre in einem ebenso wahnsinnigen Erziehungssystem. Willst du nun sagen, daß all diese Panzer, all diese Konditionierungen und Verdrängungen nicht existieren und ohne weiteres fallengelassen werden können – SOFORT? Was ist mit den Spuren, die im Gehirn und in der Muskulatur des Körpers hinterlassen wurden?

Das ist eine sehr wesentliche Frage. Sie stammt von Jayananda. Die Frage ist wichtig, weil sich an ihr die zwei gegensätzlichen Einstellungen zur inneren Wirklichkeit des Menschen aufzeigen lassen.

Der westliche Ansatz ist der, über ein Problem nachzudenken, seine Gründe herauszufinden, seine Geschichte aufzudecken, bis zu den allerersten Keimen zurückzugehen, um die Psyche zu dekonditionieren oder sie neu zu konditionieren, um den Körper neu zu konditionieren, um alle Spuren zu tilgen, die im Hirn hinterlassen wurden – das ist der westliche Ansatz. Psychoanalyse dringt in die Erinnerung ein; das ist ihr Gebiet. Sie geht in deine Kindheit zurück, in deine Vergangenheit. Sie geht rückwärts. Sie findet heraus, wo das Problem beginnt: vielleicht entstand es vor fünfzig Jahren, in der Beziehung zu deiner Mutter? – dann geht die Psychoanalyse dorthin zurück.

Fünfzig Jahre Geschichte! Das kann lange dauern. Und selbst dann hilft es nicht viel – denn es gibt Tausende von Problemen. Es geht ja nicht nur um *ein* Problem. Du kannst also der Geschichte eines einzelnen Problems nachgehen, du kannst in deine Lebensgeschichte einsteigen und die Ursache suchen; so kannst du vielleicht *ein* Problem loswerden – aber tausend andere warten schon. Wenn du in jedes Problem einsteigen wolltest, bräuchtest du Millionen von Leben, um die Probleme *eines* Lebens zu lösen. Laßt es mich wiederholen: Um die Probleme *eines* Lebens zu lösen, müßt ihr wieder und wieder geboren werden, Millionen Male. Das ist wohl kaum zu meistern; es geht nicht. Und von all den Millionen von Leben, die man braucht, um ein Leben aufzuarbeiten, bringt jedes wieder seine eigenen Probleme mit sich ... und so weiter und so fort. Man verstrickt sich immer tiefer in Probleme. Das ist wirklich absurd!

Neuerdings wird auch der Körper psychoanalytisch angegangen: Rolfing, Bio-Energetik und andere Methoden, mit denen man die Spuren im Körper, in der Muskulatur zu beseitigen versucht. Auch hier muß man in die Geschichte des Körpers einsteigen. Aber eines ist sicher: Beide Methoden basieren auf dem gleichen logischen Grundgedanken, daß das Problem, weil es aus der Vergangenheit kommt, auch von der Vergangenheit her gelöst werden müsse.

Das menschliche Denken hat seit je zwei unmögliche Dinge versucht. Das eine ist: die Vergangenheit zu bewältigen – was unmöglich ist. Die Vergangenheit ist passiert. Man kann nicht wirklich in die Vergangenheit zurück; wenn ihr glaubt, in die Vergangenheit zu gehen, geht ihr allenfalls in die Erinnerung. Die wahre Vergangenheit ist es nicht. Es ist lediglich Erinnerung. Die Vergangenheit ist nicht mehr da, ihr könnt an ihr also nichts mehr verbessern.

Das ist die eine der beiden unmöglichen Hoffnungen der Menschheit; der Mensch hat ihretwegen schon viel leiden müssen. Ihr wollt die Vergangenheit ungeschehen machen; wie könnt ihr etwas Vergangenes ungeschehen machen? Die Vergangenheit ist absolut vergangen. Vergangenheit bedeutet: was immer sie potentiell enthalten haben mag, ist aus und vorbei. Sie ist erstarrt. Jetzt kann man nichts mehr an ihr drehen und wenden, man kann nicht noch einmal anfangen. Mit dem, was vergangen ist, läßt sich absolut nichts mehr machen. Und die zweite Wunschvorstellung, die den menschlichen Geist seit eh und je beherrscht, ist die, die Zukunft zu bestimmen – was ebenfalls nicht geht. Zukunft heißt das, was noch nicht ist; es läßt sich nicht herstellen. Die Zukunft bleibt unbestimmt. Die Zukunft bleibt offen. Zukunft ist Möglichkeit. Solange sie noch nicht da ist, kann man nichts festlegen.

Die Vergangenheit ist absolute Tatsache – sie ist schon passiert. Jetzt kann nichts mehr dran geändert werden.

Zwischen diesen beiden steht der Mensch: Er ist in der Gegenwart und denkt immerzu ans Unmögliche. Er möchte die Zukunft sichern, das Morgen garantieren – was einfach nicht geht! Prägt euch das so tief ins Herz ein wie nur möglich: *Es geht einfach nicht.* Verschwendet den gegenwärtigen Augenblick nicht damit, die Zukunft sicherzustellen. Die Zukunft ist Ungewißheit; das ist geradezu das Wesen der Zukunft. Und verschwendet eure Zeit auch nicht damit, zurückzuschauen. Die Vergangenheit ist vorbei, sie ist tot. Daran ist nichts zu ändern. Ihr könnt höchstens eines tun: nämlich sie neu interpretieren. Mehr nicht. Und genau das tut die Psychoanalyse; sie interpretiert neu. Neue Interpretationen sind möglich – aber das Vergangene bleibt, wie es ist.

Psychoanalyse und Astrologie: die Astrologie versucht irgendwie, die Zukunft zu sichern, und Psychoanalyse versucht, die Vergangenheit umzumodeln. Keins von beiden ist Wissenschaft. Beides ist unmöglich. Aber beides hat Millionen von Anhängern – weil es dem Menschen so gefällt. Er möchte gern Garantien für die Zukunft, und die bietet der Astrologe, die bietet das I Ging, das Tarot, und es gibt tausend und eine Methode, einen Narren aus sich zu machen, sich selber an der Nase herumzuführen.

Und dann gibt es Leute, die behaupten, sie könnten etwas an der Vergangenheit ändern. Und auch die haben Zulauf.

Sobald diese beiden Dinge wegfallen, ist man alle Dummheiten los. Dann geht ihr zu keinem Psychoanalytiker und zu keinem Astrologen. Dann wißt ihr, daß die Vergangenheit vorbei ist... und ihr auch mit ihr fertig seid. Und daß die Zukunft noch nicht da ist. Wenn sie kommt, werden wir sehen, was sie bringt – im Augenblick ist da nichts zu machen. Ihr könnt euch höchstens den gegenwärtigen Augenblick verderben – den einzigen Augenblick, den es gibt, den einzig wirklichen.

Der Westen hat nie etwas anderes getan, als immer nur Probleme analysiert, um sie zu lösen. Der Westen nimmt Probleme sehr ernst. Und wenn man sich erst mal auf eine bestimmte Logik einläßt und bestimmte Voraussetzungen als gegeben hinnimmt, dann scheint diese Logik unbestechlich.

Ich las vor kurzem diese Anekdote:

Ein großer Philosoph und weltberühmter Mathematiker befindet sich an Bord eines Flugzeugs. Er hat sich auf seinem Sitz festgeschnallt und denkt über mathematische Probleme nach, als plötzlich die Stimme des Flugkapitäns über Lautsprecher ertönt: »Es tut mir leid, wir werden uns leicht verspäten. Motor Nr. 1 ist ausgefallen, und wir fliegen auf drei Motoren weiter.«

Zehn Minuten später eine weitere Ansage: »Ich fürchte, wir werden uns noch mehr verspäten – die Motoren Nr. 2 und 3 sind ebenfalls ausgefallen, und wir fliegen nur noch mit einem Motor.«

Da beugt sich der Philosoph zu seinem Nachbarn hinüber und sagt: »Um Himmels willen! Wenn der vierte nun auch noch ausfällt, dann werden wir die ganze Nacht hier oben verbringen müssen!«

Wenn du einer bestimmten logischen Linie folgst, dann werden auf dieser Linie die unmöglichsten, absurdesten Dinge möglich. Sobald man anfängt, menschliche Probleme sehr ernst zu nehmen, sobald man anfängt, den Menschen zum Problem zu machen, ist eine Basis geschaffen; damit ist der erste falsche Schritt getan. Jetzt kann man in dieser Richtung weitergehen, immer weiter. Was für eine Flut von Literatur über psychische Phänomene und Psychoanalyse gibt es heute! Tausende von Abhandlungen und Büchern werden am laufenden Band produziert. Seit Freud die Tür zu einer ganz bestimmten Logik aufgestoßen hat, beherrscht diese Logik das ganze Jahrhundert.

Der Osten hat seit eh und je eine völlig andere Einstellung. Erstens ist ihm kein Problem wirklich ernst. Sobald man sagt, daß ein Problem nicht ernst ist, ist das Problem schon zu neunundneunzig Prozent gestorben. Du siehst es plötzlich mit ganz andern Augen. Und zweitens sagt der Osten: Ein Problem gibt es nur deswegen, weil du damit identifiziert bist. Es hat nichts mit der Vergangenheit zu tun, nichts mit seiner Geschichte. Du bist damit identifiziert – *das* ist das Wichtige. Und mit diesem Schlüssel lassen sich alle Probleme lösen.

Zum Beispiel: Du bist ein wütender Mensch. Wenn du damit zum Psychiater gehst, sagt der: »Erinnere dich ... wie ist diese Wut entstanden? In was für Situationen hat sie sich gebildet, wie hat sie sich in dir immer mehr festgesetzt? Alle diese Spuren müssen wir auslöschen. Wir müssen deine Vergangenheit restlos bereinigen.«

Gehst du aber zum östlichen Mystiker, sagt er: »Du hältst dich für die Wut selbst, du hast dich mit ihr identifiziert – das ist der wunde Punkt. Wenn du das nächste Mal einen Wutanfall bekommst, beobachte einfach genau, bleib Zeuge des Geschehens. Identifiziere dich nicht mit der Wut. Rede dir nicht ein: ›Ich bin die Wut.‹ Rede dir nicht ein: ›Ich bin wütend‹, sondern schau dem Ganzen nur zu, so, als wäre es ein Fernsehfilm. Sieh dir selbst zu, als wärest du ein anderer.«

Du bist reines Bewußtsein. Wenn dich die Wut wie eine Wolke einhüllt, denn beobachte sie nur und passe scharf auf, daß du dich nicht damit identifizierst. Das ist das ganze Geheimnis: sich nicht mit den Problemen zu identifizieren. Wenn du *das* erst einmal raus hast ... und dann ist es auch kein Problem mehr, wie viele Probleme es gibt, denn der Schlüssel, dieser eine Schlüssel, öffnet alle Schlösser. Was für die Wut gilt, gilt auch für die Gier, gilt für den Sex, gilt für alles andere, wozu der psychische Apparat fähig ist.

Der Osten sagt: Identifiziere dich nicht. Das ist übrigens – macht euch das klar – auch das, was Gurdjieff mit ›Selbst-Erinnerung‹ meint. Vergiß nicht: du bist der, der zuschaut. »Sei wach!« – so hat es Buddha ausgedrückt. »Sei dir bewußt, daß eine Wolke vorbeizieht.« Mag sein, die Wolke kommt aus der Vergangenheit, aber was hat das schon zu sagen? Natürlich muß sie eine gewisse Vergangenheit haben, sie kommt nicht aus heiterem Himmel. Sie muß aus einer bestimmten Sequenz von Ereignissen kommen – aber das ist bedeutungslos. Wozu sich erst damit befassen? *In diesem Augenblick* kannst du Abstand von ihr nehmen, kannst du dich von ihr lösen. Die Brücke kann in diesem Augenblick abgebrochen werden – und sie kann *nur* im Jetzt abgebrochen werden.

In die Vergangenheit zurückzugehen hilft nicht. Vor dreißig Jahren ist deine Wut entstanden; damals, an dem und dem Tag, bist du mit ihr verwachsen. Jetzt kannst du dich von dieser Vergangenheit nicht mehr freimachen; sie ist nicht mehr da. Aber in *diesem Augenblick* kannst du dich freimachen, gleich jetzt. Und dann hat die ganze alte Kette von Wutanfällen nichts mehr mit dir zu tun.

Die Frage ist wichtig. Jayananda fragt: »Du hast in den letzten Tagen öfter über das ›Nicht-Problem‹ gesprochen, das Nicht-Vorhandensein unserer Probleme.« Ich wurde in einer repressiven katholischen Familie erzogen... Du kannst jetzt sofort ein Nicht-Katholik werden. *Jetzt!* sage ich. Du brauchst nicht erst noch einmal alles durchzukauen, was immer dir deine Eltern und deine Gesellschaft und der Priester und die Kirche angetan haben. Das wäre reine Vergeudung der kostbaren Gegenwart. Erstens hat dir das alles schon genug Jahre geraubt; und jetzt willst du dir auch noch die Gegenwart damit zerstören. Du kannst einfach aussteigen aus dem Ganzen, so wie die Schlange aus der alten Haut schlüpft.

»Ich wurde in einer repressiven katholischen Familie erzogen und verbrachte einundzwanzig Jahre in einem ebenso wahnsinnigen Erziehungssystem. Willst du nun sagen, daß all diese Panzer, all diese Konditionierungen und Verdrängungen nicht existieren...?«

Nein – sie existieren durchaus. Aber sie existieren nur im Körper oder im Hirn. Sie existieren nicht in deinem Bewußtsein, denn das Bewußtsein kann nicht konditioniert werden. Das Bewußtsein ist und bleibt frei! Freiheit ist seine innerste Eigenschaft, Freiheit ist seine Natur. Indem du diese Frage stellst, beweist du diese Freiheit.

Im gleichen Augenblick, wo du sagst: »Einundzwanzig Jahre in einem wahnsinnigen Erziehungssystem«; wo du sagst: »Ich wurde in einer repressiven katholischen Familie erzogen«, im gleichen Augenblick bist du nicht identifiziert. Du kannst sehen: soundsoviele Jahre katholischer Repression, soundsoviele Jahre einer bestimmten Erziehung. In dem Augenblick, wo du das siehst, ist dein Bewußtsein *nicht mehr* katholisch; wer sonst soll sich dieser Tatsache bewußt sein? Wenn es nicht so wäre, gäbe es keine Möglichkeit, es zu merken.

Wenn du sagen kannst: »Einundzwanzig Jahre in einem ebenso wahnsinnigen Erziehungssystem«, dann ist eines gewiß: daß *du* noch nicht wahnsinnig bist. Das System ist gescheitert. Es hat nicht geklappt. Jayananda, du bist nicht wahnsinnig, und darum kannst du das ganze System als wahnsinnig erkennen. Ein Wahnsinniger sieht nicht, daß er wahnsinnig ist. Nur ein gesunder Mensch kann sehen, daß es sich um Wahnsinn handelt. Um Wahnsinn als Wahnsinn zu erkennen, dazu gehört geistige Gesundheit. Diese einundzwanzig Jahre in einem Wahnsinns-System haben keinen Erfolg gehabt, das gesamte repressive Arsenal hat keinen Erfolg gehabt. Und es kann auch gar nicht wirklich gewinnen. Es kann nur in dem Maße Erfolg haben, wie es dich zur Identifikation verleiten kann. Du kannst jederzeit Abstand nehmen... es ist zwar da – ich behaupte nicht, daß es nicht da wäre –, aber es ist nicht mehr Teil deines Bewußtseins.

Das ist das Schöne an der Bewußtheit: Bewußtheit kann aus allem herausschlüpfen. Sie kennt keine Schranke und keine Grenze. Eben noch warst du Engländer – einen Moment später erkennst du den Unfug des Nationalismus und bist plötzlich kein Engländer mehr. Damit ist nicht gesagt, daß sich deine weiße Haut ändert; sie bleibt weiß – aber du identifizierst dich nicht mehr als ›Weißer‹, du bist nicht mehr gegen die dunkle Haut. Du durchschaust die ganze Dummheit. Ich sage nicht, daß du in dem Moment, wo du erkennst, kein ›Engländer‹ zu sein, die englische Sprache vergißt – keineswegs. Du wirst sie nicht aus dem Gedächtnis verlieren, aber dein Bewußtsein ist ausgeschlüpft, dein Bewußtsein steht auf einem Hügel und blickt ins Tal hinunter. Jetzt liegt der Engländer tot im Tal und du stehst auf dem Berg, weit entfernt, ungebunden, unberührt.

Die gesamte östliche Methodologie läßt sich auf ein einziges Wort reduzieren: Zuschauen. Und die gesamte westliche Methodologie auf ein anderes Wort: Analysieren. Wer analysiert, geht immer im Kreis herum. Wer zuschaut, steigt aus dem Kreis aus.

Analyse ist ein Teufelskreis. Wenn du dich wirklich auf Analyse einläßt, verläufst du dich immer mehr. Wie ist Analyse denn überhaupt möglich? Geh zum Beispiel in die Vergangenheit zurück: Wo setzt du an? Wo genau? Wenn du dir deine Vergangenheit ansiehst, wo hat denn da deine Sexualität angefangen? Mit vierzehn? – Aus heiterem Himmel? Sie muß sich im Körper angebahnt haben. Wann genau? Von Geburt an! Aber muß sie sich nicht schon im Mutterleib angebahnt haben? Zu welchem Zeitpunkt also? Bei der Empfängnis? – Und davor? Die eine Hälfte deiner Sexualität war im Ei deiner Mutter gereift, die andere Hälfte im Samen deines Vaters. Jetzt kannst du da weitergehen... wo wirst du enden? Du mußt auf Adam und Eva zurückkommen. Und selbst da hat es noch kein Ende: Du mußt bis zum lieben Gott zurückgehen. Wieso hat er Adam überhaupt erst geschaffen...?

Analyse muß immer nur halbe Sache bleiben, und so kann Analyse niemandem wirklich helfen. Sie kann nicht helfen! Sie paßt dich deiner Wirklichkeit ein wenig besser an – mehr nicht. Sie ist eine Art Anpassungshilfe. Sie verhilft dir zu einem gewissen Verständnis deiner Probleme... wie sie entstanden sind... ihre Genese. Und dieses gewisse intellektuelle Verständnis macht dir die Anpassung an die Gesellschaft leichter; aber du veränderst dich dabei nicht. Durch Analyse kommt es zu keiner Veränderung, zu keiner radikalen Transformation.

Als Zeuge zuzuschauen ist Revolution. Es ist eine radikale Veränderung – bis in die Wurzeln! So kommt ein vollkommen neuer Mensch zum Vorschein; denn so wird allen Konditionierungen, die du hast, die Energie deines Bewußtseins entzogen. All diese Konditionierungen gibt es, sie stecken im Körper, im Denkapparat, aber deine Bewußtheit bleibt immer unkonditioniert. Sie ist rein, immer und ewig rein, unberührt. Ihre Jungfräulichkeit kann nicht verletzt werden.

Der Weg des Ostens ist es, dich auf diese unberührte Bewußtheit zu stoßen, auf diese Reinheit, diese Unschuld. Das ist es auch, was Saraha dem König hier immer wieder sagt. Der östliche Akzent liegt auf Himmel; der Westen legt den Akzent auf Wolken. Wolken haben eine Herkunft, und wenn man ihre Genese entschlüsselt hat, dann stößt man auf den Ozean, und von da auf die Sonneneinstrahlung, auf die Verdunstung des Wassers und die Wolkenbildung... und so kann man immer weitermachen, aber es kommt ein Kreis heraus: Die Wolken bilden sich und kommen von neuem, verlieben sich in die Bäume und gießen ihr Wasser zur Erde, werden Flüsse, gehen zum Meer, fangen an zu verdunsten, steigen auf den Sonnenstrahlen zum Himmel, werden Wolken und fallen wieder zur Erde nieder... So geht es ewig weiter, rund herum im Kreis. Es ist ein Rad. Wo will man da aussteigen? Eines führt ewig zum anderen, und das Rad entläßt dich nicht.

Der Himmel hat keine Genese. Der Himmel ist ungeschaffen. Er wurde durch nichts erzeugt. Umgekehrt: Der Himmel ist die unbedingte Voraussetzung, er ist das Apriori für die gesamte übrige Existenz. Ihr könnt die christlichen Theologen fragen; sie sagen: »Gott erschuf die Welt.« Fragt sie mal, ob es einen Himmel gab, bevor Gott die Welt schuf. Wenn es keinen Himmel gab – wo wohnte Gott dann vorher? In irgendeinem Raum muß er sich doch aufgehalten haben! Wenn es keinen Weltraum gab, wohin hat er dann die Welt getan? Wo hat er sie untergebracht? Raum ist die Voraussetzung... selbst für die Existenz Gottes. Ihr könnt nicht sagen: »Gott erschuf den Raum.« Das wäre absurd, denn irgendwo hätte er doch existieren müssen. Der Raum muß Gott also vorausgehen.

Himmel hat es immer gegeben. Der östliche Ansatz macht euch auf den Himmel aufmerksam. Der westliche Ansatz macht euch die Wolken immer bewußter, was euch ein bißchen hilft, aber euch nicht zu eurer innersten Natur führt. Die Peripherie wird euch etwas bewußter, aber nicht das Zentrum des Kreises. Und die Peripherie ist ein Zyklon: Ihr müßt das Zentrum des Zyklons finden. Und das ist nur durch Zuschauen möglich.

Durch Zuschauen änderst du nichts an deiner Konditionierung. Durch Zuschauen änderst du nichts an deiner Muskulatur. Aber durch Zuschauen machst du die Erfahrung, daß du jenseits von aller Muskulatur und aller Konditionierung bist. In jenem Augenblick des ›Darüberhinaus‹, in jenem Moment der Transzendenz existiert kein Problem mehr – nicht für *dich*.

Und von nun an liegt es bei dir. Weder ist der Körper seine Muskelprägung los noch das Denken seine geistige Prägung. Jetzt kommt es auf dich an: Wenn du dich nach deinem Problem sehnst, kannst du in dein Körper-Geist-System einsteigen und dein Problem wiederhaben und es genießen. Wenn du es nicht haben willst, kannst du draußen bleiben. Das Problem wird als Spur in deinem Körper-Geist-System bleiben, aber du bist fernab und nicht betroffen.

Auf die Art lebt ein Buddha. Ihr benutzt euer Gedächtnis – ein Buddha tut das auch; nur ist er nicht mehr damit identifiziert. Er benutzt das Gedächtnis wie eine Maschine. Ich zum Beispiel benutze Sprache. Wenn ich mich der Sprache bedienen muß, benutze ich meinen Geist mit all seinen Prägungen, aber bin während der ganzen Zeit nicht mit diesem Geist identifiziert – dessen bin ich mir dauernd bewußt. Ich bleibe also der Herr im Haus, und mein Geist bleibt mein Diener. Wenn ich den Geist rufe, kommt er; seine Nützlichkeit bleibt erhalten. Aber beherrschen kann er mich nicht mehr.

Deine Frage ist also berechtigt. Die Probleme werden bleiben, aber nur als Potentiale von Körper und Geist. Wie kannst du deine Vergangenheit ändern? Du warst früher Katholik; wenn du vierzig Jahre lang katholisch warst, wie kannst du diese vierzig Jahre ungeschehen machen, zu Jahren machen, in denen du nicht katholisch warst? Unmöglich. Deine vierzig Jahre als Katholik bleiben vierzig Jahre als Katholik. Das ist also nicht zu ändern – aber du kannst hinausschlüpfen. Jetzt weißt du ja, daß es nur eine Identifikation war. Die vierzig Jahre können nicht aus der Welt geschafft werden, aber das ist auch gar nicht nötig. Wenn du der Herr im Hause bist, ist das nicht nötig. Du kannst sogar diese vierzig Jahre irgendwie nutzen, auf kreative Weise. Selbst so eine Wahnsinns-Erziehung kann schöpferisch genutzt werden.

»Was ist mit den Spuren, die das im Gehirn und in der Muskulatur des Körpers hinterlassen hat?«

Sie werden bleiben, aber nur in Saatform, als Potential. Wenn du dich zu einsam fühlst und gern Probleme haben möchtest, kannst du sie haben. Sie werden dir immer offenstehen, aber du *brauchst* sie nicht zu haben, es besteht keine Notwendigkeit dazu. Es steht dir frei.

Die Menschen der Zukunft werden sich entscheiden müssen, ob sie dem Weg der Analyse oder dem Weg des Zuschauens folgen wollen. Ich benutze beide Methoden. Ich benutze Analyse, vor allem für Wahrheitssucher aus dem Westen; die stecke ich in die Gruppen. Diese Gruppen sind analytischer Natur, sie sind Folgeerscheinungen der Psychoanalyse. Sie sind deren Weiterentwicklung. Freud würde zwar große Augen machen, wenn er hierher käme und unser ›Encounter‹ erleben würde; oder Primärtherapie – er würde nicht verstehen, was da vor sich geht. Sind das alles Verrückte? Aber diese Gruppen sind Nachkömmlinge seines Werks. Er war der Pionier; ohne ihn gäbe es keine Primärtherapie. Er fing das ganze Spiel an. Wenn Westler zu mir kommen, stecke ich sie in Gruppen. Das ist das Richtige für sie. Sie müssen mit Dingen anfangen, die ihnen leichterfallen, und dann verschiebe ich allmählich den Akzent. Erst kommen die kathartischen Gruppen, wie Encounter und Primärtherapie, dann Enlightenment Intensive, und danach Vipassana. Vipassana ist reines Zuschauen. Der Weg vom Encounter zum Vipassana ist der Weg einer großen Synthese. Der Weg vom Encounter zum Vipassana ist die Brücke von West nach Ost.

Die dritte Frage:

Bringt dein Tun ebenfalls im gleichen Verhältnis Gutes wie Böses in die Welt?

Was tu ich denn? Kannst du irgendein Tun bei mir entdekken... außer daß ich rede? Und selbst da passe ich auf, daß ich allem, was ich sage, aufs Haar widerspreche. So bleibt am Ende nichts als Leere übrig... Das ist das Gute am Widerspruch. Wenn ich sage: »Plus eins«, füge ich sofort hinzu: »Minus eins« – und so ist das Resultat Null.

Ich bin untätig. Ich tue nichts. Alles, was ihr Tun nennen könntet, ist mein Reden. Und das ist so widersprüchlich, daß es weder Gut noch Böse hervorbringen kann. Ich hebe mich ständig selbst auf. Und wenn ihr diesen Zustand der Untätigkeit versteht, habt ihr die höchste Möglichkeit von Bewußtheit verstanden. Das höchste Bewußtsein ist kein Tun. Es ist ein Sein. Und wenn etwas auftaucht, das wie Tun aussieht, ist es nur Spiel. Mein Reden ist nur Spiel.

Und ich gebe mir alle Mühe zu verhindern, daß ihr anfangt, mich auf Dogmen festzulegen. Das könnt ihr gar nicht – ich lasse diese Möglichkeit gar nicht erst zu.

Ich widerspreche mir so sehr, daß ihr daraus unmöglich ein Dogma machen könnt. Wenn ihr irgendein Dogma daraus machen wollt, werdet ihr sehr schnell sehen, daß ich auch das Gegenteil gesagt habe.

Ein christlicher Missionar kam mich früher öfter besuchen und sagte immer: »Du hast inzwischen so viel gesprochen, daß jetzt ein kleines Buch nötig wird, in dem deine Philosophie vorgestellt wird... so etwas wie der christliche Katechismus, etwas Kurz-und-Bündiges.«

Ich antwortete ihm: »Das wird nicht so leicht sein. Wenn mich jemand auf eine Kurzformel bringen will, wird er verrückt. Er kann unmöglich entscheiden, was er hineinnehmen und was er auslassen soll. Wenn ich einmal nicht mehr bin, werden viele Leute an philosophischen Doktorarbeiten über mich verzweifeln. Denn ich habe alles gesagt, was überhaupt gesagt werden kann, und ich habe allem widersprochen, was widersprochen werden kann.«

Die vierte Frage:

Eine ketzerische Frage: Warum bist du so gegen das Ego? Ist denn das Ego nicht auch eine Manifestation Gottes, ein Spiel, das die Existenz spielt?

Wenn du *das* verstehst, dann ist das Ego allerdings kein Problem. Allein darum geht es mir, wenn ich so gegen das Ego bin: damit du nicht bist, und Gott ist. Wenn du zu der tiefen Einsicht gelangt bist, daß das Ego auch nur ein Spiel Gottes ist, dann ist ja alles in Butter! Dann gibt es kein Problem mehr. Dann brauchst du es nicht fallenzulassen, dann hast du nichts, was du fallenlassen kannst.

Wenn du verstehst, daß das Ego auch nur ein Spiel Gottes ist, dann stehst du außerhalb. Alles gehört zu Gott – gerade das bedeutet ja Egolosigkeit – selbst das Ego ist eingeschlossen.

Aber hüte dich! Du stellst dir vielleicht nur ein Bein; und der Verstand ist sehr gerissen. Er will vielleicht nur im Namen Gottes dein Ego retten. Es liegt bei dir. Aber paß auf: Wenn du wirklich verstanden hast, daß alles Gott zugehört, dann bist du nicht.

Wo ist also das Ego? Was bedeutet das: Ego? Es bedeutet: Ich habe ein Privatleben. Ich gehöre nicht zum universellen Fluß. Ich bin nicht Teil des Flusses – ich will unbedingt gegen den Strom schwimmen. Ich verfolge meine eigenen privaten Ziele. Es ist mir egal, wohin die Schöpfung will; ich habe meine eigenen privaten Ziele und tu alles, um sie zu erreichen. Ego bedeutet, ein privates Ziel zu haben. Ego ist idiotisch.

Das Wort ›Idiot‹ ist sehr aufschlußreich. Es bedeutet, ein privates Idiom zu sprechen. Es bedeutet, ein privates Ziel zu haben, einen privaten Stil. Das Ego ist idiotisch. Es sagt einfach: »Ich bin nicht Teil des universellen Ganzen; ich bin privat, ich bin separat. Ich bin eine Insel, ich gehöre nicht zum Festland.« Dies Nicht-Dazugehören zum Ganzen ist Ego: die Vorstellung, abgesondert zu sein.

Darum sagen seit je alle Mystiker: Laß das Ego fallen. Was wollen sie damit sagen? Sie sagen damit: Sondere dich nicht ab. Das Ego fallenzulassen bedeutet nur dies eine: dich nicht abzusondern, sondern mit der Existenz zu gehen und dich nicht gegen den Fluß zu stemmen, denn das ist dumm, es macht dich nur müde und erschöpft. Geh mit dem Strom, und du fühlst dich entspannt und ausgeruht und voller Freude.

Mit dem Fluß gehen heißt Freude. Gegen den Fluß angehen heißt Angst und Verkrampfung.

Nun fragst du: »Warum bist du so gegen das Ego? Ist denn das Ego nicht auch eine Manifestation Gottes, ein Spiel, das die Existenz spielt?« Wenn du das begriffen hast, dann mach' ich bei dir eine Ausnahme, dann sage ich dir nicht, du sollst das Ego fallenlassen, denn dann hast du kein Ego mehr, das du fallenlassen kannst. Aber sei sehr vorsichtig und nimm dich in acht. Der Verstand ist verteufelt schlau.

Hör dir diese kleine Anekdote an: Ein Affe und eine Hyäne gingen zusammen durch den Dschungel. Da sagte die Hyäne: »Jedesmal, wenn ich durch das Gebüsch dort drüben gehe, kommt ein großer Löwe herausgesprungen und verprügelt mich. Er prügelt und verdrischt mich, dabei weiß ich überhaupt nicht, warum.«

»Na, diesmal bin ich ja bei dir«, sagte der Affe, »und ich werd' dir schon beistehen.«

Als sie zu dem Gebüsch kamen, sprang sie ein Löwe an und begann, die Hyäne zu verdreschen. Der Affe kletterte blitzschnell auf einen Baum und sah zu. Als sich der Löwe endlich trollte, fragte die Hyäne halbtot den Affen: »Warum bist du nicht runtergekommen und hast mir geholfen?«

Und der Affe sagte: »Du hast so laut gelacht, daß ich glaubte, du gewinnst.«

Hüte dich vor dem Ego. Es kennt Schliche und Wege, sich zu tarnen. Es kann ausgezeichnet rationalisieren. Das Ego ist ein großer Rationalist, und Rationalisierung ist seine Basis.

Die fünfte Frage:

Geliebter Osho, bitte sag folgendes zu mir, damit ich endlich aufhören kann, mir Gedanken darüber zu machen:

»Arup, mit dir steht alles absolut bestens. Was dein Verstand auch anstellen mag, jetzt ist es zu spät. Ich hab' dich sicher unter meinen Fittichen, jetzt gibt es kein Zurück mehr. Und von jetzt an wirst du nur immer seliger werden.«

Vielen Dank, Osho. Ich hoffe, es stimmt, aber manchmal frage ich mich…

Die Frage ist von Arup. Nun, erstens: du sagst, daß ich dir sagen soll, »mit dir steht alles absolut bestens«.

Dadurch, daß ich es sage, wird nichts bestens. Es mag dich trösten. Aber ich bin nicht hier, um dir irgendwelchen Trost zu spenden. Nimm das Echte oder gar nichts. Trost ist etwas Unechtes. Es ist ein Spielzeug, mit dem du dir die Zeit vertreiben kannst. Und Zeitvertreib ist Zeitverlust.

Und noch etwas: du sagst, »Mit dir steht alles absolut bestens« – schwierig… »Absolut bestens« – schwierig! Nichts auf dieser Welt ist absolut – außer dem unbeteiligten Zuschauen. ›Häßlich‹ ist nicht absolut, ›Schön‹ ist nicht absolut. Glück ist nicht absolut, Unglück ist nicht absolut. Einzig das Zuschauen. Und wenn du zuschaust, fühlst du dich weder häßlich noch schön, weder glücklich noch unglücklich – du fühlst dich lediglich als Zeuge.

Meine ganze Arbeit zielt darauf ab, dich zum Zeugen zu machen. Du möchtest gern alles wunderschön haben – du möchtest nicht Zeuge sein. Du möchtest angenehmere Erfahrungen machen. Darum suchst du ständig nach Trost. Die Leute kommen zu mir nicht, um wirklich Hilfe zu suchen, sondern um getröstet, um auf den Rücken geklopft zu werden. Wenn ich sage, daß alles gutgeht, fühlen sie sich gut, aber wie lange kann ihnen dieses Gefühl helfen? Früher oder später verblaßt es, und sie müssen wieder herkommen mit der Erwartung, daß ich ihnen den Kopf streichle. Aber das hilft euch nicht weiter. Ihr braucht Transformation. Und durch so etwas macht ihr euch von mir abhängig; aber ich werde das nicht zulassen. Ihr müßt unabhängig werden, ihr müßt ihr selbst sein, ihr müßt auf eigenen Beinen stehen.

»Was dein Verstand auch anstellen mag, jetzt ist es zu spät.«

Es ist niemals zu spät! Du kannst jederzeit wieder in die alte Haut schlüpfen, du kannst dich wieder mit ihr identifizieren. Und wenn es wirklich zu spät ist, stellst du solche Fragen nicht mehr. Dann weißt du, daß es jetzt einfach keinen Weg mehr zurück gibt. Da ist Gewißheit in dir. Das weißt du selbst. Dazu brauchst du keine amtliche Bescheinigung von mir. Aber wenn du nach einer Bescheinigung fragst, zeigt das nur, daß es noch nicht passiert ist – du fragst dich...

Ich habe gehört:

Mulla Nasrudin stand vor Gericht. »Diese Tat ist das Werk eines perfekten Verbrechers«, sagte der Staatsanwalt. »Es zeugt von Intelligenz und Geschicklichkeit.«

Mulla, der Angeklagte, errötete und erhob sich: »Mit Schmeicheleien, Euer Ehren, kommen Sie bei mir nicht an. Ich mach' doch kein Geständnis.«

Aber damit hat er's gestanden! Arup hat gestanden – dies ist keine Frage, sondern ein Geständnis –, daß sie sich Sorgen macht; das ist natürlich. Es wäre unmenschlich, nicht mit Ungewißheit zu rechnen, jedenfalls zu diesem Zeitpunkt. Manchmal fühlt sie sich schwanken; das ist menschlich, das ist natürlich. Es ist besser, es zu akzeptieren, statt es zu leugnen, statt es zu verdrängen und zu verbergen.

»Bitte sag folgendes zu mir, damit ich endlich aufhören kann, mir Gedanken darüber zu machen.«

Wie willst du aufhören, dir darüber Gedanken zu machen? Nur weil ich es sage? Wenn das so leicht wäre, hätte ich das zu jedem gesagt. So leicht ist es aber nicht. Was ich auch sage, ihr legt es auf eure Weise aus; und ihr findet immer neue Bedenken. Was immer ich sage, müßt ihr interpretieren – ihr könnt es nicht total akzeptieren, ihr könnt nicht voll vertrauen. Und ich sage auch nicht, daß ihr voll vertrauen müßt; ich sage bloß, daß es natürlich ist. Ich verlange nichts Unnatürliches von euch. Ich verlange nichts Absurdes. Es ist natürlich! Manchmal schwankt ihr, manchmal seid ihr gegen mich, manchmal seid ihr sehr negativ. Manchmal ist euch danach, einfach alles hinzuschmeißen und wegzugehen, zurück in eure alte Welt. Ich sage nicht, daß das etwas Kriminelles ist.

Nein, es ist einfach menschlich. Es ist sehr natürlich. Wenn ihr solche Sachen nicht macht, dann stimmt etwas nicht, dann fehlt etwas.

Was ich auch sage, wird wieder von dem gleichen grübelnden Verstand in die Mangel genommen. Selbst wenn ich Wort für Wort sagte: »Ja, Arup, alles steht absolut bestens mit dir…« würdest du gleich denken: »Hat Osho einen Witz gemacht? Meint er das wirklich?« Der grübelnde Verstand schnappt sofort zu. Deine Interpretationen können nicht ausbleiben.

Hör dir diese kleine Geschichte an: Ein Priester fuhr spät abends von einer Versammlung nach Hause. Während er so vor sich hin fuhr, erinnerte er sich plötzlich, daß er seine Abendandacht nicht gehalten hatte. Er hielt auf einem stillen Landweg, stieg aus und las sein Gebet im Licht der Scheinwerfer.

Nicht lange danach kam zu seiner großen Überraschung ein Lastwagen angefahren. Der Fahrer hielt, weil er glaubte, daß etwas passiert wäre, und fragte aus dem Fenster: »Probleme, Kumpel?«

»Nein, alles in Ordnung, danke schön!« antwortete der Priester.

Der Fahrer legte den Gang ein, und während er anfuhr, rief er, nur um das letzte Wort zu haben: »Das müssen ja scharfe Sachen sein, die du da liest!«

Stellt euch nur einmal vor, daß jemand auf einem abgelegenen Seitenweg bei Scheinwerferlicht ein Buch liest. Was würdet ihr denken? Könntet ihr euch vorstellen, es wäre die Bibel? Wer hat es schon so eilig, die Bibel zu lesen? Kann jemand so scharf drauf sein, die Bibel zu lesen? Kann er nicht abwarten, bis er zu Hause ist, um die Bibel zu lesen?

Der Lkw-Fahrer muß sich seinen Teil gedacht haben, so wie er's eben verstand. Er sagte: »Das müssen ja scharfe Sachen sein, die du da liest.«

Ihr interpretiert immerzu. Und ihr interpretiert natürlich so, wie ihr's versteht. Was ich sage, bleibt ungehört; ihr hört es auf eure Weise. Bist du ein Grübler, dann grübelst du darüber nach. Bist du ein Zweifler, dann bezweifelst du es. Bist du negativ, dann nimmst du es negativ auf; bist du voll Vertrauen, dann nimmst du es voll Vertrauen an.

Arup sagt: »Sag mir das, damit ich endlich aufhören kann, mir Gedanken darüber zu machen.«

Nein, so leicht bringt man seine Gedanken nicht zum Schweigen. Indem ich es sage, ist dir nicht geholfen. Du mußt etwas tun. Du mußt tun, was ich dir sage. Du mußt etwas praktischer werden. Du mußt lernen zu beobachten.

Es waren einmal drei hungrige Landstreicher. Sie kamen zu einem Haus. Der Hausherr war dabei, Reis zu kochen, und er sagte zu ihnen, sie könnten die Nacht bleiben, und wer von ihnen den besten Traum hätte, würde morgen früh etwas heißen Reis bekommen.

Am nächsten Morgen sagte der erste Landstreicher: »Mir träumte, daß ich der König war.« – Der zweite sagte: »Das ist gar nichts – mir träumte, daß ich Gott selber war.« Und der dritte sagte: »Mein Traum war sehr gewöhnlich, und ich hab' nicht die geringste Aussicht zu gewinnen. Ich träumte, daß der Reis kalt werden würde, also ging ich in die Küche und aß ihn auf.«

Das meine ich mit ›praktischer werden‹. Also, Arup, werde praktischer. Tu, was ich sage. Meine Worte allein richten nichts aus... und der Reis wird tatsächlich kalt. Geh in die Küche und iß ihn!

Sonst hast du nur einen schönen Traum, wenn ich dir sage: »Arup, alles steht absolut bestens mit dir. Was dein Verstand auch anstellen mag, jetzt ist es zu spät. Ich hab' dich sicher unter meinen Fittichen, jetzt gibt es kein Zurück mehr.«

Erstens kann ich das nicht sagen, denn das bloße Verlangen, sicher und geschützt zu sein, verhindert spirituelles Wachstum. Ich stoße dich einfach in einen gefährlichen Bereich hinein. Ich stoße dich in einen Abgrund. Du möchtest dich unter meine großen Flügel kuscheln, und ich stoße dich mitten ins Chaos der Existenz... ohne Sicherheit, ohne Gewißheit. Ich bin kein Beschützer – ich bin ein Zerstörer. Ich bin nicht deine Versicherung. Wenn du mich wirklich verstehst, bin ich dein gefährliches Leben. Du wirst immer in Unsicherheit leben, wenn du mich verstanden hast. Du wirst nie nach Sicherheit und Garantie fragen. Du wirst jede Sicherheit und Garantie verabscheuen. Du wirst in ihnen Feinde erkennen – und sie sind es. Du wirst es genießen, unter freiem Himmel zu sein, verwundbar und offen für alles, was kommen mag. Ja, auch offen für den Tod; ›alles‹ schließt auch den Tod ein. Wirklich zu leben heißt, dem Tod jederzeit ins Auge zu sehen. Nur ein unwirkliches, ein künstliches Leben ist sicher.

Nein, ich kann das nicht sagen, daß ich dich sicher unter meinen Fittichen habe, und daß es keinen Weg zurück gibt. Du kannst fallen, du kannst noch von der letzten Sprosse herunterfallen. Solange du nicht erleuchtet bist, gibt es einen Weg zurück. Du kannst umkehren. Du kannst leugnen, du kannst verraten, du kannst ablehnen. Du kannst ins Elend zurückfallen – selbst noch von der allerletzten Stufe kannst du fallen. Solange du noch nicht die ganze Leiter hinaufgeklettert bist, einschließlich der letzten Sprosse, solange du noch nicht ein einfacher Niemand bist, kannst du zurückfallen. Ein kleines bißchen Ego, nur ein kleines Ego-Flimmern genügt, um dich zurückzubringen. Es kann sich wieder verdichten, es kann sich wieder zusammensetzen, es kann zu einem neuen Trip werden.

Und mein Weg ist nicht Sicherheit. Sannyasin sein heißt, bereit zu sein, das Leben ohne Sicherheiten zu leben. Das ist äußerster Mut, und nur durch so einen Mut wird äußerstes Glück möglich.

»Und von jetzt an wirst du nur immer seliger.« Ich bin kein Emile Coué – ich bin kein Hypnotiseur. Sicher, du kannst dich selbst auf diese Weise hypnotisieren. Das war genau die Methode von Coué. Er sagte zu seinen Patienten: »Denk dir, stell dir vor, träume, bilde dir ein... jeden Abend vor dem Schlafengehen, jeden Morgen beim Aufwachen, wiederhole es immer wieder: ›Ich fühle mich wohler, ich werde immer gesünder, ich werde immer glücklicher...‹ Wiederhol es, sag es dir immer wieder vor.«

Und wirklich, das kann ein bißchen helfen. Damit schaffst du dir eine Traumglocke. Aber möchtest du wirklich, daß ich dir dabei helfe, Illusionen aufzubauen? Meine ganze Arbeit besteht in Ent-Hypnotisierung. Also alles andere als Hypnose. Ich möchte, daß du von keiner Illusion hypnotisiert wirst. Ich möchte, daß du von allen Illusionen enthypnotisiert wirst. Wenn du in einem Zustand der Ent-Täuschung, der absoluten Ent-Täuschung bist, dann ist die Erleuchtung nicht mehr fern.

Und dann sagt Arup: »Vielen Dank, Osho. Ich hoffe, es stimmt...« Seht ihr? Der Verstand hat schon zu interpretieren angefangen: »Ich hoffe, es stimmt!« Es stimmt nicht – sie hofft nur. Wie kannst du dich selber täuschen?!

»Ich hoffe, es stimmt, aber manchmal schwanke ich...« Ich verurteile dein Schwanken nicht – es ist vollkommen in Ordnung, manchmal ins Schwanken zu kommen. Es ist völlig menschlich. Es ist völlig okay so. Verdamme es nicht. Akzeptiere es! Versuch nicht, eine falsche Standfestigkeit zu fabrizieren. Sie käme aus deinem Verstand und wäre Illusion, und so etwas führt nirgendwo hin. Laß da sein, was da ist. Akzeptiere es, wie es ist, und werde nur immer aufmerksamer, werde mehr und mehr zum Zeugen. Nur in diesem Zuschauen wirst du Sicherheit finden. Nur in diesem Zuschauen wirst du täglich immer seliger – aber nicht, indem du dir etwas einredest. Nur in diesem Zuschauen wirst du zu schwanken aufhören. Nur durch dieses Zuschauen gelangst du zur Mitte deines Seins – wo der

Tod nicht existiert, wo es nur ewiges Leben gibt, wo man den Nektar trinkt, von dem Saraha spricht.

Die sechste Frage:

Woran genau liegt es, daß ich das Offensichtliche nicht sehen kann? Ich weiß wirklich nicht, was ich tun soll und was nicht. Wann werde ich den Ton der Stille hören können?

»Woran genau liegt es, daß ich das Offensichtliche nicht sehen kann?« Eben am Wunsch, es zu sehen. Das Offensichtliche kann nicht herbeigewünscht werden. Du verlangst danach – damit entfernst du dich. Du fängst an, danach zu suchen: im selben Augenblick rückst du es schon in alle Ferne, und es hört auf, offensichtlich zu sein; es ist nicht mehr in der Nähe. Du selbst hast es weit von dir geschoben. Wie kannst du das Offensichtliche suchen? Wenn du verstehst, daß es das Offensichtliche ist, wie kannst du es dann suchen? Es ist einfach da! Wozu es erst suchen und finden wollen?

Das Offensichtliche ist das Göttliche. Das Weltliche ist das Erhabene. Und das Triviale ist das Tiefgründige. In euren tagtäglichen, ganz gewöhnlichen Beschäftigungen trefft ihr jeden Augenblick auf Gott, denn es gibt sonst niemanden. Du kannst niemand anderem begegnen! Es ist immer Gott, in tausend-und-einer Form.

Gott ist das Alleroffensichtlichste. Nur Gott ist! Aber ihr wünscht und sucht ... und geht an ihm vorbei. Eben dadurch, daß ihr sucht, schiebt ihr Gott weit von euch weg, so weit es nur geht. Das ist eine List des Egos. Versucht, das endlich zu durchschauen.

Das Ego ist nicht am Offensichtlichen interessiert, weil das Ego nicht mit dem Offensichtlichen koexistieren kann. Das Ego interessiert sich kein bißchen für das Naheliegende. Das Ego interessiert sich für das Entfernte, das Unerreichbare. Stellt euch vor: der Mensch ist schon bis zum Mond vorgedrungen, aber zu seinem eigenen Herzen noch nicht ... dem entfernten Herzen ... Der Mensch hat die Raumfahrt erfunden, aber die Seelenfahrt noch nicht. Er hat den Everest bezwungen, aber er denkt nicht daran, in sein eigenes Wesen einzudringen.

Das Nächste wird gemieden und das Allerentfernteste wird gesucht. Warum?

Das Ego fühlt sich gut dabei: Wenn die Reise anstrengend ist, fühlt sich das Ego gut. Da läßt sich etwas beweisen. Etwas Schwieriges läßt sich beweisen. Zum Mond zu fahren, befriedigt das Ego; aber in das eigene Wesen hineinzugehen, damit kann man keinen großen Staat machen.

Es gibt eine alte Geschichte:

Gott hatte eben die Welt erschaffen; damals lebte er noch auf der Erde. Ihr könnt euch vorstellen, daß ihm das bald zuviel wurde. Jeder hatte nichts anderes zu tun, als sich zu beschweren; pausenlos wurde bei ihm angeklopft. Mitten in der Nacht kamen Leute zu ihm und sagten: »Das ist nicht gut – wir brauchen Regen, Regen! Und außerdem ist es heiß wie nie!« Oder jemand kam gleich als nächster und flehte: »Bitte laß es nicht regnen. Ich habe dies und das vor, und Regen würde alles kaputtmachen.« Gott wurde allmählich zum Wahnsinn getrieben. »Was soll ich tun? So viele Leute, so viele Wünsche, und jeder hat seine Erwartungen und will sie erfüllt haben, und alle Wünsche widersprechen sich. Der Bauer will Regen, der Töpfer will keinen, denn seine Töpfe sind fertig und würden sonst kaputtgehen, er braucht ein paar Tage Sonne – und so weiter und so fort.«

Gott rief sein Kabinett zusammen und fragte: »Was sollen wir tun? Sie machen mich noch wahnsinnig. Ich kann sie einfach nicht alle zufriedenstellen, aber so bringen sie mich eines Tages noch um. Ich brauche ein Versteck!«

Und man machte ihm viele Vorschläge. Jemand sagte: »Kein Problem – geh auf den Everest; das ist der höchste Berg der Erde, und da kommt kein Mensch hin.«

Gott sagte: »Habt ihr 'ne Ahnung! Wartet ein Minütchen« – für Gott ist das nur ein Minütchen – »bis ihn Edmund Hillary mit Tensing besteigt, und dann krieg' ich Schwierigkeiten. Wenn sie es erst mal wissen, dann kommen sie in Hubschraubern und Bussen, und alles ist... Nein, das geht nicht. Das geht nur für ein Minütchen.« Vergeßt nicht, Gott hat ein anderes Zeitgefühl. In Indien sagen wir, daß Millionen Jahre für Gott nur ein Tag sind. Also nur ein Minütchen...

Dann schlug jemand vor: »Und warum nicht zum Mond?«

Er sagte: »Auch dahin ist's nicht weit – ein paar Sekunden später kommt auch jemand zum Mond.«

Und sie schlugen ihm weit entfernte Sterne vor, aber Gott winkte ab: »Das alles löst mein Problem nicht. Das ist alles nur Aufschub. Ich will eine Dauerlösung.«

Da näherte sich ihm ein alter Diener, flüsterte ihm etwas ins Ohr, und Gott sagte: »Du hast recht. Genau das ist es!«

Was hatte der Alte gesagt? – »Es gibt nur einen Ort, wo der Mensch dich nie finden wird: verstecke dich im Menschen selbst.« Und genau da hält sich Gott seitdem versteckt: im Menschen selbst. Das ist das letzte, worauf der Mensch je kommen wird.

Am Offensichtlichen geht man vorbei, weil es für das Ego uninteressant ist. Das Ego interessiert sich für harte, schwierige, mühsame Dinge, die eine Herausforderung darstellen. Wenn sie dir gelingen, kannst du damit angeben. Wenn du dich ans Offensichtliche machst und es gelingt – was für ein Sieg ist das schon? Dann stehst du nicht als Held da. Und so geht der Mensch immer am Offensichtlichen vorbei und sucht in der Ferne.

Und wie kann man das Entfernte finden, wenn man noch nicht einmal das Naheliegende sucht?

»Woran genau liegt es, daß ich das Offensichtliche nicht sehen kann?«

Der Wunsch selbst führt dich in die Irre. Laß den Wunsch fallen, und du siehst das Offensichtliche.

»Ich weiß wirklich nicht, was ich tun soll und was nicht.«

Du brauchst nichts zu tun. Du brauchst nur die Augen für alles offenzuhalten, was um dich her geschieht. Etwas tun – das ist auch nur ein Ego-Trip.

Wenn du etwas ›tust‹, fühlt sich das Ego gut: Es gibt was zu tun. Tun ist Futter fürs Ego; es wird gestärkt. Gibt es aber nichts zu tun, fällt das Ego platt auf den Bauch. Es stirbt. Es bekommt nichts mehr zu futtern.

Sei also einfach ein Nicht-Tuer. Tu überhaupt nichts, was Gott, die Wahrheit und die Suche nach Wahrheit betrifft. Es ist nämlich gar keine Suche, also kannst du gar nichts dafür tun.

Sei einfach nur. Oder laß es mich so sagen: Wenn du in einem Zustand des Seins bist, kommt Gott zu dir. Der Mensch kann Gott nie finden. Gott findet den Menschen. Sei einfach in einer stillen Verfassung, ohne etwas zu tun, ohne irgendwo hinzuwollen, ohne zu träumen – und in dieser Stille findest du ihn plötzlich: er ist *da*. Er war schon immer da! Du hast nur nicht stillgehalten, also konntest du ihn nicht sehen, konntest du seine stille, feine Stimme nicht hören.

»Wann werde ich den Ton der Stille hören können?«

Wann? – du fragst falsch. Jetzt oder nie! Höre ihn jetzt! Denn er ist da, die Musik der Stille spielt, ihre Musik ertönt überall! Du brauchst nur still zu sein, damit du sie hören kannst. Aber frage nie: »Wann?« Wann bedeutet, daß du mit der Zukunft kommst. Wann bedeutet, daß du zu hoffen und zu träumen angefangen hast. Wann bedeutet nicht jetzt... dabei ist es immer nur jetzt. Es herrscht immer Jetzt-Zeit. Für Gott gibt es nur eine Zeit: Jetzt. Und nur einen Ort: Hier. Dort, dann – laßt diese Wörter fallen.

Und die letzte Frage:

Osho, fehlen dir jemals die Worte?

Die Frage ist von Rishi.

Jedesmal, wenn ich den Mund aufmache, fehlen mir die Worte – denn das, was ich sagen möchte, kann nicht gesagt werden. Und das, was vermittelt werden soll, kann nicht vermittelt werden. Aber nun wirst du natürlich fragen, warum ich dann nicht aufhöre zu sprechen?

Ich gebe mir die größte Mühe. Mag sein, daß es mir heute nicht gelungen ist... morgen vielleicht? Gestern hab' ich es nicht geschafft... heute!? Ich rede immer weiter und sage es jedesmal anders. *So* ausgedrückt hast du es vielleicht nicht gehört; sage ich es aber etwas anders, ist dir das vielleicht näher. *So* hat es jemand gehört, aber nicht du. Anders ausgedrückt kannst du es vielleicht auch hören... Aber mir fehlen immer die Worte. Die Worte kommen nicht leicht über die Lippen – weil die Botschaft wortlos ist. Ich bin kein Priester. Ich versuche nicht, euch ein Dogma zu lehren. Ich habe nicht die Absicht, euch eine Theorie zu erklären. Etwas ganz Bestimmtes ist mit mir geschehen, etwas ganz Bestimmtes ist mir widerfahren – und *das* will ich euch vermitteln. Ich versuche, mit euch in Kommunion zu sein.

Worte sind völlig fehl am Platz. Sie sind so klein und winzig! Sie können das, womit ich sie befrachten möchte, nicht enthalten. Also fehlen mir jeden Augenblick die Worte. Nur Menschen ohne jede Erfahrung sind nie um Worte verlegen. Jedes Wort ist ihnen recht.

Ich kenne eine schöne Geschichte – meditiert darüber:

Ein Gemeindepfarrer hatte eine Unterredung mit dem Bischof und sagte im Laufe des Gespächs:

»Sie haben's gut, Hochwürden, Sie können eine Predigt vorbereiten und sie dann in verschiedenen Kirchen der Diözese halten; ich dagegen muß jeden Sonntag zwei neue Predigten vorbereiten.«

Der Bischof antwortete: »Sie sollten so gut wie ich in der Lage sein, über jedes Thema ohne Vorbereitung und spontan zu sprechen.«

»Da will ich Sie beim Wort nehmen«, sagte der Pfarrer. »Sie kommen nächsten Sonntag in meine Kirche, und ich werde Sie auf die Probe stellen.«

Der Bischof willigte ein und schritt, als es soweit war, zur Kanzel, wo er ein Kärtchen fand, auf dem stand: ›Schokolade‹. Ohne zu zögern begann der Bischof: »Und Moses nahm zwei Tafeln und ging hin zum Berge Sinai...« Ein Priester ist nie um Worte verlegen.

Er hat alle Bibelstellen flugs zur Hand und kann immer etwas Passendes aus dem Gedächtnis hersagen. Mit fehlen ständig die richtigen Worte – denn was ich euch mitteilen will, ist kein Thema, sondern meine Subjektivität. Was ich euch mitteilen möchte, ist mein Herz – und nicht, was ich denke. Unglücklicherweise muß ich mich dazu aber des Verstandes bedienen, denn anders geht es nicht. Selbst wenn man sein Herz mitteilen will, muß man den Verstand gebrauchen. Daher meine absurde Situation. Sie ist völlig absurd. Als ob man das Unmögliche möglich machen könnte! Aber es gibt keinen andern Weg... ich bin hilflos.

Aber wenn du mich fragst, ob mir je die Worte fehlen, sage ich dir: ständig. Jedes Wort kommt mir nur zögernd über die Lippen. Ist es das richtige? Aber wie sollte es das richtige sein? Dies Wort zu wissen wird niemandem helfen; trotzdem benutze ich es. Ein notwendiges Übel. Schweigen wäre besser, weit besser, aber wenn ich euch ansehe, zweifle ich. Würde ich schweigen, wäre es für euch noch schwerer, mir näherzukommen. Wo ihr noch nicht mal die Worte verstehen könnt, wie könntet ihr da mein Schweigen verstehen? Und wenn ihr mein Schweigen verstehen könnt, dann hört ihr dies Schweigen auch in meinen Worten.

Wenn ich schweigen würde, wären höchstens fünf Prozent von euch hier bei mir. Diese fünf Prozent verstehen mich auch durch die Worte hindurch, denn sie hören meinem Schweigen zu, nicht meinen Worten. Also gibt es für diese fünf Prozent kein Problem. Aber die anderen fünfundneunzig Prozent, die weder die Worte noch das Schweigen verstehen, das in ihnen steckt – sie wären einfach verloren. Ich könnte ihnen überhaupt nicht helfen. Durch meine Worte bringe ich sie wenigstens dazu, länger hierzubleiben.

Und wenn sie länger hierbleiben, besteht die Chance, daß in einem unbewachten Augenblick ein Kontakt mit mir zustandekommt; ein unbewachter Augenblick, und sie können mir *trotz* ihrer Egos näherkommen, sie können auf mich stoßen; ein unbewachter Augenblick, und ich mag in ihr Herz eindringen und dort etwas berühren. Es ist ein Vielleicht, aber es lohnt sich, weiterzumachen.

Den fünf Prozent wird so oder so geholfen, aber den fünfundneunzig Prozent würde nicht durch Schweigen geholfen. Und selbst diese fünf Prozent wären nicht hier, wenn ich von Anfang an geschwiegen hätte. Diese fünf Prozent gehen voran, so daß aus den fünfundneunzig Prozent nach und nach neunzig Prozent werden, dann fünfundachtzig, achtzig...

Wenn der Tag gekommen ist, an dem ich spüre, daß mindestens fünfzig Prozent mein Schweigen verstehen können, dann kann ich mit den Worten aufhören. Sie machen mich nicht froh. Sie haben noch nie jemanden froh gemacht. Nicht Lao Tse, nicht Saraha, nicht Buddha. Keiner von ihnen fühlte sich mit den

Wörtern wohl. Aber sie alle mußten Worte gebrauchen, nicht, weil Schweigen keine Kommunion sein kann – Schweigen *kann* Kommunion sein –, sondern weil dazu ein höheres Bewußtsein nötig ist.

Es geschah einmal, daß sich zwei große indische Mystiker trafen, Kabir und Farid, und zwei Tage lang zusammensaßen – schweigend. Ihre Jünger saßen äußerst frustriert dabei; sie wollten, daß die Meister miteinander sprachen, sie waren begierig, goldene Worte zu hören. Monatelang hatten sie gehofft, daß Kabir und Farid zusammenkommen würden, und daß ein Blütenregen herniederginge, an dem sie sich laben könnten. Aber die beiden saßen nur schweigend da, während die Jünger dösten und gähnten – was sollten sie sonst tun?

Was war denn nur mit den beiden los? – Schließlich hatten sie noch nie vorher geschwiegen! Kabir war niemals still, wenn er mit seinen Jüngern zusammen war, und Farid auch nicht. Ständig hämmerten sie auf ihre Jünger ein. Was war nur los? Hatten sie die Sprache verloren? Aber sie *konnten* gar nichts sagen. Es *gab* nichts zu sagen.

Zwei Tage später, als sich Kabir und Farid umarmten und Abschied nahmen – auch das geschah schweigend – und als die Jünger ihre Meister wieder für sich hatten, fielen sie über die Meister her.

Und die Jünger Kabirs fragten: »Was ist nur schiefgegangen? Monate hatten wir Farid erwartet, und dann kam er, und ihr habt nicht ein Wort gewechselt! Und wir haben gewartet und gewartet! Wir waren todmüde vom Warten. Diese zwei Tage waren die reinste Hölle.«

Und Kabir lachte. Er sagte: »Aber es gab nichts zu sagen – er kann Schweigen verstehen. Wenn ich etwas gesagt hätte, hätte er mich für einen Dummkopf gehalten. Denn wenn Schweigen möglich ist und Schweigen alles ausdrücken kann, was sollen dann Worte?«

Und die Jünger Farids fragten: »Was ist passiert? Warum hast du nichts gesagt?«

Farid antwortete: »Seid ihr denn verrückt? Mit Kabir *reden*? Wie sind ganz genau im gleichen Reich, es gibt also gar nichts zu vermitteln, nichts zu sagen. In dem Augenblick, wo wir uns in die Augen sahen, erkannten wir es. Unser Dialog war im ersten Augenblick vorbei.«

»Aber zwei Tage lang... was habt ihr denn die ganze Zeit gemacht?«

Und Farid sagte: »Wir haben uns aneinander gefreut – jeder war im Reich des andern. Wir waren beieinander zu Gast. Wir sind einer in den andern geschlüpft, sind ineinander übergeflossen, haben uns miteinander vereinigt – getanzt und gesungen haben wir! Aber das passierte in aller Stille. Wenn Schweigen sprechen kann, wozu dann Sprache!«

Mir fehlen ständig die Worte. Jedes Wort bringe ich nur mit Zögern heraus, wohl wissend, daß es hinten und vorne nicht stimmt, daß es ungenügend ist. Nichts kann je genügen – die Wahrheit ist so riesengroß, und Worte sind so winzig.

VII

DIE WAHRHEIT IST WEDER HEILIG NOCH UNHEILIG

27. April 1977

Es ist am Anfang, in der Mitte und am Ende.
Doch Anfang und Ende sind nirgends als hier.
Wessen Kopf durch deutende Gedanken verwirrt ist,
Dessen Geist ist gespalten. Darum redet er
Vom Nichts und von der Liebe wie von zweierlei.

Bienen wissen, daß in Blüten
Honig zu finden ist.
Daß samsara *und* nirvana *nicht zwei sind,*
Wie sollen das Verwirrte je verstehn?

Wenn der Verwirrte sich im Spiegel sieht,
Dann sieht er ein Gesicht und nicht ein Spiegelbild.
Genauso glaubt der Geist, der nichts von Wahrheit wissen will,
An etwas, das nicht Wahrheit ist.

Der Duft der Blumen läßt sich nicht berühren,
Und ist doch überall und augenblicklich wahrnehmbar.
Erkenne so am ungeformten In-sich-Sein
Das Rund mystischer Kreise.

Wahrheit ist. Sie *ist* einfach nur. Sie ist. Sie kommt nie in die Welt, sie geht nie aus der Welt. Sie kommt nicht, sie geht nicht. Sie ist immer da. Um es genau zu sagen: nur das, was immer da ist, nennen wir Wahrheit. Sie bleibt. Das, was bleibt, was ewig bleibt, nennen wir Wahrheit. Sie ist im Anfang, sie ist in der Mitte, sie ist im Ende. Um es genau zu sagen: Es gibt keinen Anfang, keine Mitte, kein Ende. Sie ist überall.

Schau tief in sie hinein, und du findest in ihr den Anfang, die Mitte und das Ende – sie durchdringt alles. Denn nur *sie* ist. In Millionen von Formen ist es die gleiche Wirklichkeit, die sich zum Ausdruck bringt. Die Formen unterscheiden sich, aber die Essenz, die Substanz, ist die gleiche.

Formen sind wie Wellen, die Essenz ist wie das Meer. Vergeßt nicht: Tantra verliert kein Wort über Gott. Von Gott zu sprechen ist ein bißchen anthropomorph; man denkt sich Gott in Menschengestalt, man denkt über ihn in menschlichen Begriffen. Dann zieht man Grenzen. Gott *muß* wie die Menschen sein, richtig; aber er muß auch wie die Pferde sein, und er muß wie die Hunde sein, und er muß sein wie die Felsen und die Sterne ... Er muß sein wie *alles*. Ja, auch der Mensch gehört als Form dazu, aber er kann nicht *die* Form sein.

Stellt euch Gott einmal als Pferd vor – wie absurd euch das vorkommt! Denkt euch Gott als Hund – erscheint es nicht wie Gotteslästerung? Trotzdem stellen wir uns Gott immer noch als Mensch vor – und warum erscheint euch das nicht gotteslästerlich? Das ist das menschliche Ego. Dem Menschen ist es ungeheuer angenehm, sich Gott wie sich selbst vorzustellen. In der Bibel heißt es, daß Gott den Menschen nach seinem Ebenbilde schuf – und das hat ganz gewiß ein Mensch geschrieben! Würden die Pferde ihre Bibel schreiben, dann würden sie das nicht so sagen, ganz sicher nicht. Vielleicht würden sie schreiben, daß Gott den Teufel nach dem Bild des Menschen schuf.

Aber Gott? Warum sollte Gott den Menschen nach seinem Bilde schaffen? Nach all den Grausamkeiten, die der Mensch den Pferden angetan hat, ist an ihm nichts Göttliches zu finden – fragt doch mal ein Pferd! Er gleicht vielleicht dem Teufel, vielleicht Beelzebub, aber doch nicht Gott!

Tantra räumt mit diesem ganzen Anthropomorphismus auf. Tantra gibt den Dingen ihre wahre Proportion zurück, verweist den Menschen in seine Schranken. Tantra hat eine große Perspektive! Es macht nicht den Menschen zum Mittelpunkt. Es wählt überhaupt keinen Teilaspekt zum Mittelpunkt. Es sieht die Wirklichkeit so, wie sie ist – in ihrem So-Sein, in ihrem *tathata,* in ihrem So-Sein. Es spricht nicht von Gott. Statt von Gott zu reden, spricht Tantra von der Wahrheit.

Wahrheit ist nicht-persönlich, unpersönlich. Die Wahrheit kann die Eigenschaften von allem haben; da gibt es keine Grenze. Die Bibel sagt: Im Anfang erschuf Gott die Welt. Tantra sagt: Wie kann es überhaupt einen Anfang geben? Und ein Ende? Und wenn es weder Anfang noch Ende gibt, wie kann es dann eine Mitte geben? Alles ist Ewigkeit, nicht Zeit. Tantra ist ein Schauen jenseits von Zeit. In der Zeitlichkeit gibt es Anfang und Ende, aber in der Ewigkeit gibt es weder Anfang, Mitte noch Ende. Sie *ist* nur.

Wahrheit ist nicht zeitlich. Ja, auch die Zeit ist nur eine Welle der Wahrheit, und der Raum ist nur eine Welle der Wahrheit. Nicht umgekehrt. Die Wahrheit existiert nicht im Raum, existiert nicht in der Zeit. Raum und Zeit existieren in der Wahrheit. Sie sind Daseinsformen der Wahrheit. Genauso wie ein Pferd eine Form ist, wie der Mensch eine Form ist, so ist Raum eine Form – eine größere Welle; und die Zeit auch.

Wahrheit ist Zeitlosigkeit. Wahrheit ist Raumlosigkeit. Wahrheit ist Transzendenz – jenseits von allem Begrenzten.

Die Wahrheit existiert aus sich heraus. Alles übrige existiert mit Hilfe der Wahrheit. Die Wahrheit ist in sich offenbar; nichts anderes ist aus sich heraus offenbar. Die Wahrheit ist der eigentliche Grund des Seins, die unterste Schicht, auf der alle Existenz ruht.

Tantra entwickelt keinerlei Rituale, keine Form der Anbetung, baut keine Tempel, setzt keine Priester ein – sie sind nicht nötig. Der Mensch kann der Wahrheit Auge in Auge entgegentreten; kein Zwischenträger ist nötig, kein Prieser ist nötig. Die Priester reden zwar immerzu von der Wahrheit und vom lieben Gott und vom Himmel und von tausend andern Sachen, ohne auch nur eine Silbe von dem zu verstehen, was sie da schwätzen. Wörter, nichts als Wörter. Sie haben nichts Göttliches erfahren. Solche Worte sind einfach leer.

Ich las von einem berühmten Geistlichen, der sich eine Zeitlang unwohl fühlte. Er rief seinen Arzt zu sich, der ihn von Kopf bis Fuß untersuchte. »Nun«, sagte der Arzt, »ich will ganz offen mit Ihnen reden. Ich fürchte, Ihre Lungen sind nicht ganz in Ordnung. Sie sollten ein paar Monate in der Schweiz verbringen.«

»Um Himmels willen«, antwortete der Geistliche. »Ich glaube nicht, daß ich mir das leisten kann. Das ist ausgeschlossen – soviel Geld hab' ich nicht. Ich bin ein armer Mann, wissen Sie!«

»Nun, es ist Ihre Sache«, sagte der Arzt. »Entweder Schweiz oder Himmel.«

Der Geistliche dachte einen Augenblick lang nach und sagte schließlich: »Na gut, also dann – die Schweiz.«

Wer will schon in den Himmel? Nicht einmal der Priester, der immer davon redet. Der Himmel ist ein Trick, den Tod mit schönen Farben zu übermalen, aber insgeheim weiß jeder: Es ist doch der Tod. Wie kann man sich selbst für dumm verkaufen?

Gurdjieff hat oft gesagt: Wenn du dir die Religion austreiben willst, wende dich an einen Priester; dann bleibt keine Spur davon zurück. Mag sein, daß der Durchschnittsmensch dem Priester auf den Leim geht, aber der Priester – kann der sich etwa selbst täuschen? Er produziert ja selbst das ganze Täuschungsmanöver. Kein Priester fällt auf sich selbst herein. Laut reden sie das eine, aber heimlich wissen sie etwas anderes. Was sie sagen und was sie tun, ist nicht dasselbe.

Und über einen Rabbiner las ich folgendes: Ein Jude, ein junger Mensch, kam zu seinem Rabbiner. »Rabbi, kann ich dich um Rat fragen? Es ist etwas sehr Wichtiges.«

»Sicher«, kam die Antwort.

»Nun, die Sache liegt so: Ich bin in zwei Mädchen verliebt ... jedenfalls glaub' ich das. Die eine ist sehr hübsch, aber hat kein Geld, während die andere zwar sehr nett ist, aber sehr schlicht aussieht; und sie hat eine Menge Geld. Was würdest du in meiner Lage tun? Wenn du ich wärst, was würdest du tun, Rabbi?«

»Nun«, sagte der Rabbi, »sicherlich liebst du doch die Schöne, also würde ich meinem Herzen folgen und sie heiraten.«

»Gut, dann also!« sagte der Junge. »Danke schön, Rabbi. So soll es also sein.« – »Ach, übrigens«, sagte der Rabbi, als der junge Mann sich zum Gehen anschickte, »könntest du mir vielleicht die Adresse der andern dalassen?«

Der Priester, der Rabbiner, der Pastor – sie wissen alle ganz genau, daß jedes ihrer Worte purer Unsinn ist. Sie sagen es für andere – für andere ist es gut.

Tantra setzt keine Priesterschaft in die Welt. Ohne Priester ist eine Religion rein. Setzt den Priester ein, und er vergiftet alles. Setzt Priester ein, und alles *muß* vergiftet werden, denn die Priester machen ihr eigenes Geschäft dabei.

Ein Mann kam in eine Kneipe; als er beim Bier saß, sah er einen Betrunkenen, der torkelnd und schwankend zur Tür hinausging und dazu die Geräusche eines fahrenden Autos nachmachte, wobei er die Arme ausstreckte, als ob er ein Steuerrad hielt und die Hupe drückte.

Der Neuankömmling war überrascht. Er fragte den Kneipeninhaber: »Warum sagt keiner diesem armen Wicht, was er da macht?«

Der Kneipenbesitzer sagte: »Es ist immer dasselbe. Sobald er einen zuviel intus hat, fängt er damit an. Jetzt wird das den ganzen Abend so weitergehen. Er läuft in der ganzen Stadt herum und tut so, als ob er ein tolles Auto fährt.«

Der Mann sagte: »Aber warum klären Sie ihn denn nicht auf?«

»Warum denn? – Er zahlt mir zwanzig Mark die Woche, damit ich das Auto wasche.«

Wenn du die Illusionen anderer ausbeutest, zerstörst du diese Illusionen nicht, sondern hast ein Interesse daran, sie noch zu schüren. Wo der Priester zu bestimmen hat, schlägt er Profit aus all euren Illusionen: aus euren Illusionen über Gott, Illusionen über die Seele, Illusionen über den Himmel, Illusionen über die Hölle – er sucht seinen Gewinn, wo es nur geht. Er hängt jetzt von euren Illusionen ab, er lebt von euren Illusionen – er beutet sie aus.

Tantra ist Desillusionierung; es hat keinerlei Priesterschaft ausgebildet. Tantra sagt, daß sich alles zwischen dir und der Wahrheit selbst abspielt, und daß niemand sich zwischen dich und die Wahrheit stellen darf. Öffne dein Herz für die Wahrheit, und die Wahrheit ist genug. Kein Mensch braucht sie für dich zu interpretieren. Du bist genug, um sie zu erkennen. Ja, je mehr du dich mit Interpretationen füllst, desto geringer ist deine Chance, zu erkennen, was ist.

Wahrheit ist am Anfang, Wahrheit ist in der Mitte und Wahrheit ist am Ende. Ja, es gibt überhaupt keine Mitte, keinen Anfang und kein Ende. Es ist alles *eins*. Wahrheit ist nichts Vergängliches, Wahrheit ist immer da.

Das ist das erste Sutra; Saraha sagt zum König:

> *Es ist am Anfang, in der Mitte und am Ende.*
> *Doch Anfang und Ende sind nirgends als hier.*

Ende und Anfang sind nirgendwo sonst zu finden: Jetzt ist die Zeit der Wahrheit und Hier ist der Raum der Wahrheit. In genau *diesem* Augenblick kommt die Wahrheit *hier* zusammen. Jetzt. Genau dieser Augenblick ist der Anfang, ist die Mitte, ist das Ende. Du brauchst nicht in die Vergangenheit zu schweifen, um herauszufinden, wann die Schöpfung begann. Genau *dieser* Augenblick ist Schöpfungsanfang. Du brauchst nicht in die Zukunft zu schweifen, um herauszufinden, wann die Schöpfung endet – sie endet in diesem Moment! *Jeder* Augenblick ist Anfang, Mitte und Ende zugleich. Denn jeden Augenblick wird die Schöpfung neu geboren; jeden Augenblick stirbt sie und wird sie wiedergeboren. Jeden Augenblick geht alles in den Zustand der Nicht-Existenz ein und kehrt zum Zustand der Existenz zurück.

Heute gehen in der modernen Physik Gerüchte um, daß diese tantrische Sicht tatsächlich wahr ist, daß es letzten Endes wirklich so ist. Es kann sein, daß alles jeden Augenblick verschwindet und wiederkommt, wieder auftaucht. Es verschwindet und – schwupps – ist es wieder da. Aber der Zwischenraum ist so klein, daß wir ihn nicht wahrnehmen können. Tantra sagt, daß es darum so frisch bleibt, daß die Schöpfung darum so frisch bleibt.

Den Menschen ausgenommen, ist im Dasein alles frisch, denn es ist nur der Mensch, der die Last, das Gepäck der Erinnerung mitschleppt. Das ist es, was den Menschen so schmutzig, so unsauber, so niedergedrückt, so beladen macht. Ihn ausgenommen, ist die ganze Schöpfung neu und frisch. Sie trägt keine Vergangenheit und träumt keine Zukunft. Sie ist einfach *hier*! Total *hier*! Wenn du die Vergangenheit mitschleppst, wird ein großer Teil deines Lebens von der Vergangenheit verschlungen... von einer Vergangenheit, die nicht da ist. Und wenn du in Zukunftsvorstellungen lebst, wird ein großer Teil deines Lebens von der Zukunft verschlungen – die nicht da ist, noch nicht. Und du wirst sehr dünn verteilt – darum fehlt deinem Leben jede Intensität.

Tantra sagt: Um die Wahrheit zu wissen, braucht man nur eines: Intensität – totale Intensität. Wie soll man diese totale Intensität in sich herstellen? Laß die Vergangenheit fallen, laß die Zukunft fallen, und deine gesamte Lebensenergie konzentriert sich auf das winzige Hier-Jetzt, und in diesem Brennpunkt wirst du zu Feuer, bist du eine lebendige Flamme. Es ist das gleiche Feuer, das Moses auf dem Berg Sinai sah – und Gott stand in dem Feuer, und das Feuer versengte ihn nicht. Ja, das Feuer versengte noch nicht einmal den grünen Busch. Der Busch blieb lebendig und frisch und grün.

Leben ist Feuer. Um das zu erfahren, brauchst du Intensität, sonst lebst du nur lauwarm dahin. Für Tantra gibt es nur ein Gebot: Lebe nicht lauwarm. Denn das ist kein Leben, das ist langsamer Selbstmord. Wenn du ißt, sei mit aller Intensität bei der Sache. Die Asketen haben die Tantriker in Grund und Boden verdammt: sie behaupten, sie wären Leute von Wein, Weib und Gesang. In einer Hinsicht haben sie sogar recht, aber in einer anderen haben sie sehr unrecht. Denn der Unterschied zwischen dem gewöhnlichen Wein-Weib-Gesang-Typ und einem Tantriker ist groß.

Für den Tantriker ist es der Weg zur Wahrheit; er sagt: Wenn du ißt, dann laß nur das Essen da sein und sonst nichts. Dann laß die Vergangenheit verschwinden und die Zukunft dazu. Dann laß deine ganze Energie in dein Essen strömen. Sei voller Liebe und Dankbarkeit bei deinem Essen. Kaue jeden Bissen mit ungeheurer Energie, und du hast nicht nur den Geschmack des Essens, sondern den Geschmack der Schöpfung – denn das Essen ist Teil der Schöpfung! Es bringt Leben hervor. Es erzeugt Vitalität, es erzeugt *prana.* Es zieht die Uhr wieder auf. Es erhält dich am Leben. Es ist nicht einfach nur Essen. Das Essen ist nur die äußere Hülle – drinnen steckt das Leben selbst. Solange du nur das Essen schmeckst, aber nicht das Leben, das es enthält, so lange lebst du ein lauwarmes Leben. So erfährst du nicht, wie ein Tantriker lebt. Wenn du Wasser trinkst, werde ganz Durst! Laß ihn überstark werden, so daß dir jeder Tropfen des kühlen Wassers eine ungeheure Befriedigung gibt. Und wenn du erlebst, wie diese Wassertropfen in deine Kehle rollen und wie sie dich befriedigen, dann schmeckst du Gott, dann schmeckst du die Wirklichkeit.

Tantra hat nichts mit gewöhnlichen Ausschweifungen zu tun. Tantra ist eine außergewöhnliche Ausschweifung. Es ist keine gewöhnliche Ausschweifung – es schwelgt in Gott selbst. Aber, so Tantra, nur durch die kleinen Dinge des Lebens kommen wir auf den Geschmack. Und es gibt gar keine ›großen‹ Dinge im Leben. Alles ist klein. Das Kleine wird groß und bedeutend, wenn du restlos hineingehst, rückhaltlos, total.

Wenn du mit einem Mann oder einer Frau zusammen bist, dann sei total in der Liebe. Vergiß alles andere. Laß in diesem Augenblick nichts anderes existieren. Laß die ganze Schöpfung in deinen Liebesakt eingehen. Laß deine Liebe wild sein, unschuldig... und unschuldig heißt: kein Gedanke drängt sich dazwischen. Denk nicht erst nach! Phantasiere nicht dabei! Denn alles Phantasieren oder Denken raubt dir Volumen, macht dich flach und platt. Laß alles Denken verschwinden. Laß den Akt total werden! Sei ganz in diesem Akt – verloren, versunken, verschollen... und dann – im Lieben – wirst du erfahren, was Gott ist.

Tantra sagt, daß Gott im Trinken erfahren werden kann, daß er im Essen erfahren werden kann, daß er im Lieben erfahren werden kann. Er kann überall, in jedem Winkel, in jeder Ecke erfahren werden – denn er ist überall. Alles ist Wahrheit.

Und bedaure nicht, daß du nicht am Anfang dabei warst, als Gott die Welt erschuf – er erschafft in diesem Augenblick! Du hast das Glück, hier zu sein. Du kannst ihm in diesem Augenblick bei der Schöpfung zusehen! Und hab keine Angst zu versäumen, wie die Welt mit einem Knall verschwinden wird – sie verschwindet in diesem Augenblick. Jeden Augenblick wird die Welt erschaffen und jeden Augenblick verschwindet sie. Jeden Augenblick wird sie geboren und jeden Augenblick stirbt sie. Also rät dir Tantra, genauso zu leben – stirb der Vergangenheit in jedem Moment und werde in jedem Moment neu geboren. Trage die Last nicht. Bleibe leer.

> *.... Doch Anfang und Ende sind nirgends als hier.*

Sie sind Hier-Jetzt.

> *Wessen Kopf durch deutende Gedanken verwirrt ist,*
> *Dessen Geist ist gespalten. Darum redet er*
> *Vom Nichts und von der Liebe wie von zweierlei.*

Nun gibt es zwei Möglichkeiten, diese Wahrheitserfahrung zu beschreiben, diese existentielle Erfahrung von dem, was ist, diese Erfahrung des So-Seins. Es gibt zwei Möglichkeiten, dies zu beschreiben, weil wir zwei Arten von Wörtern haben: die positiven und die negativen. Saraha legt die Betonung auf das Negative, denn auch Buddha hatte die Betonung auf das Negative gelegt.

Buddha gefiel das Negative sehr – aus einem ganz bestimmten Grund. Wenn du die Existenz mit einem positiven Wort belegst, ziehst du mit dem positiven Wort eine gewisse Grenze. Alle positiven Wörter setzen Grenzen. Negative Wörter ziehen keine Grenzen; das Negative ist unbegrenzt. Wenn ihr zum Beispiel die Existenz ›All‹ nennt, oder ›Gott‹, oder ›das Absolute‹, dann zieht ihr damit eine gewisse Grenze. Sobald ihr es das ›Absolute‹ nennt, kommt die Vorstellung auf, daß die Sache damit erledigt ist, daß es nicht weitergeht. Wenn ihr es ›brahma‹ nennt, dann ist offenbar die Perfektion erreicht – mehr als das kann es nicht geben. Wenn ihr es Gott nennt, gebt ihr ihm damit eine Definition... und die Existenz ist so riesig, daß sie nicht definiert werden kann. Sie ist so unendlich, daß alle positiven Wörter zu kurz greifen.

Also hat Buddha das Negative gewählt. Er nennt es *shunyam* – Nichts, Null. Hört euch einfach das Wort an: Nichts. Laßt es auf der Zunge zergehen, wendet es nach allen Seiten. Könnt ihr eine Grenze finden? – Nichts... es ist unbegrenzt. ›Gott‹? – sofort taucht eine Grenze auf. Sobald du ›Gott‹ sagst, schrumpft die Existenz. Sobald du ›Nichts‹ sagst, verschwinden alle Grenzen.

Die buddhistische Betonung liegt also auf dem Negativen. Aber eins dürft ihr nicht vergessen: mit ›Nichts‹ meint Buddha nicht einfach gar nichts. Wenn Buddha ›Nichts‹ sagt, meint er ›nichts Dingliches‹. Kein Ding kann die Existenz definieren; denn alle Dinge sind in ihr enthalten, sie selbst aber ist größer als alle Dinge. Sie ist mehr als die Summe aller ihrer Teile. Nun, das muß verstanden werden – eine der Einsichten von Tantra.

Du siehst eine Rose an. Nun kannst du zum Chemiker gehen, und der kann dir die Blume analysieren und sagen, woraus sie zusammengesetzt ist – welche Stoffe, welche Chemikalien, welche Farben. Er kann sie zerlegen. Aber wenn du fragst, »wo ist ihre Schönheit?«, zuckt er die Achseln und sagt: »Schönheit habe ich keine entdecken können – nur so und so viele Farben, so und so viel Materie, die und die Chemikalien. Das ist alles. *Und* ich habe nichts ausgelassen, nichts ist unberücksichtigt geblieben. Du kannst nachwiegen: es hat genau das gleiche Gewicht wie die Rose. Es fehlt nichts. Du mußt dich also geirrt haben; diese Schönheit muß deine Projektion gewesen sein.«

Tantra sagt: Schönheit existiert. Aber Schönheit ist mehr als die Summe aller Einzelteile. Das Ganze ist mehr. Das ist eine der Einsichten von Tantra, eine sehr wichtige Einsicht: Schönheit ist mehr als das, woraus sie sich zusammensetzt.

Oder nehmt ein kleines Baby, jauchzend vor Freude, quietschvergnügt, voller Leben; und nun seziert das Baby; legt es auf den Operationstisch des Chirurgen. Was werdet ihr danach finden? Da ist keine sprudelnde Freude mehr, kein Lachen, kein Kichern. Nirgends eine Spur von Unschuld. Nirgends eine Spur von Leben. Im selben Augenblick, wo ihr das Baby zerschneidet, ist das Baby weg, verschwindet das Leben. Aber der Chirurg wird darauf bestehen, daß nichts verlorengegangen ist. Ihr könnt nachwiegen – es ist alles noch da. Es ist genau das gleiche Baby. Aber könnt ihr auch die Mutter davon überzeugen, daß es das gleiche Baby ist? Seid ihr selbst überzeugt, daß es das gleiche Baby ist? Und wenn es das Kind des Chirurgen wäre, könntet ihr ihn überzeugen, daß diese toten Glieder auf dem Tisch sein Kind sind?

Irgend etwas ist verschwunden. Dieses Etwas mag nicht zu wiegen sein, dieses Etwas mag nicht meßbar sein, dieses Etwas mag nicht physikalisch sein, dieses Etwas mag nicht Materie sein – aber etwas *ist* verschwunden.

Das Kind wird nicht mehr tanzen und das Kind wird nicht mehr lachen und das Kind wird nicht mehr essen und wird nicht mehr trinken und nicht mehr schlafengehen und nicht mehr weinen und nicht mehr zärtlich sein und nicht mehr böse – etwas ist weg.

Tantra sagt, daß die Summe der Teile nicht das Ganze ist. Die Gesamtsumme der Teile ist nicht das Ganze – das Ganze ist mehr. Und in diesem Mehr steckt die Erfahrung des Lebens.

›Nichts‹ bedeutet ›nichts Dingliches‹. Alle Dinge zusammengenommen machen nicht die Schöpfung aus – die Schöpfung ist mehr. Sie ist immer mehr als ihre Teile. Das ist ihre Schönheit, das ist ihr Leben. Darum ist sie so ungeheuer freudig. Darum ist sie so voller Jubel.

Das also muß man sich merken: positive und negative Wörter. Tantra wird sich immer negativ ausdrücken, vor allem das buddhistische Tantra. Das Hindu-Tantra benutzt positive Wörter; das ist einer der Unterschiede zwischen dem buddhistischen und dem hinduistischen Tantra. Buddha benutzt immer wieder das Nein, wenn er die letzten Dinge beschreiben will; denn er sagt, daß du mit positiven Begriffen sofort Grenzen setzt.

Buddha sagt also: Eliminiert immer weiter – »neti, neti; weder – noch«; sagt immer weiter: »Dies ist es nicht, das ist es nicht, dies ist es nicht.« Und nur was nach allen Negationen übrigbleibt, *ist*.

Vergeßt also nicht, daß ›Nichts‹ nicht Leere bedeutet – es bedeutet Fülle, aber eine nicht beschreibbare Fülle. Und diese Nichtbeschreibbarkeit wird mit dem Wort ›Nichts‹ beschrieben.

Wessen Kopf durch deutende Gedanken verwirrt ist,
Dessen Geist ist gespalten.

Saraha sagt: Wer zu analytisch ist, zu interpretativ, wer immer nur in den Kategorien des Verstandes denkt, der ist immer zweigeteilt, immer gespalten. Er hat immer ein Problem. Das Problem existiert aber nicht, sondern kommt aus seinem eigenen gespaltenen Geist. Sein eigener Geist ist kein ungeteiltes Ganzes.

Neuerdings bestätigen das auch die Wissenschaftler. Sie sagen, daß das Hirn in zwei Teile gespalten ist: die linke und die rechte Hälfte, und daß beide Seiten verschieden funktionieren... nicht nur verschieden, sie funktionieren diametral entgegengesetzt. Die linke Seite des Geistes ist analytisch, und die rechte Seite ist intuitiv. Die linke Seite ist mathematisch, logisch, syllogistisch. Die rechte Seite ist poetisch, künstlerisch, ästhetisch, mystisch. Es gelten verschiedene Kategorien, und zwischen beiden ist nur eine sehr schmale Brücke, eine ganz schmale Verbindung.

Es ist schon vorgekommen, daß durch irgendeinen Unfall diese Verbindung unterbrochen wurde und daß aus einem Menschen zwei wurden. Im Zweiten Weltkrieg gab es viele solcher Fälle, wo diese Brücke zerstört und das Hirn gespalten wurde. So jemand hörte auf, *ein* Mensch zu sein. So jemand konnte morgens irgend etwas sagen und am Abend etwas völlig anderes behaupten, weil er alles vergessen hatte. Am Morgen funktionierte die eine Hemisphäre und am Abend die andere. Und das dann immer abwechselnd.

Die moderne Wissenschaft hat da noch viel zu erforschen. Yoga hat es bereits getan; und im Yoga heißt es, wenn dein Atem wechselt... ihr atmet etwa vierzig Minuten lang durch das eine Nasenloch und dann vierzig Minuten durch das andere. Die moderne Wissenschaft hat noch nicht darüber nachgedacht, warum der Atem wechselt und was das zu bedeuten hat. Aber Yoga hat sich sehr eingehend mit dieser Frage beschäftigt.

Wenn dein linker Nasenflügel arbeitet, ist deine rechte Hirnhälfte in Funktion: wenn dein rechter Nasenflügel arbeitet, dann die linke Hirnhälfte. Das ist eine Art inneres Regelsystem, so daß die eine Hälfte des Geistes immer nur vierzig Minuten lang arbeitet und dann ruhen kann. Irgendwie weiß der Mensch auch instinktiv, ohne recht zu verstehen, worum es sich handelt, daß man nach etwa vierzig Minuten seine Arbeit wechseln muß – und so findet zum Beispiel in allen Schulen, Colleges und Universitäten ein Unterrichtswechsel nach etwa vierzig Minuten statt. Die eine Hälfte des Geistes ist müde geworden. Vierzig Minuten scheint die Grenze zu sein, dann ist eine Pause nötig. Wenn du also vierzig Minuten lang Mathematik gemacht hast, ist es gut, sich danach vierzig Minuten mit Dichtung zu beschäftigen. Danach kann es wieder mit Mathematik weitergehen.

Im Zweiten Weltkrieg wurde also sehr deutlich, daß diese Brücke nur sehr schmal ist, sehr zerbrechlich, und durch einen beliebigen Unfall zerstört werden kann. Und wenn sie erst einmal zerbrochen ist, dann funktioniert der Mensch als zwei, dann ist er nicht mehr eins. Vierzig Minuten lang ist er der eine, vierzig Minuten lang der andere. Wenn er sich bei dir Geld borgt, streitet er das nach vierzig Minuten ab und sagt: »Ich hab' nie Geld von dir bekommen!« Und er lügt nicht. Macht euch das klar! – Er sagt keine Lüge. Die Seite, die geborgt hat, ist nicht eingeschaltet, so daß er keine Erinnerung daran hat. Die andere Seite hat nie geborgt. Die eine Seite streitet es einfach ab und erklärt dich für verrückt: »Wie kommst du darauf, daß du mir Geld geborgt hast?«

Aber das geschieht auch bei Leuten, bei denen diese Brücke nicht unterbrochen ist. Du brauchst nur in dein eigenes Leben hineinzusehen und wirst einen Rhythmus finden, einen ständigen Rhythmus. Noch vor ein paar Augenblicken warst du so liebevoll zu deiner Frau, und plötzlich rastet etwas ein, und alle Liebe ist wie weggeblasen. Und das macht dich verstört, denn da die Verbindung nicht zerbrochen ist, kannst du dich noch dunkel erinnern, was da eben vor ein paar Minuten noch war: wie liebevoll und bewegt du gefühlt hast. Und nun? Plötzlich bist du ganz erstarrt, bist du wie Eis. Vielleicht hast du sie eben noch an der Hand gehalten, und plötzlich hat sich dein Sinn gewandelt, plötzlich tauchen andere Gedanken auf, und diese

Hand da ist immer noch in deiner Hand! Nur fließt jetzt keine Energie mehr. Jetzt willst du dieser Hand entkommen, weg von dieser Frau. Ja, du fragst dich sogar: »Was mach ich bloß hier? Warum verschwende ich meine Zeit mit dieser Frau? Was ist denn schon dran an ihr?« Und zugleich quält es dich, denn eben hast du ihr noch versprochen: »Ich werde dich ewig lieben!« Und du machst dir Vorwürfe, daß du einen Fehler gemacht hast. »Eben hab ich ihr noch Versprechungen gemacht, und jetzt breche ich sie schon.«

Oder du bist wütend und möchtest am liebsten jemanden umbringen – und schon ein paar Minuten später ist die Wut verraucht, spürst du keine Wut mehr. Dir tut der andere sogar plötzlich leid. Du fühlst dich erleichtert: »Was für ein Glück, daß ich ihn nicht umgebracht habe.«

Beobachtet eure Gedanken, und ihr werdet feststellen, daß eine ständige Verschiebung stattfindet; die Gangschaltung ist ständig in Betrieb.

Tantra zufolge gibt es einen Zustand der Einheit, in dem die Brücke nicht mehr nur ein schmales Verbindungsglied ist, sondern wo beide Teile wirklich zusammengehen. Dieser Zusammenschluß ist die wirkliche Begegnung zwischen Mann und Frau, denn ein Teil von dir ist weiblich – die rechte Hälfte; und die linke Hälfte ist männlich. Und im Liebesakt zwischen Mann und Frau – im Orgasmus – kommen sich die beiden Hälften sehr nahe; genau das löst den Orgasmus aus. Es hat nämlich nichts mit Mann oder Frau zu tun – der Orgasmus wird nicht durch etwas Äußerliches ausgelöst, sondern ist etwas Inneres. Beobachtet es...

Die Tantriker haben das Phänomen der Liebe so tief wie sonst niemand untersucht, weil sie glauben – und sie haben recht –, daß das größte Phänomen auf der Erde die Liebe ist, und das größte Erlebnis des Menschen der Orgasmus. Wenn das also stimmt, dann muß man der letzten Wahrheit im Moment des Orgasmus viel näher kommen können, als irgendwann sonst. Das ist schlichte Logik. Man braucht nicht lange nachzudenken, es ist ja ganz offensichtlich. Hier liegt die allergrößte Freude, die der Mensch kennt, also muß diese Freude irgendwie eine Tür zum Unendlichen öffnen – vielleicht nur einen winzigen Spalt breit, nur sehr kurz. Vielleicht nur ein Schimmer – aber ein kleines Stück Unendlichkeit dringt ein. Einen Augenblick lang gehen Mann und Frau verloren. Sie sind nicht mehr in ihren Egos, ihre Schutzhüllen verschwinden.

Was passiert da genau? Ihr könnt auch die Physiologen fragen. Tantra hat schon vieles lange vor ihnen entdeckt. Zum Beispiel: Wenn du dich mit einer Frau sexuell vereinigst und dich orgasmisch und glücklich fühlst, dann hat das nichts mit der Frau zu tun; es ist ein rein innerer Vorgang. Es hat nichts mit dem Orgasmus der Frau zu tun. Dein Orgasmus und ihr Orgasmus sind zwei völlig getrennte Dinge.

Wenn die Frau ihren Orgasmus hat, hat sie *ihren* Orgasmus – er hat nichts mit dir zu tun. Vielleicht funktionierst du als Auslöser, aber der Orgasmus der Frau ist ihr eigener Orgasmus, und dein Orgasmus ist dein Orgasmus. Ihr seid beide zusammen, aber euer Orgasmus gehört euch. Und wenn du einen Orgasmus hast, kann deine Frau deine Freude nicht teilen – nein.

Es ist absolut *dein* Orgasmus. Er ist Privatsache. Sie kann sehen, daß mit dir etwas passiert – an deinem Gesicht, an deinem Körper, aber das ist nur eine Beobachtung von außen. Sie kann nicht daran teilhaben. Wenn die Frau ihren Orgasmus hat, bist du nur Beobachter, du kannst genausowenig daran teilnehmen wie umgekehrt.

Und selbst, wenn ihr euren Orgasmus zusammen habt, wird deine orgasmische Freude dadurch nicht größer oder kleiner; sie wird nicht durch den Orgasmus der Frau berührt, noch wird der Orgasmus der Frau durch dich beeinflußt. Du bist völlig privat, total in dir selbst drin – das ist das eine. Das heißt: Jeder Orgasmus ist im Grunde masturbatorisch. Die Frau ist nur eine Hilfe, ein Vorwand; der Mann ist nur eine Hilfe, ein Vorwand – aber kein Muß.

Das zweite, was die Tantriker beobachtet haben: Der Orgasmus hat nichts mit eurem Sexzentrum zu tun, absolut nichts. Wenn die Verbindung zwischen Sexzentrum und Hirn unterbrochen wird, kann man zwar einen Orgasmus haben, aber ohne jede Freude. Der Orgasmus findet in Wirklichkeit also nicht im Sexzentrum, sondern im Hirn statt. Etwas, das mit dem Sexzentrum zu tun hat, wird im Hirn ausgelöst, passiert im Hirn. Und die moderne Forschung stimmt hier völlig zu.

Ihr habt sicher schon den Namen des berühmten Psychologen Delgado gehört. Er hat winzige Instrumente entwickelt. Er kann Elektroden im Hirn anbringen, und diese Elektroden können ferngesteuert werden. Das geht mit Hilfe einer kleinen Box, die die Knöpfe der Fernsteuerung enthält. Man kann die Box in der Tasche bei sich tragen, und jedesmal, wenn dir nach einem Orgasmus zumute ist, drückst du einfach einen Knopf. Dein Sexzentrum wird dabei völlig beiseite gelassen. Der Knopf berührt einfach nur eine Stelle im Hirn – genau die Stelle im Hirn, auf die die sexuelle Energie trifft, wenn sie vom Sexzentrum ausgeschickt wird. Hier wird sie aber unmittelbar getroffen, und du hast einen phantastischen Orgasmus.

Oder du drückst einen andern Knopf und wirst ungeheuer wütend; oder wieder einen Knopf, und du verfällst sofort in tiefste Depressionen. Du kannst eine ganze Skala von Knöpfen mit dir herumtragen und deine Stimmungen nach Wunsch umschalten.

Als Delgado zum erstenmal mit seinen Versuchstieren experimentierte, vor allem mit Mäusen, war er sehr überrascht. Er schloß seine Lieblingsmaus an die Elektrode an, die Maus, die am besten trainiert war, mit der er schon tagelang experimentiert hatte – eine sehr intelligente Maus... Er setzte ihr also die Elektrode in den Kopf, gab der Maus eine Box und trainierte sie, einen Knopf zu drücken. Sobald sie raus hatte, daß der Knopf einen Orgasmus auslöste, drehte die Maus durch. An einem einzigen Tag sechstausend Orgasmen... Sie starb. Sie wollte von nichts anderem mehr wissen. Sie wollte nicht essen, sie wollte nicht schlafen, sie wollte... sie vergaß einfach alles andere. Sie drückte den Knopf wie eine Verrückte, wieder und wieder und wieder.

Dieses moderne Forschungsergebnis belegt genau das, was Tantra seit je gewußt hat. Erstens, daß der Orgasmus nichts mit der Person draußen zu tun hat; weder mit dem Mann noch der Frau. Und zweitens, daß er nichts mit deiner Sex-Energie zu tun hat. Die Frau löst deine Sex-Energie aus; deine Sex-Energie wiederum löst deine Hirnenergie aus; ein Hirnpunkt wird gedrückt, und dort, im Hirn, im Kopf – und nirgendwo sonst – findet der Orgasmus statt.

Das ist auch der Grund, warum Pornographie eine so starke Suggestion ausübt; denn Pornographie kann das Hirn auf direktem Wege stimulieren. Ob eine Frau schön oder häßlich ist, hat überhaupt nichts mit deinem Orgasmus zu tun. Eine häßliche Frau kann dir zu einem ebenso schönen Orgasmus verhelfen wie eine schöne Frau. Warum aber gefällt dir die häßliche Frau dann nicht? Sie reizt deine Phantasie nicht – das ist alles. Was den Orgasmus betrifft, ist die eine so gut wie die andere. Ob sie die häßlichste Frau der Welt ist oder die allerschönste, Kleopatra in Person – das ist völlig gleichgültig. Aber deine Phantasie, dein Hirn, interessiert sich mehr für die Form, für die Schönheit.

Tantra sagt, daß sich uns eine ganz neue Dimension auftut, wenn wir erst einmal den Mechanismus des Orgasmus voll verstanden haben.

Noch einen Schritt weiter.

Bis zu diesem Punkt kann die moderne Wissenschaft folgen: daß nämlich der Orgasmus im Hirn stattfindet. Der Orgasmus der Frau geschieht in der rechten Hirnhälfte – zu diesem Punkt kann die Wissenschaft sich noch nicht äußern – Tantra tut es und sagt: Der Orgasmus der Frau geschieht in der rechten Hirnhälfte, weil das das feminine Zentrum ist. Und der männliche Orgasmus geschieht in der linken Hälfte – das ist die männliche Hirnhälfte. Tantra geht dieser Sache nach und kommt zu der Erkenntnis, daß in dem Moment, wo beide Seiten des Hirns zusammentreffen, eine ungeheure Freude entsteht – es kommt zum *totalen* Orgasmus.

Und die beiden Seiten des Hirns können sehr leicht zusammenkommen – je weniger analytisch du bist, desto näher liegen sie beisammen. Darum ist ein Geist, der immerzu interpretiert, nie glücklich. Ein nicht-interpretierender Geist ist glücklicher. Die Primitiven sind frohere Menschen als die sogenannten zivilisierten, gebildeten Kulturmenschen. Die Tiere sind glücklicher als die Menschen, die Vögel sind fröhlicher. Sie haben keinen Geist, der alles deutet. Erst der analytische Verstand reißt die Kluft auf.

Je mehr du logisch zu denken beginnst, desto tiefer die Kluft zwischen den beiden Hälften. Je weniger logisch du denkst, desto näher kommen sie sich. Je poetischer, ästhetischer du die Dinge angehst, desto größer deine Chancen, zu Freude, Jubel und Überschwenglichkeit zu finden.

Und der letzte Punkt – hier glaube ich, daß die Wissenschaft noch Jahrhunderte brauchen wird, um bis dahin zu kommen... Der letzte Punkt ist, daß die Freude auch gar nicht genau im Hirn stattfindet, sondern im ›Beobachter‹, im ›Zeugen‹ hinter diesen beiden Hirnhälften. Wenn nun dieser Beobachter mehr zu der männlichen Geisteshälfte neigt, kann die Freude nicht so groß sein. Oder, wenn sich dieser Beobachter zu sehr zum weiblichen Geist hingezogen fühlt, dann ist die Freude zwar ein bißchen größer, aber auch nicht total.

Könnt ihr es denn nicht sehen? – Frauen sind glücklichere Geschöpfe als Männer. Darum sehen sie schöner, unschuldiger, jünger aus. Sie leben länger, sie leben friedlicher, leben zufriedener. Sie machen sich nicht so viele Gedanken. Frauen begehen weniger Selbstmord, sie werden nicht so oft verrückt – die Rate bei Männern ist doppelt so hoch. Beim Mann ist die Zahl doppelt so hoch, sowohl beim Selbstmord als auch beim Verrücktwerden. Und wenn ihr auch noch all die Kriege zu den selbstmörderischen und wahnsinnigen Tendenzen des Mannes dazurechnet, dann hat sich der Mann buchstäblich mit nichts anderem beschäftigt. Seit Menschengedenken hat der Mann für Kriege gerüstet und Menschen getötet.

Der weibliche Geist ist froher, weil er poetischer, ästhetischer, intuitiver ist. Aber wenn man sich an keine Hälfte des Geistes bindet, wenn man nur beobachtender Zeuge bleibt, wird die Freude grenzenlos und unfaßbar.

Diese Freude haben wir ›anand‹ genannt – Glückseligkeit. Diesen Zeugen zu kennen, heißt eins werden, absolut eins. Dann lösen sich der Mann und die Frau in dir auf, dann verlieren sich deine beiden Seiten in Einheit. Dann wird dein Leben von Augenblick zu Augenblick orgasmisch. Und in diesem Zustand verschwindet der Sex automatisch – jetzt ist er auch nicht mehr nötig. Wenn der Mensch vierundzwanzig Stunden am Tag im Orgasmus lebt, was soll da noch der Sex?

In diesem Zeuge-Sein wirst du orgasmisch. Nur ist der Orgasmus dann keine Sekundensache mehr, sondern wird einfach zu deiner Natur. *Das* ist Ekstase.

Wessen Kopf durch deutende Gedanken verwirrt ist,
Dessen Geist ist gespalten. Darum redet er
Vom Nichts und von der Liebe wie von zweierlei.

Saraha sagt, daß die Existenz eine Nicht-heit ist; aber verzweifelt nicht; mit Nicht-heit meinen wir nicht, daß sie trostlos und leer ist. Vielmehr meinen wir genau das Gegenteil: daß die Schöpfung erfüllt ist, so erfüllt, daß wir sie ›Nichts‹ nennen. Wenn wir sie ›Etwas‹ nennen, begrenzen wir sie, aber sie ist grenzenlos – also nennen wir sie lieber ›Nichts‹. Aber die Buddhisten werden immer wieder gefragt: »Wenn es das Nichts ist, woher soll dann die Menschenliebe kommen? Warum spricht Buddha dann soviel von Mitgefühl!«

Saraha sagt: Das Nichts und die Liebe sind zwei Aspekte ein und derselben Energie. ›Nichts‹, auf die Existenz bezogen, bedeutet: Ich muß nicht-egoistisch werden. Ego heißt: Ich bin jemand. Wenn die Existenz Nichts ist und ich mit dieser Existenz in Einklang leben will, wenn ich Teil dieser Existenz werden will, dann muß ich das Ego fallenlassen. Das Ego macht einen Jemand aus mir, es gibt mir eine Definition, eine Begrenzung. Wenn die Existenz ohne ein Selbst ist, ist sie ein Nichts – anatta – und so muß also auch Ich zu einem Nichts werden: Nur so können sich diese beiden Nicht-heiten treffen und ineinander auflösen. Ich muß zum Nicht-Ich werden, und aus diesem Nicht-Ich kommt die Liebe.

Ich und Leidenschaft gehen zusammen. Mit dem Nicht-Ich geht die Mit-Leidenschaft einher, das Mitgefühl. Mit dem Ich kommt die Gewalt. Mit dem Nicht-Ich kommt die Liebe. Mit dem Ego kommen Aggression, Wut, Grausamkeit; mit dem Nicht-Ego kommen Freundlichkeit, Anteilnahme, Zuneigung.

Mit andern Worten sagt Saraha, daß die Nächstenliebe nicht künstlich erzeugt werden kann. Wenn du in der Nicht-heit leben kannst, wird die Liebe aus dir fließen, ganz von allein.

Ich habe gehört: Ein Mann ging zu seiner Bank und bat um ein Darlehen. Nachdem er sich nach den Einzelheiten erkundigt hatte, fragte der Bankbeamte: »Von Rechts wegen müßte ich Ihnen Ihre Bitte abschlagen, aber ich will Ihnen eine Chance geben; der Zufall soll entscheiden. Eins von meinen Augen ist ein Glasauge – wenn Sie mir sagen welches, bekommen Sie Ihr Darlehen.« – Der Kunde sah ihm forschend in die Augen und sagte dann: »Ihr rechtes Auge!« – »Stimmt!« sagte der Mann verwundert und wollte wissen, wie er das erraten hätte.

»Nun«, antwortete der Kunde, »es drückt mehr Mitgefühl aus, da hab' ich mir gedacht, das muß das Glasauge sein.«

Das Ego, das kalkulierende, gerissene Verstandesdenken, hat nie Mitgefühl – unmöglich. Die bloße Existenz des Ego bedeutet Gewalt. Insofern du bist, bist du gewaltsam. Du kannst gar nicht gewaltlos sein. Wenn du wirklich gewaltlos sein willst, mußt du dein Ich aufgeben, mußt du zum Nichts werden. Erst aus deiner Nicht-heit kommt die Gewaltlosigkeit. Sie kommt nicht aus Überzeugung, sondern du mußt zu einem Niemand werden – dann fließt sie von allein. Es ist der Fels des ›Ich‹, der deinen Energiefluß blockiert. Wenn der nicht ist, fließt das Mitgefühl mit Leichtigkeit.

Saraha sagt: Das Nichts und die Liebe sind nicht zweierlei. Sei erst nichts, dann kommt auch das Mitgefühl. Gelangst du aber umgekehrt erst zur Liebe, dann erkennst du, daß du dabei zu einem Nichts geworden bist, zu einem Niemand.

Die Beschreibung der Existenz als ein ›Nichts‹ ist ein großer Schritt zur Vernichtung des Ich. Und dies ist eines der größten Geschenke, die Buddha der Menschheit gemacht hat. Andere Religionen kultivieren das gleiche Ego auf versteckte Art und Weise weiter. Der Rechtschaffene kann sich auf die Brust klopfen und sagen: »Ich bin gerecht!« Der Moralist denkt: »Ich bin moralischer als andere.« Der Mann, der die Rituale seiner Religion befolgt, hält sich für heiliger als andere – aber das sind alles Egospiele und bringen letzten Endes nichts. Buddha macht ganz klar, daß es nicht um anerzogene Verhaltensweisen geht, sondern allein um eine Erkenntnis: dir bewußt zu werden, daß *niemand* in dir ist.

Habt ihr je in euch nachgeschaut? Seid ihr je nach innen gegangen und habt euch dort umgesehen? Ist da jemand? Du wirst niemanden finden. Du wirst Schweigen finden. Du wirst niemandem begegnen. Sokrates fordert: »Erkenne dich selbst!« Und Buddha sagt: »Wenn du dich wirklich erkannt hast, wirst du kein ›ich selbst‹ finden. Es ist niemand innen. Reines Schweigen. Du wirst gegen keine Mauer rennen, wirst auf kein Selbst stoßen. Alles leer. So leer wie die Existenz selbst. Und aus dieser Leere kommt alles geflossen. Aus dieser Nicht-heit strömt alles.«

Bienen wissen, daß in Blüten
Honig zu finden ist.
Daß samsara *und* nirvana *nicht zwei sind,*
Wie sollen das Verwirrte je verstehn?

Habt ihr es schon einmal gesehen? Ein kleiner idyllischer See, mit vielen Blumen drum herum... und unter den Blumen sitzen Frösche, ohne zu ahnen, daß in den Blüten Honig ist.

Bienen wissen, daß in Blüten
Honig zu finden ist.

Die Wasservögel und Schwäne, die Fische und Frösche – sie alle wissen es nicht, obwohl sie die Nachbarn der Blumen sind. Um zu entdecken, daß Blumen Honig haben, muß man zur Biene werden. Saraha sagt, daß der Tantriker wie eine Biene ist und der Asket wie ein Frosch. Er wohnt Seite an Seite mit den Blumen und weiß von nichts. Nicht nur weiß er von nichts, er leugnet es sogar. Er hält die Bienen für Lüstlinge, für Narren, die sich selbst zerstören.

Für Saraha sind die Asketen Frösche und die Tantriker Bienen. Im Phänomen des Sex liegt das Göttliche verborgen. In der Energie des Sex liegt der Schlüssel, der das Tor zum Dasein öffnet. Aber Frösche können ihn nie finden. Für Tantra ist es das Offensichtlichste von der Welt – wo doch das Leben durch Sex-Energie hervorgebracht wird. Also muß der Sex das Zentrum des Lebens sein. Das Leben kommt durch Sex-Energie. Ein neues Kind kommt durch Sex-Energie zur Welt. Ein neues Wesen betritt das Dasein, ein neuer Gast kommt an... durch sexuelle Energie! Sie ist die schöpferischste aller Energien. Also werden wir, wenn wir uns tiefer mit dem Sex beschäftigen, gewiß noch vieles entdecken – größere, kreativere Möglichkeiten.

Für Tantra ist der Sex nur die unterste Sprosse der sexuellen Energie, der Libido. Je tiefer du eindringst, je tiefer du sie mit wachsender Bewußtheit erforschst, desto näher kommst du ihrer höchsten Entfaltungsmöglichkeit, dem Samadhi – es liegt darin verborgen.

Sex ist Samadhi, nur in den Schmutz gefallen – wie ein Diamant, der in den Schlamm gefallen ist. Du brauchst den Diamanten nur zu putzen. Der Schlamm kann ihm nichts anhaben. Der Schlamm ist nur an der Außenseite; du wäschst ihn ab, und danach funkelt er wieder in seinem ganzen Glanz, in seiner ganzen Pracht.

Im Sex liegt ein Diamant verborgen. In der Liebe liegt Gott verborgen. Wenn Jesus sagt: »Gott ist die Liebe«, hat er diese Vorstellung wohl irgendwie vom Tantra bezogen, denn der jüdische Gott ist alles andere als Liebe. Es kann also nicht aus der jüdischen Tradition kommen. Der jüdische Gott ist ein sehr jähzorniger Gott.

Der jüdische Gott sagt: »Ich bin sehr eifersüchtig, ich bin sehr jähzornig. Und wenn du gegen mich bist, werde ich mich rächen.« Der jüdische Gott ist ein sehr diktatorischer Gott. Liebe hat in der jüdischen Vorstellungswelt keinen Platz. Woher also hatte Jesus diese Vorstellung, daß Gott die Liebe ist? Aller Wahrscheinlichkeit nach hat er sie aus der tantrischen Tradition Indiens, von Tantrikern, die sie verbreiteten.

Saraha hat dreihundert Jahre vor Jesus hier in Indien gelebt. Wer weiß? Vielleicht sind Saraha und seine Ideen weit gereist? Es gibt sehr triftige Gründe, das anzunehmen. Mit großer Wahrscheinlichkeit hat Jesus eine Zeitlang in Indien gelebt, sind Boten von Indien bis nach Israel vorgedrungen.

Eines aber steht fest: Gott als Liebesenergie anzusehen, kommt aus dem Tantra. Nur haben es die Christen falsch verstanden. Jesus selbst hat den Wink gegeben, ›Gott ist die Liebe‹ – aber die Christen haben es nicht verstanden. Sie haben es als ›liebenden Gott‹ gedeutet – der wahre Sinn entging ihnen. Jesus will nicht sagen, daß Gott liebt. Jesus sagt, daß Gott Liebe *ist* – Gott ist gleich Liebe. Es ist eine Formel: Liebe ist gleich Gott. Geh tief in die Liebe hinein, und du findest Gott. Und einen andern Weg, ihn zu finden, gibt es nicht.

Bienen wissen, daß in Blüten
Honig zu finden ist.
Daß samsara *und* nirvana *nicht zwei sind,*
Wie sollen das Verwirrte je verstehn?

Wer sind diese Verwirrten? Die Frösche, die Asketen, die sogenannten Mahatmas und geistlichen Oberhäupter, die die Welt immerzu leugnen, weil sie behaupten, Gott sei gegen die Welt. Das ist dummes Zeug! Wenn Gott gegen die Welt ist, warum erschafft er sie dann immer von neuem? Er kann sie jederzeit anhalten, wenn er so gegen sie ist. Wenn er mit euren Mahatmas einer Meinung wäre, hätte er sie längst angehalten. Aber er erschafft sie weiter. Er scheint nichts gegen sie zu haben – er scheint voll und ganz hinter ihr zu stehen.

Tantra sagt, daß Gott nichts gegen die Welt hat. Samsara und nirvana sind nicht zweierlei. Sie sind eins. Der Asket bekämpft die Sex-Energie, und durch diesen Kampf fällt er von Gott ab, fällt er vom Leben ab, entfernt er sich von der eigentlichen Quelle der Lebenskraft. Und das führt dann zu Perversionen – ganz klar. Je mehr du gegen etwas ankämpfst, desto pervertierter wirst du. Dann pirschst du dich nämlich auf Schleichwegen und Hintertürchen doch wieder ran.

Also bekämpft der Asket oberflächlich den Sex, bekämpft das Leben, und unten drunter fängt er zu phantasieren an. Je mehr er ihn unterdrückt, desto sexbesessener wird er. Der Asket ist ein Besessener. Der Tantriker ist ein sehr natürlicher Mensch, frei von allen Besessenheiten. Aber das Ironische ist, daß der Asket den Tantriker für sexbesessen hält; der Asket glaubt, der Tantriker rede nur vom Sex – »Warum reden sie soviel über Sex?« fragt er. Dabei ist es der Asket, der besessen ist. Er redet nicht darüber; und wenn, dann nur, um den Sex zu verdammen – aber seine Gedanken kreisen ständig um den Sex. Wie betrunken torkeln seine Gedanken immer im Kreise herum. Es ist schwierig, es gegen Gott aufzunehmen – selbst wenn du es versuchst, ist deine Niederlage sicher. Dein Verstand wird dich schon irgendwie zur Strecke bringen.

Ich habe gehört: Ein Jude spricht mit einem Freund und sagte: »Ich schlafe immer gern allein. Ich glaube an die Enthaltsamkeit. Seit wir verheiratet sind, haben meine Frau und ich getrennte Schlafzimmer.«

»Aber«, fragte der Freund, »wenn dir nun in der Nacht danach ist, zu deiner Frau zu gehen, was dann?«

»Ach«, war die Antwort, »dann pfeif' ich einfach.«

Der Freund wunderte sich, fragte aber weiter: »Und was passiert umgekehrt, wenn sich deine Frau nach ein bißchen Liebe sehnt?«

»Ach«, antwortete der, »dann kommt sie an meine Tür und klopft, und wenn ich antworte, fragt sie: ›Isaak, hast du gepfiffen?‹«

Getrennte Schlafzimmer oder nicht – es kommt auf das gleiche hinaus. Der Verstand findet immer eine Hintertreppe. Der Verstand pfeift dann einfach. Aber die Frau darf natürlich nicht pfeifen – so vulgär darf sie sich nicht aufführen. Aber sie darf kommen und fragen – »Isaak, hast du gepfiffen?«

Der Verstand ist sehr schlau. Aber eines ist sicher: Der Wirklichkeit des Lebens kannst du nicht entkommen. Wenn du zu entkommen versuchst, denkt sich der Verstand neue Schliche aus, noch raffiniertere, und dann hat er dich erst recht im Netz.

Ich kann mir keinen Asketen vorstellen, der je zur Wahrheit gelangt ist – undenkbar. Er leugnet das Leben: Wie kann er da die Wahrheit finden?

Die Wahrheit muß lebendig sein. Die Wahrheit muß mit dem Leben gehen, im Leben sein. Genau darum sage ich ja meinen Sannyasins, dem Leben nicht den Rücken zu kehren – ich sage: Seid mitten im Leben! Geht total ins Leben hinein! Dort, irgendwo auf dem Marktplatz, ist die Tür.

> *Daß* samsara *und* nirvana *nicht zwei sind,*
> *Wie sollen das Verwirrte je verstehn?*

Aber die Frösche? Wie sollen sie das verstehen? Werdet zur Biene! Prägt euch das ganz tief ein – wenigstens meine Sannyasins; werdet zur Biene! Werdet nicht zum Frosch! Die Blumen des Lebens tragen den Honig Gottes... sammelt ihn.

Wenn der Verwirrte sich im Spiegel sieht,
Dann sieht er ein Gesicht und nicht ein Spiegelbild.
Genauso glaubt der Geist,
Der nichts von Wahrheit wissen will,
An etwas, das nicht Wahrheit ist.

Der Geist ist ein Spiegel – er wirft ein Bild zurück. Er kann euch nur die Schatten der Existenz zeigen, niemals das Wirkliche, niemals das Original. Er ist ein See, in dem du den Vollmond gespiegelt siehst, aber das Spiegelbild ist nicht der Vollmond. Und wenn du erst einmal das Spiegelbild für den wirklichen Vollmond hältst, bekommst du nie den wirklichen Mond zu sehen.

Saraha sagt:

Wenn der Verwirrte sich im Spiegel sieht,
Dann sieht er ein Gesicht und nicht ein Spiegelbild.

Was ist der Unterschied, wenn man ein Gesicht statt eines Spiegelbilds sieht? Wenn du ein Gesicht zu sehen glaubst, bist du verblendet. Du denkst: »Das ist mein Gesicht.« Das ist aber nicht dein Gesicht – das ist nur das Spiegelbild deines Gesichts. Im Spiegel kann es kein wirkliches Gesicht geben, nur Spiegelungen.

Der Geist ist ein Spiegel! Er spiegelt die Wirklichkeit, aber wenn du an diese Reflexion glaubst, glaubst du an das Unwirkliche, an ein Abbild. Und genau dieser Glaube hindert dich. Saraha sagt: Wenn du die Wahrheit wissen willst, laß deinen Geist beiseite, sonst spiegelt er dir nur etwas vor und du verguckst dich in das Spiegelbild. Laß den Geist beiseite. Wenn du wirklich das Wirkliche erkennen willst, dann laß das Reflektieren sein.

Zum Beispiel – du siehst den Vollmond im See gespiegelt. Wo wirst du ihn also suchen? Wirst du ins Wasser springen? Wirst du nach ihm tauchen? Du wirst leer ausgehen. Aber dich selbst kannst du sehr wohl dabei verlieren. Wenn du den wahren Vollmond sehen willst, wende dich von der Reflexion ab, schau genau in die entgegengesetzte Richtung… *dort* findest du den Mond. Geh nicht tiefer in das Denken hinein; geh' genau in die entgegengesetzte Richtung.

Der Verstand analysiert: Suche die Synthese. Der Verstand folgt der Logik: Glaube nicht an Logik. Der Verstand ist sehr berechnend, der Verstand ist schlau; sei du unschuldig. Geh in die entgegengesetzte Richtung. Der Verstand fordert Beweise, Gründe – frag nicht nach Beweisen und Gründen. Das ist Vertrauen – in die entgegengesetzte Richtung zu gehen. Der Verstand ist ein großer Zweifler. Wenn du zweifelst, gehst du in den Verstand. Zweifle nicht! Das Leben muß gelebt, nicht bezweifelt werden. Du mußt dem Leben vertrauen. Geh Hand in Hand mit dem Vertrauen, und du wirst die Wahrheit finden. Geh mit dem Zweifel, und du wirst dich verirren.

Bei der Suche nach der Wahrheit mußt du dich vom Verstand entfernen, in die Gegenrichtung gehen – weil der Verstand ein Spiegel ist und reflektiert. Und den Verstand beiseite zu lassen, ist das ganze Geheimnis der Meditation. Die Gedanken, das Denken, alle mentalen Prozesse beiseite zu lassen, ist das ganze Geheimnis der Meditation.

Wenn du so in die Wirklichkeit schauen kannst, daß sie sich nicht in Gedanken spiegelt, dann ist die Wahrheit hier und jetzt, dann bist du die Wahrheit, und alles ist Wahrheit. Dein Geist – das ist die große Fähigkeit, dir etwas vorzumachen, dich zu täuschen, zu träumen.

> *Der Duft der Blumen läßt sich nicht berühren,*
> *Und ist doch überall und augenblicklich wahrnehmbar.*
> *Erkenne ebenso am ungeformten In-sich-Sein*
> *Das Rund mystischer Kreise.*

Ein großes Sutra.

> *Der Duft der Blumen läßt sich nicht berühren, ...*

Ihr könnt den Blumenduft nicht berühren.

> *... Und ist doch überall und augenblicklich wahrnehmbar.*

Aber ihr könnt ihn riechen. Ihr könnt ihn nicht sehen, aber ihr könnt ihn riechen. Er umgibt euch. Ihr könnt ihn nicht mit

Händen greifen, er ist nicht greifbar, er kann nicht berührt werden. Und wenn ihr die Berührbarkeit zum Kriterium der Wahrheit macht, dann müßt ihr folgern, daß es den Duft nicht gibt.

Die Wahrheit ist nicht begrifflich faßbar. Wenn du denkst, gehst du an ihr vorbei.

Die Wahrheit kann zwar erfahren, aber nicht gewußt werden. Die Wahrheit kann zwar erkannt, aber nicht logisch gefolgert werden. So wie die Augen den Duft der Blumen nicht sehen und die Ohren ihn nicht hören können...

Wenn ihr es zur Bedingung macht, daß ihr ihn nicht eher als wirklich anerkennt, als bis ihr ihn mit eigenen Ohren hören und mit eigenen Augen sehen könnt, dann baut ihr Schranken auf und werdet ihn nie wahrnehmen.

Und wenn ihr nicht an den Duft glaubt, werdet ihr nach und nach nicht mehr riechen können, denn jede Fähigkeit, die nicht gebraucht wird, der man nicht traut, verdirbt und verkümmert mit der Zeit. Vertrauen ist eine Fähigkeit. Ihr habt so lange mit Zweifeln gelebt, ihr wart so lange schon mit dem Zweifel verheiratet, daß ihr sagt: »Erst will ich Beweise sehen – ich zweifle.« Also bleibt ihr bei euren Zweifeln, und die Wahrheit kann nur durch Vertrauen erfahren werden, genau wie der Blumenduft nur durch Riechen erfahren werden kann.

Wenn du vertraust, zeigt sich die Wahrheit.

Shradda – Vertrauen, Zuversicht – bedeutet nur dies: daß das Mittel, um die Wahrheit zu erkennen, nicht der Zweifel ist, nicht die Skepsis. Wer auf den Zweifeln beharrt, bleibt bei seinen Zweifeln.

> *... Und ist doch überall und augenblicklich wahrnehmbar.*

Wo Vertrauen ist, ist die Wahrheit *augenblicklich* da. Nicht *ein* Augenblick geht verloren.

> *Erkenne so am ungeformten In-sich-Sein...*

Und was ist Vertrauen? Ich habe noch nie eine so schöne Definition von Vertrauen gehört:

Erkenne so am ungeformten In-sich-Sein...

Leg dich auf keine Form, keine Struktur fest! Jede Struktur ist eine Art Panzer. Jede Struktur ist eine Art Selbstschutz. Jede Struktur ist ein Abwehrmechanismus. Sei offen, leg dich nicht fest.

Erkenne so am ungeformten In-sich-Sein...

Wenn du ungeformt, nicht festgelegt, wenn du einfach offen bist, dann trägst du keine Rüstung, dann panzerst du dich nicht mit Logik, mit Zweifeln und dergleichen, dann bist du einfach verwundbar... ohne Struktur, ungeschützt unter dem offenen Himmel, alle Türen offen. Mag Freund oder Feind hereinkommen! Mag kommen, wer will, du hältst alle Türen offen. In dieser Offenheit bist du in dir, bist du das Sein selbst, bist du in einem Zustand des So-Seins, bist du leer, bist du eine Nichtheit. Jetzt erkennst du, was Wahrheit ist:

... Das Rund mystischer Kreise.

Und du wirst sehen, wie sich aus dem So-Sein zwei Kreise herauskristallisieren: Der eine ist *nirvana,* der andere *samsara.* Zwei Wellen steigen auf aus diesem Meer des So-Seins: Die eine ist Materie, die andere Geist – aber beide sind sie nur Wellen. Und du bist jenseits von beiden. Jetzt ist keine Spaltung mehr, keine Scheidung mehr möglich. Die Wahrheit ist weder Geist noch Materie, die Wahrheit ist weder *nirvana* noch *samsara,* die Wahrheit ist weder heilig noch unheilig – alle Unterscheidungen sind entfallen. Wenn du deinen Verstand an die letzte Wirklichkeit heranträgst, wirst du sie nie sehen. Er wird etwas von seinen eigenen Falschheiten mitbringen.

Ich las kürzlich eine Anekdote – meditiert über sie: Ein Mann kam zum goldenen Himmelstor; nach seinem Namen befragt, sagte er: »Charlie Langfinger.«

»Dein Kommen ist mir nicht gemeldet worden«, wunderte sich Petrus. »Was war dein Beruf auf Erden?«

»Altmetallhändler«, sagte der Gast.

»Oh«, war die Antwort, »ich will noch mal nachsehen.«

Als Petrus zurückkam, war Charlie Langfinger weg – und das goldene Himmelstor auch.

Charlie Langfinger, der Altmetallhändler... ihr haltet an eure Gewohnheiten fest bis zum bitteren Ende.

Mag sein, daß der Kopf seine Nützlichkeit hat, was die Welt betrifft – die vom Menschen gemachte. Vielleicht ist der Kopf auch von Nutzen, wenn es um die Erforschung der Materie geht. Aber deinen eigenen Kopf bis in den innersten Kern deiner wahren Wirklichkeit mitzunehmen ist gefährlich. Dort steht er nur im Weg.

Laßt es mich so sagen: Der Zweifel ist hilfreich im Bereich der Wissenschaft – ja, ohne den Zweifel könnte es gar keine Wissenschaft geben. Der Zweifel ist der methodologische Grundstein der Wissenschaft. Und weil die Wissenschaft so tonangebend ist und soviel Erfolg in der Vergangenheit hatte, scheint der Zweifel heute zum einzigen Instrument des Nachforschens geworden zu sein.

Wenn du also nach innen gehst, bringst du den Zweifel mit – und das ist falsch. Wenn du nach außen gehst, hilft der Zweifel. Wenn du nach innen gehst, wird der Zweifel zum Hindernis. Vertraue – und zweifle immer weniger! Wenn du nach innen gehen willst, dann laß das Zweifeln immer mehr beiseite, bis der Augenblick kommt, wo alle Zweifel verschwunden sind. Mit dieser Haltung des Nicht-Zweifelns bist du genau im Mittelpunkt. Wenn du die Außenwelt kennenlernen willst, bringt dich Vertrauen nicht sehr weit.

Genau das ist dem Osten passiert: Wir sind durch Vertrauen zur inneren Wirklichkeit gekommen, also haben wir geglaubt, aus Vertrauen auch Wissenschaft entwickeln zu können. Uns ist es nie gelungen, eine Wissenschaft zu entwickeln. Im Osten haben wir keine bedeutenden Wissenschaften entwickelt, nichts Nennenswertes jedenfalls. Weil uns das Vertrauen den Weg nach innen geöffnet hat, haben wir das Vertrauen für die alleingültige Methode gehalten. Das war ein Trugschluß. Wir sind mit Vertrauen an die objektiven Dinge der Außenwelt herangegangen, aber das hat nichts gebracht. Der Osten ist ein Versager, was Wissenschaft betrifft. Der Westen hatte durch seinen Zweifel Erfolg in der Wissenschaft; und jetzt macht er den gleichen Fehler. Er hält den Zweifel für das einzig Wahre, die einzige Methode, die man erlernen muß. Das stimmt nicht.

Wenn ihr mit dem Zweifel in die Innenwelt geht, werdet ihr ebenso sicher versagen, wie der Osten in der wissenschaftlichen Entwicklung versagt hat.

Zweifeln ist gut, was die Objekte betrifft. Vertrauen ist gut, was alles Subjektive betrifft. Zweifeln ist gut, je weiter du vom Mittelpunkt weg zur Peripherie gehst. Vertrauen ist gut, wenn du von der Peripherie her auf den Mittelpunkt zugehst. Vertrauen und Zweifel sind wie zwei Flügel.

Die Menschheit der Zukunft wird fähig sein, beides zugleich zu tun: zu zweifeln und zu vertrauen. Das wird die höchste Synthese sein; die Synthese von Ost und West, die Synthese von Wissenschaft und Religion. Wenn der Mensch fähig ist, sowohl zu vertrauen als auch zu zweifeln, dann zweifelt er, wo der Zweifel geboten ist – nämlich wenn er nach außen schaut; und wo Vertrauen notwendig ist, da legt er seinen Zweifel beiseite und vertraut. Und ein Mensch, der beides kann, ist jenseits von beidem, ganz sicher jenseits von beidem – denn wer sich beider Methoden bedienen kann, der weiß: »Ich habe Abstand zu beiden.« Dies Transzendieren, dies Darüberhinausgehen, stellt eine unermeßliche Freiheit dar. Und genau das ist *nirvana:* eine unermeßliche Freiheit.

Meditiert über diese Sutras. Saraha sagt mit einfachen Worten große Dinge. Er beschenkt den König mit seiner tiefen Einsicht. Dies Geschenk ist aber auch für euch. Ihr könnt mit Saraha tief in die menschliche Wirklichkeit dringen.

Und vergeßt nicht, daß das der einzige Weg ist, der zur letzten Wirklichkeit führt – die menschliche Wirklichkeit *ist* der einzige Weg zur letzten Wirklichkeit: denn da steht ihr nun mal. Man kann immer nur von dem Punkt aus die Reise antreten, wo man sich gerade befindet. Sex ist eure Wirklichkeit, durch ihn könnt ihr auf das Samadhi zugehen. Der Körper ist eure Wirklichkeit: Durch ihn könnt ihr auf das Körperlose zugehen. Das Äußere ist eure Wirklichkeit: Durch das Äußere könnt ihr auf das Innere zugehen. Eure Augen sehen nach außen: Sie können nach innen gekehrt werden.

VIII

SEI DER LIEBE TREU

28. April 1977

Die erste Frage:

Ich bin ein Frosch. Ich weiß es, weil es mir Spaß macht, in trüben, dunkelgrünen Gewässern zu schwimmen und in Schleim und Schlamm herumzuhüpfen. Und was ist überhaupt Honig? Wenn ein Frosch sich nicht aufs Frosch-Sein festlegen läßt, wird er dann zur Biene?

Natürlich! Biene zu sein steht jedem offen. Jeder kann zu einer Biene werden. Ein Leben, das nicht festgelegt ist, das spontan und lebendig von Moment zu Moment gelebt wird – das ist der Schlüssel, das ist das Tor. Sobald du nicht mehr aus der Vergangenheit heraus lebst, bist du Biene, und überall ist nur noch Honig.

Ich weiß, wie schwer es ist, dies einem Frosch klarzumachen. Die Frage ist richtig: »Was ist überhaupt Honig?« Der Frosch hat ihn nie geschmeckt. Obwohl er direkt zu Füßen der blühenden Pflanzen lebt, die von Honigbienen umsummt werden, hat er sich selbst nie dort oben in den höheren Sphären bewegt.

Mit ›Frosch‹ meint Saraha jemanden, der aus der Vergangenheit lebt, der im Käfig der Vergangenheit sitzt, eingesperrt in Erinnerungen. Wer aus der Vergangenheit lebt, lebt nur zum Schein, lebt nicht wirklich. Wer aus der Vergangenheit lebt, lebt als Maschine, nicht als Mensch. Wen die Vergangenheit bestimmt, lebt in der Wiederholung, in monotoner Wiederholung. Das Entzücken, die Freude am Leben, an der ganzen Schöpfung, entgeht ihm. Das ist mit Honig gemeint: die Freude am Leben, der süße Genuß, einfach hier und jetzt da zu sein, der süße Genuß, einfach lebendig zu sein. Dies Entzücken, das ist der Honig... und es blühen tausend Blumen um dich her. Die Schöpfung ist ein einziges Blütenmeer.

Wenn du weißt, wie man an den Honig herankommt, wenn du weißt, wie du das Leben genießen kannst, bist du ein Kaiser. Wenn nicht, bleibst du ein Bettler... Diese Vögel, die hier singen – sie regnen Honig. Eine Biene holt ihn sich – ein Frosch geht leer aus. Dieser Himmel, diese Sonne, diese Leute um dich herum – jeder trägt unerschöpfliche Quellen von Honig in sich, jeder fließt über von Süße und Liebe. Wenn du weißt, wie du sie dir holen kannst, wie du von ihr kosten kannst, findest du sie überall. Gott ist überall... Der Geschmack Gottes ist es, was Saraha ›Honig‹ nennt.

Es gibt ein paar Dinge über die Biene, die verstanden werden wollen, und es sind gefährliche Dinge. Das eine ist: die Biene ist nie an *eine* Blume gebunden. Das ist ihr tiefstes Geheimnis, daß sie sich nie an eine ganz bestimmte Blume bindet. Sie hat keine Kleinfamilie – keine Frau, keinen Mann. Sie folgt *jeder* Einladung, jeder Blume. Sie hat Freiheit.

Der Mensch hat sich in der Familie verschanzt. Tantra ist strikt gegen die Familie; und das ist eine wichtige Einsicht. Tantra sagt: Die Ursache, daß die Liebe so total verkrüppelt, daß die Süße des Lebens so vergiftet wurde, ist in der Familie zu suchen. Die Leute klammern sich aneinander. Die Leute versuchen, sich gegenseitig zu besitzen, und nicht, sich aneinander zu freuen; nein – zu besitzen: Besitz ist ihre Freude. Eine große Gewichtsverlagerung hat stattgefunden. Ihr seid nicht mehr aus Freude mit einer Frau zusammen – von Freude keine Spur! – und ihr seid mit keinem Mann aus Freude zusammen, absolut nicht, sondern weil ihr besitzen wollt. Ihr habt die Liebe zur Sache der Politik, zur Sache des Ehrgeizes, der Wirtschaftlichkeit gemacht... Die Liebe selbst ist verschwunden.

Liebe weiß nichts von Besitz. Ich will damit nicht sagen, daß man nicht für längere Zeit mit einer Frau zusammenbleiben soll – man kann im Gegenteil ein Leben nach dem anderen mit derselben Frau verbringen... aber nicht als Familie! Mit ›Familie‹ meine ich die legalen Besitzansprüche; mit ›Familie‹ meine ich die Forderungen... daß z. B. der Mann von der Frau fordern kann: »Du bist verpflichtet, mir Liebe zu schenken.« Niemand ist verpflichtet, einen anderen zu lieben. Der Mann dürfte die Frau zwingen, ihn zu lieben?! Wenn du jemanden zwingst, dich zu lieben, verschwindet die Liebe. Nur noch die Fassade bleibt. Dann erfüllt die Frau eine Pflicht, dann erfüllt der Mann eine Pflicht.

Pflicht ist nicht Liebe. Liebe ist Honig. Pflicht ist wie weißer Zucker: Früher oder später bekommst du Diabetes davon. Gift, reines Gift, der weiße Zucker! Er schmeckt wohl so ähnlich, ein bißchen wie Honig; aber es ist kein Honig.

Die Familie ist ganz auf Besitz aufgebaut. Die Familie ist ein Feind des Menschen, sie ist ein Feind der Gemeinschaft der Menschen, sie ist ein Feind der universellen Brüderlichkeit. Die Grenze der Familie markiert euer Gefängnis. Ihr spürt diese Grenze vielleicht gar nicht mehr, so sehr habt ihr euch schon an sie gewöhnt.

Beim Überschreiten einer Landesgrenze – habt ihr euch da noch nie gedemütigt gefühlt? Du bekommst zu spüren, daß dies Land nicht *dein* Land ist; es entpuppt sich als riesiges Gefängnis. Beim Hinein- und Hinausgehen bekommst du's zu spüren – bei der Paßkontrolle, am Flughafen. Wenn du durch den Zoll gehst, wird dir klar, daß du ein Gefangener bist. Die Freiheit war Schein, war blauäugiger Dunst. Aber wenn du immer nur im Lande lebst und die Grenze nie überschreitest, merkst du das nie. Dann hältst du dich für frei, aber du bist es nicht. Die Leine mag noch so lang sein, du magst noch so viel Auslauf haben – frei bist du nicht.

Und dasselbe gilt von der Familie. Verletze die Grenze, und du weißt, daß sie dein Gefängnis ist. Fang an, deinen Nächsten zu lieben, und deine Familie wird dagegen sein. Wenn du dich bei einer andern Frau wohl fühlst, wendet sich die Familie gegen dich. Wenn du mit einer andern Frau glücklich wirst, ist dir deine Ehefrau spinnefeind. Wenn du mit einem andern Mann tanzt, wird dein Mann wütend auf dich; am liebsten würde er dich umbringen. Dabei hat er vor ein paar Tagen noch gesagt: »Ich liebe dich ja so... wenn's drauf ankäme, würde ich für dich sterben.« Aber überschreite nur einmal die Grenze! und du wirst merken, daß du ein Gefangener bist. Überschreite nie die Grenze, und du darfst weiter in der seligen Blindheit leben, daß alles okay ist.

Diese Fesselung, diese Besitzwut hat eure Fähigkeit zerstört, viele Blumen zu besuchen und von allen Blüten zu kosten. Stellt euch eine Biene vor, die sich ihren Honig nur bei *einer* Blume holt – was das wohl für einen dünnen Honig abgeben würde! Der Reichtum des Honigs kommt aus der Vielfalt der Blüten. Euer Leben ist langweilig, es ist nicht reich. Es kommen Leute zu mir und sagen: »Ich langweile mit zu Tode! Was soll ich tun?« Erst tun sie, was sie können, um sich zu langweilen, und dann glauben sie, ihre Langeweile hätte äußere Gründe.

Du lebst zum Beispiel mit einer Frau zusammen, die du nicht mehr liebst; aber deine Bibel schreibt dir vor: Was du einmal versprochen hast, das mußt du auch ewig halten. Sei ein Mann von Wort! Wenn du dich einmal verpflichtet hast, mußt du der Verpflichtung nachkommen. Wenn du also jetzt vor Langeweile umkommst, ist das kein Wunder! Die Liebe ist weg!

Es ist gerade so, als würdest du gezwungen, jeden Tag das gleiche zu essen. Wie lange wird dir das schmecken? Am ersten Tag mag es köstlich geschmeckt haben, vielleicht auch noch am zweiten, am dritten Tag... aber dann geht es dir allmählich auf die Nerven. Immer und ewig dasselbe...? Es wird dich anöden. Und wenn der Mensch gelangweilt ist, denkt er sich tausend Dinge aus, um sich abzulenken: er klebt zum Beispiel vor dem Fernseher fest – sechs Stunden lang! Die reinste Idiotie. Oder er geht ins Kino, oder hört Radio, oder liest Zeitung, oder geht in den Verein, wo er lauter Leute trifft, die sich genauso langweilen wie er. Irgendwie versucht man, sich von der Langeweile abzulenken, die aus der verödeten Beziehung kommt.

Versucht einmal, dem wirklich auf den Grund zu gehen...

Tantra sagt: »Sei eine Biene, sei frei – Be a bee, be free.« Tantra sagt nicht, daß du mit der Frau, die du liebst, nicht zusammenbleiben sollst – sei mit ihr zusammen! Aber sei der Liebe treu, nicht der Frau! Verpflichte dich der Liebe, nicht dem Mann! Das ist der *eigentliche* Unterschied: du bist der *Liebe* verpflichtet. Du bist dem Glück verpflichtet. Wenn die Liebe verschwindet, wenn das Glück fort ist, dann sagst du danke schön und ziehst weiter.

Und so sollte es in deinem Leben mit allem sein. Wenn du Arzt bist und dich in deinem Beruf langweilst, dann mußt du fähig sein, jederzeit auszusteigen... koste es, was es wolle. Sobald du etwas riskierst, wird das Leben zum Abenteuer. Statt dessen denkst du: »Jetzt bin ich vierzig, fünfundvierzig, wie kann ich da noch aussteigen? Und finanziell ist alles glänzend...« Aber spirituell, seelisch, stirbst du, begehst du schleichenden Selbstmord.

Gut, okay, wenn du dich selbst zerstören willst, um dein Konto zu retten, ist das vollkommen okay. Aber wenn du das Gefühl hast, daß dich deine Arbeit nicht mehr befriedigt, dann steig noch im gleichen Augenblick aus. Das ist die tantrische Revolution: im gleichen Augenblick, wo etwas seinen Reiz verliert, wo es dich nicht mehr anzieht, wo es dich nicht mehr verzaubert, wo es seine Magnetkraft verliert, hör auf, dich daran zu klammern, und sage: »Es tut mir leid.« Dann sei dankbar für alles Vergangene, für alles, was dir der andere oder deine Arbeit oder was es auch gewesen sein mag, gegeben hat. Nur: sei für die Zukunft offen! Das heißt es, eine Biene zu sein.

Und Saraha sagt: Nur die Biene weiß, daß jede Blüte voller Honig ist.

Aber ich sage damit nicht, daß ihr ins andere Extrem fallen sollt... denn es gibt Leute, die nun ins entgegengesetzte Extrem gehen. Der Mensch kann so unglaublich dumm sein! Erst vor ein paar Tagen las ich etwas von einer Kommune in Deutschland: die AAO – die Aktionsanalytische Organisation. Diese Leute also haben für ihre Kommune die Regel aufgestellt, daß niemand zweimal mit der gleichen Frau schlafen darf. Nun, das ist auch wieder Unsinn. Es scheint, der Mensch ist so idiotisch, daß ihm einfach nicht zu helfen ist. Wer zweimal hintereinander mit derselben Frau schläft, wird aus der Kommune geworfen...

Das eine Extrem hat sich als Irrtum erwiesen, und nun wird sich dies andere Extrem gleichfalls als Irrtum herausstellen. Das erste Extrem war repressiv: Du mußt dein Leben lang mit derselben Frau schlafen, jahrein, jahraus mit demselben Mann zusammensein, ohne daß ihr wißt, wieso und warum ihr weitermacht. Die Gesellschaft will es so, der Staat will es so, die Priester und die Politiker wollen es so. Sie behaupten, daß die ganze Gesellschaft auf der Kleinfamilie beruht. Unsere geisteskranke Gesellschaft basiert auf der geisteskranken Familie! Die geisteskranke Familie ist die Einheit, ist der Baustein, aus dem dies ganze Gefängnis gemacht ist.

Geisteskranke Politiker sind auf geisteskranke Familien angewiesen. Geisteskranke Religionen sind auf geisteskranke Familien angewiesen. Sie haben euch unterdrückt; sie erlauben euch nicht, euch von eurem Mann, eurer Frau, eurer Beziehung zu trennen. Sie erpressen euch, bei der Stange zu bleiben, denn sonst stempeln sie euch zum Sünder, zum Verbrecher ab. Sie malen Teufel und Höllenqualen an die Wand.

Und jetzt also das andere Extrem – daß du nicht zweimal mit der gleichen Frau schlafen darfst! Das ist genauso repressiv. Und wenn du auch gern morgen mit ihr zusammensein willst, was dann ...? Dann darfst du nicht. Durch die erste Form von Repression wurde die Liebe vertrieben, und was blieb, war Langeweile; durch die zweite wird Intimität unmöglich gemacht, und du fühlst dich total entfremdet, wie eine Insel. Du mußt dich völlig wurzellos fühlen.

Tantra sagt: Der Weg liegt genau dazwischen. Bleib an dem Ort, bleib bei dem Menschen, bleib bei dem Beruf, bei dem du dich wohl fühlst – andernfalls zieh weiter. Wenn du dein ganzes Leben lang frohen Herzens mit ein und derselben Frau zusammenbleiben kannst, ist das wunderschön. Dann hast du großes Glück, dann wächst eure Intimität; eure Wurzeln werden zusammenwachsen, eure Wesen sich ineinander verranken. Nach und nach werdet ihr zu *einer* Person, zu einer Seele. Eine ganz große Erfahrung! So gelangt ihr zum höchsten Gipfel des Tantra. Aber das hat nichts mit Familie zu tun – das ist eine große Liebe: ihr seid in die tiefsten Tiefen der Liebe gedrungen.

Diese Leute von der AAO – sie sind gefährliche Leute! Sie glauben, etwas ganz Großartiges zu tun, dabei ist es nur blinde Reaktion. Die Gesellschaft hat etwas falsch gemacht, und jetzt verfallen sie in die Gegenreaktion und gehen ins andere Extrem, was genauso falsch ist. Der Mensch muß irgendwie sein Gleichgewicht finden – das ist das erste.

Und das zweite: Saraha spricht vom ungeformten ›In-sich-Sein‹. Wenn du aus der Gewohnheit lebst, kannst du keine Freude am Leben haben, weil die Gewohnheit aus dem Alten kommt. Wie kannst du das Immergleiche immer wieder genießen? Deine Gedanken bleiben die gleichen, und so entsteht Langeweile. Du magst deinen Mann, deine Frau austauschen, aber *du* bleibst der gleiche; fünfzig Prozent bleiben also gleich. Da kann Langeweile nicht ausbleiben. Also sagt Tantra als erstes: Leg dich nicht auf eine Person fest, laß Persönlichkeit aus dem Spiel. Und zweitens: Laß Vergangenheit aus dem Spiel. Dann bist du hundertprozentig frei, wie die Biene. Du kannst fliegen, wohin du willst. Nichts kann dich halten. Deine Freiheit ist absolut.

Halte nicht an deinen vergangenen Mustern fest. Sei so erfindungsreich wie nur möglich, wage ständig das Neue. Sei ein Abenteurer, ein Entdecker. Genieße das Leben auf neuen Wegen, entdecke dir neue Wege zur Lebensfreude. Oder genauer, such ständig nach neuen Möglichkeiten, immer wieder das Alte zu tun, aber laß es auf *neuen* Wegen geschehen. Die Möglichkeiten sind unbegrenzt.

Du kannst durch viele Türen zur gleichen Erfahrung kommen, und jede Tür eröffnet dir einen neuen Aspekt. So wird das Leben reich, wird es süß, fröhlich, voller Jubel. Das ist der Honig. Sei also kein Frosch! Der Frosch kann vielleicht ein bißchen hüpfen, hierhin und dorthin hopsen, aber er kann nicht fliegen und nicht wissen, daß jede Blume ein göttliches Aroma birgt. Für Saraha ist Honig ein poetisches Symbol für Gott – daß nämlich jedes Wesen Gott in sich trägt.

Es kommen Leute zu mir und sagen: »Wir wollen Gott kennenlernen – wo ist er?« Nun, diese Frage ist einfach absurd. Wo ist er *nicht?* Ihr fragt, wo er ist; seid ihr stockblind? Könnt ihr ihn denn nicht sehen? Nur er ist! Im Baum und im Vogel – im Tier und im Fluß: im Berg, in Mann und Frau ... überall ist er. Er umgibt euch in all diesen Formen, er tanzt seinen Reigen um euch. Von überall her ruft er »hallo«, aber ihr hört ihn nicht. Von überall her winkt er euch zu. Von überall her lädt er euch ein: »Komm her!« Aber irgendwie schafft ihr es, die Augen zuzukneifen oder Scheuklappen anzulegen ... hinsehen tut ihr jedenfalls nicht. Ihr seht alles nur auf eine sehr eingeschränkte Weise, sehr eindimensional. Wenn ihr nach Geld Ausschau haltet, seht ihr nur Geld, sonst nichts. Wenn ihr nach Macht Ausschau haltet, seht ihr nur Macht und sonst nichts. Und vergeßt eines nicht: im Geld ist Gott nicht zu finden, denn Geld ist Menschenwerk, und Gott kann nicht Menschenwerk sein. Ich sage zwar: Gott ist überall! – aber vergeßt nicht, daß das nicht die Dinge einschließt, die vom Menschen stammen.

Gott kann nicht vom Menschen produziert werden. Gott ist nicht im Geld. Geld ist eine sehr schlaue Erfindung des Menschen. Und Gott ist auch nicht in der Macht. Das ist ebenfalls eine menschliche Wahnidee. Die bloße Vorstellung, jemanden beherrschen zu wollen, ist geisteskrank. Der bloße Gedanke: ›Ich allein muß befehlen, und die anderen müssen gehorchen‹, ist der Gedanke eines Wahnsinnigen, ist ein destruktiver Gedanke.

Gott steckt weder in der Politik noch im Geld, noch im Ehrgeiz; aber Gott ist überall da, wo der Mensch ihn nicht zerstört hat, wo der Mensch nicht sein eigenes Steckenpferd reitet. Das ist eins von den ganz großen Problemen der modernen Welt: daß ihr von lauter Dingen und Verhältnissen umgeben seid, die vom Menschen gemacht sind – könnt ihr das nicht erkennen?

Wenn du dich neben einen Baum setzt, ist es leicht, Gott zu spüren. Setz dich auf eine Asphaltstraße, und du kannst lange nach Gott suchen... du wirst ihn dort nicht finden. Sie ist zu hart. In einer modernen Stadt, eingesperrt in Zement und Beton, kannst du Gott nicht finden – denn Dinge, die der Mensch macht, wachsen nicht. Das ist eine von den Schwierigkeiten: was der Mensch macht, wächst nicht. Es ist tot, es hat kein Leben. Dinge, die von Gott kommen, wachsen. Sogar die Berge wachsen noch! Der Himalaja wächst immer weiter, er reckt sich noch höher, als er schon ist. Ein Baum wächst, ein Kind wächst. Dinge, die vom Menschen gemacht werden, wachsen nicht. Selbst die allergrößten nicht. Selbst ein Gemälde von Picasso wächst nicht. Was soll man da erst von einem Beton-Wohnblock sagen? Wenn selbst die Musik Beethovens nicht wächst, wie soll dann die Welt der Technologie, der Maschinen weiterwachsen?

Schaut genau hin! Wo ihr etwas wachsen seht, da ist Gott. Denn nur Gott wächst, sonst nichts. In allem, was wächst, wächst Gott. Wenn der Baum ein neues Blatt treibt, wächst Gott. Ein Vogel im Flug ist Gott im Flug. Wo immer du ein kleines Mädchen oder einen kleinen Jungen kichern siehst, da kichert Gott. Wo immer du Tränen aus den Augen einer Frau oder eines Mannes fließen siehst, da weint Gott.

Wo immer ihr auf Lebendiges stoßt, da ist auch Gott. Da müßt ihr genau hinhören, da müßt ihr näher herangehen, da fühlt euch ein, zart und vorsichtig: ihr steht auf heiligem Boden.

Tantra sagt: Wenn du deine Scheuklappen fallen läßt – hmm? das nämlich ist mit ›ungeformter‹ Lebensweise gemeint! – wenn du also deine Scheuklappen fallen läßt, wenn du die Augen wieder so weit aufmachst, wie es ursprünglich gedacht war, dann stellst du plötzlich fest, daß du in jede Richtung sehen kannst. Du hast dich von der Gesellschaft hypnotisieren lassen, immer nur in eine bestimmte Richtung zu sehen. Die Gesellschaft hat dich zum Sklaven gemacht.

Es ist eine große Verschwörung im Gang. Jedes Kleinkind wird schon verstümmelt – gleich bei der Geburt fängt die Gesellschaft an, es zu verstümmeln. Noch ehe es also bewußt werden kann, wird es zum Sklaven und zum Krüppel gemacht, auf tausenderlei Art verstümmelt. Als Krüppel ist es dann abhängig – von der Familie, von der Gesellschaft, vom Staat, von der Regierung, von der Polizei, von der Armee. Ein Krüppel ist tausendfach abhängig. Und aufgrund seiner Abhängigkeit muß er immer Sklave bleiben, wird nie ein freier Mensch aus ihm.

Die Gesellschaft verkrüppelt dich also, verkrüppelt dich so unmerklich, daß es dir gar nicht bewußt wird. Bevor du etwas merkst, bist du schon verkrüppelt.

Tantra sagt: Werde wieder gesund! Mache alles rückgängig, was dir die Gesellschaft angetan hat! Werde nach und nach bewußt und wische die Stempel fort, die dir die Gesellschaft aufgedrückt hat. Und fang an, dein eigenes Leben zu leben. Es ist *dein* Leben und es geht niemanden etwas an. Es ist absolut *dein* Leben. Es ist Gottes Geschenk an dich, ein persönliches Geschenk an dich, deine Initialen sind darin eingraviert. Genieße es, lebe es! Mag es dich auch eine Menge kosten, es lohnt sich! Kann sein, daß du mit deinem eigenen Leben für dein eigenes Leben zahlen mußt, aber das ist vollkommen in Ordnung.

Tantra ist sehr rebellisch. Es glaubt an eine total andere Gesellschaftsform, eine, die nicht auf Besitz basiert, die nicht am Geld, nicht an der Macht orientiert ist. Tantra glaubt an eine sehr andere Form von Familie, an eine Form, die nichts von Besitz weiß, die nicht lebensfeindlich ist. Unsere Familien sind lebensfeindlich.

Ein Kind kommt zur Welt, und die Familie fällt sofort über es her und tötet alle Lebensfreude. Zeigt das Kind Freude, so tut es etwas Unerlaubtes. Aber solange es brav und traurig und mit langem Gesicht in der Ecke sitzt, ist alles okay. Der Vater sagt: »Brav! Du bist ein gutes Kind.« Und die Mutter freut sich, weil es keine Probleme gibt. Aber sobald das Kind lebendig wird, gibt's Probleme; folglich bemühen sich alle, seine Freude schon im Keim zu ersticken.

Und alle Freude kommt im Grunde aus der Sexualität. Gesellschaft und Familie haben aber so viel Angst vor dem Sex, daß sie es ihren Kindern nicht erlauben können, Freude am Sex zu haben... der doch die Quelle *aller* Freude ist. Da sind sie sehr streng!

Kindern wird nicht erlaubt, ihre Genitalien zu berühren, sie dürfen auf keinen Fall damit spielen. Der Vater hat Angst, die Mutter hat Angst... alle haben sie Angst. Ihre Angst geht auf ihre eigenen Eltern zurück; sie sind neurotisch.

Habt ihr noch nie beobachtet, wie ein kleiner Junge mit seinen Genitalien spielt, und wie sich sofort alle auf ihn stürzen und drohen: »Hör auf damit, mach das nicht noch einmal!« Dabei tut er gar nichts – er genießt nur seinen Körper, und natürlich sind die Sexual-Organe die empfindlichsten, die lebendigsten, die angenehmsten. Plötzlich geht in dem Kind etwas kaputt. Es bekommt Angst. Seine Energie wird blokkiert. Von jetzt an fühlt es sich jedesmal schuldig, wenn es glücklich ist. Jetzt hat man ihm den Keim der Schuld eingepflanzt. Und aus dem Gefühl der Schuld kommt das Gefühl der Sünde, das Gefühl, etwas Verkehrtes getan zu haben.

Das habe ich an Tausenden von Sannyasins beobachten können: Sobald sie sich glücklich fühlen, bekommen sie Schuldgefühle. Innerlich gucken sie sich verstohlen nach Vater oder Mutter um, die irgendwo im Hintergrund lauern und gleich sagen werden: »Schluß! Was tust du denn da?« Solange sie traurig sind, ist alles okay. Traurigkeit ist akzeptabel – Freude ist verboten.

Den Kindern werden von Anfang an die Freuden des Lebens verboten. Die Eltern schlafen miteinander – die Kinder wissen es genau. Sie hören die Geräusche; manchmal spüren sie, daß etwas in der Luft liegt, aber sie dürfen kein bißchen daran teilhaben, dürfen nicht einmal dabeisein. Das ist häßlich, das ist destruktiv. Die Kinder sollten teilhaben, wenn sich Vater und Mutter lieben; sie sollten dabeisein und spielen; sie sollten sich wohl fühlen, wenn Vater und Mutter sich lieben. Sie sollten wissen, daß Liebe etwas Schönes ist – nicht etwas Häßliches, das versteckt werden, nicht etwas Privates, das geheimgehalten werden muß. Es ist doch keine Sünde! Es ist Freude!

Und wenn Kinder ihrem Vater und ihrer Mutter bei der Liebe zusehen können, werden all die sexuellen Verklemmungen aus der Welt verschwinden – weil dann ihre Freude zum Ausdruck kommen kann. Und sie werden Hochachtung vor Vater und Mutter haben. Ja, und eines Tages werden sie selbst andere lieben, und sie werden wissen, daß es eine große Freude, ein großer Jubel ist. Wenn sie ihren Eltern zusehen können, wie diese in den Sex hineingehen wie in Gebet und Meditation, dann wird das einen tiefen Eindruck hinterlassen.

Tantra sagt, daß die Liebe mit einer solchen andächtigen Freude vollzogen werden sollte, mit einer solchen religiösen Ehrfurcht, mit einer solchen Hingabe, daß die Kinder spüren können: hier geschieht etwas Großes. So wird sich ihre Freude entfalten – *und:* ihre Freude wird keinen Funken von Schuld mehr enthalten.

Diese Welt könnte ungeheuer glücklich sein.

Aber diese Welt ist nicht glücklich. Nur sehr selten begegnet man einem glücklichen Menschen – sehr, sehr selten. Und nur der Glückliche ist nicht geisteskrank. Der Unglückliche ist geisteskrank.

Tantra hat eine andere Vision, eine total, radikal andere Vision vom Leben. Du *kannst* zur Biene werden. In Freiheit wirst du zur Biene. Als Sklave bist du Frosch. Als Freier bist du Biene.

Hört auf die Botschaft der Freiheit. Bereitet euch vor, frei zu sein. Gegenüber allem, was zu Sklaverei führt, müßt ihr aufpassen und bewußt sein.

Die zweite Frage:

Ich bin Lehrer – eine Art Promenadenmischung aus Priester, Politiker und Gelehrter... alles Dinge, die du verabscheust. Gibt es Hoffnung für mich? Außerdem bin ich sechsundfünfzig. Sollte ich da nicht besser mein Leben geduldig zu Ende führen und hoffen, beim nächsten Mal mehr Glück zu haben?

Für den Priester, für den Politiker, für den Gelehrten gibt es keine Hoffnung – nicht einmal im nächsten Leben! Aber du kannst aufhören, Priester zu sein, Politiker zu sein, Gelehrter zu sein – jederzeit. Und dann ist Hoffnung.

Aber für den Priester, den Politiker und den Gelehrten besteht keine Aussicht. Da bin ich kategorisch. Auch nicht fürs nächste oder übernächste Leben. Niemals. Ich habe noch nie gehört, daß ein Priester das *nirvana* erreicht, daß ein Politiker Gott gefunden hätte, daß ein Gelehrter wach, bewußt und weise geworden wäre. Nein, das ist nicht möglich.

Der Gelehrte glaubt an Wissen, nicht an Weisheit. Wissen klebt am Äußerlichen; Weisheit kommt von innen. Der Gelehrte verläßt sich auf Informationen. Eine Information baut auf der andern auf, und daraus wird eine Riesenlast, ohne daß etwas im Innern heranwächst. Die innere Wirklichkeit bleibt dieselbe: unwissend wie eh und je.

Der Politiker sucht Macht – ein Ego-Trip. Und die, die zur Wahrheit kommen, sind bescheidene Leute, sind keine Egoisten. Egoisten kommen niemals an; ihr eigener Egoismus steht ihnen im Weg. Das Ego ist die größte Schranke zwischen dir und Gott... die einzige! Also kann der Politiker nicht ankommen.

Und der Priester? Der Priester ist ein schlauer Fuchs. Er will sich zum Mittelsmann zwischen dir und Gott machen, ohne das geringste von Gott zu wissen. Er versteht es wie kein anderer, zu täuschen und zu betrügen. Er begeht das größte Verbrechen, das ein Mensch nur begehen kann: Er gibt vor, Gott zu kennen – ja sogar, euch zu Gott hinführen zu können. Ihr braucht ihm nur zu folgen, und er wird euch sicher zum Allerhöchsten führen! Dabei hat er keine Ahnung vom Allerhöchsten. Wie sollte er euch da führen können? Er ist blind, und wenn ein Blinder Blinde führt, fallen sie allesamt in den Graben.

Also: keine Hoffnung für den Priester, keine Hoffnung für den Politiker, keine Hoffnung für den Gelehrten – aber für dich, Anand Tejas, besteht Hoffnung. Die Frage ist von Anand Tejas. Für dich *besteht* Hoffnung, alle erdenkliche Hoffnung.

Außerdem ist es keine Frage des Alters. Du kannst sechsundfünfzig sein oder sechsundsiebzig oder hundertsechs. Das ist egal. Es ist keine Frage des Alters, weil es keine Frage der Zeit ist. Um die Ewigkeit zu betreten, dazu ist der eine Augenblick so gut wie der andere: denn es geschieht immer *jetzt – hier*.

Wie kann es also darauf ankommen, wie alt du bist? Ob sechsundfünfzig oder sechzehn – der Sechzehnjährige muß es in *diesem* Augenblick tun, und der Sechsundfünfzigjährige muß es in *diesem* Augenblick tun. Beide müssen sie es genau jetzt tun. Und sechzehn zu sein hilft genausowenig, wie sechsundfünfzig zu sein.

Beide haben verschiedene Probleme... das weiß ich. Wenn ein Sechzehnjähriger das Reich der Meditation oder Gottes betreten will, dann stellen sich ihm andere Probleme als einem Mann von sechsundfünfzig. Was sind die Unterschiede? Wägt man sie ab, dann geht es letztlich um einen quantitativen und nicht um einen qualitativen Unterschied.

Der Junge hat nur sechzehn Jahre Vergangenheit; in dieser Beziehung ist er besser dran als der Alte, der ein halbes Jahrhundert auf dem Buckel hat und vieles fallenlassen muß, viele Bindungen; sechsundfünfzig Lebensjahre voller Erfahrungen, voller Wissen. Der Sechzehnjährige hat nicht so viel aufzugeben. Er trägt nur ein kleines Päckchen, er ist weniger beladen... ein kleines Köfferchen, hmm?, einen Kinderkoffer. Der Alte schleppt sich mit einer Menge Gepäck ab. In *der* Hinsicht ist der Jüngere besser dran.

Aber das Ganze hat auch eine Kehrseite. Der ältere Mann hat keine Zukunft mehr vor sich. Ein Sechsundfünfzigjähriger – nehmen wir an, er wird siebzig – hat noch vierzehn Jahre vor sich. Keine große Zukunft, kein Grund, sie sich auszumalen; er hat keine Zukunftsträume mehr. Er hat nicht mehr viel Spielraum. Der Tod naht. Der Sechzehnjährige hat dagegen eine lange Zukunft – große Erwartungen, viele Träume.

Vergangenheit hat er nicht viel, dafür aber Zukunft. Für die Alten ist die Vergangenheit groß und die Zukunft klein. Das gleicht sich also mehr oder weniger aus. Es läuft auf eine Endsumme von siebzig Jahren hinaus; beide müssen sie siebzig Jahre fallenlassen. Für den Jungen sind es sechzehn Jahre Vergangenheit, und der Rest ist Zukunft; denn die Zukunft muß man genauso fallenlassen wie die Vergangenheit. Alles in allem gerechnet ist am Ende überhaupt kein Unterschied.

Du hast die besten Aussichten, Anand Tejas. Und daß du die Frage gestellt hast, beweist, daß die Arbeit schon begonnen hat. Du hast dir den Priester, den Politiker, den Gelehrten bewußt gemacht, der in dir steckt – sehr gut. Die Krankheit zu erkennen, zu erkennen, woran du leidest, ist schon die halbe Kur.

Und du bist Sannyasin geworden, du hast den Schritt ins Unbekannte bereits getan. Wenn du mit mir gehen willst, mußt du dem Priester, dem Politiker und dem Gelehrten in dir adieu sagen.

Aber ich bin da zuversichtlich; wenn du es nicht könntest, hättest du die Frage nämlich gar nicht erst gestellt. Du hast ein Gefühl von Sinnlosigkeit – daß alles, was du bis heute getan hast, sinnlos war. Das fühlst du, und dies Gefühl ist ungeheuer viel wert.

Ich lasse es also nicht zu, daß du geduldig dein nächstes Leben abwarten willst, ganz und gar nicht. Ich bin nie für Aufschub. Jeder Aufschub ist gefährlich und voller Fallen. Wenn du sagst: »Ich will es für dieses Leben gut sein lassen, jetzt kann ja doch nicht mehr viel passieren«, dann drückst du dich vor der gegenwärtigen Situation. Alles mögliche kann passieren! Du simulierst nur. Das ist nur ein Trick, deine Haut zu retten: »Was soll jetzt wohl noch passieren? Ich bin zu alt!«

Selbst noch auf dem Totenbett, noch im letzten Augenblick kann die Verwandlung eintreten. Noch im Sterben kann der Mensch einen einzigen Augenblick lang *sehen,* und die Verwandlung passiert. Er kann die ganze Vergangenheit abwerfen, bevor der Tod eintritt, und in absoluter Lebensfrische sterben.

Er stirbt erneuert – er stirbt als Sannyasin. Er stirbt in tiefer Meditation. Und in tiefer Meditation sterben heißt, überhaupt nicht zu sterben. Jetzt stirbt er nämlich im vollen Bewußtsein seiner Todlosigkeit.

Das kann in einem einzigen Augenblick geschehen. Bitte schieb also nichts auf! Sag nicht: »Soll ich da nicht besser mein Leben geduldig zu Ende führen...?« Nein. Wirf es gleich jetzt weg. Es ist wertlos. Warum dich abschleppen? Wozu warten? Und wenn du wartest, wird dein nächstes Leben keinen Deut anders sein. Darum sag ich auch, daß Priester, Politiker und Gelehrte keine Chance haben. Im nächsten Leben nimmst du den Faden genau dort wieder auf, wo du ihn in diesem Leben fallengelassen hast. Wieder wirst du Priester, wieder Politiker, wieder Gelehrter. Das nächste Leben ist die Fortsetzung dieses Lebens. Was soll da plötzlich anders werden? Es wird das gleiche Rad sein, das sich von neuem dreht.

Und *diesmal* stehe ich dir zur Verfügung. Wer weiß? Das nächste Mal werde ich vielleicht nicht mehr da sein. Diesmal bist du beim Tappen im Dunkeln irgendwie auf mich gestoßen. Wer weiß, was beim nächsten Mal ist...? Diesmal hast du sechsundfünfzig Jahre gebraucht, bis du schließlich einen Mann gefunden hast, der dir zu einer wirklichen Revolution verhelfen kann. Wer weiß? Das nächste Mal wirst du noch beladener sein, ganz gewiß noch beladener: die Last dieses, deines dann vergangenen Lebens, plus die Last des neuen Lebens... es wird dich vielleicht siebzig Jahre kosten, zu mir oder zu einem andern zu finden...

Das ist der Grund, warum ich sage, daß Priester und Politiker und Gelehrte keine Chance haben; auch in einem zukünftigen Leben nicht. Aber für dich besteht alle Hoffnung – denn du bist kein Priester, und du bist kein Gelehrter, und du bist kein Politiker. Wie solltest du auch? Das sind äußere Schalen, die sich um dich legen, aber dein innerster Kern bleibt ewig frei. Denk von dir nicht als Frosch – sei Biene!

Die dritte Frage:

Welche Rolle sollte karitatives Handeln im Leben eines Sannyasin spielen?

Die Frage ist nicht von einem Sannyasin – sie ist von Philip Martin. Zuerst, Philip Martin: werde Sannyasin. Du solltest keine Fragen über andere stellen! Ein Gentleman tut so was nicht. Du solltest Fragen stellen, die dich selbst betreffen. Werde erst Sannyasin, und dann frage. Aber die Frage ist relevant, und so will ich sie trotzdem beantworten. Außerdem habe ich das Gefühl, daß Philip Martin früher oder später Sannyasin wird. Seine Frage verrät so was.

Als erstes also: Alle Religionen der Welt haben die Wohltätigkeit – dhan – zu sehr betont. Und der Grund ist, daß sich der Mensch seit je Gewissensbisse ums Geld gemacht hat. Die Wohltätigkeit wird deshalb so überbetont, weil dann die Leute weniger Schuldgefühle zu haben brauchen. Es wird euch überraschen, daß es im Alt-Englischen das Wort ›gilt‹ gibt, was ›gülden, vergoldet‹ bedeutet, und im Deutschen das Wort ›Geld‹; und das Wort ›Gold‹ ist auch gleich um die Ecke. Das englische Wort für ›Schuld‹ ist aber ›guilt‹. Also: Gold, Geld, gilt – guilt. Irgendwo steckt im Geld eine tiefe Schuld.

Wer viel Geld hat, fühlt sich schuldig... und das ist auch ganz natürlich, denn die meisten Menschen haben keins. Wie kann man sich da Schuldgefühlen entziehen? Sobald du Geld hast, weißt du, daß deinetwegen jemand um so ärmer ist. Sobald du Geld hast, weißt du, daß irgendwo jemand verhungert – während dein Konto immer fetter wird. Irgendein Kind bekommt nicht die Medizin, die es zum Überleben braucht, weil die Mutter sie sich nicht leisten kann. Irgendein armer Mann muß sterben, weil er nichts zu essen hat. Wie kannst du diese Dinge übersehen? Es sind Tatsachen. Je mehr Geld du hast, desto empfindlicher wird dein Bewußtsein auf sie reagieren; du bekommst Schuldgefühle.

Spenden entlasten dich von deinen Schuldgefühlen, so daß du sagen kannst: »Ich tu ja etwas: ich habe für ein Krankenhaus, für eine Schule gestiftet. Ich spende für dies, ich spende für jenes...« Dir wird etwas leichter ums Herz. Die Welt lebt seit je in Armut, die Welt lebt seit je im Mangel; neunundneunzig Prozent der Menschheit muß ein armes Leben fristen, stirbt fast vor Hunger, und nur ein Prozent der Menschen leben in Reichtum, schwimmen im Geld. Und die haben sich seit eh und je schuldig gefühlt. Um ihnen zu helfen, haben die religiösen Spezialisten die milde Gabe erfunden: Sie ist dazu da, die Reichen von ihrer Schuld zu entlasten.

Das erste, was ich also zu dieser Frage sagen möchte, ist dies: Karitas ist keine Tugend. Sie ist nur ein Mittel, euer seelisches Gleichgewicht zu erhalten, denn ohne sie würdet ihr den Verstand verlieren. Karitas ist keine Tugend, keine *punya.* Bilde dir nicht ein, etwas Gutes getan zu haben, wenn du Spenden machst. Du tust es nur, um für das Geld zu sühnen, das du zusammengerafft hast. Für mich ist das keine große Tugend; es ist Sühne, du büßt eine Schuld ab. Du verdienst hundert Mark und gibst zehn davon für wohltätige Zwecke weg – als Bußgeld. Danach fühlst du dich etwas besser. Du fühlst dich nicht mehr ganz so schlecht. Dein Ego fühlt sich etwas mehr abgesichert. Du kannst Gott vorrechnen: »Ich habe nicht *nur* ausgebeutet, ich hab' auch den Armen geholfen.« Aber was für eine Hilfe ist das? Mit der einen Hand stiehlst du hundert Mark, und mit der andern gibst du zehn – noch nicht einmal die Zinsen!

Es ist also eine List, die von den religiösen Experten erfunden wurde, nicht um den Armen, sondern um den Reichen zu helfen. Das sei klipp und klar gesagt: So sehe *ich* das. Es ist eine List, die immer nur den Reichen und nie den Armen hilft. Wenn dabei etwas für die Armen herausspringt, dann ist das nur eine Nebenerscheinung, ein Abfallprodukt, aber nicht die eigentliche Absicht.

Was ich meinen Sannyasin sage?

Ich rede nicht von Wohltätigkeit. Für mich ist das ein schmutziges Wort. Ich rede vom Teilen – womit sich eine völlig andere Dimension auftut. Wenn du hast, dann teilst du. Nicht weil du durchs Teilen andern hilfst; nein, sondern durchs Teilen wächst du. Je mehr du teilst, desto mehr wächst du.

Und je mehr du teilst, desto mehr hast du – was immer es auch sei. Es ist nicht nur eine Frage des Geldes. Wenn du etwas weißt – teile es mit andern. Wenn du Meditation erfahren hast, teile sie mit andern. Wenn du Liebe hast, teile sie. Was du auch hast, teile es aus, verschenke es nach allen Seiten. Laß es sich ausbreiten wie Blumenduft im Wind. Es hat nichts mit armen

Leuten im besonderen zu tun. Teile mit jedem, der da ist... und es gibt viele Spielarten von Armen.

Ein Reicher mag arm sein, weil er nie Liebe kennengelernt hat. Teile mit ihm deine Liebe. Ein Armer mag die Liebe kennengelernt, aber nie gut gegessen haben – teile dein Essen mit ihm. Ein Reicher mag alles besitzen, aber ihm fehlt jede Erkenntnis – teile mit ihm deine Erkenntnis: In diesem Punkt ist er arm. Es gibt tausend und eine Form von Armut.

Was immer du hast, teile es.

Aber hört genau hin: Ich sage nicht, daß das eine Tugend sei, und daß Gott dir dafür einen Logenplatz im Himmel reserviert, daß du dafür Sonderbehandlung bekommst, daß man dich zur VIP – zur ›very important personality‹ macht. Keineswegs. Aber wenn du hier und jetzt teilst, bist du glücklicher. Ein Geizhals ist niemals glücklich. Ein Geizhals leidet im Grunde an Verstopfung. Er hortet und hortet: er kann sich nicht entspannen, er kann nicht geben. Was ihm unter die Finger kommt, hortet er. Genießen kann er es nicht, denn um genießen zu können, muß man auch teilen können...

Alles Genießen ist eine Art Teilen.

Wenn du wirklich dein Essen genießen willst, mußt du Freunde einladen. Wenn du wirklich dein Essen genießen willst, mußt du Gäste zu Tisch bitten. Sonst kommt keine Freude auf. Wenn du wirklich das Trinken genießen willst, dann darfst du dich nicht allein in dein Zimmer setzen. Du mußt dir Freunde suchen, andere Trinker. Du mußt teilen!

Freude ist immer ein Teilen. Freude ist nicht allein.

Wie kannst du allein glücklich sein? Völlig allein? – stell dir vor! Wie kannst du da glücklich sein? Absolut allein? Nein. Freude ist eine Beziehung, ein Zusammensein. Ja, selbst die Leute, die sich in die Berge zurückgezogen haben und dort ein einsames Leben führen, selbst die teilen mit der Schöpfung – *allein* sind sie nicht. Sie teilen mit den Sternen und den Bergen und den Vögeln und den Bäumen – sie sind nicht allein.

Stellt euch vor: Mahavir stand zwölf Jahre lang allein in der Wildnis. Aber er war nicht allein. Ich weiß es genau! – er war nicht allein. Die Vögel kamen geflogen und spielten um ihn herum, und die Tiere kamen und ließen sich nieder, die Bäume regneten Blüten auf ihn, die Sterne zogen herauf, die Sonne ging auf... Und die Tage und die Nächte, die Sommer und die Winter... rund ums Jahr herrschte Freude! Ja – von den Menschen hatte er sich entfernt – das mußte er, denn die Menschen hatten ihm so viel Schaden zugefügt, daß er sich von ihnen fernhalten mußte, um gesund zu werden. Er tat es nur, um den Menschenwesen für eine Weile aus dem Weg zu gehen, so daß sie ihn nicht noch mehr verletzen konnten. Aus dem gleichen Grund haben sich Sannyasins oft in die Einsamkeit zurückgezogen – nur um ihre Wunden zu heilen. Sonst kommen die Leute an und stochern wieder mit ihren Messern in deinen Wunden herum, so daß sie nie zu bluten aufhören. Sie wollen nicht, daß deine Wunden verheilen, sie geben dir keine Chance, den Schaden zu beheben, den sie angerichtet haben.

Zwölf Jahre lang schwieg Mahavir, stand und saß unter Felsen und Bäumen; aber er war nicht allein – in ihm tummelte sich die ganze Schöpfung. Die ganze Schöpfung strömte in ihm zusammen. Dann kam der Tag, an dem er geheilt war, an dem seine Wunden vernarbt waren. Jetzt wußte er, daß ihn von nun an kein menschliches Wesen mehr verletzen konnte. Er hatte es hinter sich. Kein Mensch konnte ihm mehr etwas anhaben. Er ging zu den Menschen zurück und öffnete sich, um mit ihnen die Freude zu teilen, die er erfahren hatte.

In den Jaina-Schriften wird nur davon berichtet, daß er die Welt verließ; davon, daß er auch wieder zurückkam, wird kein Wort erwähnt. Sie berichten nur die halbe Geschichte; die volle Wahrheit verschweigen sie.

Buddha ging ebenfalls in die Wildnis und kam zurück. Was für einen Sinn hatte es auch, dort zu bleiben, wenn das Gesuchte gefunden war? Man muß zurückkommen, um mit andern zu teilen. Sicher, es ist auch schön, mit den Bäumen zu teilen; aber Bäume sind etwas beschränkt, sind sehr dumm. Es ist schön, mit Tieren zu teilen – herrliche Wesen! Aber nichts läßt sich mit der Schönheit eines menschlichen Zwiegesprächs vergleichen. Die Erwiderung – die menschliche Erwiderung! Sie konnten gar nicht anders, sie mußten zurückkommen, zurück in die Welt, zu den Menschen, um ihre Freude mit ihnen zu teilen, ihren Überschwang, ihre Ekstase.

›Karitatives Handeln‹ ist kein schöner Ausdruck. Es ist ein sehr belastetes Wort. Ich rede vom Teilen. Meinen Sannyasins sage ich: teilt alles mit andern! Das Wort ›karitativ‹ hat außerdem etwas Häßliches: du selbst behältst ganz offensichtlich die Oberhand, der andere steht tiefer als du und ist ein Bettler. Du bist der Helfer – er der Bedürftige. Und das ist nicht gut. Auf den andern herabzublicken, als ob er dir unterlegen ist – ich habe was, was du nicht hast –, ist nicht gut. Es ist unmenschlich.

Teilen gibt eine ganz andere Perspektive. Dabei geht es nicht darum, was der andere hat oder nicht hat; es geht darum, daß *du* von etwas zuviel hast. Also mußt du es mit andern teilen. Wenn du ›karitativ‹ bist, erwartest du Dank vom andern. Wenn du teilst, dankst du ihm, daß er dir gestattet, ihm von dem abzugeben, was dir zuviel wurde, was dir zur Last wurde. Du fühlst dich dankbar danach. Du teilst aus deinem Überfluß heraus. ›Karitativ‹ bist du, weil andere arm sind. Teilen tust du, weil du überreich bist. Da ist ein qualitativer Unterschied.

Nein, ich rede nicht von milden Gaben, sondern vom Teilen. Verschenke! Was immer du hast, verschenke... und es wird wachsen. Das ist ein Naturgesetz: je mehr du gibst, desto mehr bekommst du. Sei kein Geizhals im Geben.

Die vierte Frage:

Während der Meditationen rast mein Kopf immer noch mit 500 Stundenkilometern. Ich erlebe nie Stille, und der Zeuge, der allem zuschaut, blitzt nur in ganz kurzen Momenten auf. Verschwende ich meine Zeit?

Dein Kopf ist mächtig langsam! Fünfhundert Stundenkilometer – glaubst du etwa, das wäre schnell? Du bist ganz schön langsam! Das Denken kennt keine Geschwindigkeit, so schnell geht es – es ist schneller als Licht. Licht legt 186000 Meilen pro Sekunde zurück. Denken ist schneller.

Aber mach dir keine Sorgen – gerade das macht die Schönheit des Denkens aus, das ist eine phantastische Gabe! Statt deinen Kopf negativ zu sehen, statt ihn zu bekämpfen, mach ihn dir lieber zum Freund.

Du sagst: »Während der Meditationen rast mein Kopf immer noch mit 500 Stundenkilometern...« – gib Gas! Laß die Zügel schießen – und schau zu. Du schaust zu, wie der Kopf wirbelt, wie er sich mit aller Geschwindigkeit dreht. Genieße es! Genieße dies Spiel der Gedanken.

Im Sanskrit haben wir dafür einen besonderen Ausdruck. Wir nennen es *chidvilas* – das Spiel des Bewußtseins. Genieße es, dies Spiel der Gedanken – wie sie zu den Sternen hochzischen, mit unglaublicher Geschwindigkeit hierhin und dorthin flitzen, Luftsprünge durch das ganze Universum machen. Was ist daran verkehrt? Laß sie tanzen, es ist schön! Akzeptiere es.

Mein Gefühl ist, daß du dich anstrengst, das Spiel anzuhalten – das kannst du nicht. Kein Mensch kann den Geist anhalten! Ja, der Geist bleibt wohl von allein stehen – eines Tages; aber anhalten kann ihn niemand. Der Geist bleibt stehen, aber nicht als Resultat deiner Anstrengung.

Der Geist steht still – wenn du verstanden hast. Bis dahin kannst du nur zusehen und zu verstehen suchen, was da passiert, warum die Gedanken so rasen. Sie tun das nicht ohne Grund. Offenbar hast du ein Ziel im Auge. Versuche zu erkennen, warum deine Gedanken so rasen: worauf wollen sie hinaus? – du mußt ein bestimmtes Ziel verfolgen. Wenn es dir um Geld geht, dann versuche zu verstehen. Das Denken ist nicht das Problem. Du träumst von Geld... daß du in der Lotterie gewonnen hast oder so, und du fängst schon an, dir auszudenken, wie du das ganze Geld ausgeben sollst, was du dir kaufen sollst und was nicht. Oder du stellst dir vor, ein Präsident, ein Premierminister geworden zu sein, und du denkst nach, was du dann tun wirst, wie du das Land regieren wirst – oder die ganze Welt. Schau deinen Gedanken einfach zu. Worauf wollen sie hinaus? Es muß einen tiefen Keim in dir geben. Du kannst die Gedanken nicht zum Halten bringen, solange dieser Keim nicht verschwindet.

Die Gedanken gehorchen einfach nur den Befehlen deiner geheimsten Triebe. Der eine denkt dauernd an Sex; dann steckt irgendwo verdrängte Sexualität. Paß auf, in welche Richtung sich deine Gedanken bewegen. Schau tief in dich hinein, finde heraus, wo die Keime stecken.

Ich habe gehört:

Der Pastor war sehr betrübt. »Hören Sie«, sagte er zum Küster, »jemand hat mein Fahrrad gestohlen.«

»Wo waren Sie denn damit?« fragte der Alte.

»In der Gemeinde, Hausbesuche machen.«

Der Küster schlug vor, am kommenden Sonntag in der Predigt auf die Zehn Gebote zu sprechen zu kommen. »Und wenn Sie bei ›Du sollst nicht stehlen!‹ angekommen sind, gucken Sie die Leute scharf an, und dann werden wir ja sehen!«

Der Sonntag kam, der Pastor begann eine flotte Predigt über die Gebote, verlor aber plötzlich den Faden und brachte das Ganze zu einem müden Ende.

»Aber Sie wollten doch ...« wunderte sich der Küster später.

»Ich weiß, ich weiß, Martin. Aber als ich bei ›Du sollst nicht Ehe brechen‹ war, fiel mir plötzlich ein, wo ich mein Fahrrad gelassen habe.«

Erinnere dich einfach, wo du dein Fahrrad abgestellt hast! Der Kopf hat seine Gründe, wenn er rast.

Was der Kopf braucht, ist Einsicht, ist Verständnis. Versuche nicht, ihn anzuhalten. Wenn du ihn anhalten willst, wird es dir erstens gar nicht gelingen; und zweitens – sollte es dir dennoch gelingen, was nur möglich ist, wenn man sich jahrelang anstrengt – sollte es dir doch gelingen, wirst du dabei stumpfsinnig. Zum Satori kommt es so jedenfalls nicht.

Erstens also: es kann dir nicht gelingen. Und das ist auch gut so. Wenn es dir doch gelingt, wenn du es irgendwie fertig bringst, dann ist das ein großes Unglück. Du stumpfst dabei ab, du verlierst alle Intelligenz. Wenn die Gedanken rasen, bildet sich die Intelligenz aus, bei diesem Tempo wird das Schwert des Denkens, der Logik, des Intellekts ständig geschliffen. Bitte, versuch nicht zu bremsen. Ich will keine Dummköpfe, und ich bin nicht dazu hier, irgend jemandem bei der Verblödung zu helfen.

Im Namen der Religion sind schon so manche verdummt, fast bis zur Idiotie, eben weil sie versucht haben, die Gedanken zum Halten zu bringen, ohne überhaupt zu verstehen, warum sie so rasen, warum sie ursprünglich zu rasen begonnen haben. Die Gedanken rasen nicht ohne Grund. Man muß in die

Gründe schauen, die Wurzeln aufdecken, die tiefsten Schichten des Unbewußten. Es reicht nicht, sie einfach nur anhalten zu wollen. Man *kann* das, aber das hat seinen Preis. Der Preis ist, daß man dabei seine Intelligenz einbüßt.

Ihr könnt in ganz Indien herumreisen und Tausende von Sannyasins finden – Mahatmas. Schaut ihnen in die Augen: ja, liebe Leute sind's, nette Leute, aber stockdumm. Blickt ihnen in die Augen, und ihr findet keinen Funken Intelligenz, keinen Funken Geist. Es sind unkreative Leute; sie sind nie schöpferisch gewesen. Sie sitzen dumm herum. Sie vegetieren, sie sind keine lebendigen Leute. Sie haben die Welt kein bißchen weitergebracht. Sie haben kein Bild gemalt, kein Gedicht geschrieben und kein Lied gesungen, denn um auch nur *ein* Gedicht zu schreiben, braucht man Intelligenz, braucht man gewisse geistige Fähigkeiten.

Ich rate dir also: versuch nicht, deine Gedanken anzuhalten, sondern lerne lieber, sie zu verstehen. Aus Einsicht können Wunder geschehen. Das Wunder ist: Indem du tiefer blickst, indem du nach und nach die Ursachen verstehst und die tiefsten Wurzeln deiner Gedanken erkennst, verschwinden eben diese Ursachen *im* Verstehen. Und das allein kann dein Denken zur Ruhe bringen. Aber dabei geht deine Intelligenz nicht verloren, denn dein Geist wird keinem Zwang unterworfen. Was passiert aber, wenn du die Ursachen nicht durch Einsicht beseitigst? Du fährst zum Beispiel Auto und trittst gleichzeitig auf das Gaspedal und auf die Bremse. Das macht natürlich den ganzen Fahrmechanismus kaputt, und mit größter Wahrscheinlichkeit hast du einen schweren Unfall. Man kann nicht beides zugleich tun: Wenn du auf die Bremse trittst, laß das Gaspedal los, gib kein Gas mehr; und wenn du aufs Gaspedal trittst, darfst du nicht auf die Bremse treten. Tu nicht beides zugleich! Sonst geht alles schief. Du tust Dinge, die sich gegenseitig ausschließen.

Deinen Ehrgeiz nimmst du mit – und willst gleichzeitig deine Gedanken bremsen?! Der Ehrgeiz gibt Gas, dein Tempo steigt immer mehr, und dann trittst du auf die Gedankenbremse. Damit machst du dir die ganze Feinmechanik kaputt – und dein Geist ist ein äußerst empfindlicher Apparat, das empfindlichste

Phänomen in der gesamten Schöpfung. Stell dich also nicht an wie ein Dummkopf.

Es besteht kein Grund, die Gedanken anzuhalten.

Du sagst: »Ich erlebe nie Stille, und der Zeuge, der allem zuschaut, blitzt nur in ganz kurzen Momenten auf.«

Sei froh darüber! Das allein ist schon ungeheuer viel wert. Diese Blitze – das sind keine gewöhnlichen Blitze. So selbstverständlich sind sie nicht. Es gibt Millionen, denen nicht einmal diese kurzen Blitze passiert sind. Ihr Leben wird zu Ende gehen, ohne daß sie wissen, was Beobachten, was Zeuge sein ist – keinen einzigen Augenblick haben sie es erfahren. Sei froh; du hast großes Glück. Aber du fühlst dich nicht dankbar. Wenn du sie danklos hinnimmst, diese Blitze, werden sie verschwinden. Sei dankbar, und sie werden zunehmen. Mit Dankbarkeit wächst alles. Sei froh, so gesegnet zu sein, und sie werden zunehmen. Bei solcher Positivität werden die Dinge wachsen. »...und der Zeuge... blitzt nur in ganz kurzen Momenten auf.« Laß sie so kurz sein, wie sie wollen! Mag es nur für den Bruchteil einer Sekunde geschehen – aber es geschieht. So hast du jetzt einen Geschmack davon. Und mit diesem Geschmack wirst du nach und nach immer mehr Situationen herstellen, in denen es immer öfter passiert.

»Verschwende ich meine Zeit?«

Du kannst keine Zeit verschwenden, denn du besitzt die Zeit nicht. Du kannst etwas verschwenden, das du besitzt. Zeit besitzt du nicht. Zeit wird sowieso verschwendet, ob du meditierst oder nicht – Zeit wird verschwendet. Die Zeit rauscht vorbei. Was du auch tust – tu etwas oder tu nichts –, die Zeit geht weiter. Du kannst Zeit nicht sparen... wie kannst du sie da verschwenden? Du kannst nur etwas verschwenden, was du sparen kannst.

Die Zeit gehört dir nicht. Vergiß es!

Und was kannst du besseres mit der Zeit anfangen, als solche kleinen Blitze zu erleben? Denn letzten Endes wirst du sehen, daß dir nur solche kurzen Augenblicke bleiben, solche Momente des Zeuge-Seins, und daß alles übrige den Bach hinunter ist. Alles Geld, das du verdient hast, alles Ansehen, das du dir erworben hast, der gute Ruf, den du dir verschafft hast – alles ist den Bach hinunter. Nur die paar blitzartigen Augenblicke, in denen du Zeuge warst, nur diese Momente bleiben dir. Nur diese Momente werden dich begleiten, wenn du dies Leben verläßt. Nur diese Momente können dich begleiten, denn nur sie gehören der Ewigkeit an. Sie gehören nicht der Zeit an.

Aber sei dankbar, daß es geschieht. Es kommt immer nur langsam, ganz langsam. Aber ein ganzer Ozean kann sich Tropfen für Tropfen füllen. Es geschieht tropfenweise. Aber in den Tropfen kommt der Ozean. Empfange ihn nur mit Dankbarkeit, mit Jubel und Dankbarkeit. Und versuche nicht, die Gedanken anzuhalten. Laß ihnen ihr Tempo – du schau zu.

Die fünfte Frage:

Wie kann die Sex-Energie zu Samadhi transformiert werden?

Tantra und Yoga haben einen gewissen Plan vom inneren Menschen. Es lohnt sich, diesen Plan zu verstehen; er kann euch helfen, er kann euch enorm helfen.

Tantra und Yoga gehen von sieben Zentren in der menschlichen Physiologie aus – der feinstofflichen Physiologie, nicht im Körper. Tatsächlich sind es Metaphern. Aber sie können sehr helfen, etwas vom inneren Menschen zu verstehen. Das sind die sieben Chakren.

Das erste ist das *muladhar* – das fundamentalste, was auch der Name sagt: *muladhar* bedeutet Basis, das eigentliche Fundament. ›Mul‹ ist das Grundlegende, das Wurzelhafte. Das *muladhar*-Chakra ist dasjenige Zentrum, wo die Sex-Energie unmittelbar verfügbar ist. Aber die Gesellschaft hat dies Chakra stark beschädigt.

Dies *muladhar*-Chakra hat drei Aspekte. Der eine ist oral, mundbetont. Der zweite ist anal, und der dritte genital. Das sind die drei Aspekte des *muladhar.* Das Kind beginnt sein Leben mit der oralen Phase, und aufgrund einer falschen Erziehung bleiben viele Menschen auf der oralen Ebene stehen und werden niemals erwachsen. Das ist der Grund, warum so viel geraucht, Kaugummi gekaut und zwanghaft gegessen wird. Das ist eine orale Fixierung – sie bleiben im Mund.

Es gibt viele primitive Gesellschaften, die nicht küssen. Tatsächlich wird, wenn ein Kind sich natürlich entwickelt, das

Küssen verschwinden; das Küssen zeigt, daß der Mensch oral geblieben ist. Was hat Sex sonst mit den Lippen zu tun? Als diese primitiven Völker zum ersten Mal vom Küssen des zivilisierten Menschen erfuhren, haben sie gelacht: sie fanden es einfach lächerlich. Zwei Menschen, die sich küssen – wie unhygienisch das aussieht! Lauter Krankheiten und Infektionen übertragen sie – was soll das? Was machen sie nur?... Aber die Menschheit ist oral geblieben.

Das Kind bleibt oral unbefriedigt. Die Mutter gibt ihm die Brust nicht lange genug; die Lippen bleiben unbefriedigt. Also wird das Kind später Zigaretten rauchen, viel küssen, Kaugummi kauen oder ein großer Fresser werden, ständig damit beschäftigt, irgend etwas zu kauen. Würden die Mütter ihren Kindern die Brust so lange geben, wie sie es brauchen, würde das *muladhar* nicht beschädigt.

Bist du Raucher, dann versuch es einmal mit einem Schnuller, und du wirst überrascht sein. Es hat schon vielen Menschen geholfen. Ich rate vielen Leuten, einen Schnuller zu lutschen. Wenn jemand kommt und mich fragt, wie er das Rauchen abstellen kann, dann sage ich: »Nimm einfach einen Schnuller, das ist ein Ersatznippel, und behalte ihn im Mund. Häng ihn dir um den Hals, und wenn dir nach Rauchen zumute ist, steckst du einfach den Schnuller in den Mund und genießt ihn. Und binnen drei Wochen wirst du überrascht feststellen, daß der Drang zu rauchen verschwunden ist.«

Die Brust hat irgendwie ihre Anziehungskraft behalten. Darum sind Männer so auf die weibliche Brust fixiert. Eigentlich scheint es keinen Grund dafür zu geben; warum auch...? Warum interessiert sich der Mann so für die Brüste der Frau? In Malerei, Plastik, Film und Pornographie – überall spielen Brüste eine große Rolle. Und die Frauen bemühen sich ständig darum, ihre Brüste gleichzeitig zu verstecken und zu zeigen... Wozu sonst die Büstenhalter? – sie wären einfach nur albern. Der Büstenhalter ist ein Trick, die Brust zu verstecken und zugleich vorzuzeigen. Ein paradoxer Trick. Und in Amerika, wo schließlich jede Idiotie auf die Spitze getrieben wird, geht man sogar so weit, den Frauen Chemikalien in die Brüste zu spritzen – Silikon und ähnliches. Sie pumpen die Brüste mit

Silikon voll, damit sie größer werden und die richtige Form bekommen – die Form, die die unreife Männerwelt gern sehen möchte. Sehr kindisch! Aber irgendwie ist der Mensch oral geblieben.

Dies ist der unterste Aspekt des *muladhar*.

Dann gibt es eine Reihe von Menschen, die über das Orale hinausgekommen und im Analen steckengeblieben sind; denn der zweite große Schaden passiert bei der Reinlichkeitserziehung. Die Kinder werden gezwungen, zu bestimmten Zeiten auf dem Topf zu sitzen, Kinder können nun aber ihre Darmtätigkeit nicht kontrollieren. Es braucht einige Zeit, Jahre, bis sie sie kontrollieren können. Was machen sie also? Sie zwingen sich, sie verschließen einfach ihren analen Mechanismus, und bleiben somit anal fixiert.

Darum leiden so viele Menschen an Verstopfung. Nur der Mensch kennt Verstopfung. Kein Tier leidet an Verstopfung. In freier Wildbahn leidet kein Tier an Verstopfung. Verstopfung ist ein psychologisches Leiden; sie geht auf eine Beschädigung des *muladhar* zurück. Und Verstopfung zieht viele Folgeerscheinungen nach sich, und zwar im Bewußtsein des Menschen. Geiz zum Beispiel – Leute, die Wissen horten, Geld horten, Tugend horten, alles horten, mit allem geizen, nichts loslassen können. Was immer sie erwischen können, halten sie fest. Und mit dieser Überbetonung des Analen wird dem *muladhar* großer Schaden zugefügt – denn Mann und Frau müssen sich zum Genitalen weiterentwickeln. Wenn sie beim Oralen oder Analen steckenbleiben, stoßen sie nie zum Genitalen vor. Mit diesem Trick hat die Gesellschaft es bis heute verhindert, daß ihr euch sexuell voll entfaltet.

Die anale Fixierung wird so wichtig, daß die Genitalien unwichtig werden. Daher so viel Homosexualität. Homosexualität wird nicht eher aus der Welt verschwinden, als bis die anale Orientierung verschwunden ist. Die übliche ›Reinlichkeitserziehung‹ ist eine einschneidende und gefährliche Sache. Und wenn sich trotz allem einige wenige bis zur Genitalität entwikkeln, wenn sie weder oral noch anal fixiert bleiben und genital werden, dann kommt die große Schuld, die die Menschheit um den Sex gewoben hat; denn Sex heißt Sünde.

Das Christentum hat den Sex so sehr zur Sünde gestempelt, daß man bis heute ernsthaft an dem dummen Märchen festhalten konnte – und es auf alle mögliche Weise zu belegen versucht –, daß Jesus durch ein Wunder zur Welt kam, daß er nicht durch eine sexuelle Mann-Frau-Beziehung gezeugt wurde, daß Maria eine Jungfrau war. Der Sex ist eine so große Sünde, daß es unvorstellbar ist, wie die Mutter von Jesus dem Sex gefrönt haben soll. Bei gewöhnlichen Sterblichen mag es noch angehen, aber daß die Mutter von Jesus den Sex gekannt haben soll...?! Wie kann ein so reines Wesen wie Jesus aus dem Sex geboren werden? Ich habe gelesen:

Es war einmal eine junge Frau, der es nicht gutging, also brachte ihre Mutter sie zum Arzt. Mutter besorgte das Reden; sie war von der Sorte.

»Sie ist schwanger«, sagte der Arzt.

»Doktor, da muß ich Sie einen Dummkopf nennen. Meine Tochter hat noch nicht einmal einen Mann geküßt! Nicht wahr Liebling?«

»Nein, Mami, ich hab' noch nicht einmal einem Mann die Hand gehalten.«

Der Arzt stand vom Stuhl auf, ging zum Fenster und starrte in den Himmel. Langes Schweigen.

Schließlich die Mutter: »Gibt es da draußen etwas Besonderes?«

»Absolut nicht, absolut nicht. Aber als das letzte Mal so was passiert ist, erschien ein Stern im Osten – und diesmal will ich mir das nicht entgehen lassen.«

Der Sex ist so sehr verdammt worden, daß ihr ihn nicht genießen könnt. Irgendwo bleibt die Energie stecken, oral, anal, genital. Sie kann nicht höhersteigen.

Tantra sagt, daß der Mensch von allen dreien befreit, destrukturiert werden muß. Und so sagt Tantra, daß die erste wichtige Arbeit am *muladhar* ansetzen muß. Für die orale Freiheit: Schreien, Lachen, Weinen, Brüllen, Seufzen – das hilft sehr. Deswegen habe ich Gruppen wie Encounter, Gestalt, Primär und andere dieser Art ausgewählt. Sie alle helfen, die orale Fixierung aufzuheben.

Und um euch von der analen Fixierung zu befreien: *pranaya-*

ma, bastrika – schnelles, chaotisches Atmen; das hilft hier sehr, weil es direkt auf das anale Zentrum trifft und den analen Mechanismus erleichtert und entkrampft. Hier ist die dynamische Meditation von ungeheurem Wert.

Und dann das Sex-Zentrum: Das Sex-Zentrum muß von der Last der Schuld befreit werden, der Verdammung. Ihr müßt alles von vorn lernen, erst dann kann das beschädigte Sex-Zentrum auf eine gesunde Weise funktionieren. Ihr müßt wieder lernen, den Sex zu genießen – ohne jedes Schuldgefühl.

Es gibt tausend und eine Form von Schuld. In der hinduistischen Vorstellungswelt gilt der Same als große Energie; verliert man auch nur einen Tropfen, ist man verloren. Das ist eine sehr ›verstopfte‹ Haltung: horte deinen Samen! Es geht aber nichts verloren: du bist eine so dynamische Kraft, daß du diese Energie täglich neu herstellst; also kann nichts verlorengehen.

Der Hindu ist ganz versessen auf *veerya* – Samenenergie. Kein Tropfen darf verlorengehen... das ist die ständige Angst. Jedesmal also, wenn Inder Geschlechtsverkehr haben – falls sie Geschlechtsverkehr haben –, fühlen sie sich sehr frustriert, sehr deprimiert, weil sie immerzu daran denken müssen, wieviel Energie ihnen jetzt verlorengeht. *Nichts* geht verloren! Dein Vorrat an Energie ist nicht beschränkt; du bist wie ein Dynamo – du erzeugst Energie, erzeugst sie jeden Tag. Im Gegenteil: je mehr du verbrauchst, desto mehr wird erzeugt. Es funktioniert genau wie im übrigen Körper. Wenn du deine Muskeln gebrauchst, wachsen sie. Wenn du läufst, werden deine Beine stark. Wenn du joggst, hast du mehr Energie zum Joggen. Glaube nicht, daß jemand, der nie gerannt ist und plötzlich rennt, Energie dazu haben wird – er hat keine Energie. Er hat nicht einmal die Muskeln zum Rennen. Gebrauche alles, was dir von Gott gegeben wurde, und du hast *mehr* davon.

Es gibt also diesen Hindu-Wahn: zu horten. Das ist *eine* Form von Verstopfung. Und jetzt gibt es einen amerikanischen Wahn, und der ist wie Durchfall: Verschleudere, schleudere deine Energie ständig hinaus, ob sinnlos, ob sinnvoll, das spielt keine Rolle. Stoße sie ab. So haben sogar achtzigjährige Männer noch kindische Vorstellungen. Sex ist gut, Sex ist wunderschön, aber nicht der Sinn des Lebens. Er ist das Alpha, aber nicht das Omega. Man muß über ihn hinauswachsen. Aber über ihn hinauswachsen heißt nicht, ihn zu *verdammen.* Man muß durch ihn hindurch, um ihn zu transzendieren.

Die tantrische Einstellung zum Sex ist die gesündeste, die es gibt. Sie sagt, daß der Sex gut ist, daß er gesund ist, daß er natürlich ist, daß der Sex aber auch größere Möglichkeiten enthält als nur Reproduktion. Und der Sex enthält auch größere Möglichkeiten als nur Lust und Freude. Der Sex enthält etwas vom Höchsten und Letzten, vom Samadhi.

Das *muladhar*-Chakra muß entspannt werden. Es muß frei von Verstopfung und frei von Durchfall werden. Das *muladhar*-Chakra muß optimal funktionieren, hundertprozentig, und dann fängt die Energie an, sich in Bewegung zu setzen.

Das zweite Chakra ist *svadhisthan* – das ist das Hara, das Todeszentrum. Dies sind die beiden am meisten beschädigten Zentren. Der Mensch hat nämlich zwei große Ängste: die Angst vor dem Sex und die Angst vor dem Tod. Der Tod wird gemieden: kein Wort vom Tod! Vergiß ihn einfach. Er existiert nicht. Selbst wenn er manchmal existiert, schau nicht hin, bemerke ihn gar nicht. Glaub einfach weiter, daß *du* immer und ewig leben wirst... Geh dem Tod aus dem Weg!

Tantra sagt: Meide nicht den Sex und meide nicht den Tod.

Darum ging Saraha zur Verbrennungsstätte, um dort zu meditieren und dem Tod nicht aus dem Weg zu gehen. Und er ging mit der Pfeilmacherin hin, um ein Leben des gesunden, vollen, optimalen Sex zu leben. Er lebte mit einer Frau zusammen auf der Verbrennungsstätte, also mußten sich diese beiden Zentren entspannen: das Sex- und das Todes-Zentrum. Sobald du den Tod akzeptierst und keine Angst vor ihm hast, sobald du den Sex akzeptierst und keine Angst vor ihm hast, sind deine beiden untersten Zentren entspannt.

Und es sind diese beiden unteren Zentren, die von der Gesellschaft beschädigt wurden – und zwar sehr schwer. Sobald sie befreit sind... die übrigen fünf Zentren sind nicht beschädigt. Es ist nicht nötig, sie zu beschädigen, weil die Menschen nicht in diesen fünf Zentren leben. Die beiden ersten sind von Natur aus zugänglich. Die Geburt ist schon passiert: das Sex-Zentrum, *muladhar.* Und der Tod wird passieren: *svadhistan* –

das zweite Zentrum. Diese beiden sind in jedermanns Leben zugänglich; und die Gesellschaft hat beide Zentren zerstört und versucht, den Menschen zu manipulieren, zu versklaven. Das sind die beiden Hebel.

Tantra sagt: Meditiere im Liebesakt, meditiere, wenn jemand stirbt, sieh zu, schau, beobachte. Setz dich neben den Sterbenden. Fühle seinen Tod, nimm teil an ihm. Geh mit dem Sterbenden in tiefe Meditation. Und wenn ein Mensch im Sterben liegt, ist das eine Chance, einen Geschmack vom Tod zu bekommen – denn wenn ein Mensch stirbt, entläßt er eine enorme Energie aus dem *svadhisthan*... er muß es, weil er stirbt. Die gesamte Energie, die am *svadhisthan*-Zentrum aufgestaut war, wird freigesetzt, weil er stirbt. Ohne sie herauszulassen kann er nicht sterben. Wenn also ein Mann stirbt oder eine Frau stirbt, laßt euch die Gelegenheit nicht entgehen.

Wenn du bei einem Sterbenden bist, setz dich still hin, meditiere still. Wenn er stirbt, bricht die Energie mit einem Schlag nach allen Seiten aus, und du kannst den Tod kosten. Und das wird dich tief entspannen. Ja, der Tod tritt ein – aber niemand stirbt. Ja, der Tod kommt, aber tatsächlich kommt der Tod niemals.

Wenn du im Liebesakt bist, dann meditiere, so daß du erfährst, wie etwas vom Samadhi in die Sexualität eindringt. Und wenn du über den Tod meditierst, geh so tief mit, daß du Zeuge werden kannst, wie im Tod etwas vom Todlosen eintritt.

Diese beiden Erfahrungen werden dir helfen, ganz leicht aufzusteigen. Die anderen fünf Zentren werden zum Glück nicht zerstört. Sie sind völlig eingestimmt – nur müssen sie erst von der Energie durchdrungen werden. Sobald den beiden ersten Zentren geholfen worden ist, beginnt die Energie aufzusteigen.

Macht also diese beiden Dinge zu eurer Meditation: den Tod und die Liebe.

Die letzte Frage:

Geliebter Osho – wird etwa ›Osho‹ wie die Coca-Cola-Reklame um die ganze Welt gehen?

WARUM NICHT?

IX

DER GEIST IN SEINEM REINEN SEIN

29. April 1977

Wenn Winterwind das stille Wasser streift,
Wird es zu Eis – nach Wesen und Gestalt wie Stein.
Wenn deutende Gedanken die Verwirrten blenden,
Wird das, was eben noch nicht Form war, hart und fest.

Der Geist in seinem reinen Sein
Bleibt unbefleckt vom Schmutz des samsara *und des* nirvana.
Ein kostbares Juwel, tief im Morast,
Glänzt nicht – und hat doch Glanz.

Wissen leuchtet nicht im Dunkeln;
Doch wenn das Dunkel hell wird,
Verschwindet augenblicklich alles Leiden.
Aus dem Saatkorn schießen Keime
Und aus den Keimen Blätter.

Wer vom Geist als ›Eines‹ oder ›Vieles‹ denkt,
Der wirft sein Licht weg und betritt die Welt.
Er geht mit offenen Augen in ein Flammenmeer –
Wer hätte Mitleid mehr verdient als er?

Oh, die Schönheit der Schöpfung! Dies reine Entzücken! Welche Freude, welches Lied und welcher Tanz!

Aber wir sind nicht da. Wir scheinen zwar zu existieren, aber wir sind nahezu nicht-existent – denn wir haben den Kontakt mit der Schöpfung verloren, wir haben unsere Wurzeln in ihr verloren. Wir sind wie ein entwurzelter Baum. Das Lebensblut fließt nicht mehr, der Saft ist vertrocknet. Es kommen keine Blüten mehr und keine Früchte. Nicht einmal Vögel kommen mehr und bauen sich ihr Nest in uns.

Wir sind tot! – denn wir sind noch nicht geboren. Wir halten unsere körperliche Geburt für unsere wahre Geburt; das ist nicht unsere Geburt. Wir leben noch immer als Potential. Wir sind noch nicht wirklich. Daher das Elend. Das Wirkliche ist selig vor Glück, das Mögliche ist unglücklich. Warum ist das so? Weil das Mögliche nicht ruhen kann. Das Mögliche ist immer rastlos. Es muß rastlos sein. Etwas *wird* erst geschehen... es hängt in der Luft, es ist in einem vagen Zwischenreich.

Es ist wie ein Samenkorn – wie kann sich ein Samenkorn entspannen und ausruhen? Nur die Blüten lernen Ruhe und Entspannung kennen. Der Same muß in tiefer Unrast leben; der Same muß immerzu zittern. Das Zittern ist: Wird er fähig sein, sich zu verwirklichen? Wird er den richtigen Boden finden? Wird er das richtige Klima finden? Wird er den richtigen Himmel finden? Wird es passieren? Oder wird er sterben müssen, ohne geboren worden zu sein? Der Same zittert innerlich, er hat Angst, er bangt. Der Same kann nicht schlafen; der Same leidet an Schlaflosigkeit.

Das Mögliche ist ehrgeizig, das Mögliche sehnt die Zukunft herbei. Oder habt ihr das noch nicht an euch selbst beobachtet? daß ihr ewig nach etwas sucht, das geschehen soll, das nicht geschieht? daß ihr ständig etwas wollt, verlangt, begehrt, hofft und träumt... und es passiert nicht? Und das Leben geht weiter, das Leben entgleitet immer mehr. Der Tod kommt, und noch immer hast du dich nicht verwirklicht. Wer weiß? Was wird eher kommen – die Selbstverwirklichung, die Erkenntnis, die Blüte – oder der Tod? Wer weiß? Von daher die Angst, die Qual, das Beben.

Søren Kierkegaard hat gesagt, daß der Mensch ein Zittern ist. Ja, der Mensch ist ein Zittern, denn der Mensch ist ein Saatkorn. Und Friedrich Nietzsche hat gesagt, daß der Mensch eine Brücke ist. Stimmt genau! Der Mensch ist kein Platz zum Ausruhen. Er ist eine Brücke, die man überqueren muß. Der Mensch ist ein Tor, durch das man hindurch muß. Du kannst dich nicht dabei ausruhen, Mensch zu sein. Der Mensch ist kein Sein: er ist ein abgeschossener Pfeil, immer unterwegs... ein Seil, gespannt zwischen zwei Ewigkeiten. Der Mensch ist eine Spannung. Nur der Mensch leidet unter Angst; er ist das einzige Lebewesen auf der ganzen Welt, das unter Angst leidet. Was kann der Grund sein?

Nur der Mensch existiert als Möglichkeit. Ein Hund ist wirklich, mehr kann mit ihm nicht geschehen. Ein Wasserbüffel ist wirklich, da steht nichts mehr aus, was noch kommen soll. Was geschehen konnte, ist geschehen. Ihr könnt einem Büffel nicht erzählen: »Du bist noch nicht Büffel« – das wäre albern. Aber dem Menschen kann man sagen: »Du bist noch nicht Mensch.« Man kann dem Menschen sagen: »Du bist noch nicht vollendet.« Man kann zu einem Hund nicht sagen: »Du bist unvollendet.« Das wäre sehr dumm. Alle Hunde sind durchaus vollendet.

Der Mensch hat eine Möglichkeit, eine Zukunft. Der Mensch ist etwas Offenes. Von daher die ständige Angst: werden wir es schaffen oder nicht? wird es uns diesmal gelingen? Immer wieder haben wir es nicht geschafft – wird es diesmal genauso sein? Das ist es, warum wir nicht glücklich sind. Und um uns herum feiert die Schöpfung andauernd mit großem Gesang, mit großer Freude, mit großem Jubel. Die gesamte Schöpfung ist eine einzige Orgie, ein ständiger Karneval. Die ganze Schöpfung ist jeden Augenblick im Orgasmus. Irgendwie ist der Mensch zum Fremden geworden.

Der Mensch hat die Sprache der Unschuld vergessen. Der Mensch hat vergessen, wie er mit der Schöpfung in Kontakt sein kann. Der Mensch hat vergessen, wie er mit sich selbst in Kontakt sein kann. Mit sich selbst in Kontakt zu sein, heißt meditieren. Mit der Schöpfung in Kontakt zu sein, heißt beten. Aber der Mensch hat die Sprache, die er dazu braucht, vergessen. Darum laufen wir herum wie Fremde – Fremde in unserer eigenen Heimat, Fremde für uns selbst. Wir wissen nicht, wer wir sind, und wissen nicht, warum wir sind, und wissen nicht, warum wir weiterleben. Es scheint ein endloses Warten zu sein... Warten auf Godot.

Kein Mensch weiß, ob Godot je kommt. Und wer ist dieser Godot überhaupt? Nicht mal das weiß man – aber auf irgendwas müssen wir schließlich warten, also machen wir uns irgendeine Vorstellung und warten darauf, daß sie sich erfüllt. Gott ist so eine Vorstellung; das Paradies ist so eine Vorstellung; nirvana ist so eine Vorstellung. Man muß warten, weil man irgendwie sein Inneres füllen muß, sonst würde es sich leer anfühlen. Das Warten gibt ein Gefühl von Zweck und Ziel. Man kann sich gut fühlen: wenigstens *wartet* man. Zwar ist es noch nicht passiert, aber eines Tages wird's schon passieren. Aber was genau soll da eigentlich passieren?

Wir haben noch nicht einmal die richtige Frage gestellt, wo soll da also die richtige Antwort herkommen? Wir haben noch nicht einmal die richtige Frage gestellt! Und merkt euch: Habt ihr erst mal die richtige Frage gestellt, dann ist die richtige Antwort nicht mehr weit. Sie ist gleich um die Ecke. Nein, genauer noch: sie steckt schon in der Frage selbst. Wenn du immer wieder die richtige Frage stellst, stößt du durch das Fragen selbst auf die richtige Antwort.

Das erste, was ich euch also sagen möchte, ist dies: daß wir deshalb fehlgehen, daß wir deshalb ständig an der Existenz vorbeigehen, weil wir das Denken für das richtige Medium halten, mit ihr in Kontakt zu kommen. Dabei ist es das Denken, was uns von der Existenz trennt. Es ist ein Medium, das euch vom Dasein abhält, nicht eines, das euch zu ihm hinführt. Das Denken ist die Schranke. Gedanken umringen euch wie chinesische Mauern, und blind tappt ihr im Dunkel eurer Gedanken herum. Ihr könnt an das Wirkliche nicht rühren. Nicht, daß das Wirkliche weit weg wäre – Gott ist ganz nahe! nur ein Gebet weit weg, mehr nicht.

Aber wenn ihr Dinge tut wie Denken, Brüten, Analysieren, Interpretieren, Philosophieren – dann geratet ihr vom Weg ab, immer mehr in die Irre; dann fallt ihr immer weiter von der

Wirklichkeit ab – denn je mehr Gedanken ihr habt, desto schwieriger wird es, einen klaren Blick zu bewahren. Sie erzeugen dichten Nebel. Sie machen euch blind.

Das ist einer der Grundpfeiler des Tantra: daß ein denkender Geist ein irrender Geist ist, daß Denken nicht die Sprache ist, um mit der Wirklichkeit zu kommunizieren. Was ist dann aber die richtige Sprache? Nicht-Denken! Worte sind für die Wirklichkeit sinnlos. Schweigen ist sinnvoll. Schweigen ist schwanger. Worte sind tot. Man muß die Sprache des Schweigens lernen.

Und dann geschieht etwas, das genau dem Zustand gleicht, den du im Mutterleib erlebt hast: Du hast es zwar völlig vergessen, aber neun Monate habt ihr – du und deine Mutter – kein einziges Wort miteinander gesprochen... aber ihr wart vereint, in tiefem Schweigen. Du warst eins mit ihr; es gab keine Schranke zwischen dir und der Mutter. Dich gab es nicht als losgelöstes Selbst. In diesem tiefen Schweigen warst du eins mit deiner Mutter. Es herrschte eine ungeheure Einheit. Es war keine Vereinigung, es war Einheit. Ihr wart nicht zwei; also war es keine Vereinigung. Es war einfach Einheit. Ihr wart nicht zwei.

An dem Tag, an dem du wieder zu schweigen lernst, geschieht genau das: Du fällst zurück in den Mutterleib der Existenz und bist wieder mit ihr verbunden – auf eine völlig neue Weise; das heißt, so völlig neu nun auch wieder nicht, denn du kennst es schon vom Mutterleib her, nur hast du es vergessen. Das meine ich, wenn ich sage, daß der Mensch die Sprache *vergessen* hat, die ihn mit der Schöpfung verbindet. So also ist es: so, wie du mit deiner Mutter im Mutterleib verbunden warst – jede deiner Schwingungen übertrug sich auf die Mutter, jede Schwingung der Mutter übertrug sich auf dich. Es herrschte innigstes Einvernehmen. Es gab keine Mißverständnisse zwischen dir und deiner Mutter. Zu Mißverständnissen kommt es nur, wenn das Denken einsetzt.

Wie kannst du, wenn du nicht denkst, jemanden mißverstehen? Oder geht das? Kannst du mich mißverstehen, wenn du nicht über mich nachdenkst? Wie könntest du mich da mißverstehen? Und wie könntest du mich verstehen, wenn du denkst?

Unmöglich. Im Augenblick, wo du denkst, interpretierst du schon. Im Augenblick, wo du denkst, blickst du nicht auf mich, sondern vermeidest mich. Du versteckst dich hinter deinen Gedanken. Deine Gedanken kommen aus der Vergangenheit. Ich bin hier – gegenwärtig. Ich bin ein Faktum – hier und jetzt – und du kommst mit deiner Vergangenheit.

Ihr wißt sicherlich, was ein Oktopus ist – ein Tintenfisch. Wenn sich der Tintenfisch verstecken will, hüllt er sich in schwarze Tinte ein – in eine Wolke schwarzer Tinte. Nun kann ihn niemand mehr sehen, er macht sich einfach unsichtbar in seiner eigenen Wolke von schwarzer Tinte. Es ist eine Sicherheitsmaßnahme. Genau dasselbe macht ihr auch, wenn ihr eine Gedankenwolke loslaßt – ihr versteckt euch in ihr. Dann könnt ihr mit niemandem Kontakt haben und niemand kann Kontakt mit euch aufnehmen. Es ist nicht möglich, mit einem denkenden Kopf zu kommunizieren. Man kann nur mit einem Bewußtsein kommunizieren.

Ein Bewußtsein hat keine Vergangenheit. Ein Kopf ist Vergangenheit und sonst nichts. Das erste also, was dir Tantra sagt, ist: Lerne die Sprache des Orgasmus! Noch einmal: Was geschieht, wenn du dich mit einer Frau oder einem Mann liebst? Für ein paar Sekunden – selbst das ist selten und wird um so seltener, je zivilisierter der Mensch ist – für ein paar Sekunden bist du nicht mehr im Kopf. Mit einem Schock wirst du vom Denken abgeschnitten. Mit einem Ruck bist du außerhalb des Verstandes. Für diese paar Sekunden, die du nicht im Verstand bist, hast du wieder mit dem Ganzen Kontakt. Jetzt bist du wieder im Mutterschoß... im Schoß deines Mannes oder im Schoß deiner Frau. Ihr seid nicht mehr getrennt. Wieder herrscht Einheit – nicht Vereinigung.

Wenn ihr euch liebt, ist das anfangs eine Vereinigung. Aber wenn der Orgasmus kommt, hört die Vereinigung auf, und es kommt zur Einheit. Die Dualität ist fort. Was geschieht in diesem tiefen Gipfelmoment?

Tantra erinnert euch immer wieder daran, daß das, was da in diesem höchsten Moment passiert, genau die Sprache ist, die euch mit dem Dasein verbindet. Es ist die Sprache der Eingeweide; es ist die Sprache eures wirklichen Seins. Stellt es euch entweder so vor, wie es im Schoß eurer Mutter war, oder so, wie es ist, wenn ihr euch wieder im Schoß des geliebten Menschen verliert und der Verstand für ein paar Sekunden einfach aussetzt.

Diese Momente des Nicht-Denkens sind das Wetterleuchten des Samadhi, das Wetterleuchten des Satori, das Wetterleuchten Gottes. Wir haben diese Sprache vergessen und müssen sie von neuem lernen. Diese Sprache ist Liebe.

Die Sprache der Liebe ist wortlos. Wenn zwei Liebende wirklich in tiefer Harmonie sind – in dem Zustand, den Carl Gustav Jung ›Gleichzeitigkeit‹ nennt, wo alle Schwingungen sich einfach synchronisieren, wo beide auf der gleichen Wellenlänge sind – dann tritt Schweigen ein, dann ist den Liebenden nicht nach Sprechen zumute. Nur Eheleute reden miteinander. Liebende schweigen.

Genaugenommen können Eheleute deshalb den Mund nicht halten, weil Sprache das Mittel ist, sich gegenseitig aus dem Weg zu gehen. Wenn du dem andern nicht aus dem Weg gehst, wenn du nicht redest, wird die Gegenwart des andern sehr peinlich. Eheleute hüllen sich augenblicklich in ihre schwarzen Tintenwolken. *Was* sie reden ist egal; Hauptsache sie haben ihre Tintenwolke um sich; unsichtbar in ihrer Tinte, fühlen sie sich außer Gefahr.

Sprache ist kein Mittel, einander nahezukommen. Sie ist mehr oder weniger das Mittel, sich gegenseitig aus dem Weg zu gehen. Wenn du wirklich liebst, hältst du vielleicht die Hand des geliebten Menschen, aber du schweigst: Äußerstes Schweigen, nicht die kleinste Welle. Auf dem reglosen See deiner Bewußtheit überträgt sich etwas, übermittelt sich die Botschaft. Es ist eine wortlose Botschaft.

Tantra sagt, daß man die Sprache der Liebe lernen muß, die Sprache des Schweigens, die Sprache der gemeinsamen Gegenwart, die Sprache des Herzens, die Sprache der Eingeweide.

Wir haben eine Sprache gelernt, die nicht existentiell ist. Wir haben eine Fremdsprache gelernt; ganz gewiß ist sie nützlich. Sie erfüllt einen bestimmten Zweck, ganz gewiß. Aber sobald es um die Erforschung der höheren Bewußtseinsregionen geht, ist sie nur hinderlich. Auf der niederen Ebene ist sie okay – für den Marktplatz braucht man natürlich eine gewisse Sprache. Mit Schweigen ist da nichts zu machen. Aber je tiefer oder höher du gehst, desto weniger richtet Sprache etwas aus.

Erst gestern sprach ich von den Chakren; ich sprach von zwei Chakren: dem *muladhar*-Chakra und dem *svadhisthan*-Chakra. *Muladhar* bedeutet die Basis, die Wurzel. Es ist das Sex-Zentrum, oder man kann es auch das Lebenszentrum, das Geburtszentrum nennen.

Jeder wird durch das *muladhar* geboren. Durch das *muladhar* deiner Mutter und das deines Vaters bist du zu deinem Körper gekommen. Das nächste Zentrum war *svadhisthan:* das ist der Sitz des Selbst – es ist das Todes-Chakra. Ein merkwürdiger Namen für das Todes-Chakra, nicht wahr? Sitz des Selbst! *Svadhisthan* heißt ›der Ort, wo du wirklich existierst‹. Im Tod etwa? Ja.

Wenn du stirbst, gehst du ein in dein reines Sein – denn nur das, was du nicht wirklich bist, stirbt. Der Körper stirbt. Der Körper wird aus dem *muladhar* geboren. Wenn du stirbst, verschwindet der Körper. Aber du? Du nicht. Was immer dir vom *muladhar* gegeben wird, nimmt dir das *svadhisthan* wieder weg. Von Mutter und Vater hast du einen gewissen Mechanismus mitbekommen – der wird dir vom Tod wieder genommen. Aber du? – du warst schon da, bevor dein Vater und deine Mutter sich kannten... dich gab es schon ewig.

Jesus sagt... jemand hat ihn über Abraham befragt, was er über Abraham denke, den Propheten, und Jesus antwortete: »Abraham? Ich bin, bevor Abraham war.«

Abraham hatte etwa zwei-, dreitausend Jahre vor Jesus gelebt, und er sagt: »Ich bin, bevor Abraham war.«

Was redet er da? Was seinen Körper betrifft, wie kann er vor Abraham gewesen sein? Aber Jesus spricht nicht vom Körper; er spricht vom ›Ich-Bin‹, von seinem reinen Sein... und das ist ewig.

Dieser Name – *svadhisthan* – ist sehr schön. Es ist genau dasselbe Zentrum, das man in Japan ›Hara‹ nennt; dieses Wort steckt im japanischen Wort für Selbstmord – Harakiri – im Hara sterben oder getötet zu werden. Das *svadhisthan* nimmt nur das, was dir das *muladhar* gegeben hat; aber das, was aus der Ewigkeit kommt – dein Bewußtsein –, wird dir nicht genommen. Die Hindus sind große Erforscher des Bewußtseins. Sie nannten es *svadhisthan,* denn erst, wenn du stirbst, weißt du, wer du bist. Stirb in der Liebe, und du weißt, wer du bist. Stirb in der Meditation, und du weißt, wer du bist. Stirb der Vergangenheit, und du weißt, wer du bist. Stirb dem Verstand, und du weißt, wer du bist. Der Tod ist der Weg der Erkenntnis.

In alten Zeiten wurde in Indien der Meister ›der Tod‹ genannt – denn du mußt im Meister sterben; der Jünger muß im Meister sterben… nur so wird er erfahren, wer er ist.

Diese beiden Zentren sind von der Gesellschaft gründlich vergiftet worden. Zu diesen beiden Zentren hat sie leicht Zugang. Darüber hinaus gibt es aber fünf weitere Zentren. Das dritte heißt *manipura,* das vierte *anahata,* das fünfte *visuddhi,* das sechste ist *ajna* und das siebte *sahasrar.*

Das dritte Zentrum, *manipura,* ist das Zentrum aller Gefühle, aller Emotionen. Wir unterdrücken unsere Gefühle im *manipura.* Es bedeutet ›der Diamant‹. Das Leben wird wertvoll durch unsere Gefühle – Lachen, Weinen, Tränen, Lächeln. Das Leben ist uns wertvoll aufgrund all dieser Dinge. Sie machen den Glanz des Lebens aus, und so heißt dieses Chakra *manipura,* das Diamanten-Chakra.

Nur der Mensch kann diesen kostbaren Diamanten besitzen. Tiere können nicht lachen; natürlich können sie auch nicht weinen. Tränen kommen aus einer Dimension, die nur dem Menschen offensteht. Die Schönheit der Tränen, die Schönheit des Lachen – die Poesie der Tränen und die Poesie des Lächelns ist nur dem Menschen möglich. Alle anderen Lebewesen besitzen nur zwei Chakren: *muladhar* und *svadhisthan.* Sie werden geboren, und dann sterben sie. Zwischen diesen beiden passiert sonst nicht viel.

Wenn sich auch dein Leben nur darum dreht, geboren zu werden und dann zu sterben, bist du ein Tier. Dann bist du noch kein Mensch. Und viele Millionen von Menschen leben nur in diesen beiden Chakren; sie gehen nie über sie hinaus.

Wir haben gelernt, Gefühle zu unterdrücken. Wir haben gelernt, nicht gefühlvoll zu sein. Wir haben gelernt, daß sich

Gefühle nicht auszahlen. Sei praktisch, sei hart! Du darfst nicht weich sein, du darfst nicht verletzlich sein! Sonst wirst du ausgenützt. Sei hart! Tu wenigstens so, als ob du hart wärst, tu gefährlich, zeig, daß du kein Weichling bist. Jage andern Angst ein. Lache nicht, denn wenn du lachst, hat kein Mensch Angst vor dir. Weine nicht, denn wenn du weinst, zeigst du nur, daß du selbst Angst hast. Zeig nicht deine menschlichen Schwächen. Tu so, als wärst du perfekt.

Unterdrücke dein drittes Zentrum; so wird ein Soldat aus dir; nicht ein Mensch, sondern ein Soldat – ein uniformierter Mann, ein Pseudo-Mann.

Im Tantra wird viel Arbeit an diesem dritten Chakra getan, damit es sich entspannt. Die Gefühle müssen befreit, entkrampft werden. Wenn dir nach Weinen zumute ist, dann weine. Wenn dir nach Lachen zumute ist, dann lache. Du mußt mit diesem Unsinn der Verdrängung aufhören. Unterdrücke dich nicht, sondern drücke aus! Denn nur durch deine Gefühle, durch deine Empfindungen, durch deine Empfänglichkeit, kommst du auf die Wellenlänge, auf der Kommunikation möglich ist.

Hast du es noch nie beobachtet? Du kannst reden soviel du willst, und nichts ist damit gesagt; aber laß eine einzige Träne über dein Gesicht rollen, und du hast alles ausgedrückt. Eine Träne kann mehr sagen als alle Worte. Stundenlang kannst du umsonst reden, und eine Träne kann alles sagen. Du kannst noch so oft sagen: »Ich bin ja so glücklich«, dies und das... aber dein Gesicht zeigt genau das Gegenteil. Ein bißchen Lachen, ein kleines bißchen ehrliches Lachen, und du brauchst nichts weiter zu sagen, das Lachen sagt alles. Du siehst deinen Freund, und dein Gesicht strahlt, es leuchtet vor Freude.

Das dritte Zentrum muß immer offener werden. Das ist gegen das Denken; je mehr du also das dritte Zentrum zuläßt, desto leichter wird sich dein verkrampftes Denken lösen. Sei aufrichtig, sei sensibel. Berühre mehr, spüre mehr, lache mehr, weine mehr. Und vergiß nicht, du kannst nichts hinzufügen, du kannst nicht übertreiben. Du kannst nicht eine Träne zuviel weinen. Du kannst kein bißchen zuviel lachen. Hab also keine Angst und sei nicht geizig.

Tantra erlaubt dem Leben all seine Gefühle.

Das sind also die drei unteren Chakren – ›untere‹ nicht im Sinne irgendeiner Wertung –, dies sind die unteren Zentren, die ersten Sprossen der Leiter.

Dann kommt das vierte Zentrum, das Herz-Zentrum, *anahata* genannt. Das Wort ist sehr schön. *Anahata* heißt: ›der unangeschlagene Ton‹. Gemeint ist dasselbe, was die Zen-Leute meinen, wenn sie sagen: »Horch! das Klatschen der einen Hand!« – das ist der Ton, der nicht angeschlagen wird. Das Herz liegt genau in der Mitte: drei Zentren unter ihm, drei Zentren über ihm. Und das Herz ist das Tor vom Unteren zum Höheren, oder vom Höheren zum Unteren. Im Herzen kreuzen sich die Wege.

Und das Herz ist völlig übergangen worden. Man hat euch nicht gelehrt, ›herzlich‹ zu sein. Man hat euch jeden Zutritt in das Reich des Herzens verwehrt – denn es ist gefährliches Terrain. Es ist das Zentrum des tonlosen Tones; es ist das außersprachliche Zentrum – der Ton, der nicht angeschlagen wird. Sprache ist der Ton, der angeschlagen wird; wir müssen sie mit unseren Stimmbändern erzeugen; sie muß angeschlagen werden – sie ist wie das Klatschen *zweier* Hände. Das Herz ist das Klatschen einer Hand. Im Herzen gibt es kein Wort. Es ist wortlos. Wir haben das Herz völlig links liegen lassen, wir sind an ihm vorbeigegangen. Wir führen unser Leben so, als gäbe es das Herz gar nicht. Oder wir lassen es allenfalls als eine Pumpmaschine gelten, die der Atemversorgung hilft – das ist alles. Das ist aber nicht alles. Die Lungen sind nicht das Herz. Das Herz liegt tief hinter den Lungen verborgen. Und es ist auch nicht physisch. Es ist der Ort, von wo aus die Liebe aufsteigt. Darum ist Liebe auch kein Gefühl. Alle gefühlvolle Liebe gehört dem dritten Zentrum an, nicht dem vierten.

Liebe ist mehr als nur ein Gefühl. Liebe geht tiefer als Gefühl. Liebe hat größeren Wert als Gefühl. Gefühle sind vergänglich. Im allgemeinen wird aber das Gefühl der Liebe mit der Erfahrung der Liebe verwechselt. Eines Tages verliebt man sich in eine Frau oder einen Mann, und am nächsten Tag ist es vorbei damit – und das nennt sich dann Liebe. Es hat nichts mit Liebe zu tun. Es ist ein Gefühl: die Frau hatte dir gefallen. Wohlgemerkt, *gefallen* – nenn es nicht *Liebe*. Es war ein Mögen, so wie man Eiskrem mag. Du mochtest sie. Mögen kommt und geht. Mögen ist etwas Momentanes. Es hält nie lange an, von Natur aus nicht. Du magst eine Frau, du schläfst mit ihr, und basta: das Mögen mag nicht mehr. Genau wie mit einer Portion Eis: du hast es ausgelöffelt – jetzt kann dich kein Eis mehr reizen. Wenn dir jemand jetzt noch mehr Eis aufdrängen will, sagst du: »Da wird mir ja gleich übel! Schluß! Mehr kann ich nicht vertragen!«

Mögen ist nicht Liebe. Verwechselt das nie, sonst wird euer ganzes Leben wurzellos... sonst treibt ihr von einer Person zur andern, und es kommt nie zur Vertrautheit.

Das vierte Zentrum, *anahata*, ist von großer Bedeutung; denn durch das Herz warst du ganz am Anfang mit deiner Mutter verbunden. Deine Verbindung mit der Mutter ging durch das Herz, nicht durch den Kopf. Wenn ihr in tiefer Liebe, in tiefem Orgasmus seid, ist es wieder das Herz, nicht mehr der Kopf, was euch verbindet. Und in Meditation, in tiefer Andacht, geschieht das gleiche: du bist mit der Schöpfung durch das Herz verbunden – von Herz zu Herz. Ja, es ist Zwiesprache von Herz zu Herz, nicht von Kopf zu Kopf. Es hat mit Sprache nichts zu tun.

Und das Herz-Zentrum ist das Chakra, von wo aus der unangeschlagene Ton aufsteigt. Wenn du dich in dein Herz-Zentrum entspannst, kannst du ihn hören: Omkar – ›aum‹. Das wird eine große Entdeckung sein. Alle, die in das Reich des Herzens eingetreten sind, hören einen kontinuierlichen rhythmischen Summton, der wie ›aum‹ klingt. Könnt ihr euch eine rhythmische Melodie vorstellen, die aus sich selbst kommt? Denn machen kann man ihn nicht.

Das ist auch der Grund, warum ich nichts von Mantras halte. Man kann noch so lange ›aum, aum, aum‹ vor sich hinsingen, es kommt doch nichts anderes als ein künstlicher Ersatz für das Herz heraus. Es führt nicht weiter. Es ist eine Täuschung. Man kann das jahrelang tun und in sich einen künstlichen Ton erzeugen, den man dann für seinen Herzton hält; aber er ist es nicht. Um in dein Herz zu kommen, brauchst du nicht ›aum, aum, aum‹ zu singen. Dazu mußt du nur still sein. Eines Tages kommt das Mantra von selbst. Eines Tages – du bist in ein tiefes Schweigen gefallen – hörst du plötzlich diesen Ton von nirgendwoher. Er steigt aus dir auf – aus deinem innersten Kern. Er ist der Ton deiner inneren Stille. Genau so, wie in stiller Nacht ein gewisser Ton zu hören ist – der Ton der Stille –, genauso hörst du in dir, nur aus sehr, sehr viel tieferen Tiefen, einen Ton aufsteigen.

Er kommt. Laßt es mich noch einmal betonen: ihr braucht ihn nicht zu erzeugen, indem ihr ›aum, aum, aum‹ wiederholt. Nein, kein einziges Wort ist nötig. Ihr seid einfach still. Ihr verharrt einfach in Schweigen, und er bricht hervor wie ein Bergquell... plötzlich sprudelt er hoch, ist er da. Ihr hört ihn... Ihr sprecht ihn nicht aus, ihr hört ihn.

Das meinen die Mohammedaner, wenn sie sagen, Mohammed habe den Koran ›gehört‹. Das ist damit gemeint. Das ist es genau, was im innersten Kern deines Herzens geschieht: du brauchst es nicht auszusprechen, du hörst es. Mohammed hörte den Koran – er lauschte in sich hinein, dorthin, wo er sich entfaltete. Er war total verwirrt; nie hatte er so etwas je gehört. Es war so fremd, so völlig unvertraut! Die Überlieferung sagt, daß er davon krank wurde. Es war so unheimlich! Wenn du eines Tages in deinem Zimmer sitzt und plötzlich hörst du in dir ›aum, aum, aum‹ oder so etwas, dann hast du ein komisches Gefühl... wirst du verrückt? Du hast nichts gesagt, und sonst ist auch niemand da – verlierst du den Verstand?

Mohammed saß gerade auf einem Hügel, als es passierte. Er kam zitternd und schwitzend nach Hause gerannt; er hatte hohes Fieber. Er war wirklich verstört und sagte zu seiner Frau: »Bitte, bring alle Decken und decke mich zu. Ich hab' noch nie so gezittert, ein großes Fieber hat mich befallen.« Aber seine Frau konnte den Glanz auf seinem Gesicht sehen. Was sollte das für ein Fieber sein? Seine Augen sprühten Feuer und glänzten von etwas unbeschreiblich Schönem. Eine große Gnade war mit ihm ins Haus gekommen. Ein tiefes Schweigen hatte sich über das Haus gesenkt. Selbst seine Frau konnte etwas hören. Sie sagte zu Mohammed: »Ich glaube nicht, daß das ein Fieber ist. Ich glaube, Gott hat dich gesegnet. Hab keine Angst. Was ist geschehen? Sag's mir.«

Seine Frau war der erste Mohammedaner – Khadija war ihr Name. Sie war seine erste Jüngerin. Sie sagte: »Das sehe ich doch, dir ist Gott begegnet. Etwas ist dir geschehen, etwas strömt aus deinem Herzen und breitet sich rings um dich aus. Du bist leuchtend geworden. So bist du noch nie gewesen – dir ist etwas Außergewöhnliches geschehen. Sag mir, warum du so geängstigt bist, warum du so zitterst. Auch wenn es völlig neu für dich ist – sag mir's.«

Und Mohammed sagte es ihr, hatte aber große Angst, was sie wohl von ihm denken würde. Aber sie bekannte sich zu ihm – sie wurde zum ersten Mohammedaner.

Und so ist es immer gewesen: Die Hindus sagen, daß die Veden von Gott selbst gesprochen wurden, was nur heißen kann, daß sie ›gehört‹ wurden. In Indien haben wir für unsere Heiligen Schriften das Wort *shruti*. Shruti bedeutet: ›was vernommen wurde‹.

In diesem Herz-Zentrum, im *anahata*-Chakra, ›hörst‹ du. Aber ihr habt noch nichts in euch gehört, keinen Ton, kein Omkar, kein Mantra. Das heißt aber nur, daß ihr dem Herzen aus dem Wege gegangen seid. Der Wasserfall ist vorhanden, das Rauschen strömenden Wassers ist vorhanden, aber ihr seid ihm aus dem Wege gegangen, ihr seid ihm nicht nahegekommen, ihr habt eine andere Route gewählt, ihr habt eine Abkürzung gemacht. Die Abkürzung geht gleich vom dritten zum fünften Zentrum, und vermeidet das vierte. Das vierte ist das gefährlichste Zentrum, weil es das Zentrum ist, aus dem Vertrauen geboren wird. Denn hier entsteht die innere Gewißheit. Und das muß der Verstand verhindern. Wenn er es nämlich nicht tut, geht alle Fähigkeit zu zweifeln verloren. Und der Verstand lebt vom Zweifel.

Das ist das vierte Zentrum. Und Tantra sagt, daß du das vierte Zentrum durch Liebe kennenlernen wirst.

Das fünfte Zentrum heißt *visuddhi*. *Visuddhi* bedeutet Reinheit. Ganz gewiß – erst nachdem die Liebe eingetreten ist, entstehen Reinheit und Unschuld – eher nicht. Nur die Liebe läutert, und *nur* die Liebe. Nichts anderes kann dich rein machen. Selbst der häßlichste Mensch wird schön in der Liebe. Liebe ist Nektar. Sie reinigt von allen Giften. So heißt also das fünfte Chakra *visuddhi* – *visuddhi* heißt Reinheit, absolute Reinheit. Es ist das Zentrum der Kehle.

Und Tantra sagt: Sprich erst, wenn du *durch das vierte hindurch* zum fünften Zentrum gelangt bist. Sprich nur aus Liebe; andernfalls schweige. Sprich aus dem Mitgefühl heraus, andernfalls sei still. Was soll das Reden sonst? Wenn du vom Herzen kommst, nachdem du dort Gottes Stimme vernommen hast, oder Gott gehört hast wie das Rauschen des Wasserfalls, wenn du den Ton Gottes gehört hast, das Klatschen der einen Hand, dann darfst du sprechen, dann darf dein Kehlen-Zentrum die Botschaft sagen, dann darf sogar etwas in Worte gegossen werden. Wenn du es *hast,* dann darf es sogar in Worte gegossen werden.

Nur sehr wenige gelangen zum fünften Zentrum, sehr selten. Denn wenn sie nicht einmal zum vierten kommen, wie können sie da das fünfte erreichen? Das kommt nur sehr selten vor. Ab und zu gelangt ein Christus, ein Buddha, ein Saraha zum fünften. Und die Schönheit sogar ihrer Worte ist ungeheuer; was soll man da erst von ihrem Schweigen sagen? Sie sprechen, und doch sprechen sie nicht. Sie sagen etwas und sagen das Unsagbare, das Unaussprechliche, das Unausdrückbare.

Ihr gebraucht die Kehle auch, aber das ist nicht *visuddhi.* Dies Chakra ist völlig tot. Wenn dieses Chakra zu leben beginnt, sind eure Worte voller Honig, dann geht von euren Worten Duft aus, dann schwingt in ihnen Musik und Tanz. Dann ist alles, was ihr sagt, Poesie und reiner Jubel.

Und das sechste Chakra ist *ajna* – *ajna* bedeutet Ordnung. Im sechsten Chakra kommst du in Ordnung, eher nicht. Im sechsten Chakra wirst du zum Meister, nicht vorher. Zuvor warst du Sklave. Mit dem sechsten Chakra wird alles so geschehen, wie du es sagst, und alles, was du wünschst, geht in Erfüllung. Mit dem sechsten Chakra besitzt du Willen; vorher nicht. Vorher existiert der Wille nicht. Aber darin liegt ein Paradox.

Im vierten Chakra verschwindet das Ego. Im fünften verschwinden alle Unreinheiten, und danach bekommst du Willen – und so kannst du durch deinen Willen keinen Schaden anrichten. Denn es ist in Wirklichkeit nicht mehr *dein* Wille: es ist *Gottes* Wille; denn das Ego starb mit dem vierten Chakra und alle Unreinheiten mit dem fünften. Nun bist du das reinste Wesen, einfach nur noch ein Vehikel, ein Instrument, ein Bote. Jetzt hast du Willen, weil du nicht bist – jetzt ist Gottes Wille auch dein Wille. Nur sehr selten gelangt ein Mensch zu diesem sechsten Chakra, denn es ist gewissermaßen das letzte. Im Reich der Welt ist es das letzte. Darüber ist zwar noch das siebente, aber mit ihm trittst du in eine völlig andere Welt, eine andere Wirklichkeit ein. Das sechste ist die letzte Grenzstation, der Kontrollposten.

Das siebente ist *sahasrar – sahasrar* bedeutet ›tausendblättriger Lotus‹. Wenn deine Energie bis zum siebenten aufsteigt, zum *sahasrar,* wirst du zum Lotus. Jetzt brauchst du zu keiner andern Blume mehr zu gehen, um dir Honig zu suchen – jetzt kommen andere Bienen zu dir. Jetzt ziehst du Bienen aus der ganzen Welt an, und manchmal kommen sogar Bienen von anderen Planeten zu dir. Dein *sahasrar* hat sich geöffnet, dein Lotus ist voll aufgeblüht. Dieser Lotus ist *nirvana.*

Ganz unten ist das *muladhar:* Aus dem untersten wird das Leben geboren – das Leben des Körpers und der Sinne. Auch aus dem siebenten Chakra wird Leben geboren – ewiges Leben, nicht körperliches, nicht sinnliches Leben.

Das ist die tantrische Physiologie – nicht die Physiologie der medizinischen Fachbücher. Sucht die Chakren bitte nicht in medizinischen Büchern – dort sind sie nicht zu finden. Sie sind symbolisch gemeint; sie sind ein Versuch, es ungefähr zu beschreiben. Eine Orientierungshilfe, um die Dinge verständlich zu machen. Wenn du dich daran hältst, verirrst du dich nie in die Nebelfelder der Gedanken. Wenn du versuchst, das vierte Chakra zu umgehen, kommst du in den Kopf. Aber im Kopf sein heißt, ohne Liebe zu sein; in Gedanken sein heißt, kein Vertrauen zu haben. Denken heißt, nicht zu sehen.

Und jetzt die Sutras:

Wenn Winterwind das stille Wasser streift,
Wird es zu Eis – nach Wesen und Gestalt wie Stein.
Wenn deutende Gedanken die Verwirrten blenden,
Wird das, was eben noch nicht Form war, hart und fest.

Saraha sagt »Wenn Winterwind…« – hört auf jedes Wort, meditiert über jedes Wort:

Wenn Winterwind das stille Wasser streift,
Wird es zu Eis – nach Wesen und Gestalt wie Stein.

Ein stiller See ohne jede Welle ist das Sinnbild für Bewußtsein – ein stiller See, spiegelglatt, keine Wellen, kein Hauch; kein Wind, der ihn bewegt.

Das ist das Symbol der Bewußtheit. Der See ist flüssig, ist stilles Wasser; er ist nicht hart, er ist nicht wie Stein. Er ist zart wie Rosenblüten, so verletzlich wie sie. Er kann in jede Richtung fließen, nichts steht ihm im Weg. Er hat seine eigene Strömung und sein eigenes Leben, er ist in Bewegung, aber nichts stört ihn – der See ist still und friedlich. Das ist der Zustand der Bewußtheit.

»…Winterwind« … Winter bedeutet, daß Wünsche aufgekommen sind. Warum Winter? Wenn Wünsche aufkommen, bist du in einer kalten Einöde; denn sie erfüllen sich nie. Wünsche sind Wüste. Sie narren dich, sie bringen keine Erfüllung. Sie tragen nie Früchte – es ist ein wüstes Land, und sehr kalt, so kalt wie der Tod. In Wünschen fließt kein Leben. Wünsche hemmen das Leben, sie helfen ihm nicht.

Und so sagt Saraha: »Wenn Winterwind…« Wenn Wünsche in dir aufgestiegen sind, dann herrscht Winterwetter, dann wird »das stille Wasser« aufgerührt… und Gedanken kommen, Tausende von Gedanken aus allen Richtungen; das symbolisiert ›Wind‹. Winde kommen, stürmische Winde kommen. Du bist in einem Zustand des Wünschens, voller Wollust, Ehrgeiz, Zukunft – und all das wühlt Gedanken auf.

Wünsche laden Gedanken geradezu ein. Wenn du nichts wünschst, können keine Gedanken kommen. Fang an, irgend etwas zu wünschen, und sofort nimmst du einen Sturm in den Gedanken wahr. Noch vor einem Augenblick war kein einziger Gedanke da, und jetzt kommt ein Auto vorbeigefahren, und plötzlich ist der Wunsch da: dieses Auto mußt du haben. Und mit einem Schlag sind tausend Gedanken da. Wünsche laden Gedanken ein. Wenn also ein Wunsch da ist, kommen die Gedanken von allen Seiten. Winde, die über den See der

Bewußtheit wehen. Verlangen ist kalt, und die Gedanken wühlen den See auf.

Wenn Winterwind das stille Wasser streift,
Wird es zu Eis – nach Wesen und Gestalt wie Stein.

Hmm? – dann fängt der See also an zu gefrieren, dann wird er allmählich fest, wird er wie Stein. Er verliert seine Beweglichkeit. Er gefriert. Das ist, was Tantra den Verstand nennt. Meditiert darüber. Verstand und Bewußtheit sind nicht zwei verschiedene Dinge, sondern zwei Zustände, zwei Phasen des gleichen Phänomens. Bewußtheit ist flüssig, Verstand ist wie Stein, wie Eis; Bewußtheit ist wie Wasser. Bewußtheit ist wie Wasser. Verstand ist wie Eis – aber es ist der gleiche Stoff: Wasser gefriert zu Eis, und das Eis kann wieder zu Wasser schmelzen – durch Liebe, durch Wärme kann es wieder schmelzen und zu Wasser werden.

Und der dritte Zustand tritt ein, wenn das Wasser verdunstet und unsichtbar wird und verschwindet – das ist *nirvana,* Auflösung. Jetzt kann man es nicht einmal mehr sehen. Wasser ist flüssig, aber ihr könnt es sehen; wenn es verdunstet, verschwindet es einfach – es wird unsichtbar. Dies sind die drei Zustände des Wassers; und es sind auch die drei Zustände des Geistes. Verstand bedeutet Eis, Bewußtheit bedeutet flüssiges Wasser, Nirvana bedeutet Auflösung.

Wenn deutende Gedanken die Verwirrten blenden,
Wird das, was eben noch nicht Form war, hart und fest.

Der See ist formlos. Man kann Wasser in jedes beliebige Gefäß gießen: es nimmt die Gestalt des Gefäßes an. Aber Eis kann man nicht in jedes Gefäß schütten; es sperrt sich, es eckt überall an.

Zwei Menschentypen kommen zu mir: der eine ist wie Wasser, und seine Hingabe ist einfach. Sehr unschuldig, kindlich; er sträubt sich nicht. Die Arbeit kann sofort beginnen. Es braucht keine Zeit verschwendet zu werden. Der andere kommt mit viel Widerstand, voller Angst; er geht in Deckung, er wappnet sich. Dann wird er zu Eis, und es ist sehr schwer, ihn flüssig zu machen. Er kämpft gegen alle Anstrengungen, ihn flüssig zu machen. Er fürchtet, seine Identität zu verlieren. Richtig, seine ›Solidität‹ wird er verlieren, aber nicht seine Identität. Ja, er wird die Identität verlieren, die durch Solidität entsteht, aber diese Solidität macht nur unglücklich und sonst nichts.

Wenn du solide bist, fest bist, dann bist du wie ein toter Stein. Dann kann in dir nichts aufblühen, und du kannst nicht fließen. Wenn du fließt, hast du Saft. Wenn du fließt, hast du Energie. Wenn du fließt, hast du Dynamik. Wenn du fließt, bist du schöpferisch. Wenn du fließt, bist du ein Teil von Gott. Wenn du gefroren bist, nimmst du nicht mehr an diesem großen Fließen teil, gehörst du nicht mehr zum Ozean, sondern bist zu einer kleinen Insel geworden; erstarrt und leblos.

Wenn deutende Gedanken die Verwirrten blenden,
Wird das, was eben noch nicht Form war, hart und fest.

Nehmt euch also in acht. Seid mehr und mehr im Zustand der Ungeformtheit, der Formlosigkeit. Seid ohne Charakter – das ist es, was Tantra sagt. Es ist sehr schwer, das auch nur zu verstehen, denn jahrhundertelang hat man uns dazu angehalten, Charakter zu haben. Charakter heißt, eine starre Struktur zu haben; Charakter heißt Vergangenheit, Charakter heißt eine gewisse aufgepfropfte Disziplin. Charakter heißt, daß du nicht mehr frei bist, daß du nur bestimmten Regeln folgst, über die du nie hinausgehst: du hast Solidität. Ein Mann von Charakter ist ein ›solider Mensch‹.

Tantra sagt: Laß den Charakter fallen, sei flexibel, fließe mehr, lebe von Augenblick zu Augenblick. Damit ist nicht Verantwortungslosigkeit gemeint, sondern ein Mehr an Verantwortung, weil es mehr Bewußtheit bedeutet. Wenn du durch den Charakter leben kannst, brauchst du nicht bewußt zu sein – der Charakter nimmt dir alles ab. Wenn du durch den Charakter lebst, kannst du leicht einschlafen; kein Grund, wach zu sein! Der Charakter macht mechanisch weiter. Aber wenn du keinen Charakter hast, wenn du keine harte Hülle hast, mußt du jeden Augenblick hellwach sein. Jeden Augenblick mußt du darauf achten, was du tust: Jeden Augenblick mußt du auf eine neue Situation antworten.

Ein Mann von Charakter ist ein toter Mann. Er hat eine Vergangenheit, aber keine Zukunft. Ein Mann, der keinen Charakter hat... und ich sage das nicht in dem Sinn, wie ihr diesen Ausdruck manchmal gebraucht, wenn ihr jemanden ›charakterlos‹ nennt. Wenn ihr nämlich das Wort ›charakterlos‹ benutzt, benutzt ihr es falsch; denn egal, wen ihr charakterlos nennt – er hat einen Charakter! Mag sein, daß er gegen die Gesellschaftsregeln verstößt, aber er hat einen Charakter, zuverlässig wie jeder andere auch.

Der Fromme hat einen Charakter, der Sünder auch – beide haben sie einen Charakter. Ihr nennt den Sünder charakterlos, weil ihr seinen Charakter verdammen wollt; trotzdem, er hat einen Charakter. Ihr könnt euch auf ihn verlassen; gebt ihm die Gelegenheit dazu, und er wird stehlen – er hat Charakter. Gebt ihm nur Gelegenheit, und er wird unweigerlich stehlen. Gebt ihm die Chance, und er wird etwas ausfressen – er hat einen Charakter. Kaum ist er aus dem Gefängnis, denkt er schon: »Was kommt als nächstes dran?« Dann landet er wieder im Gefängnis, dann kommt er wieder raus... kein Gefängnis hat je einen Menschen gebessert. Ja, wenn man einen Menschen ins Gefängnis steckt, ihn einsperrt, macht man ihn nur noch klüger, das ist alles. Das nächste Mal wird es vielleicht nicht mehr so leicht sein, ihn zu schnappen; das ist alles, was dabei herauskommt. Ihr macht ihn dadurch nur gerissener. Aber er hat seinen Charakter. Ist das so schwer zu sehen – daß ein Trinker einen Charakter hat, und zwar einen sehr, sehr hartnäckigen? Tausend-und-einmal gelobt er, nie wieder zu trinken, aber jedesmal gewinnt sein Charakter die Oberhand, und er muß sich geschlagen geben.

Der Sünder hat ebensogut einen Charakter wie der Fromme.

Was Tantra mit Charakter*losigkeit* meint, ist die Freiheit vom Charakter – vom Charakter des Heiligen wie vom Charakter des Sünders; denn beides macht euch hart wie Stein, Eis. Ihr habt keine Freiheit, ihr könnt euch nicht leicht bewegen. Wenn eine neue Situation aufkommt, könnt ihr nicht neu auf sie eingehen – ihr habt einen Charakter, wie könnt ihr neu auf sie eingehen? Ihr müßt mit eurem alten Muster reagieren. Das Alte, das Bekannte, das Gut-Eingeübte – das könnt ihr.

Ein Charakter wird zum Alibi: man braucht nicht zu leben.

Tantra sagt: Sei charakterlos, sei ohne Charakter. Charakterlosigkeit ist Freiheit.

Saraha sagt zum König: Herr, ich bin charakterlos. Du willst mich in meinen alten Panzer des Gelehrten zurückzwingen? des Weisen am Hof? Du willst mich in meine Vergangenheit zurücktreiben? Ich habe sie abgestreift. Ich bin ein charakterloser Mensch. Sieh mich an! Ich folge jetzt keinen Regeln mehr – ich folge meiner Bewußtheit. Sieh mich an... ich habe keinerlei Disziplin – ich habe nur meine Bewußtheit. Mein einziges Obdach ist meine Bewußtheit. Aus ihr lebe ich. Ich habe keinerlei Gewissen. Meine Bewußtheit ist meine einzige Zuflucht.

Gewissen ist Charakter, und Gewissen ist ein Trick der Gesellschaft. Die Gesellschaft erzeugt ein Gewissen in dir, damit du dein Bewußtsein vergessen kannst. Sie zwingt dich dazu, bestimmte Regeln unermüdlich zu befolgen; sie belohnt dich, wenn du sie befolgst, sie bestraft dich, wenn du sie nicht befolgst. Sie macht dich zum Roboter. Sobald in dir der Mechanismus des Gewissens funktioniert, läßt man dich in Ruhe – jetzt bist du zuverlässig; jetzt bist du lebenslänglich ein Sklave. Man hat dir ein Gewissen eingesetzt, genauso wie Delgado seine Elektroden einsetzt. Es ist eine unsichtbare Elektrode. Aber es hat dich getötet. Du bist kein Fluß mehr, du bist nicht mehr in Bewegung.

Saraha sagt zum König: Ich habe keine Struktur, Herr. Ich habe alle Muster abgestreift. Ich habe keine Identität mehr. Ich lebe im Augenblick.

Der Geist in seinem reinen Sein
Bleibt unbefleckt vom Schmerz des samsara *und des* nirvana.
Ein kostbares Juwel, tief im Morast,
Glänzt nicht – und hat doch Glanz.

Saraha sagt: Der reine Geist... Wenn der Geist ohne Gedanken ist – das heißt, wenn der Geist reines Bewußtsein ist, wenn der Geist ein glatter See ist, unbewegt und still, ohne interpretierende Gedanken, ohne analytische Gedanken, wenn der

Geist nicht am Philosophieren ist, sondern einfach nur *ist*... Tantra sagt: Wenn du gehst, dann geh; wenn du sitzt, dann sitze; wenn du bist, dann sei! Sei da, ohne zu denken. Laß das Leben durch dich hindurchfließen, ohne es mit irgendwelchen Gedanken aufzuhalten. Laß das Leben ohne jede Angst durch dich hindurchfließen. Es gibt nichts zu befürchten – du hast nichts zu verlieren. Du brauchst nichts zu befürchten, denn der Tod kann dir nur das nehmen, was dir die Geburt gegeben hat. Und: er wird es dir so oder so nehmen, es gibt also nichts zu befürchten. Laß das Leben durch dich hindurchfließen.

> *Der Geist in seinem reinen Sein*
> *Bleibt unbefleckt vom Schmutz des* samsara *und des* nirvana.

Und Saraha sagt: Du glaubst, ich sei unrein geworden, und jetzt bist du gekommen, um mir zu helfen und um mich zur Welt der reinen Menschen zu bringen. Dabei bin ich jetzt im Zustand des reinen Geistes. Ich bin nicht mehr wie erstarrtes Eis. Nichts kann mich mehr beschmutzen, denn kein Gedanke kann in mir eine Welle hervorrufen – ich habe kein Verlangen mehr.

Darum – eine ungeheuerliche Aussage – sagt er:

> ...*Bleibt unbefleckt vom Schmutz des* samsara *und des* nirvana.

Nein, es ist nicht möglich. Nicht einmal das *nirvana* kann mich trüben. Wie sollte das *samsara* es können? Diese Pfeilmacherin kann mich nicht unrein machen, dieser Verbrennungsplatz kann mich nicht unrein machen, und auch meine verrückten Handlungen können mich nicht unrein machen – nichts kann mich unrein machen. Ich bin jenseits jeder Verunreinigung. Ich bin nicht mehr in einem Zustand, wo Verunreinigung möglich wäre. Nicht einmal das *nirvana* kann mich beflecken!

Was meint er, wenn er sagt, daß ihm nicht einmal ›der Schmutz‹ des *nirvana* etwas anhaben könne? Saraha sagt: Ich habe kein Verlangen nach der Welt, ja, ich habe nicht einmal ein Verlangen nach *nirvana*.

Das Verlangen ist es, was befleckt. Das Verlangen an sich ist unrein – egal, wonach du verlangst. Du kannst nach Geld verlangen, es ist unrein. Du kannst nach Macht verlangen, es ist unrein. Du kannst nach Gott verlangen; es ist unrein. Du kannst nach *nirvana* verlangen; es ist unrein. Verlangen ist unrein – der Gegenstand ist gleichgültig. Wonach du verlangst, ist bedeutungslos... Verlange!

Sobald ein Wunsch auftaucht, kommen Gedanken. Sobald der Winter da ist – das Wünschen –, beginnen die Winde zu wehen. Wenn du darüber nachdenkst, wie du *nirvana* erreichen kannst, wie du zur Erleuchtung gelangst, lädst du die Gedanken ein, und dein See wird aufgerührt. Wieder wirst du zu Eisbrocken gefrieren, wirst du fest, starr wie Stein, tot. Alles Fließen geht dir verloren – und Fließen ist Leben, und Fließen ist Gott, und Fließen ist *nirvana*.

Daher sagt Saraha: Nichts kann mich mehr beflecken – mach dir über mich keine Sorgen. Ich bin an einem Punkt angelangt, ich habe einen Punkt erreicht, wo Unreinheit nicht möglich ist.

Ein kostbares Juwel, tief im Morast,
Glänzt nicht – und hat doch Glanz.

Du kannst mich in den Schlamm werfen, in schmutzigen Morast, aber jetzt kann mich kein Morast mehr verunreinigen. Ich habe jetzt das Wesen eines wertvollen Juwels, ich bin zu einem kostbaren Edelstein geworden – ich habe jetzt verstanden, wer ich bin. Jetzt kannst du diesen Edelstein in jeden Schlamm, in jeden Schmutz werfen; mag sein, daß er dann nicht glänzt, aber seinen Wert verliert er deshalb nicht – er behält seinen Glanz, er wird ein unverändert kostbares Juwel bleiben.

Es kommt der Moment, wo du in dich selbst hineinblickst und dein transzendentes Bewußtsein entdeckst. Danach kann dich nichts mehr beschmutzen.

Die Wahrheit ist keine Erfahrung; die Wahrheit ist ein Erfah*ren*. Die Wahrheit ist kein Gegenstand des Bewußtseins, die Wahrheit *ist* Bewußtsein. Die Wahrheit ist nicht außen: die Wahrheit ist dein Innerstes. Søren Kierkegaard sagt: Wahrheit ist Subjektivität. Wäre die Wahrheit ein Gegenstand, könnte man sie finden und wieder verlieren. Aber wenn du selbst die Wahrheit bist, wie kannst du sie da verlieren? Hast du sie einmal erkannt, dann hast du sie erkannt, dann kannst du sie nicht mehr rückgängig machen. Wäre die Wahrheit eine Erfahrung, dann könnte sie auch trübe werden – aber Wahrheit ist ein Erfahren, ist dein innerstes Bewußtsein. Du bist sie selbst, sie ist dein Sein.

Wissen leuchtet nicht im Dunkeln;
Doch wenn das Dunkel hell wird,
Verschwindet augenblicklich alles Leiden.

Saraha sagt: »Wissen leuchtet nicht im Dunkeln...«, nicht im Dunkeln des Verstandes, im Dunkeln des geformten Wesens, im Dunkeln des Ego, im Dunkeln der Gedanken, der abertausend Gedanken – nicht in dem Dunkel, das du um dich her verbreitest wie ein Tintenfisch. An dieser dunklen Wolke liegt es, die du ständig um dich her verbreitest, daß dein innerer Edelstein nicht leuchten kann; wäre dies Dunkel nicht da, könnte er dir wie ein helles Licht leuchten. Sobald du aufhörst, dich in diese Tinte zu hüllen, dich in dieser dunklen Wolke zu verstecken, ist die Erleuchtung da.

Und augenblicklich verschwindet alles Leiden! Das ist die Botschaft Tantras, eine große, befreiende Botschaft. Andere Religionen sagen, daß du warten mußt. Das Christentum, der Islam, das Judentum – sie alle behaupten, daß du den Tag des Jüngsten Gerichts abwarten mußt, an dem die große Abrechnung kommt: da wird abgewogen, was du gut und was du schlecht gemacht hast. Und dann wirst du entsprechend belohnt oder bestraft. Du mußt die Zukunft abwarten – das Jüngste Gericht.

Hindus, Jainas und andere behaupten, daß du deine schlechten Taten wieder durch gute wettmachen mußt, daß du schlechtes Karma abbauen und gutes entwickeln mußt. Aber dafür mußt du warten. Millionen von Jahren hast du damit verbracht, alles mögliche zu tun, gute Dinge, schlechte Dinge – aber das auszusortieren, das auszugleichen ist unmöglich.

Da haben es die Juden und die Christen und die Mohammedaner mit ihrem Jüngsten Gericht leichter: Du brauchst dich wenigstens nicht mit allem, was du getan hast, im einzelnen abzugeben. Darum kümmert sich Gott. Er urteilt. Das ist seine

Sache. Aber im Jainismus und Hinduismus mußt du dich selber um dein schlechtes Karma kümmern, das schlechte tilgen und mit gutem ausgleichen; auch das, so scheint es, wird Millionen von Leben dauern.

Tantra ist befreiend. Tantra sagt: Alles Leiden flieht augenblicklich. Im gleichen Augenblick, wo du in dich selbst hineinblickst, in einem einzigen Augenblick innerer Schau, verschwindet das Leiden – denn in Wirklichkeit hat das Leiden nie existiert. Es war ein Alptraum. Du leidest nicht, weil du schlechtes Karma angesammelt hast. Tantra sagt, daß du leidest, weil du träumst. Du hast nichts getan, nichts Gutes und nichts Böses.

Das ist ungeheuer schön! Tantra sagt: Du hast nichts getan – Gott ist der Täter. Das Ganze ist der Täter – wie kannst *du* da etwas tun? Warst du ein Heiliger, dann war das sein Wille; warst du ein Sünder, war es sein Wille – du hast nichts getan. Wie könntest du? Du bist nicht getrennt von ihm – wie kannst du da etwas tun? Du hast keinen eigenen Willen – es ist sein Wille, sein universaler Wille.

Tantra sagt also, daß du nichts Gutes und nichts Böses getan hast. Da muß man hineinschauen, das ist alles. Du mußt dein innerstes Bewußtsein erkennen – es ist rein, ewig rein, weder vom *samsara* noch vom *nirvana* befleckt. Sobald du dein reines Bewußtsein gesehen hast, hört alles Leiden auf – augenblicklich, sofort! Es dauert nicht einmal den Bruchteil einer Sekunde.

Aus dem Saatkorn schießen Keime,
Und aus den Keimen Blätter.

Und dann verändern sich die Dinge. Jetzt geht die Saat auf. Das verschlossene Saatkorn, sagt Tantra, ist das Ego; das aufgebrochene Saatkorn ist Egolosigkeit. Das Saatkorn wird in die Erde gesteckt – es kann nicht wachsen, ehe es verschwindet, ehe es bricht, ehe es stirbt. Das Ego ist wie ein Ei; in ihm liegt die Möglichkeit des Wachstums verborgen.

Das Samenkorn wird, wenn es bricht, zu Egolosigkeit. Dann sprießen Keime hervor – Keime sind Nicht-Gedanken, Nicht-Wünsche, Nicht-Denken. Dann kommen Blätter; Blätter – das sind Erkenntnis, Erfahren, Illumination, Satori, Samadhi. Und dann die Blüten – die Blüte ist *satchitanand:* Sein, Bewußtsein, Wahrheit. Und schließlich die Frucht – die Frucht ist nirvana, die endgültige Auflösung in die Existenz. Ist die Saat erst aufgebrochen, folgt alles übrige von allein. Das einzige, was man tun muß, ist, das Saatkorn in die Erde zu stecken, damit es sich auflösen kann.

Der Meister ist die Erde, der Jünger des Saatkorn.

Das letzte Sutra:

> *Wer vom Geist als ›Eines‹ oder ›Vieles‹ denkt,*
> *Der wirft sein Licht weg und betritt die Welt.*
> *Er geht mit offenen Augen in ein Flammenmeer –*
> *Wer hätte Mitleid mehr verdient als er?*

Wer sich den Geist als ›Eines‹ oder ›Vieles‹ denkt...

Denken ist immer spalterisch, es trennt. Das Denken ist wie ein Prisma; ja, der Verstand gleicht einem Prisma: ein reiner weißer Strahl trifft auf das Prisma und wird in sieben Farben zerlegt – ein Regenbogen wird geboren. Die Welt ist dieser Regenbogen. Durch den Verstand, durch das Prisma unserer Vorstellungswelt wird ein einziger Lichtstrahl, ein einziger Strahl der Wahrheit zum Regenbogen, zu etwas Unechtem – die Welt ist etwas Unechtes.

Der Verstand zerlegt. Er kann das Ganze nicht erkennen; er denkt immer zweigleisig. Der Verstand ist dualistisch. Oder, der Verstand ist dialektisch; er denkt in Begriffen von These und Antithese. Sobald man von Liebe spricht, ist Haß da. Sobald man von Mitgefühl spricht, ist Rache da. Sobald man von Habgier spricht, ist das Gegenteil da – Großzügigkeit. Redest du von Großzügigkeit, ist Habgier da – beide gehen zusammen, sie kommen in einem Paket; sie sind nicht getrennt. Aber der Verstand tut dies ständig.

Du sagst ›schön‹, und hast damit auch ›häßlich‹ gesagt. Wie kannst du ›schön‹ sagen, wenn du nicht weißt, was Häßlichkeit ist? Du hast gespalten. Sage ›göttlich‹, und du hast gespalten – du hast ›weltlich‹ gesagt. Sage ›Gott‹, und du bringst damit auch ›Teufel‹ ins Spiel. Wie kannst du Gott nennen, ohne daß der Teufel mitkommt? Sie gehören zusammen.

Der Verstand teilt, und die Wirklichkeit ist eins, unteilbar eins. Was also tun? Man muß den Verstand beiseite legen. Schau einfach nicht durch das Prisma. Schiebe das Prisma beiseite und laß das weiße Licht, die Einheit der Existenz, in dein Wesen eindringen.

Wer sich den Geist als ›Eines‹ oder ›Vieles‹ denkt,
Der wirft sein Licht weg und betritt die Welt.

Wenn du in Begriffen von Eines oder Vieles denkst – dual oder nichtdual – wenn du überhaupt in Begriffen denkst, hast du die Welt betreten – hast du dein Licht weggeworfen. Es gibt nur zwei Möglichkeiten: entweder du wirfst den Verstand weg, oder du wirfst das Licht weg. Du hast die Wahl.

Zu Ramakrishna kam einmal ein Mann, und er pries Ramakrishna in den höchsten Tönen und berührte wieder und wieder Ramakrishnas Füße, und er sagte: »Du bist einfach groß – du hast der Welt entsagt. Was für ein großer Mann du bist! Wieviel du aufgegeben hast!«

Ramakrishna hörte sich das an, lachte und sagte: »Einen Augenblick! Du gehst zu weit. Genau das Gegenteil ist der Fall.«

Der Mann fragte: »Wie meinst du das?«

Ramakrishna antwortete: »Ich habe auf nichts verzichtet, *du* hast verzichtet. Du bist ein großer Mann.«

»Machst du Witze? Ich soll entsagt haben? Ich bin ein weltlicher Mann – ich fröne allen möglichen Lastern, ich habe Tausende von Begierden. Ich bin sehr ehrgeizig, ich bin hinter Geld her, und mich nennst du groß? Nein, nein – du machst Witze!«

Und Ramakrishna antwortete: »Nein, ich hatte zwei Möglichkeiten, und du hattest zwei Möglichkeiten. Du hast die Welt gewählt und Gott entsagt; ich habe Gott gewählt und der Welt entsagt. Wer ist der eigentliche Entsager? Du hast das größere, das wertvollere Gut aufgegeben und dich für etwas Wertloses entschieden, und ich habe das Wertlose aufgegeben und mich für das Wertvolle entschieden. Zwischen einem riesigen Diamanten und einem Stein hast du dich für den Stein entschieden und dem Diamanten entsagt; ich habe den Diamanten genommen und dem Stein entsagt – und das nennst du groß, einen großen Entsager? Bist du bei Trost? Ich schwelge in Gott. Ich habe mich für das Kostbare entschieden.«

Ja, auch ich stimme Ramakrishna zu. Mahavir, Buddha, Jesus, Mohammed, Saraha – sie haben nicht entsagt. Sie haben geschwelgt, sie haben wirklich geschwelgt! Sie haben wirklich genossen – die ganze Schöpfung haben sie ausgekostet. Wir, die wir hinter gewöhnlichen Steinen herrennen, wir sind die großen Entsager.

Es gibt nur zwei Möglichkeiten: entweder du entsagst dem Verstand und wählst das Licht, oder du entsagst dem Licht und wählst den Verstand. Es steht dir frei.

Wer sich den Geist als ›Eines‹ oder ›Vieles‹ denkt,
Der wirft sein Licht weg und betritt die Welt.
Er geht mit offenen Augen in ein Flammenmeer –
Wer hätte Mitleid mehr verdient als er?

Saraha sagt: Herr, du bist gekommen, um mir zu helfen. Du glaubst, dich meiner zu erbarmen. Und sicher denkt das ganze Reich genauso: der König hat sich zur Verbrennungsstätte begeben – wie groß ist sein Mitgefühl für Saraha! Du glaubst, aus Mitgefühl hergekommen zu sein? Verzeih, wenn ich lache... ich bin es nämlich, der Mitgefühl mit dir hat, nicht umgekehrt. Du tust mit leid. Du bist ein Narr!

Er geht mit offenen Augen in ein Flammenmeer –

Deine Augen scheinen offen zu sein, aber sie sind nicht offen. Du bist blind! Du weißt nicht, was du tust... Du lebst in der Welt und glaubst, daß dir das Freude bringt? Du bist mitten in einem wütendem Feuer.

Genau das geschah, als Buddha seinen Palast verließ und die Grenzen seines Reiches verließ. Er sagte zu seinem Wagenlenker: »Geh du jetzt zurück, ich gehe in die Wildnis. Ich habe die Welt hinter mir gelassen.« Der alte Wagenlenker sagte: »Herr, ich bin alt genug, älter als euer Vater – hört meinen Rat. Ihr tut etwas völlig Törichtes! Dieses herrliche Reich, diesen Palast zu verlassen, eine schöne Frau und allen Luxus, nach dem sich jedes menschliche Wesen sehnt... Wo geht Ihr hin, und wozu?«

Buddha blickte auf den Marmorpalast zurück und sagte: »Ich sehe dort nur Feuer und sonst nichts, ein wütendes Feuer. Die ganze Welt brennt – ich entsage ihr nicht, denn es gibt nichts zu entsagen. Ich versuche nur, dem Feuer zu entkommen. Nein, einen Palast sehe ich nicht! Und ich sehe dort keine Freude!«

Saraha sagt zum König:

Er geht mit offenen Augen in ein Flammenmeer –
Wer hätte Mitleid mehr verdient als er?

Glaubst du, Herr, daß du aus Erbarmen zu mir gekommen bist, um mir zu helfen? Nein, es ist genau umgekehrt: ich möchte mich deiner erbarmen – du lebst in einem wütendem Feuer. Paß auf! Sei wachsam! Wach auf! Und mach, daß du so schnell wie möglich herauskommst, denn alles was schön ist, alles was wahr ist, und alles was gut ist, erfährst du und erkennst du nur durch das Nicht-Denken.

Tantra ist der Prozeß, das Nicht-Denken in dir zu wecken. Das Nicht-Denken ist das Tor zum *nirvana.*

X

DIE FRAUEN SIND DEN MÄNNERN WEIT VORAUS

30. April 1977

Die erste Frage. Sie ist von Prabha:

Lieber Osho,
Huschelpusch! Schäcketi-wuschelkusch – rum, bum, tum.
Gummi-lummi nuggelpop!
Killekille schuggelwusch, naggel summ summ.

Wunderschön, Prabha! Wirklich Klasse. Einsame Spitze, Baby. Ich seh schon, eines Tages treib ich dich noch aus dem Wahnsinn... Nur noch ein Schritt – und die Erleuchtung!

Die zweite Frage:

Hat es Zweck zu beten? Wenn ja, dann bringe mir bitte das Beten bei. Was ich meine, ist eine Art zu beten, bei der ich für Gottes Liebe empfänglich werde und seine Gnade fühlen kann.

Erstens: Beten hat keinen Zweck. Absolut keinen. Beten erfüllt keinen Zweck, es hat keinen Nutzwert. Es ist keine Ware. Man kann es nicht benutzen – es ist kein Ding. Es ist kein Mittel zu irgend etwas – wie kann es einen Zweck haben?

Ich kann gut verstehen, wie die Frage entstanden ist. Die sogenannten Religionen haben den Menschen weisgemacht, daß das Beten ein Mittel sei, zu Gott zu gelangen. Es ist keines! Beten *ist* Gott. Es ist kein Mittel, das zu irgend etwas führt; andächtig sein hat seinen Zweck in sich selbst. Wenn du andächtig bist, bist du göttlich. Nicht, daß du durch deine Andacht zum Göttlichen gelangst: In deiner Andacht selbst erfährst du dich als göttlich.

Beten ist kein Mittel. Es ist ein Zweck in sich selbst. Aber diese falsche Vorstellung geistert seit Jahrhunderten in den Köpfen der Menschen herum. Liebe ist auch so ein Mittel. Gebet ist eines, Meditation ist eines – alle möglichen Dinge, die nie und nimmer Mittel sein können, hat man zu Mitteln gemacht. Und deshalb haben sie auch alle ihre ursprüngliche Schönheit verloren.

Liebe ist zweckfrei, Gebet ist zweckfrei, Meditation ist zweckfrei. Wenn du fragst: »Hat Beten Zweck?«, dann verstehst du nicht, was das Wort ›Beten‹ bedeutet. Du willst etwas. Du willst Gott haben, du willst ihn mit Händen greifen; und so suchst du Mittel und Wege, wie du Gott zu fassen bekommst. Aber Gott läßt sich nicht fassen!

Du kannst Gott nicht besitzen. Du kannst Gott nicht fassen. Du kannst Gott nicht ausdeuten. Du kannst Gott nicht erfahren. Was soll man also mit Gott anfangen? Nur eines: du kannst Gott *sein*. Etwas anderes läßt sich mit Gott nicht anfangen. Denn du bist Gott. Ob du es erkennst oder nicht, ob du es realisierst oder nicht, aber du *bist* Gott. Und es läßt sich nur das mit ihm machen, was er bereits ist; geschehen kann nur, was schon längst geschehen ist. Es kann nichts Neues dazukommen. Nur eines: es zu enthüllen, es zu entdecken.

Erstens also: Beten hat keinerlei Nutzwert. Sobald du das Beten benützt, verunstaltest du es. Das ist Gotteslästerung: Aus der Andacht Nutzen schlagen. Und wer immer euch die Zweckmäßigkeit des Betens empfohlen hat, war nicht nur nicht religiös, sondern antireligiös. Er weiß nicht, was er sagt. Er redet dummes Zeug.

Bete! – aber nicht, weil es etwas einbringt, sondern weil es eine Freude ist. Sei andächtig, nicht weil du dadurch irgendwohin gelangst, sondern weil du dadurch *bist*. In Andacht beginnst du zu sein. Durch Andacht bist du gegenwärtig: Ohne sie bist du gar nicht da. Sie ist kein Ziel irgendwo in der Zukunft; sie ist die Entdeckung der Gegenwart, die Entdeckung von etwas, das schon da ist, das bereits der Fall ist.

Und du darfst dir dein Beten nicht wie eine Sache vorstellen, sonst wird daraus ein Geschäft, und das hat nichts mit Religion zu tun. Wenn es ein Mittel ist, gehört es in die Geschäftswelt. Alles, was Mittel ist, gehört in die Geschäftswelt, in die Ökonomie. Werte dagegen entziehen sich den Gesetzen der Ökonomie. Religion hat mit Werten zu tun, nicht mit Mitteln. Die Religion kümmert sich überhaupt nicht um die Frage, wie man wohin gelangt. Religion kümmert sich nur um eines: herauszufinden, wo wir sind! Beten heißt, diesen Augenblick zu feiern. Hier und jetzt zu sein ist Beten. Den Vögeln zuzuhören ist Beten. Die Präsenz der Menschen um dich her zu spüren ist Beten. Einen Baum liebevoll zu berühren ist Beten. Ein Kind mit Ehrfurcht anzuschauen, mit tiefer Ehrfurcht vor dem Leben, ist Beten.

Zunächst also: du darfst nicht fragen: »Hat es Zweck zu beten?« Und dann sagst du weiter: »Wenn ja, dann bringe mir bitte das Beten bei.« Wenn du mit ›wenn‹ beginnst, kann niemand dir das Beten beibringen. Wer mit dem Wörtchen wenn beginnt, beginnt mit dem Zweifel. ›Wenn‹ paßt nicht mit Andacht zusammen. Zum Beten gehört Vertrauen; da gibt es kein ›wenn‹. Alles ist, wie es ist; da gibt es kein ›wenn ja‹, sondern absolut nur ›ja‹.

Wenn du dich dem Unbekannten anvertrauen kannst, dem Unsichtbaren, dem Unmanifesten, betest du. Wenn du aber mit ›wenn‹ beginnst, bleibt dein Beten allenfalls Hypothese. Dann wird Beten zur Theorie; Beten ist aber keine Theorie. Beten ist weder ein Ding noch eine Theorie. Beten ist eine Erfahrung. Du darfst also nicht mit ›wenn‹ beginnen.

Du stellst die Frage also schon von Anfang an schief. Du hast einen Schritt in die falsche Richtung getan. Laß die ›Wenns‹ fallen, und die Andacht ist da. Laß alle ›Wenns‹ fallen; lebe nicht aus Hypothesen: »Wenn ja, *wenn* es Gott gibt, *dann* will ich beten.« Aber wie willst du beten, wenn Gott von einem ›wenn‹ abhängt? Wenn Gott nur ein Als-ob ist, dann ist dein Gebet auch nur ein Als-ob, dann ist es eine leere Geste. Du wirst dich verbeugen, ein paar Worte sprechen, aber dein Herz wird nicht dabeisein. Das Herz hält nichts vom ›wenn‹.

Die Wissenschaft arbeitet mit dem ›wenn‹. Die Religion arbeitet nicht mit dem ›wenn‹. Du fragst: »Wenn es Liebe gibt, dann lehre mich lieben.« *Wenn* es Liebe gibt? Also hat sich noch nichts in deinem Herzen gerührt. Dann ist der Frühling noch nicht gekommen, und jener Wind, den wir Liebe nennen, hat dich noch nicht gestreift. Du mußt andere Leute gehört haben, die über Liebe sprachen. Oder in einem Buch etwas über Liebe gelesen haben. Du mußt romantische Gedichte im Kopf haben. Das Wort ›Liebe‹ hat dich zwar erreicht, aber da war noch kein einziger Augenblick erlebter Liebe. Und so fragst du: »Wenn es die Liebe gibt, so lehre sie uns.« Aber mit einem ›Wenn‹ davor läßt die Liebe sich nicht lehren.

Hast du nicht schon einmal – und sei es auch nur für einen Augenblick – Liebe, Andacht, göttliche Gnade erlebt? Mir ist noch kein Mensch begegnet, der so arm gewesen wäre! Hast du noch nie in die Stille der Nacht gehorcht? Hat dich das nie gebannt? berührt? verzaubert? Hast du nie eine Sonne am Horizont aufsteigen sehen? Hast du noch nie ein tiefes inneres Band mit der aufgehenden Sonne gespürt? Hast du dich nie dabei von mehr Leben erfüllt gefühlt – wie es von überall in dich einströmte? Wenn auch nur für einen Augenblick? Hast du nie die Hand eines Menschen gehalten und gespürt, wie etwas von dir zum anderen und vom anderen zu dir strömte? Hast du es nie erlebt, wie die Atmosphären zweier Menschen überlappten und ineinanderflossen? Hast du nie eine Rosenblüte angeschaut und ihren Duft eingesogen und dich dabei plötzlich in eine andere Welt versetzt gefühlt?

Das sind Augenblicke des Betens. Fang nicht mit ›wenn‹ an...! Sammle alle Augenblicke deines Lebens, die schön waren – das waren Augenblicke des Betens. Errichte auf diesen Augenblicken deinen Gebetstempel. Mache sie zum Fundament, nicht das ›wenn‹. Die Bausteine des ›wenn‹ sind unecht. Du mußt den Tempel auf Gewißheiten bauen, auf absoluten Gewißheiten – nur dann, und *nur* dann besteht die Möglichkeit, daß du je das Reich des Gebets betrittst. Es ist ein großes Reich. Es hat einen Anfang, aber es hat kein Ende. Es ist ozeanisch. Sag also bitte nicht: »Wenn ja, dann...« Ja! Natürlich ja! Und wenn du es noch nicht gespürt hast, dann schau in dein Leben und such dir ein paar Gewißheiten zusammen, die etwas mit Schönheit, mit Liebe zu tun haben, mit Erfahrungen, die über den Verstand hinausgingen. Sammle sie.

Der Verstand vermeidet es normalerweise, solche Augenblicke festzuhalten, denn sie verstoßen gegen alle Logik. Darum achten wir nicht sehr auf sie. Aber sie kommen vor, sie kommen in jedem Leben vor. Laßt es mich wiederholen: kein Mensch ist *so* arm. Sie passieren dem ärmsten Menschen. Der Mensch ist dafür gemacht, der Mensch ist einfach so geschaffen, daß sie passieren müssen. Aber wir achten nicht darauf, weil es gefährliche Augenblicke sind. Sollten sie Wirklichkeit sein, was würde dann aus unserem logischen Verstand? Es sind sehr irrationale Momente! Zum Beispiel hörst du einem Vogel zu – und plötzlich fängt etwas in dir an, mitzusingen. Ganz unerklärlich! Du kannst nicht ergründen, wie es passiert, warum es passiert – wie kann so etwas überhaupt vorkommen? Der Verstand ist ratlos. Der einzige Ausweg für den Verstand ist der, einfach keine Notiz davon zu nehmen, es kurzerhand zu vergessen. Es war nur eine Laune, es war einer von jenen exzentrischen Momenten, vielleicht warst du grade für einen Moment weggetreten. Der Verstand neigt dazu, diese Dinge so zu deuten. Es war nichts, nur eine Anwandlung. Du warst gefühlsduselig. Du warst sentimental – mehr war nicht dran. »Die Wirklichkeit sieht ganz anders aus!«

Auf diese Weise leugnen wir. Sobald du anfängst, solche Augenblicke zu leugnen, hast du keinen Boden mehr, führst du ein andachtsloses Leben. Daher die Frage: »Wenn ja...«

Mein erster Rat ist: Vertiefe dich in dein Leben; erinnere dich an all diese Augenblicke. Du warst sicher einmal ein kleines Kind und hast am Strand des Meeres Muscheln gesammelt, während die Sonne dich überströmte und der Wind salzig und scharf blies; und in dir war eine unbändige Freude! Kein König hat je solche Freude gekannt! Du warst auf dem Gipfel der Welt, du warst Kaiser. Erinnere dich...

Mit dieser Art von Baustein mußt du deinen Tempel bauen.

Du warst einmal ein kleines Kind, das hinter einem Schmetterling herlief: Das war ein Augenblick des Betens. Oder du warst zum ersten Mal bis über beide Ohren verliebt, und dein Herz war aufgewühlt und flatterte, und ganz neue Träume fingst du an zu träumen... auch das war ein Augenblick des Betens: die erste Liebe, die erste Freundschaft!

Such deine Vergangenheit nach ein paar Gewißheiten ab, nach Dingen, die über das Rationale hinausgehen, die der Verstand nicht deuten kann, die dem Verstand ganz einfach über den Horizont gehen. Sammle diese jenseitigen Augenblicke; auch wenn es nur wenige sind, sie werden genügen – aber für *sie* gibt es kein ›Wenn‹. Hier bist du dir ganz sicher, daß es sich nicht um eine Hypothese handelt. Und so stellt sich auch das Vertrauen ein.

Wenn dir so etwas passieren konnte, als du ein Kind warst, wieso kann es dir nicht auch jetzt passieren? Wieso nicht? Sammle solche Augenblicke des Staunens, die Augenblicke, in denen es dir den Atem verschlug!

Erst gestern las ich von einem Mann, einem sehr einfachen Mann, einem sehr alten Mann, bei dem der englische Philosoph und Denker Dr. Johnson einmal übernachtete. Und am Morgen, als sie ihren Tee tranken, sagte der Alte: »Dr. Johnson, Sie werden lachen, aber als ich jung war, wollte ich auch mal Philosoph werden.«

Dr. Johnson fragte: »Und was kam dazwischen? Warum wurden Sie nicht Philosoph?«

Der Mann lachte und sagte: »Die Fröhlichkeit brach immer wieder durch – ich war immer so vergnügt. Und bei soviel Lustigkeit konnte ich natürlich kein Philosoph werden. Immer wieder habe ich es versucht, ich hab' mich wirklich angestrengt, sie zu unterdrücken.«

Diese Antwort gefällt mir. Solche vergnügten Augenblicke sind Augenblicke des Betens. Ein Philosoph kann nicht beten, ein Denker kann nicht beten – denn alles Denken fängt mit dem ›Wenn‹ an... Alles Denken beginnt mit dem Zweifel.

Und Beten beginnt mit dem Vertrauen. Aus diesem Grund sagt Jesus: Werdet wie die kleinen Kinder, denn nur so könnt ihr in das Reich meines Gottes eingehen. Werdet wie sie, deren Augen voller Staunen sind, für die jeder Augenblick ein Augenblick der Überraschung ist, deren Herzen noch bereit sind, sich hinreißen zu lassen. Nur sie...

Laß also zuerst das ›Wenn‹ fallen und suche dir dafür ein paar Gewißheiten zusammen – das ist die erste Lektion im Beten.

Und zweitens sagst du: »...bitte bring mir das Beten bei.« Da gibt es kein Wie. Beten ist keine Technik. Meditation kann gelehrt werden, sie ist Technik, sie ist Methode. Beten ist keine Methode. Beten ist ein Herz voller Liebe! Du kannst beten, aber das Beten kann dir nicht beigebracht werden.

Jesus wurde einmal von seinen Jüngern gefragt: »Meister, lehre uns das Beten. Zeige uns, wie wir es machen sollen.« Und was tat Jesus? Wißt ihr's? Er tat etwas, das man eher von einem Zen-Meister erwartet hätte: Er ließ sich einfach auf die Knie nieder und fing zu beten an. Sie waren sprachlos. Sie müssen sich gegenseitig angesehen haben und die Achseln gezuckt haben – »Wir haben ihn gefragt, uns zu sagen, wie man es macht – und was tut er? Er betet! Aber wie soll uns sein Beten weiterhelfen?« Sie werden Jesus anschließend gefragt haben. Und Jesus muß geantwortet haben: »Aber was soll ich sonst tun? – es gibt keine Technik!«

Jesus betete – was blieb ihm sonst übrig? Wären sie ein bißchen heller gewesen, hätten sie sich still neben Jesus hingesetzt, seine Hand gehalten oder sein Kleid berührt – das hätte sie in die Höhe gerissen. Etwas hätte geschehen können.

Ich kann euch das Beten nicht lehren, aber *ich bin* Gebet. Und ich brauche nicht auf meine Knie zu fallen, um zu beten – ich *bin* Gebet. Ihr braucht nur mein Wesen zu trinken, braucht mich nur aufzusaugen, meine Gegenwart zu atmen. Und das wird euch lehren, was Beten ist. *Jeden* Morgen bringe ich euch das Beten bei. Ich bin in Andacht. Ihr braucht nur ein bißchen offen zu sein, ihr braucht nur eure Türen zu öffnen... laßt die Brise durch euch hindurchwehen. Es ist eine ansteckende Krankheit – Beten ist ansteckend.

Ich kann euch nicht beibringen, wie man beten soll, aber ich kann euch in Andacht versetzen. Stimmt euch mehr auf meine Gegenwart ein.

Und hab' keine solche Fragen im Kopf, denn sie sind die Schranke. Sei ungeschützt, dann passiert es von allein. Eines Tages merkst du plötzlich, wie dein Herz singt, wie etwas in dir zu tanzen anfängt... eine ganz neue Energie ist da, als ob plötzlich, mitten in der Nacht, ein Lichtstrahl in das Dunkel deines Wesens gefallen wäre.

Das ist Gebet! Du kannst es nicht tun – du kannst nur zulassen, daß es geschieht. Meditation ist machbar. Andacht ist nicht machbar. In diesem Sinn ist Meditation wissenschaftlicher; sie kann gelehrt werden. Aber Gebet? Beten ist absolut unwissenschaftlich; es ist reine Herzenssache.

Fühle mich, und du fühlst Andacht. Berühre mich... und du rührst an Gebet. Höre mir zu, und du hörst Worte des Betens.

Und dann sitzt du eines Tages still da und läßt es zur Zwiesprache kommen – zur Zwiesprache mit der Schöpfung. Du kannst die Schöpfung Gott nennen, oder Vater, oder Mutter – was immer du willst, alles ist okay. Aber wiederhole keine Formeln; sage kein christliches Gebet, kein hinduistisches Gebet. Sage nicht das Gayatri Mantra auf, und sage nicht

›namokar‹ – wiederhole kein Mantra, ob indisch, tibetanisch oder chinesisch. Plappere nichts nach. Schaff dir dein eigenes Mantra. Sei kein Papagei. Kannst du Gott nicht mit eigenen Worten ansprechen? Und übe nichts ein, bereite nichts vor. Kannst du Gott nicht direkt ins Gesicht sehen, so wie ein kleines Kind seinem Vater und seiner Mutter? Hast du ihm nichts zu sagen? Kannst du ihm nicht Grüß Gott sagen?

Laß das Gebet von allein kommen! Lege dir nichts zurecht. Ein zurechtgelegtes Gebet ist ein falsches Gebet. Und ein nachgesagtes Gebet ist nur mechanisch. Du kannst das christliche Glaubensbekenntnis hersagen, weil du es auswendig gelernt hast, weil man es dir aufgezwungen hat. Du kannst es im Traum hersagen und kannst vielleicht um so fester schlafen. Aber bewußt macht es dich nicht, denn es kommt nicht aus lebendigem Herzen.

Ich habe von einem großen Mathematiker gehört, dessen allabendliches Gebet aus einem einzigen Wort bestand: Er sah zum Himmel auf und sagte: »dito.« Denn was für einen Sinn hat es, jeden Tag zu wiederholen, was du gestern auch schon gesagt hast? Was für ein Unsinn, dasselbe Gebet wieder und wieder herzusagen! Da ist ›dito‹ schon besser! Warum Gott jeden Tag mit der gleichen Wiederholung auf die Nerven gehen? Sag nur etwas, wenn du wirklich etwas zu sagen hast; wenn du nichts zu sagen hast, dann sag einfach: »Heute habe ich nichts zu sagen.«

Oder sei einfach still. Wozu überhaupt etwas sagen? Auf jeden Fall sei ehrlich – zumindest zwischen dir und dem Ganzen soll Wahrheit sein. Das ist mit Beten gemeint: öffne dein Herz.

Ich habe gehört:

Moses kam durch einen Wald und traf einen Mann, einen Schafhirten, einen armen Mann, der schmutzig und in Lumpen gekleidet war. Der Mann betete. Es war die Zeit der Andacht, und so betete er. Moses stellte sich aus reiner Neugier hinter ihn, um zu hören, was er sagte. Und er traute seinen Ohren nicht – was war das für ein merkwürdiges Gebet? »Gott, wenn ich sterbe, laß mich in dein Paradies ein. Ich will mich um dich kümmern. Wenn du Läuse hast, kann ich dich lausen.«

Er war verlaust, darum sagte er: »Wenn du Läuse hast, will ich dich lausen. Ich geb dir ein Bad wie noch nie im Leben, und koch dir gutes Essen, und ich kann wirklich gut kochen, und ich will mich auch um deine Schafe kümmern. Und dann mach ich dir heiße Milch ... und was du willst. Und ich kann dir auch eine schöne Massage geben!«

Jetzt wurde es Moses zuviel. Das mit den Läusen ging zu weit. Moses schüttelte ihn und sagte: »Was für einen Unsinn redest du daher? Lausen willst du Gott? Hat Gott etwa Läuse?« – der arme Mann war ganz verwirrt. Er sagte: »Ich weiß nicht genau, ich habe ihn nie gesehen. Alles was ich weiß, weiß ich von mir selbst, und ich habe Läuse.«

Moses sagte: »Schluß damit! So darfst du nie wieder beten. Das ist Lästerung – so kommst du in die Hölle!«

Der Mann fing an zu zittern und zu schwitzen. Er sagte: »Aber ich habe es mein ganzes Leben lang schon so gemacht. Was mir grad in den Kopf kommt, das sage ich. Ich weiß es nicht besser – bitte bring du mir bei, wie man es richtig macht.«

Moses brachte ihm also das richtige Beten bei, und dann trollte sich der Arme mit seinen Schafen. Aber da erzitterte plötzlich der ganze Wald vom Donner Gottes. Gott war sehr böse. Er sagte zu Moses: »Bist du denn verrückt? Ich habe dich in die Welt geschickt, damit du mir Menschen zuführst, und du treibst sie von mir – ihn, einen Liebenden! Er liebte mich inbrünstig; er war einer der besten Beter, und du hast ihm das Herz gebrochen. Du hast sein Vertrauen zerstört. Geh sofort hin und entschuldige dich, und nimm dein Gebet zurück!«

Und Moses ging hin und fiel dem Hirten vor die Füße und sagte: »Vergib mir, verzeih! Ich habe mich geirrt, du hast recht. Gott mag dich. Und ich soll mein Gebet zurücknehmen.«

Genauso sollte es auch sein. Laß dein Gebet wachsen. Laß es kommen. Ja – paß die Augenblicke ab, wo dir nach einem kleinen Schwatz mit Gott zumute ist. Nicht nötig, jeden Tag dasselbe zu sagen – das ist überflüssig. Wenn das Gefühl kommt ... laß es aus deinem Gefühl aufsteigen. Mach kein Ritual daraus. Manchmal, wenn du ein Bad nimmst, wenn du unter der Dusche bist und dir plötzlich danach ist, zu beten, dann laß es geschehen. Daran ist nichts verkehrt – zum Beten brauchst du nicht erst in die Kirche zu gehen. Sobald der Drang da ist, wird dein Badezimmer zur Kirche. Laß das Beten geschehen. Wechsle mit Gott ein paar Worte, und du wirst staunen, wie schön das ist. Kommt es aus dem Herzen, wird es erhört, wird es Erwiderung finden.

Manchmal, wenn ihr euch liebt, kommt dir plötzlich der Wunsch zu beten – bete sofort, augenblicklich! Einen besseren Augenblick kann man gar nicht finden: Jetzt bist du Gott am nächsten, der Lebensenergie am nächsten. Wenn der Orgasmus über dich kommt... bete! Aber paß auf – mach kein Ritual daraus. Das ist das ganze Geheimnis von Tantra: Laß die Dinge spontan geschehen.

Uns als letztes sagst du: »Was ich meine, ist eine Art zu beten, bei der ich für Gottes Liebe empfänglich werde und seine Gnade fühlen kann.«

Wieder hast du deine Frage verkehrt gestellt: »Was ich meine, ist eine Art zu beten, bei der ich für Gottes Liebe empfänglich werde...«

Du bist gierig! Beten heißt: Gott lieben. Richtig, auch von Gott strömt tausendfach die Liebe zu dir zurück; aber das ist dann nicht deine Absicht, das passiert ungebeten von selbst. Nicht als Erfolg, sondern als Folge. Ja, Gott kommt wie eine Springflut. Geh Gott einen Schritt entgegen, und er kommt mit tausend Schritten auf dich zu. Gib ihm einen Tropfen, opfere ihm einen Tropfen deiner Liebe, und sein ganzer Ozean tut sich dir auf.

Ja, das geschieht, aber begehren darfst du es nicht. Das Begehren ist falsch. Wenn du nur Gottes Liebe haben willst und nur deswegen betest, dann ist es ein Kuhhandel, dann ist es ein Geschäft. Und hüte dich vor Geschäften!

In einer kleinen Schule, irgendwo in den Vereinigten Staaten, stellt der Lehrer eine Preisfrage: »Wer war der größte Mensch der Geschichte?« Natürlich antwortet ein guter kleiner Amerikaner darauf: Abraham Lincoln; und ein Inder: Mahatma Gandhi; und ein englischer Junge: Winston Churchill, und so weiter und so fort. Aber da steht ein kleiner Jude auf und sagt: »Jesus«, und er gewinnt den ersten Preis. Aber der Lehrer fragt ihn: »Du bist doch Jude, warum dann Jesus?« »In meinem Herzen«, sagte der Junge, »weiß ich, daß es Moses ist – aber Geschäft ist Geschäft.«

Mach aus dem Beten kein Geschäft. Laß es ein reines Geschenk sein: Laß es einfach aus dem Herzen kommen. Frag nach keiner Gegenleistung. Dann kommt viel zurück... tausendfach, millionenfach, dann fließt Gott dir zu. Aber – noch einmal – vergiß das eine nicht: es ist eine Folge, kein Erfolg.

Die dritte Frage:

Du hast C. G. Jungs Theorie erwähnt, Männer würden zwei Typen von Frau brauchen. Geschichtlich gesehen scheinen viele Männer das so zu erfahren, während nur sehr wenige Frauen mehr als immer nur einen Mann zu brauchen scheinen. Könnte es sein, daß tatsächlich etwas an dieser Theorie dran ist und der männlichen Psychologie entspricht? Wenn ja, warum?

Die Frage ist von Anand Prem. Als erstes: Sie sagt: »Geschichtlich gesehen scheinen viele Männer das so zu erfahren...« Geschichte ist Hokuspokus. Und Geschichte wird von Männern gemacht; keine Frau hat je Geschichte geschrieben. Geschichte ist am Mann orientiert, sie wird vom Mann kontrolliert, sie wird vom Mann gemacht. Es ist eine unwahre Geschichte.

Der Mann hat versucht, die Frau so zu konditionieren, daß er sie leicht ausbeuten kann, daß sie nicht einmal rebellieren kann. Sklaven müssen immer so hypnotisiert werden, daß sie nicht rebellieren können. Der Mann hat die Psychologie der Frau so konditioniert, daß sie so denkt, wie der Mann es haben will.

Du sagst: »Geschichtlich gesehen scheinen viele Männer das so zu erfahren...« Weil Männer freier sind – sie sind die Herren! Die Frauen leben seit langem wie Sklaven. Sie haben ihre Sklaverei akzeptiert. Ihr müßt diese Sklaverei endgültig abwerfen, ihr müßt ausbrechen.

Erst neulich abend las ich davon, daß es im sechsten Jahrhundert ein großes christliches Konzil gab, bei dem alle bedeutenden Führer des Christentums darüber entschieden, ob Frauen eine Seele haben oder nicht. Zum Glück befanden sie, daß die Frauen tatsächlich eine Seele hätten. Aber nur mit einer Stimme Mehrheit! Das ist kein großer Sieg. *Eine* Stimme

Mehrheit! Nur eine einzige Stimme weniger, und ›historisch gesehen‹ hättest du keine Seele. Nicht viel wert, diese Seele...

Der Mann hat die Psychologie der Frau mit Füßen getreten. Und was immer ihr beobachten könnt, ist nicht die wirkliche Psychologie der Frau, sondern eine vom Mann erzeugte Psychologie, eine Psychologie, die der Mann für die Frau gemacht hat. Je freier ihr Frauen werdet, desto mehr werdet ihr fühlen wie sie – denn Männer und Frauen sind nicht wirklich so verschieden, wie es ihnen eingeimpft wurde. Sie *sind* verschieden! Ihre Biologie ist verschieden, und gewiß auch ihre Psychologie, aber sie sind nicht *ungleich*! Es gibt zwischen ihnen mehr Ähnlichkeit als Unähnlichkeiten.

Denkt doch einmal nach: Ein Mann, der jeden Tag dasselbe ißt, hat es schnell satt; und eine Frau? Ob sie es wohl auch bald satt hat? Natürlich hat sie es auch bald satt! Was ist der Unterschied zwischen beiden? Langeweile ist für den Mann so natürlich wie für die Frau. Und solange eine sexuelle Beziehung sich nicht zu einer spirituellen Freundschaft entwickelt, wird sie früher oder später langweilig.

Macht euch das bitte ganz klar; eine sexuelle Beziehung kann für sich genommen nicht ewig dauern, denn was den Sex betrifft – er ist etwas Momentanes. Sobald du eine Frau sexuell geliebt hast, bist du mit ihr im Grunde fertig, bist du nicht mehr an ihr interessiert. Es sei denn, daß etwas mehr als nur eine sexuelle Beziehung zwischen euch entsteht, daß etwas Höheres, daß ein spiritueller Kontakt zwischen euch stattfindet. Der kann nur durch den Sex geschehen; er sollte sogar dabei entstehen, denn sonst ist eine sexuelle Beziehung rein körperlich. Wenn also etwas Spirituelles, so etwas wie eine spirituelle Heirat stattfindet, dann gibt es keine Probleme. Dann könnt ihr auch zusammenbleiben. Und dann werdet ihr, ob Mann oder Frau, auch nicht mehr an andere Frauen oder Männer denken. Die Suche ist vorbei. Du hast deinen Seelenpartner gefunden.

Aber wenn die Beziehung rein körperlich ist, dann hat der Körper es bald satt, dann langweilt er sich schnell. Der Körper braucht etwas Aufreizendes, der Körper braucht das Neue, der Körper braucht Aufregung. Der Körper lechzt ständig nach dem Neuen.

Eine britische Lkw-Fahrerin vom Freiwilligen Frauen-Korps im II. Weltkrieg kam nach langer Fahrt am Ziel an, einem abgelegenen Lager. Es war Mitternacht, und der wachhabende Unteroffizier zeigte ihr, wo sie den Lkw parken könne. Dann fragte er: »Wo willst du schlafen?«

Das Mädchen erklärte, daß ihr nichts anderes übrig blieb, als im Fahrerhäuschen zu schlafen. Es war eine kalte Nacht, und der Unteroffizier dachte einen Augenblick nach und sagte dann: »Du kannst hier in meiner Koje schlafen, und ich penne auf dem Boden.« Sie nahm dankend an. Nachdem sie sich hingelegt hatte, tat ihr der Mann auf dem kalten, harten Boden leid. Sie beugte sich heraus und sagte: »Das finde ich nicht gut. Warum kommst du nicht rauf und legst dich neben mich?« Gesagt, getan; der Unteroffizier fragte: »Wie wollen wir schlafen? Verheiratet oder unverheiratet?« Das Mädchen kicherte und sagte: »Verheiratet wäre doch nett, oder?« »Na gut, mir ist es egal, schlafen wir also verheiratet«, sagte er, drehte ihr den Rücken zu und schlief ein.

Ehe ist langweilig, darum ist die ganze Welt voll von gelangweilten Gesichtern. Die Ehe ist eine einzige Langeweile. Es sei denn, sie hat einen spirituellen Funken... was aber nur selten vorkommt. Also schauen sich die Männer außerhalb um. Die Frauen halten außerhalb Ausschau, aber sie sind lange nicht so frei. Daher so viele weibliche und so wenige männliche Prostituierte. Es mag einige in London geben, soviel ich weiß, aber männliche Prostitution gibt es praktisch nicht. Warum?

Die Prostitution ist ein Nebenprodukt der Ehe. Und so lange die Ehe nicht verschwindet, wird die Prostitution bleiben. Sie ist ihr Schatten. Sie kann nur mit der Ehe zusammengehen. Und da gehen eure sogenannten Mahatmas her und wollen die Prostitution abschaffen – dieselben Leute, die euch die Ehe aufzwingen. Und sie sehen nicht das Absurde daran: daß es Prostitution deshalb gibt, *weil* es die Ehe gibt. Bei den Tieren gibt es keine Prostitution, weil es keine Ehe gibt. Habt ihr je ein Tier dabei ertappt, wie es sich prostituiert? Tiere haben dies Problem nicht. Wozu Prostitution?

Dies häßliche Phänomen existiert lediglich aufgrund einer anderen Häßlichkeit: die Ehe. Und männliche Prostituierte gibt es nur deshalb so wenig, weil Frauen nicht so viel Freiheit haben. Sie wurden völlig unterdrückt. Ihnen war noch nicht einmal erlaubt, Freude zu haben, nicht einmal das. Nur schlechte Frauen wissen, was sexuelle Freude ist; gute Frauen nicht. Nur Weiber, keine Damen. Damen dürfen keinerlei Freude daran haben, das ist weit unter ihrer Würde.

Wirkliche Geschichte ist das nicht. Das ist manipulierte Geschichte, retuschierte Geschichte. Und wenn man Tausende von Jahren die gleiche Vorstellung einhämmert, wird daraus fast Wirklichkeit. Das ist aber nicht wirkliche Psychologie. Um die wahre Psychologie der Frau kennenzulernen, muß man ihnen totale Freiheit geben – und dann sehen. Und ihr werdet überrascht sein: Sie sind den Männern weit voraus.

Ihr könnt sie beobachten: Ein Mann trägt fast immerzu die gleiche graue Kleidung. Frauen dagegen... jeden Tag brauchen sie einen anderen Sari! Ich kann ihnen in die Seele sehen: Hätten sie totale Freiheit, würden sie weit über den Mann hinauswachsen. Männer gehen immer im alten Trott. Seht doch selbst – ihre Kleider sind nicht sehr bunt. Und was den Mann betrifft, gibt es keine Mode. Was für eine Mode? Der gleiche graue Ausgehanzug, der gleiche Schlips. Ihre Garderobe ist nicht der Rede wert. Und die Frauen? Der ganze Verbrauchermarkt existiert nur für *sie*. Sie sind die tatsächlichen Verbraucher.

Der Mann ist Hersteller. Die Frau ist Verbraucher. Neunzig Prozent aller Waren sind für die Frauen da. Warum? Sie sind sehr an neuen Dingen interessiert; sie sind mehr hinter allem Neuen, hinter unbekannten Reizen her. Mag sein, weil ihre Sexualität unterdrückt worden ist und ihre Energie andere Ventile braucht... sie können keinen neuen Mann bekommen, also wollen sie einen neuen Sari. Ein neuer Wagen ist Ersatz, ein neues Haus ist Ersatz. Sie stecken ihre Energie woanders rein... Aber das ist nicht die Wirklichkeit der Frau.

Die Frauen sind so korrumpiert und zerstört worden, daß es sehr schwer ist, zu entscheiden, was ihre wirkliche Psychologie ist. Auf die Geschichte dürft ihr nicht hören. Die Geschichte ist eine abstoßende Reportage, die Reportage einer langen Sklaverei. Zumindest Frauen sollten nicht auf die Geschichte hören; sie sollten alle Geschichtsbücher verbrennen. Sie sollten fordern, daß die Geschichte neu geschrieben wird.

Wenn ihr euch eine bestimmte Idee in den Kopf setzt, werdet ihr überrascht feststellen, daß sich dann euer ganzes Verhalten danach richtet. Der ganze psychische Apparat richtet sich nach bestimmten Vorstellungen. Die Frau lebt schon sehr lange in Hypnose.

Aber damit sage ich nicht, daß die Gesellschaft auf die Bäume zurück soll. Ich sage nur, daß der Sex als Sprungbrett dienen soll. Solange eure Beziehungen nur durch den Sex bestimmt werden und sonst nichts, so lange führt Ehe zur Prostitution. Aber wenn die Ehe tiefer geht als der Körper, dann braucht es keine Prostitution mehr zu geben. Jedes einzelne menschliche Wesen, ob Mann oder Frau, ist ein unendlich weiter Raum... man kann ihn bis in alle Ewigkeit erforschen, endlos weiter erforschen. Jedes menschliche Wesen, ob Mann oder Frau, ist *jeden* Tag so lebendig und so neu – neue Blätter sprießen, neue Blüten treiben, neue Wetterlagen, neue Stimmungen –, daß ihr, wenn ihr liebt, wenn ihr euch wirklich innig liebt, nie dieselbe alte Frau, denselben alten Mann neben euch findet. Das Leben hat eine so ungeheure Dynamik...

Aber ihr liebt nicht! Ihr bleibt beim Körper stecken. Ihr schaut nicht nach innen. Ihr schaut nicht in den inneren Himmel, der sich ständig ändert. Was braucht ihr *mehr* an Veränderungen? Aber darauf achtet ihr nicht. Der Körper ist natürlich immer der gleiche. Kein Wunder, daß er seinen Reiz verliert. Wenn der Reiz weg ist, wird das Leben langweilig. Wenn ihr euch langweilt, sucht ihr Hilfe, weil euch das neurotisch macht. Das Leben ekelt euch an. Jetzt geht ihr zum Psychiater. Früher seid ihr zum Priester gelaufen, heute lauft ihr zum Psychiater und sucht um Hilfe. Etwas stimmt nicht: Ihr habt keine Freude am Leben mehr, nichts macht euch froh. Ihr denkt schon an Selbstmord.

Wenn ihr der Verlockung folgt, werdet ihr zum Verbrecher. Wenn ihr euch der Gesellschaft anpaßt, dem Establishment gehorcht, langweilt ihr euch. So steckt ihr ständig in der Klemme. Nirgendwo ein Ausweg! Zwischen diesen beiden

Klippen werdet ihr zermalmt und vernichtet. Entweder müßt ihr mit dem Establishment gehen und ein ödes Leben führen, oder ihr wendet euch gegen das Establishment, aber dann werdet ihr zum Verbrecher gestempelt und fühlt euch schuldig.

Die Frauen müssen absolute Freiheit bekommen. Und mit der Freiheit der Frau wird auch der Mann befreit – denn niemand kann wirklich frei sein, solange er Sklaven braucht. Der Herr ist der Sklave seines Sklaven. Der Mann ist nicht wirklich frei, und das ist auch gar nicht möglich: Die eine Hälfte der Menschheit lebt in Knechtschaft, wie kann da die andere Hälfte, die Welt des Mannes, frei sein? Seine Freiheit ist nur so lala, sie ist nur oberflächlich. Mit der Befreiung der Frau wird auch der Mann frei.

Und wo Freiheit ist, da besteht auch die Möglichkeit, tiefer in eine Beziehung hineinzugehen. Und wenn das *nicht* geschieht, dann besteht kein Grund, es in Langeweile miteinander auszuhalten, dann braucht man sich nicht aneinander festzuklammern.

Ein Mann, der sich seit einiger Zeit nicht wohl fühlte, ging zum Arzt und bat um eine Untersuchung. Der Arzt untersuchte ihn gründlich und sagte: »Entweder Sie machen Schluß mit Rauchen, Trinken und Sex, oder Sie sind in einem Jahr ein toter Mann.«

Kurz darauf kam der Mann wieder und sagte: »Hören Sie, ich bin so verdammt unglücklich; so kann ich ja eigentlich auch gleich sterben. Darf ich nicht wenigstens ein *bißchen* rauchen?« »Also gut, aber nur fünf Filterzigaretten pro Tag«, entschied der strenge Medicus.

Ein paar Wochen später kam der Mann wieder: »Hören Sie, ohne ein schönes Helles am Abend...?« »Na gut, zwei Helle pro Tag, aber sonst keinen Alkohol!«

Die Zeit verstrich, und der Patient kam ein drittes Mal. Der Arzt, als er den Mann kommen sah, rief aus: »Okay, okay, aber nur mit der eigenen Frau. Keine Aufregungen!«

Das Leben braucht Aufregungen. Wenn man ihm keine spirituelle Aufregung gestattet, dann braucht es eben körperliche Aufregung. Gib ihm eine höhere Form, und die niederen Formen von Aufregung verschwinden; sie werden überflüssig.

Verweigere ihm die höhere Form von Aufregung, und es kennt nur das Ventil der niederen Form.

Die Männer haben sich eine Hintertür offengehalten. Jung ist ein Schlitzohr; und was Jung da sagt, ist nur der uralte Beschiß. Das haben die Männer schon immer behauptet, daß ein Mann mindestens zwei Frauen brauche – auf der einen Seite den Muttertyp, der gut für die Ehe ist, auf der anderen Seite die Mätresse... für die Inspiration! Wenn der Mann zwei Frauen braucht, dann braucht die Frau genausogut zwei Männer: den Vatertyp und den Don Juan. Aber was ich sagen will, ist, daß selbst noch im zwanzigsten Jahrhundert Männer wie Freud und Jung den gleichen alten männlichen Chauvinismus propagieren wie eh und je. Da ist kein großer Unterschied. Die Frauen müssen selbst anfangen zu denken; die Männer können ihnen dabei nicht viel helfen. Sie müssen selbst verstehen, woran sie sind... und diese Chance gibt es heute: Sie können jetzt lernen, sich selbst zu verstehen.

Aber Anand Prems Frage betrifft im Grunde nicht die Frauen: sie betrifft vor allem ihre eigene Denkweise. Sie gehört zu denen, die klammern; aber dieses Klammern geht ebenfalls auf historische Konditionierung zurück. Die Frau hängt sich zu sehr an den Mann, weil sie Angst vor der Unsicherheit hat. Sie will Sicherheit, finanziell und in allen möglichen andern Dingen. Sie ist völlig verängstigt. Ihr ist Angst eingejagt worden: Das ist der Trick des Mannes: den Frauen Angst einzujagen.

Eine Frau, die Angst hat, ist leicht zu beherrschen. Wer keine Angst hat, der läßt sich nicht beherrschen; also: macht andern Angst!

Erst macht der Mann der Frau Angst, was ihre Jungfräulichkeit betrifft. Er jagt ihr Angst wegen ihrer Jungfräulichkeit ein, als ob das etwas ganz Wertvolles wäre. Diese Angst hat er ihr jahrhundertelang eingejagt, so daß kein Mädchen sich ihr entziehen kann. Jedes Mädchen fürchtet, alles zu verlieren, wenn sie ihre Jungfräulichkeit verliert. Diese Angst hindert sie daran, Beziehungen mit andern zuzulassen, Freundschaften einzugehen; sie kann sich nicht frei bewegen. Sie darf keine Erfahrungen haben, bevor sie sich entscheidet, wen sie zum Ehepartner will. Die Angst, eine Jungfrau sein zu müssen...

Achtet auf den Unterschied: Den Jungen wird nicht erzählt, daß sie unberührt sein müßten. Jungs sind nun mal Jungs, heißt es. Und Mädchen sind keine Mädchen? Mädchen sind auch Mädchen! Warum sind nur Jungs Jungs? Von den Jungen wird keine Jung*fräu*lichkeit verlangt. Ihnen wird jede Freiheit gelassen.

Jungfräulichkeit – eine gewaltige Konditionierung! Wenn die Angst, ihre Jungfräulichkeit zu verlieren, bei einer Frau überhand nimmt – stellt euch vor: bis zum zwanzigsten Lebensjahr, zwanzig Jahre lang hat sie ihre Jungfräulichkeit gehütet, zwanzig Jahre Konditionierung! – dann wird sie frigide. Dann kann sie nicht genießen! Dann wird sie sich niemals in der Liebe fallen lassen; sie wird den Orgasmus nie kennenlernen. Über die Jahrhunderte haben Millionen von Frauen den Orgasmus nicht kennengelernt. Sie wissen nicht, was Orgasmus ist. Sie leiden einfach. Sie sind einfach nur Instrumente der Männer. Das ist eine ungeheure Demütigung.

Aber wenn die Jungfräulichkeit zu wichtig wird und wenn dir zwanzig Jahre lang eingebläut wurde, daß du Jungfrau bleiben und dich immer hüten mußt, dann ist es nicht leicht, diese Gewohnheit fallenzulassen. Wie sollst du das nach zwanzig Jahren Behämmerung können? Und dann eines Tages sind plötzlich die Flitterwochen da und du sollst das alles fallenlassen! Wie denn? Du kannst nur so tun, als ob – aber tief drinnen hältst du den Mann jetzt für einen Verbrecher, ein Tier, ein häßliches Mannsbild, weil er etwas tut, von dem du *genau* weißt, daß es eine Sünde ist. Du hast es nie einem anderen Mann gestattet, denn Liebe ist Sünde – und jetzt macht dieser Mann genau *das*.

Keine Frau kann je ihrem Ehemann vergeben. Und vor allem in Indien hat keine Frau Respekt vor ihrem Ehemann; sie kann nicht anders. Sie *zeigt* allen Respekt, aber sie respektiert ihn nicht. Tief drinnen haßt sie den Mann, weil er der Mann ist, der sie in die Sünde zerrt. Wie kann sie den Mann achten, wo er doch ein Sünder ist? Bevor er kam, war sie Jungfrau. Durch ihn ist sie gefallen. Genau deswegen verlangt ja die Gesellschaft von den Frauen, sie sollen ihren Mann ehren. Denn die Gesellschaft weiß, daß die Frau den Mann *nicht* ehren kann.

Und so muß die Achtung erzwungen werden. Ehre deinen Mann! Denn wenn die Dinge ihren natürlichen Lauf hätten, würde sie ihren Mann hassen. Wegen diesem Mann muß sie in die Hölle kommen!

Und aus dieser Sünde werden auch noch Kinder geboren! Wie also kannst du deine Kinder lieben? Wenn sie aus Sünde geboren werden, wirst du auch sie hassen, tief im Unterbewußtsein. Die bloße Gegenwart der Kinder wird dich immer wieder daran erinnern, daß du ›diese Sünde‹ begangen hast.

Die gesamte Gesellschaft hat unter diesem Unsinn gelitten. Liebe ist Tugend, keine Sünde. Und fähig zu sein, mehr zu lieben, heißt tugendhafter sein. Fähig zu sein, die Liebe zu genießen, ist die Grundeigenschaft eines religiösen Menschen...

Das sind meine Definitionen.

Anand Prem ist ein großer Klammerer. Und sie glaubt, daß das, was auf sie zutrifft, auf alle Frauen zutrifft. In gewissem Sinne hat sie recht, denn alle andern Frauen sind genauso erzogen worden. Aber es ist nicht die Wahrheit, weder die Wahrheit über die andern Frauen, noch über dich, Anand Prem. Es stimmt nicht.

Werdet fähig, als Individuen zu leben, dann bekommt ihr einen Geschmack von der Freiheit. Einer Frau wird keine Individualität zugebilligt. Wenn sie klein ist, ist sie eine Tochter; wenn sie jung ist, ist sie Ehefrau; wenn sie etwas älter ist, dann ist sie Mutter, und noch älter wird sie Großmutter... aber sie ist niemals sie selbst. Manchmal Tochter, manchmal Ehefrau, manchmal Mutter, manchmal Großmutter – aber *nie* sie selbst. Immer auf andere bezogen.

Individualität ist eine unerläßliche Voraussetzung. Eine Frau ist eine Frau! Daß sie Tochter ist, ist zweitrangig; daß sie Ehefrau ist, ist zweitrangig; daß sie Mutter ist, ist zweitrangig. Eine Frau ist eine Frau – ihr Frau-Sein kommt an erster Stelle. Und wenn die Frauen anfangen, Individualität zu entwickeln, ändert sich die Welt schlagartig – sie wird schöner sein, freudiger.

Jetzt herrschen nur Langeweile und Eifersucht, sonst nichts. Du langweilst dich mit deiner Frau, deine Frau langweilt sich mit dir. Du bist eifersüchtig, sie ist eifersüchtig. Wieso folgt diese Eifersucht der Langeweile wie ein Schatten? Die Langeweile bringt sie mit. Wie viele kommen zu mir und wollen ihre Eifersucht loswerden! Aber sie verstehen nicht, woher sie kommt, sie sehen nicht, wie es funktioniert.

Hört zu: Wenn du dich mit einer Frau langweilst, dann weißt du tief drinnen, daß sie sich auch mit dir langweilen muß. Das ist natürlich. Und wenn du sie langweilst, dann muß sie nach einem andern Mann Ausschau halten... dem Milchmann, dem Postboten, dem Chauffeur, wer auch immer in Frage kommen mag; aber sie wird die Augen offenhalten. *Du* weißt, daß du nach andern Frauen Ausschau hältst, wenn dir langweilig ist... Du weißt also Bescheid! Es ist eine natürliche Schlußfolgerung. Und so entsteht Eifersucht... du wirst eifersüchtig. Du bist dir sicher, daß sie sich nach andern Männern umsieht. Dann fängst du an, zu spionieren, ob sie's wirklich tut oder nicht. Und natürlich kann sie gar nicht anders, als sich für andere zu interessieren. Es gibt unzählige Männer – und *du* langweilst sie. Es ist ihr Leben, ihr ganzes Leben steht auf dem Spiel.

Und die Frau ist eifersüchtig, weil sie weiß, daß ihr Mann sich langweilt. Er ist jetzt nicht mehr so entzückt wie früher. Jetzt kommt er nicht mehr so überschwenglich nach Hause; jetzt erträgt er sie gerade so. Jetzt ist ihm sogar seine Zeitung wichtiger als sie. Bei der kleinsten Gelegenheit fährt er auf; über winzige Lappalien regt er sich auf und wird grob. Seine ganze Sanftheit, seine Flitterwochen-Sanftheit ist wie weggeblasen. Sie weiß: Er ist angeödet. Er interessiert sich nicht mehr für sie. Dann eines Tages weiß sie es gewiß, weiß sie instinktiv, daß er sich jetzt für eine andere interessiert – Eifersucht! Und wenn er dann plötzlich froh und heiter nach Hause kommt, wird sie nervös. Jetzt war er mit einer anderen zusammen – warum sonst ist er so ausgelassen? Wenn er irgendwo Ferien macht oder auf Geschäftsreise geht, wird sie unruhig. Wenn die Geschäftsreisen überhand nehmen, kann kein Zweifel mehr sein... Eifersucht vergiftet die Beziehung.

Aber das gehört zur Langeweile. Wenn der andere dich nicht langweilt, brauchst du nicht eifersüchtig zu sein, brauchst du dir solche Gedanken nicht zu machen.

Du wirst nicht eifersüchtig, deine Eifersucht kommt nicht daher, daß der andere sich für andere interessiert, sondern daher, daß *du* dich für andere interessierst.

Und Frauen sind natürlich eifersüchtiger, denn sie sind weniger frei. Sie werden mehr auf ihre Langeweile festgenagelt. Sie wissen, daß der Mann außer Haus geht, daß er mehr Möglichkeiten und Chancen finden kann. Sie dagegen sind im Hause eingesperrt, sitzen mit den Kindern im Käfig. Es ist schwer für sie, so viel Freiheit zu bekommen. Sie sind eifersüchtig. Je eifersüchtiger, desto mehr klammern sie sich. Angst steigt auf: Wenn der Mann sie verläßt, was wird dann aus ihnen? Einem Sklaven ist am Ende seine Sicherheit lieber als die Freiheit. Ihm ist Gewißheit wichtiger als Freiheit. Und genau das ist passiert.

Aber mit weiblicher Psychologie hat das nichts zu tun, Prem. Ja, ich kann dich verstehen – den meisten Frauen ergeht es so. Es ist ein häßliches Phänomen, das man abstreifen muß. In Zukunft darf das nicht mehr so sein, aber dazu müssen Männer und Frauen etwas bewußter werden. Und sie leben *beide* in der Hölle.

Der Gutsherr und seine Gemahlin hatten die Schirmherrschaft über die Landwirtschafts-Ausstellung. Nach der Eröffnungsfeier machten sie die Ehrenrunde unter den Pächtern und dem Landvolk und sahen sich die Ausstellung an.

Aber Seine Lordschaft hielt sich so lange im Bierzelt auf, daß die Lady weiterbummelte, um sich den Preisbullen anzusehen. Hatte man je ein Tier mit so prächtiger Ausstattung gesehen?

»Himmel, was für ein prachtvolles Tier du da vorführst, Giles«, sagte sie zu dem Burschen, der den Bullen hütete.

»Ja, Milady, dem macht es keiner nach; der da ist Vater einer ganzen Generation von Zuchtbullen.«

»Erzähl doch ein bißchen mehr...«

»Also, letztes Jahr hat er dreihundertmal gedeckt.«

»Tatsächlich? Ach, tu mir doch den Gefallen und geh zum Bierzelt hinüber und sag Seiner Lordschaft, hier sei ein Bulle zu sehen, der in einem Jahr dreihundertmal gedeckt hat, ja?«

Giles trottete pflichteifrig zum Gutsherrn und richtete die Botschaft aus...

»Interessant, interessant«, war der Kommentar, »ich nehme an, immer die gleiche Kuh?«

»Aber nein doch, nein doch, Herr! Dreihundert verschiedene!«

»Ach so? Geh doch bitte zur Lady und richte ihr das aus.«

Tiere sind so glücklich dran... denn sie haben keine Institutionen, in denen sie leben müssen. Und – vergeßt das nicht – ich bin keineswegs gegen die Ehe; nur bin ich für eine höhere Ehe. Ich bin gegen die jetzige Form der Ehe, weil diese Form zur Prostitution geführt hat. Ich bin für eine höhere Ehe.

Wenn du mit einem Mann oder mit einer Frau zu wirklicher, zu spiritueller Intimität kommen kannst, dann werdet ihr auf natürliche Weise zusammenbleiben, dann braucht kein Gesetz herzuhalten, das euch fesselt. Dann bleibt ihr spontan zusammen, aus Freude. Solange es dauert – gut. Wenn es aufhört, besteht kein Grund, zusammenzubleiben – absolut kein Grund. Sonst erdrückt ihr euch nur gegenseitig, tötet ihr euch gegenseitig ab. Dann benehmt ihr euch entweder masochistisch oder sadistisch – dann seid ihr Neurotiker.

Wenn meine Vorstellung eines Tages durchdringt – was nicht sehr wahrscheinlich ist, weil der Mensch sich so sehr an seine alten toten Regeln gewöhnt hat, daß er einfach nicht mehr weiß, was es heißt *zu leben* – wenn eines Tages das Leben wieder durchbricht und der Mensch wieder Mut schöpft, gefährlich zu leben, dann wird es wirkliche Ehen geben, denn viele Seelengefährten werden zusammenfinden. Und Prostitution wird es nicht mehr geben.

Natürlich wird die Mehrheit der Menschen weiterhin die Partner ständig wechseln, aber daran ist ja nichts verkehrt. Das einzige Problem, das ständig wieder in den Köpfen von Männern wie Frauen auftaucht, ist die Frage: »Und was ist mit den Kindern?« Das ist kein großes Problem. Ich denke an Kommune, nicht an Familie. Die Familien müssen verschwinden – es muß Kommunen geben.

Dies hier zum Beispiel ist eine Kommune. Kinder sollten zur Kommune gehören, und die Kommune kümmert sich um die Kinder. Die Mutter muß dem Kind bekannt sein, es muß wissen, wer die Mutter ist, aber der Vater braucht ihm nicht bekannt zu sein, das ist nicht nötig. Das war der ursprüngliche Zustand der Menschheit: matriarchalisch. Die Gesellschaft wurde patriarchalisch – der Vater wurde wichtig. Und mit dem Vater tauchte tausend und eine Krankheit auf. Die größte Krankheit davon ist der Privatbesitz. Den brachte der Vater mit. Und die Gesellschaft wird unter dem Privatbesitz leiden, bis der Vater verschwunden ist. Eine Kommune also – wo die Kinder zur Kommune gehören, wo die Kommune sich ihrer annehmen kann. Die Mutter wird sich um sie kümmern, aber die Mutter kann sich auf eines verlassen: Sie kann von einem Mann zum andern gehen, ohne daß dadurch Probleme entstehen. Für die Kinder muß gesorgt sein; selbst wenn die Mutter stirbt, ist die Kommune für sie da.

Und wenn das Eigentum der Kommune gehört und nicht irgendeinem einzelnen, dann ist der wirkliche Kommunismus da. Selbst in Sowjetrußland existiert kein wirklicher Kommunismus. Der Kommunismus *kann nicht* mit dem Vater koexistieren, das ist unmöglich. Privateigentum entstand mit der Familie, der Kleinfamilie: Vater, Mutter, Kinder... daraus entstand das Privateigentum. Das Privateigentum kann nur verschwinden, wenn die Kleinfamilie verschwindet und statt dessen ein ganz neues Konzept von Kommune entsteht. Das ist heute möglich. Die Welt hat den Bewußtseinsstand erreicht, daß Kommunen existieren können. Und *durch* Kommunen kommt es zum Kommunismus – nicht umgekehrt. Wenn der Kommunismus zuerst kommt, bringt er nur Diktatur, bringt er nur ein häßliches Gesellschaftssystem, so wie es in Rußland passiert ist oder jetzt in China passiert.

Laßt erst kommunales Leben entstehen – vor allem, was den Sex angeht –, und das Eigentum wird verschwinden. Eigentum ist Folge sexueller Herrschaft. Wenn du eine Frau besitzt, besitzt du ›Eigentum‹. Wenn du einen Mann besitzt, besitzt du ›Eigentum‹. Ohne Eigentum geht es offenbar nicht. Wenn man nicht Menschen besitzt, was kümmert dann Eigentum? Dann sind Güter dazu da, gebraucht und nicht besessen zu werden. Und es ist viel einfacher, sie nur zu gebrauchen, ohne sie zu besitzen; denn Leute, die besitzen, können ihr Eigentum nicht gebrauchen – sie haben immer Angst vor Verlust, sie geizen, wo sie können. Man kann viel freier damit umgehen, wenn man nicht besitzt.

Aber erst muß die Familie verschwinden.

Damit sage ich nun aber nicht, daß alle Familien vom Erdboden verschwinden sollten. Aber diejenigen Familien, die bleiben, werden spirituelle Familien sein. Nur die nicht-spirituellen Familien werden verschwinden. Aber das ist gut so, denn wieso sollen die Menschen, die spirituell noch nicht reif genug sind, gezwungen werden, ein langweiliges Leben zu führen? Warum sollten sie gezwungen sein, in einer Beziehung zu bleiben, die keine Freude bringt? Warum? Das ist kriminell.

Die vierte Frage:

Ich hab' mich für ziemlich bewußt und ziemlich hingegeben gehalten. Dies Bild schwebt mir immer noch vor Augen, aber ich glaube nicht wirklich daran. Und jetzt frage ich mich allmählich, ob nicht dein ewiges Reden von Bewußtheit und Hingabe nur dazu dient, uns alle verrückt zu machen. So wie man einem Esel eine Rübe vor die Nase hängt... daß es das alles gar nicht gibt! Und das macht mich wütend, verstockt und gleichgültig – alles auf einmal!

Die Rübe gibt es wirklich... aber den Esel nicht. Jetzt kannst du wählen: Du kannst entweder Esel sein, dann existiert die Rübe nicht. Schaust du aber auf die Rübe, dann existiert die Rübe, und der Esel verschwindet. Natürlich mußt du wütend, verstockt und gleichgültig werden, wenn du glaubst, daß es gar keine Rübe gibt, denn dann bist du der Esel. Statt also zu denken, daß es die Rübe nicht gibt, warum schaust du nicht lieber in dich hinein – gibt es *dich?*

Das ist mir wichtig: Erleuchtung gibt es – dich gibt es nicht. Bewußtsein existiert – Ego existiert nicht. Darauf liegt meine Betonung. Trotzdem – du hast die Wahl. Es kommt auf dich an. Wenn du das Unglück wählen willst – und Unglück ist nur durch das Ego möglich –, mußt du dich für das Ego entscheiden, dann mußt du dich für den Esel entscheiden. Aber dann mußt du dir auch immerzu weismachen, daß es die Rübe nicht gibt. Aber es gibt sie! Und wenn du einmal anfängst, die Rübe wahrzunehmen, merkst du mit der Zeit, daß der Esel verschwindet: Er war bloße Einbildung.

Die Rübe ist das reine Glück. Das Ego ist die reine Hölle. Du kannst wählen, wie du willst...

Die fünfte Frage:

Bevor ich dich kannte, war ich unglücklich und völlig unbewußt. Jetzt bin ich unglücklich mit einem gewissen Grad an Bewußtheit. Was ist neu?

Kannst du es denn nicht sehen? Dies ›mit einem gewissen Grad an Bewußtheit‹! Glaubst du, das sei nichts wert? Das ist der erste Lichtstrahl... die Sonne ist nun nicht mehr weit. Wenn du den ersten Strahl eingefangen hast und in die Richtung weitergehst, aus der der Strahl kommt, gelangst du schließlich zum Ursprung des Lichtes.

Wenn es auch nur einen Lichtstrahl in der Finsternis gibt, ist das Beweis genug für das Licht, für Gott. Nenn es nicht einen ›gewissen Grad an Bewußtheit‹!

Aber ich verstehe. Wir haben so lange unbewußt gelebt, wir haben so lange bewußtlos gelebt, wir haben so lange wie Maschinen gelebt, daß uns selbst bei ein bißchen Bewußtheit unsere alten Gewohnheiten wie Steine am Hals hängen...

Eine junge Engländerin, die sich im Krieg dem freiwilligen Tansport-Hilfskorps anschloß, erschien zur Musterung. Der Arzt befahl ihr, sich auszuziehen, und rief seinem Assistenten zu: »Schau dir das an, der größte Nabel, der mir in meiner ganzen Laufbahn begegnet ist.«

Der junge Kollege sah ihn sich an und sagte: »Weiß Gott, Mädchen, das ist ein riesiger Nabel. Darf ich ein Photo machen für die medizinische Fachzeitschrift?«

Dem Mädchen wurde der Trubel zu bunt, und sie konnte nicht verstehen, wozu das alles gut sein sollte. »Sie hätten einen genauso großen Nabel, wenn sie so lange in der Heilsarmee gewesen wären wie ich!«

Das machte die Neugier nur noch größer. »Die Heilsarmee? – Was hat denn die damit zu tun?«

»Zehn Jahre lang hab ich das Banner getragen.«

Und ihr habt das Banner seit Millionen von Jahren getragen – kein Wunder, daß euer Nabel so groß geworden ist...

Eurer Unbewußtes ist die Gesamtsumme eurer Biographie. Alles, was ihr von euch wißt, ist nichts als Unbewußtheit. Selbst wenn ein Strahl von Licht eindringt, könnt ihr nicht vertrauen. Vielleicht ist es ein Traum? Ist es Illusion? Projektion? Vielleicht ist ein Trick dabei? Und selbst wenn du dem Schimmer traust, ist er so winzig im Vergleich zu deiner langen Vergangenheit, daß du dir nicht vorstellen kannst, wie er dir auch nur im geringsten weiterhelfen soll.

Aber laß dir eines gesagt sein: Eine kleine Kerze ist mächtiger als die Dunkelheit aller Planeten zusammengenommen. Dunkelheit ist machtlos. Dunkelheit ist impotent. Eine kleine Kerze hat Potential – *weil sie ist*! Dunkelheit ist nur Abwesenheit.

Ein Mann kam in die Ambulanz, blutverschmiert und voller Beulen. »Wie ist das passiert?« fragte der Arzt.

»Meine Frau – sie hatte wieder einen ihrer Alpträume.«

»Reden Sie kein dummes Zeug, Mann! Sie hat sie vielleicht gestoßen, aber davon kommen doch nicht solche Verletzungen!«

»Hören Sie, Doktor, sie hatte einen ihrer Alpträume. Sie schrie: ›Raus, schnell raus! Mein Mann kommt nach Hause!‹ Und da ich auch nur halb wach war, bin ich sofort aus dem Fenster gesprungen!«

Es ist unsere lange, uralte Gewohnheit, unbewußt zu leben. Aber schau auf das ›Mit einem gewissen Grad an Bewußtheit‹; das behalte im Auge – das ist deine Hoffnung. Durch diesen Spalt von Licht öffnet sich die Tür.

Kannst du es nicht sehen? Und du fragst: »Was ist neu?«

Die sechste Frage:

Ich bin römisch-katholisch. Ich liebe es, dir zuzuhören, aber wenn du etwas sagst, was gegen meine Religion ist, dann regt mich das fürchterlich auf. Was soll ich machen?

Du kannst dreierlei tun; erstens: Pick dir nur das heraus, was dir paßt; höre nicht auf das, was dir gegen den Strich geht. Das tun viele, denn sonst wird der Seegang zu stark. Aber wenn du hier bist und mir zuhörst, ist das nicht so leicht – wie willst du weghören? Noch bevor du überhaupt verstanden hast, daß es dir gegen den Strich geht, hast du es schon gehört.

Dann mußt du etwas tun, was alle Professoren und Gelehrten und klugen Köpfe perfekt beherrschen: Wenn du etwas hörst, das dir nicht behagt, mußt du sofort denken: »Das ist Nebensache, das ist unwichtig! Es ist nicht relevant. Deswegen brauch ich meine Meinung nicht zu ändern. Eine kleine Differenz! Vielleicht eine kleine Abweichung im Detail, aber im Grunde sagt Bhagwan genau das, was ich auch für richtig halte.« Diesen Trick mußt du dir merken.

Es geschah einmal: Eine Frau kam zum Arzt und klagte darüber, daß sie nicht leidenschaftlich werden könne. Der Arzt untersuchte sie und gab ihr eine Spezialdiät, mit der sie ausgesprochen sexy würde. Sie befolgte den Rat, aber nach ein paar Wochen war sie wieder da und sagte: »Irgend etwas ist schiefgelaufen mit der Diät. Gestern nacht bin ich so leidenschaftlich geworden, daß ich meinem Freund das Ohr abgebissen habe!« – »Ach, kein Grund zur Besorgnis«, beruhigt sie der Arzt, »das ist reines Protein – keine Kohlehydrate!«

Das ist also das erste: Daß uns nur Kleinigkeiten trennen..., kein Grund zur Besorgnis, es ist nicht weiter wichtig. Das wird dir helfen; dann brauchst du dich nicht mehr aufzuregen.

Das zweite: Interpretiere alles, hmm? – Das betont Saraha ja auch ständig: interpretiere! Deute alles so, daß es dir in den Kram paßt. Das geht ohne weiteres. Dazu gehört nur ein bißchen Geschick. Ein bißchen Logik, eine kleine Wortspielerei... und schon paßt es. Das ist keine große Schwierigkeit, das kannst du leicht bewältigen. Wenn du römisch-katholisch warst, ist das für dich ein Kinderspiel.

Folgende Geschichte für dich: Die irischen Straßenarbeiter waren direkt vor einem Bordell bei der Kanalarbeit. Da kam ein evangelischer Pastor daher, zog den Hut in die Stirn und ging ins Bordell. Sagte Pat zu Mike: »Hast du das gesehen? Aber was soll man auch sonst von diesen Pastoren erwarten!«

Kurz darauf kam ein Rabbiner, schlug den Mantelkragen hoch und verschwand durch die Tür. »Ist es nicht schlimm, daß der Priester von Gottes auserwähltem Volk da hineingeht?« sagte Mike zu Pat.

Schließlich kam ein katholischer Priester, schlug sich seinen Umhang um den Kopf und tauchte schnell in das Haus der Lüste.

»Pat, ist das nicht schrecklich? Eins der Mädchen muß im Sterben liegen!«

Das ist die Kunst der Interpretation. Wenn der Rabbiner hineingeht, bedeutet es das eine, wenn der Priester hineingeht, bedeutet es das andere. Ein katholischer Priester... und alles sieht sofort anders aus. Kein Problem: Jetzt ist plötzlich eins der Mädchen krank.

Das ist die zweite Möglichkeit, mir auszuweichen.

Und die dritte Möglichkeit: Denk dir, daß dieser Kerl eigentlich verrückt ist. Das ist das allersicherste Mittel; wenn sonst nichts hilft – das hilft. Denk einfach, daß dieser Mann da vorne spinnt. Nur ein Verrückter kann etwas gegen den Katholizismus sagen. Das hilft dir bestimmt, und dann bringt dich nichts mehr aus der Ruhe.

Der neue Pfarrer machte sich auf den langen Marsch durch die weit ausgedehnte Gemeinde, um seine Schäfchen kennenzulernen. Eines Tages folgte er einem staubigen Pfad, viele Meilen lang, bis er zu einer frommen Familie mit vierzehn Kindern kam.

»Guten Tag, Connelly! Irland kann stolz auf dich sein – die größte Familie der Gemeinde.«

»Guten Tag, Pater, aber die größte Familie sind wir nicht – die hat Doylan, über den Berg.«

Es war ein erschöpfter Seelenhirte, der schließlich Doylan und seine sechzehn Kinder begrüßte... aber: »Gott segne alle diese achtzehn kleinen Katholiken«, raffte er sich zur Begrüßung auf.

»Tut mir leid, Pater, aber wir sind Protestanten!«

»Was mach' ich dann überhaupt hier«, rief der Priester aus, »dann sind Sie ja nichts als ein dreckiger Lüstling!«

Wenn ich mit dir übereinstimme, dann ›ist dieser Mann ganz groß‹. Wenn ich nicht mit dir übereinstimme, dann denke ›dieser Mann spinnt wohl‹. Damit ist dir geholfen.

Das sind so die Tricks, die viele anwenden, um sich nicht aufzuregen. Jetzt kennst du die Geheimnisse... Jetzt kannst du es auch tun.

Aber wenn es dir nur darum geht, dich nicht aufzuregen, warum bist du dann überhaupt hier? Meine ganze Anstrengung zielt genau darauf ab, euch so sehr aus dem Häuschen zu bringen, wie nur möglich. Warum gehst du denn überhaupt mit mir?

Nur wenn ich dich aus deiner Ruhe aufstöre, kann ich dich umwandeln. Nur wenn ich dich zerstöre, kann ich dich neu schaffen. Wenn ich nicht sehr drastisch werde, besteht keine Chance, hast du keine Hoffnung.

Es geschieht aus Nächstenliebe, daß ich euch mit dem Hammer auf den Kopf schlage – denn das ist der einzige Weg. Und ich muß euch schwer behämmern; was kann ich dafür? Ihr habt so dicke Köpfe! Wenn du dich über etwas aufregst, dann deshalb, weil plötzlich etwas Wahres in dein Blickfeld gerückt ist; denn sonst würde es dich nicht aufregen.

Das müßt ihr euch immer merken: Alles, was aufregt, ist wertvoll. Denkt über das nach, was euch aufregt, meditiert darüber. Laßt es voll zu Wort kommen. Bedenkt es gründlich. Laßt es ganz in euch hinein, damit ihr es von allen Seiten und aus allen möglichen Blickwinkeln betrachten könnt – denn wenn dich etwas aufregt, dann heißt das ganz einfach, daß dir bewußt wurde, daß irgend etwas, woran du bisher immer glaubtest, Lüge war. Nur die Wahrheit regt auf. Nur die Wahrheit zerstört, denn nur Wahrheit kann erschaffen.

Ich bin ein Chaos... und wenn du wirklich mit mir gehen willst, mußt du durch das Chaos hindurch. Das ist es, was Saraha sagt; das ist es, worum es überhaupt im Tantra geht: Du wirst de-strukturiert, dir wird dein Charakter genommen, dir wird deine Ideologie weggenommen, dir wird der Verstand weggenommen. Das ist Chirurgie.

Ich kann nicht anders, ich muß es so machen. Und ich weiß: Es ist ein undankbarer Job.

Die letzte Frage:

Was ist samsara?

Samsara? – das ist diese Geschichte: Der Londoner Nebel lag in dicken Schwaden über der Themse, als sich ein junger Stadtstreicher auf der Kaimauer zur Ruhe bettete. Plötzlich weckte ihn eine sanfte Stimme, und als er aufsah, entstieg soeben eine schöne Brünette einem chauffierten Rolls-Royce.

»Du armer Mann«, begann sie, »ist es dir nicht schrecklich kalt und naß? Darf ich dich zu mir nach Hause fahren lassen, damit du für diese Nacht ein Dach über dem Kopf hast?«

Das ließ sich der junge Mann natürlich nicht zweimal sagen und setzte sich neben sie in die Limousine. Nach einer kurzen Fahrt hielt der Wagen vor einer großen viktorianischen Villa, die Brünette stieg aus und winkte ihm zu folgen. Ein Butler öffnete die Tür, und die Dame trug ihm auf, sich um den jungen Mann zu kümmern, ihm eine Mahlzeit vorzusetzen, ein Bad zu richten und ihm ein bequemes Bett im Bedienstetenflügel zu geben.

Eine kleine Weile später, als sie sich eben selbst zu Bett legen wollte, kam es der Brünetten in den Sinn, nachzufragen, ob ihrem Gast wohl noch etwas fehle, und so schlüpfte sie in ihr Negligé und eilte hinunter, in das Reich der Diener. Als sie um die Ecke kam, verriet ein Lichtschimmer ihr, daß der junge Mann noch wach lag. Sie klopfte vorsichtig an die Tür, und eintretend erkundigte sie sich, warum denn der junge Mann noch nicht schlafe?

»Sie haben vielleicht nicht genug gegessen?«

»O nein, Ihr Butler hat mich königlich bewirtet.«

»Dann ist das Bett vielleicht nicht warm oder bequem genug?«

»Aber nein doch – es ist bequem und warm!«

»Dann brauchst du also Gesellschaft. Rück ein bißchen...«

Der junge Mann, selig vor Glück, rückte ein bißchen zur Seite... und fiel in die Themse.

ANHANG

Über Osho

In der Regel leben wir alle in der Welt der Zeit – Vergangenes zurückrufend, Zukünftiges vorausnehmend; nur in seltenen Augenblicken rühren wir an die zeitlose Dimension der Gegenwart: in Momenten von großer Schönheit oder plötzlicher Gefahr, in Begegnungen mit geliebten Menschen oder wenn das Unverhoffte anklopft.

Nur sehr wenige Menschen treten aus dem Reich der Zeit und unserer von Ehrgeiz, Angst und Wünschen getriebenen Vorstellungen heraus und fangen an, in der Welt des Zeitlosen zu leben. Und von diesen wenigen haben nur die wenigsten versucht, uns ihre Erfahrungen mitzuteilen. Laotse, Buddha, Bodhidharma – oder in unserem Jahrhundert Gurdjieff, Raman Maharshi, J. Krishnamurti – werden von ihren Zeitgenossen für verrückt erklärt, gelten als Exzentriker oder Irre. Nach ihrem Tode dann avancieren sie zu „Philosophen". Und nach und nach werden sie zur Legende, nicht mehr Wesen von Fleisch und Blut, sondern vielleicht nur Archetypen unseres kollektiven Wunsches, über die Kleinlichkeit, Plattheit und Sinnlosigkeit unseres alltäglichen Lebens hinauszuwachsen.

Osho ist einer, dem es gelungen ist, für sich die Tür zu einem Leben in der zeitlosen Dimension der Gegenwart zu öffnen. Er hat sich einmal einen „wahren Existentialisten" genannt, und er hat sein Leben der Aufgabe gewidmet, auch andere Menschen zu der Suche nach dieser Tür zu motivieren, damit auch sie aus der Welt von Vergangenheit und Zukunft heraustreten und die Welt der ewigen Gegenwart entdecken können.

Osho wurde am 11. Dezember 1931 in Kuchwada im indischen Bundesstaat Madhya Pradesh geboren. Von frühester Kindheit an bewies er einen rebellischen, unabhängigen Geist und erforschte seine eigene Wahrheit, statt sich vom Wissen und Glauben anderer beeinflussen zu lassen.

Nach seiner Erleuchtung im Alter von einundzwanzig Jahren schloß Osho sein Universitätsstudium ab und lehrte danach mehrere Jahre lang Philosophie an der Universität von Jabalpur. Zwischendurch bereiste er ganz Indien, sprach zu riesigen Menschenmengen, traf sich mit Vertretern der gebildeten Schichten und forderte das gesamte religiöse und politische Establishment seines Landes in öffentlichen Debatten heraus, wobei er feurig und mit brillanter Rhetorik die heiligsten Glaubenswerte der indischen Kultur angriff. Er las ununterbrochen und studierte alles, was ihm Aufschluß über Wurzeln und Zusammenhänge der heute herrschenden Glaubenssysteme und Ideologien geben konnte, kurz über die kollektive Psychologie des zeitgenössischen Menschen.

Ende der sechziger Jahre entwickelte Osho seine einzigartigen dynamischen Meditationstechniken. Der moderne Mensch, sagt er, ist so befrachtet mit längst überholten Weltbildern und Traditionen und so belastet durch die Ängste des modernen Lebens, daß er einen tiefen Reinigungsprozeß durchmachen muß, ehe er hoffen kann, den Zustand der völlig entspannten, von allen Gedanken befreiten Meditation zu erreichen.

In den frühen siebziger Jahren wurden die ersten westlichen Therapeuten, Künstler und Intellektuellen auf Osho aufmerksam. Von 1974 an begann in Poona eine Kommune um ihn heranzuwachsen, und der anfangs schmale Besucherstrom wurde zu einer wahren Flut. Osho sprach Tag für Tag und hat im Laufe der Jahre praktisch jeden Aspekt der Entwicklungsgeschichte des menschlichen Bewußtseins beleuchtet. So kristallisiert er für den modernen Menschen die Essenz der spirituellen Suche heraus – das, worauf es dabei heute im wesentlichen ankommt. Er tut dies nicht aus der Warte des Intellektuellen, sondern spricht aus innerster Anschauung, geprüft an der eigenen Erfahrung.

Er gehört keiner Tradition an. „Ich bin der Anfang eines vollkommen neuen religiösen Bewußtseins“, sagt er. „Bitte bringt mich nicht mit der Vergangenheit in Verbindung – sie ist es nicht einmal wert, erinnert zu werden.“

Seine „Talks“ zu Schülern und Suchern aus aller Welt liegen

in über sechshundert Büchern vor und wurden in über dreißig Sprachen übersetzt. Er sagt über sein Gesamtwerk: „Meine Botschaft ist keine Doktrin, keine Philosophie. Meine Botschaft ist eine gewisse Alchemie, eine Wissenschaft der Transformation. Nur diejenigen also, die bereit sind, als das, was sie sind, zu ‚sterben', um in etwas Neues hineingeboren zu werden, so neu, daß sie es sich im Augenblick nicht einmal vorstellen können... nur diese wenigen Mutigen werden bereit sein, mir zuzuhören, denn Zuhören wird riskant sein. Indem ihr zuhört, habt ihr schon den ersten Schritt getan, um wiedergeboren zu werden. Es ist also keine Philosophie, aus der ihr euch einfach ein Mäntelchen machen könnt, mit dem ihr herumstolziert. Es ist keine Doktrin, in der ihr Trost für quälende Fragen finden könnt. Nein, meine Botschaft ist nicht irgendeine verbale Mitteilung. Sie ist weitaus riskanter. Sie ist nichts Geringeres als Tod und Wiedergeburt."

Osho verließ am 19. Januar 1990 seinen Körper, als Folge einer Vergiftung, die ihm durch US-Regierungsvertreter beigebracht wurde, nachdem man ihn 1985 unter dem Vorwand formaler Einwanderungsverstöße inhaftiert und mehrere Tage lang inkognito versteckt gehalten hatte.

Seine Kommune in Poona ist heute Treffpunkt und spirituelle Heimat von Hunderttausenden aus fast jedem Land der Erde. Inspiriert durch die Vision Oshos, ist diese Kommune eine Art Labor, ein Experimentierfeld, um den Neuen Menschen zu schaffen, einen Menschen, der mit sich und seiner Umgebung in Harmonie lebt, frei von allen Ideologien und Glaubenssystemen, die heute die Menschheit zerreißen.

Die Osho Commune International

Die Osho Commune International ist nach wie vor das größte spirituelle Wachstums-Center der Welt. Internationale Besucher strömen zu Tausenden herbei, um sich hier inmitten von üppigem Grün und gepflegten Anlagen zu entspannen, an Meditationen, Therapien, körperlichen Regenerationsprozessen und kreativen Progammen teilzunehmen – oder einfach den Geschmack eines „Buddhafelds" kennenzulernen.

Die Osho Multiversity der Kommune bietet Hunderte von Workshops, Gruppen und Trainings an, geordnet nach neun verschiedenen Fakultäten: Osho School for Centering; Osho School of Creative Arts; Osho International Academy of Healing Arts; Osho Meditation Academy; Osho School of Mysticism; Osho Institute of Tibetan Pulsing; Osho Center for Transformation; Osho School of Zen Martial Arts; Osho Academy of Zen Sports and Fitness. All diese so verschiedenartigen Programme sind dazu da, jedem einzelnen auf seine Weise die Chance zu geben, das Aha-Erlebnis der Meditation zu erfahren – jenen Trick, einfach nur unbeteiligter Zeuge seiner eigenen Gedanken, Emotionen und Handlungen zu sein, ohne zu urteilen oder sich zu identifizieren.

Anders als in den alten östlichen Traditionen ist Meditation in Oshos Kommune keine isolierte Disziplin, sondern untrennbar mit dem Alltag verbunden – Teil der Arbeit, des Umgangs mit anderen, der Lebensprozesse schlechthin. Die Folge davon ist, daß die Menschen sich nicht von der Welt abkehren, sondern vielmehr einen Geist der Wachheit und des Feierns in sie hineintragen, in tiefer Achtung vor dem Leben.

Täglich finden die verschiedensten Meditationen statt

Zwischen Gärten und Parks: Cafes, Restaurants und Bistros

Die Pyramiden: Modernste Therapien unter esoterischem Dach

Bücher von Osho in deutscher Sprache

Sexualität und Liebe
Beziehungsdrama oder Liebesabenteuer
Die tantrische Vision
Liebe beginnt nach den Flitterwochen
Perversion – Was ist denn das? (Sannyas Verlag)
Sexualität & AIDS
Tantra, Spiritualität und Sex

Lebenskunst
Gold Nuggets – Neue Texte zur Kunst des Seins (Edition Tao)
Kunst kommt nicht von Können
Leben, Lieben, Lachen
Worte eines Mannes ohne Worte

Weltkrise & Neue Menschheit
Das Neue Kind
Das Ultimatum: Der neue Mensch oder globaler Selbstmord
Die größte Herausforderung: Die goldene Zukunft
Die Zukunft gehört den Frauen – Neue Dimensionen der Frauenbefreiung
Homosexualität und Frauenbewegung (Sannyas Verlag)
Priester & Politiker – Die Mafia der Seele

Meditation & Bewußtwerdung
Das Buch der Geheimnisse
Das Orangene Buch – Die Meditationstechniken
Das Zen-Manifest – Freiheit von sich selbst
Der Höhepunkt des Lebens
Dynamisch Meditieren
Esoterische Psychologie

Jenseits der Grenzen des Verstandes
Meditation: Die erste und letzte Freiheit
Tantra, die höchste Einsicht (Sannyas Verlag)

Meister & Schüler
Das Klatschen der einen Hand – *Darshan-Gespräche*
(Edition Gyandip)
Die Gans ist raus – *Fragen & Antworten*
Jenseits von Psychologie, Bd. 1 – *Fragen & Antworten*
Mein Weg: Der Weg der weißen Wolke – *Fragen & Antworten*
(Edition Tao)
Und vor allem nicht wackeln – *Darshan-Gespräche*
(Verlag D. Klotz)

Westliche Mystik
Die Alchemie der Verwandlung – *über jüdische Mystik*
(Edition Lotos)
Die verbotene Wahrheit – *über das Thomas-Evangelium*
Die verborgene Harmonie – *über die Fragmente des Heraklit*
Komm und folge… zu dir!, Bd. 4 – *über Jesus*

Östliche Spiritualität
Nicht bevor du stirbst – *über Sufis* (Edition Gyandip)
Nirvana, die letzte Hürde auf dem Weg – *über Zen*
Yoga: Alpha und Omega, Bd. 1 (Edition Gyandip)

Bücher über Osho und seine Vision
Meredith: Wir haben die Wahl – Der Schlüssel zur Zukunft

Ein Verzeichnis der lieferbaren Titel
von Osho ist erhältlich bei:
Osho Verlag
Venloer Str. 5-7, D-50672 Köln
Tel.: 0221-5740743, Fax: 0221-523930

Für weitere Information über Osho
und Osho Meditations-Zentren weltweit:
Osho Commune International
17 Koregaon Park, Poona 411001 MS, Indien
Tel.: 0091-212-660963, Fax: 0091-212-644181